I0150900

BOBBY FISCHER EN CUBA

Sus viajes, partidas y aventuras en la tierra de Capablanca

Fischer y Tal campeones y grandes amigos. Una imagen muy inusual entre figuras cumbres del ajedrez: Fischer abraza a Tal mientras este le regala una flor. Es la única foto en que Tal aparece con la venda tras su trifulca en un centro nocturno de La Habana. Estas características la convierten en un documento histórico invaluable.

BOBBY FISCHER EN CUBA

Sus viajes, partidas y aventuras en la tierra de Capablanca

Miguel A. Sánchez y Jesús Suárez

Primera edición

© Miguel A. Sánchez y Jesús Suárez, 2019
Copyright para esta edición: © Two Bishops, 2019

Diseño interior: Onelia Silva Martínez
Revisión: Daniel Martínez
Asesoría técnica: MI Luis Sieiro

Todos los derechos reservados

Ninguna parte de este libro puede ser utilizada, reproducida o transmitida de ninguna forma
o medios sin el permiso escrito de los autores, excepto en pequeñas citas o comentarios
como parte de artículos o reseñas.

ISBN: 978-0-578-60781-8

Two Bishops
Editorial

Contenido

Unas palabras sobre Fischer

Por Leinier Domínguez

Quizás el primer gran jugador que ejerció una profunda influencia en mi desarrollo ajedrecístico fue Bobby Fischer. Mi primer maestro de ajedrez, Raúl Pérez que era un gran admirador de sus partidas y su estilo de juego me supo transmitir esa admiración así como a casi todos sus alumnos. De manera que crecí estudiando sus partidas mucho más que las de ningún otro de los grandes jugadores clásicos, y tratando de imitar sus aperturas y su forma de jugar en general.

Esta afinidad se mantuvo a través de los años y considero que fue de gran importancia para mi crecimiento como jugador. Incluso hoy en día considero que por la enorme fuerza ajedrecística que alcanzó Fischer y por la ventaja tan grande que sacó a sus fortísimos contemporáneos, merece que se le considere como uno de los mejores jugadores en la historia de nuestro juego.

Para todos los que amamos el ajedrez resulta extremadamente interesante, no sólo la obra puramente ajedrecística de un jugador así, sino también su vida en general. Por ejemplo, la forma en que tomaba el ajedrez, cómo se preparaba y las diferentes circunstancias que tuvo que enfrentar a lo largo de su carrera. Quizás en el caso de Fischer este interés general se duplica, pues muchos acontecimientos inusuales y polémicos en su vida hacen que sea así.

En lo personal, ha sido un inmenso placer poder leer esta nueva obra, que combina magistralmente episodios y datos inéditos de la vida del genio estadounidense con una descripción igualmente detallada y sumamente cautivante de una etapa del ajedrez cubano relativamente poco conocida (al menos para mí), como la de mediados del siglo xx. Este último elemento hizo que me quedara con un sentimiento muy agradable, pues el acercamiento a una época de la que sólo escuché hablar vagamente se hace realidad en este libro, unido además a la historia de uno de mis héroes ajedrecísticos.

Estoy seguro de que este libro tiene mucho que aportar a todo tipo de ajedrecista y espero que su lectura les sea tan agradable como lo ha sido para mí.

LEINIER DOMÍNGUEZ (Gran Maestro desde el 2001, cuando tenía 17 años de edad), ganó en el 2008 el Campeonato Mundial Blitz celebrado en Almatý, Kazajistán, al lograr 11.5 puntos de 15 (+8=7-0). Su mejor coeficiente Elo lo alcanzó en la lista de mayo del 2014, cuando con 2768 ocupó el puesto 10 del mundo. En junio del 2013 ganó el Gran Prix de la FIDE celebrado en Salónica, Grecia, al superar a otros once Grandes Maestros, entre ellos Fabiano Caruana, Gata Kamsky, Veselin Topalov y Alexander Grischuk. En la Olimpiada del 2016, disputada en Bakú, Azerbaiyán, ganó la medalla de plata en el Primer Tablero cuando, jugando por Cuba, obtuvo 7,5 de 10 para una actuación de 2839 según el Elo.

Prólogo

Por Andy Soltis

Hubo muchos acontecimientos inverosímiles en la vida de Bobby Fischer en la década de 1960: hizo sus impresionantes acusaciones, en *Sports Illustrated*, de colusión soviética en el torneo de Candidatos de 1962. Registró su extraordinario puntaje de 11-0 en el Campeonato de Estados Unidos de 1963-64. Y al año siguiente desapareció de los torneos de ajedrez y se negó a jugar en el Interzonal de 1964.

Pero para mí, lo más impresionante fue su participación a larga distancia en el Torneo Capablanca In Memoriam de 1965. Una de las razones fue personal. Conocía la mesa en la que jugaba sus partidas, en la habitación de atrás del *Marshall Chess Club*, con vistas al jardín del patio trasero del club. Yo había jugado varias partidas de torneo en esa mesa y ese tablero. Lo más memorable para mí fue analizar en ese tablero un encuentro con James T. Sherwin en 1963. Acabábamos de jugar la partida en un Abierto del Estado de Nueva York. Mientras intentaba explicarle mis jugadas perdedoras a Sherwin, Fischer se sentó a mi lado y comenzó a sugerir mejoras. Fue la mayor emoción que había experimentado hasta ese momento en el ajedrez. (Sólo más tarde descubrí que habíamos analizado en "la mesa de Capablanca"). El torneo de La Habana 1965 fue una sensación. Pero dejó muchas preguntas que este libro responde. También arroja luz sobre algunas características oscuras de la vida de Fischer. Entre ellas está su participación en el *Log Cabin Chess Club* y su juego en un match en la Cuba anterior a Castro. Ciertamente no podía imaginarme, antes de leer este libro, que un Fischer de 12 años jugara béisbol con niños de la calle en La Habana durante esa visita de 1956. Siempre tuve la sospecha de que las extrañas opiniones políticas y sociales de Fischer estaban influidas por su contacto con el fundador de *Log Cabin*, E. Forry Laucks. Pero nunca supe mucho sobre las actividades del club hasta que leí esta obra.

Los relatos de testigos oculares en este libro sobre el juego y el comportamiento de Fischer durante y después de la Olimpiada de 1966 en La Habana también son valiosos. Me hubiera encantado ver una fotografía de Fischer, que se había aburrido mientras escuchaba un espectáculo de música en un teatro, visitando una exposición al aire libre de armas del ejército cubano. Allí se subió a un tanque soviético y manejó una ametralladora antiaérea. Teniendo en cuenta su odio hacia la URSS, esta debe haber sido una experiencia de emociones muy encontradas.

Por supuesto, Fischer se hizo famoso en varios otros países extranjeros, especialmente en Yugoslavia, donde jugó en un Interzonal, varios torneos por invitación, el encuentro URSS-Resto del mundo de 1970 y su match revancha de 1993 con Boris Spassky. Pero son sus visitas a Cuba -y eso incluye la "virtual" de 1965- las que siempre han parecido las más misteriosas. Este libro ayuda a aclarar algo del misterio.

ANDY SOLTIS (Gran Maestro desde 1980) es autor de muchos libros de ajedrez, incluyendo *Bobby Fischer Rediscovered (Bobby Fischer redescubierto)* del 2003, con una edición revisada y reanalizada del 2019. En 2014, su obra *Mikhail Botvinnik: The Life and Games of a World Chess Champion (Mijaíl Botvinnik: La vida y las partidas de un campeón mundial de ajedrez)* fue galardonada como Libro del Año por la Asociación de Periodistas de los Estados Unidos y la Federación Inglesa de Ajedrez. Su columna "Chess to Enjoy" ("Ajedrez para disfrutar") aparece en la revista *Chess Life* desde 1979. La Asociación de Periodistas de los Estados Unidos lo designó "Periodista de Ajedrez del Año" en 1988 y 2002.

Introducción

Durante su accidentada vida, Robert "Bobby" James Fischer estuvo relacionado con el ajedrez cubano en tres ocasiones. En la primera, que también fue su primer viaje al extranjero, arribó por barco a La Habana el sábado 25 de febrero de 1956, casi dos semanas antes de cumplir trece años.

La segunda ocasión ocurrió en agosto de 1965, cuando el estadounidense, ya con veintidós años, jugó por teletipo desde el distante *Marshall Chess Club* de Nueva York en la cuarta edición del torneo en memoria del ex campeón mundial de ajedrez José Raúl Capablanca, que se celebró en la capital cubana.

En la madrugada del 24 de octubre de 1966, diez años y casi ocho meses después de su primer viaje a la Isla, Fischer volvió a pisar tierra cubana procedente de México como integrante del equipo de los Estados Unidos a la 17ma Olimpiada de Ajedrez celebrada en La Habana. En ésta, su última visita, ya contaba con veintitrés años.

Este libro recoge las peripecias de Fischer en Cuba, incluyendo todos sus encuentros oficiales, tanto en el torneo Capablanca In Memoriam de 1965, como en la Olimpiada de 1966. También se analizan las dos únicas partidas suyas de su viaje a Cuba en 1956 que han sobrevivido el paso de los años: la que celebró contra José R. Florido en el encuentro entre los clubes de ajedrez *Capablanca* y *Log Cabin*, y una desarrollada al día siguiente en unas simultáneas.

Ambas revisten importancia histórica: contra Florido, pues además de ser su primer encuentro en el exterior, fue también su primera victoria contra un jugador conocido de cierto nivel en una partida formal. La otra partida, porque se trató de su primera exhibición de simultáneas con la participación de adultos, asimismo su primera fuera de los Estados Unidos.

La obra cuenta con dos importantes introducciones de los Grandes Maestros Leinier Domínguez Pérez y Andy Soltis, en que los mismos dejan, respectivamente, esclarecedores comentarios e interesantes impresiones en sus puntos de vista sobre la obra.

Por otra parte, podemos aseverar que muchos de los detalles narrados en este libro eran desconocidos hasta ahora. Su reconstrucción se basó en entrevistas con fuentes confiables e identificadas que tuvieron relaciones con las actividades del estadounidense.

Es conocido que durante su prisión en Tokio en el verano del año 2004, Cuba fue uno de los países a los que el norteamericano solicitó asilo político, petición que nunca se respondió (Frank Brady, *End-game. Bobby Fischer Remarkable Rise and Fall - from America's Brightest Prodigy to the Edge of Madness*, page 285) [El final. El extraordinario ascenso y caída de Bobby Fischer - del más brillante prodigio en los

Estados Unidos hasta el borde de la locura]. Crown Publisher, New York, 2011. Página 285]. Sin embargo, es poco conocido el hecho que en 1995, en una conversación telefónica con el Gran Maestro cubano Jesús Nogueira, quien se encontraba entonces en Argentina, y fue facilitada por el Gran Maestro argentino Miguel Ángel Quinteros, Fischer le pidió a Nogueiras transmitir al gobierno de Cuba su deseo de ir a jugar ajedrez en la Isla y presentar allí su versión del juego de ajedrez, conocida como 'Fischer Random'.

Más misteriosa y enigmática resultó la supuesta petición de Fischer a Fidel Castro en 1966 de que se le permitiera residir en Cuba. Sin embargo algunos testigos que inicialmente mencionaron este hecho después aclararon que fueron mal interpretados, por lo cual los autores consideraron que esta solicitud nunca ocurrió, o la desecharon como no fidedigna al no encontrar datos sólidos que la probaran.

Para el comentario de las partidas hemos recibido la estrecha colaboración del Maestro Internacional cubano Luis Sieiro, quien tiene un profundo conocimiento, tanto de las partidas de Fischer, como de los cambios que ha sufrido la teoría de las aperturas desde la época en que el estadounidense las jugó.

Es necesario agregar que la colaboración de Sieiro no se limitó a la esfera técnica, sino que también, entre otras varias tareas, rastreó datos e imágenes de las visitas de Fischer a las ciudades centrales cubanas de Santa Clara y Cienfuegos después de terminada la Olimpiada de 1966. Por todo ello, queremos expresarle nuestros más sinceros agradecimientos y nuestra complacencia por su esfuerzo.

Una extraordinaria contribución fue la del Maestro Internacional y autor estadounidense William John Donaldson, quien nos guio para hallar la partida entre Fischer y José R. Florido cuando ya los autores, tras una exhaustiva búsqueda en Cuba y los Estados Unidos, dábamos por perdido el registro de ese encuentro. Donaldson, a quien algunos llaman "El detective de Fischer", nos sugirió el nombre de Gary Robert Forman como la persona que podría conocer el destino de la planilla de anotación de ese encuentro, y así fue. Forman, de una manera muy amable y como contribución a la historia de Fischer y el ajedrez, nos facilitó esa copia, conservada en los archivos del *Marshall Chess Club*.

Igualmente, se ha incluido al inicio de las partidas jugadas por el estadounidense una breve biografía de sus rivales, y de él mismo, para que los lectores puedan conocer la fuerza de los jugadores y sus carreras ajedrecísticas.

Para la elaboración de este libro los autores contaron con la ayuda del profesor Daniel Martínez, quien representó a Cuba en la Olimpíada Estudiantil de Ajedrez celebrada en Sinaia, Rumania, en 1965. Daniel estuvo a cargo de la corrección estilística del texto, tanto en español como en inglés. Sus atildadas recomendaciones mejoraron la narrativa del texto.

Jesús González Bayolo, decano de los periodistas de ajedrez de Cuba, puso en nuestras manos sus amplios conocimientos y archivos. También brindaron sus testimonios el profesor Francisco Acosta, ex Vicedecano de la de la Facultad de Ingeniería del Instituto Superior Politécnico de La Habana; así como Orlando Peraza, ambos residentes en La Habana, quienes en 1965 y 1966, siendo jóvenes, atendieron las partidas de Fischer en diferentes funciones. Acosta, por ejemplo, fue el encargado en 1965 de recibir desde el teletipo las jugadas de Fischer que eran transmitidas desde Nueva York y llevar hasta las máquinas las respuestas de sus adversarios, mientras que Peraza trabajó como muralista y juez de mesa de esos encuentros. Ambos conservan vívidos recuerdos de aquellos momentos.

Otros dos testigos capitales de los viajes de Fischer a Cuba fueron Pedro Urra y Gaspar González-Lanuza. Urra navegó en el mismo *ferry* que llevó a Fischer a la capital de la Isla en 1956, mientras que González-Lanusa, como funcionario del Ministerio de Cultura recibió y acompañó a Fischer durante su breve estancia de dos días en Cienfuegos. Ambos ofrecieron cortésmente sus testimonios en entrevistas realizadas en La Habana durante el transcurso del año 2017.

Los propios autores de este libro, en sus condiciones de árbitros auxiliares de la Olimpiada de 1966, observaron de cerca al Gran Maestro estadounidense durante ese evento y sus recuerdos se incorporaron a la obra.

En ese sentido es destacable mencionar los relatos del finado Alberto García, subdirector técnico de los torneos Capablanca y de la Olimpíada de 1966, ya que él constantemente hablaba sobre el primer viaje de Fischer a Cuba en 1956, del cual fue un testigo excepcional por su condición de jefe de competencias del Club Capablanca de La Habana.

Otros muchos amigos o colegas, como el periodista y escritor Alex Fleites, el Maestro Internacional José Luis Vilela, el Árbitro Internacional Serafín Chuit y el historiador de ajedrez Romelio Milián nos ayudaron a rastrear materiales o a ponernos en contacto con testigos de los hechos. A todos ellos nuestro más profundo agradecimiento.

Miguel A. Sánchez y Jesús S. Suárez.
Miami, octubre de 2019.

Una aproximación al estilo de Fischer

Durante sus tres participaciones en competencias en Cuba, Robert J. Fischer jugó un total de treinta y nueve partidas formales u oficiales, en las que mostró muchas de las características relevantes de su estilo.

El rasgo dominante que llama la atención a primera vista al observar estos encuentros es el gran espíritu de lucha del estadounidense, su enorme deseo de ir por la victoria en cada partida con independencia de llevar las Blancas o las Negras.

Hay que añadir a ello su afán por apoderarse de la iniciativa en cada oportunidad que se le presentaba. Esto ya puede verse desde que tenía 12 años, en su encuentro contra José Ramón Florido jugado en La Habana 1956 *(ver Partida 4)*.

Refiriéndose a este último aspecto del estilo de Bobby, el Gran Maestro yugoslavo Svetozar Gligorić señala en *El factor tiempo en la iniciativa* (Revista *Jaque Mate*. Número 4-5, 1971. Página 141): "Son muchas las causales que Fischer (con su amplio conocimiento del ajedrez) puede utilizar para alcanzar su primera meta (la iniciativa) en la lucha sobre el tablero; pero más frecuentemente su 'arma secreta' en las aperturas es la máxima precisión en el empleo de los tiempos y una capacidad colosal para notar el más pequeño error al respecto por parte de su adversario. A partir de ese mismo instante, toda la partida tuerce su giro a favor del joven norteamericano, y ya se conoce el desenlace".

Otra característica muy importante de su juego es que, como Capablanca, Bobby poseía una altísima técnica para convertir en victoria cualquier tipo de ventaja. El Campeón Mundial 1960-61, Mijaíl Tal, citado sobre esto en *My Great Predecessors. Part IV*. (Londres 2004. Página 491), dijo: "Considero que la cualidad más característica de Fischer es su habilidad técnica, que ha alcanzado el nivel de la automatización. En ningún caso se puede permitir a Fischer una posición en la que tenga ventaja 'de forma gratuita'. Fischer juega esas posiciones como nadie, con una garantía de casi el 100% de convertir esta ventaja en victoria".

También era capaz de realizar en cualquier fase de la partida las llamadas *"petite combinaisons"* (*pequeñas combinaciones*) al estilo de Capablanca, tal como ocurrió en sus encuentros en la Olimpíada de La Habana, 1966, contra el portugués Joaquim Durăo *(ver Partida 31)* y contra el Maestro Internacional cubano Eleazar Jiménez *(ver Partida 46)*.

Otros rasgos importantes en su estilo eran su erudición, creatividad y frescura de ideas en cualquier momento de la partida. Esto se aprecia en su final contra el Gran Maestro checoslovaco Luděk Pachman en la Olimpíada de 1966 *(ver Partida 42)*; y en sus aperturas en la Variante del Cambio en la Olimpíada de 1966 contra el Gran Maestro húngaro Lajos Portisch *(ver Partida 38)*, Gligorić *(ver Partida 40)* y Jiménez *(ver Partida 45)*.

Pero observemos más de cerca sus principales características en las diferentes etapas del juego:

En la Apertura:

Fischer poseía una excelente preparación teórica. Tal es así que obtuvo muchas victorias con su famoso laboratorio casero. Un ejemplo que sobresale en este aspecto es su victoria sobre el Gran Maestro búlgaro Georgi Tringov, en el Capablanca In Memoriam de 1965, en la Variante del Peón Envenenado de la Siciliana Najdorf *(ver Partida 12)*.

Al aceptar estos sacrificios de peón en la Apertura, no sólo lo hacía cuando conocía con profundidad la línea que jugaba (como en la partida contra Tringov), sino también cuando sabía que iba a disponer de posibilidades de contrajuego, como en su victoria en el mismo torneo contra el maestro internacional germano occidental Heinz Lehmann *(ver Partida 8)*.

Por otra parte, sacrificaba con frecuencia un peón en la apertura para apoderarse de la iniciativa y llegar a posiciones dinámicas donde hacía sentir su fuerza de juego. Una buena muestra son sus triunfos sobre Eldis Cobo en el torneo Capablanca de 1965 *(ver Partida 22)* y contra el Gran Maestro español Arturo Pomar en la Olimpiada de 1966 *(ver Partida 35)*.

Cuando sus rivales no respetaban los principios elementales de la apertura, les suministraba un "duro castigo", como a Jacek Bednarski en la Olimpíada de 1966 *(ver Partida 32)*.

También poseía una prodigiosa memoria, lo que le permitía conocer con profundidad las líneas que jugaba. Por ello, entablaba cualquier duelo teórico en las principales líneas, al utilizar no sólo sus propias ideas, sino también las de otros jugadores.

Por ejemplo, en la Apertura Española aceptaba la entrega de peón de las Negras en el Ataque Marshall, como ocurrió en sus encuentros del Capablanca In Memoriam de 1965 contra el Gran Maestro belga Albéric O´Kelly *(ver Partida 11)*, el Maestro Internacional británico Robert G. Wade *(ver Partida 13)* y el Gran Maestro holandés Johannes H. Donner *(ver Partida 24)*. En la Olimpiada de 1966, le dio al Campeón Mundial 1969-72, Boris Spassky, la oportunidad de emplear el Ataque Marshall, tal como había hecho el Gran Maestro soviético unos meses antes en la II Copa Piatigorsky, Santa Mónica 1966. Sin embargo, en este encuentro de la Olimpíada, Spassky optó por la respuesta estándar 8. … d6 *(ver Partida 42)*.

Pero también existían diferencias marcadas en el enfoque del Gran Maestro estadounidense según el color de las piezas con que jugaba:

Con las Blancas:

Conducía la Apertura de una forma clásica. Sin embargo, en ocasiones empleaba algunas líneas bien agudas. Por ejemplo, su mencionada victoria sobre Bednarsky en la Olimpiada de La Habana 1966 con la Variante 6. Ac4 contra la Variante Najdorf de la Defensa Siciliana).

Según el ucraniano Adrian Mijalchishin *(Gran Maestro desde 1978)* en su artículo *Schlechter or Fischer, but not Sozin! (Schlechter o Fischer, ¡pero no Sozin! Informador Ajedrecístico 118. Belgrado 2013. Pág. 35)*, esta variante debe recibir el nombre del austriaco, porque "la usó por primera vez el gran Karl Schlechter en su match por el Campeonato Mundial contra Emanuel Lasker *(N.A.: en 1910)*"; o del Genio de Brooklyn, porque fue "la adopción de Fischer la que estimuló a mi generación a emplear estas líneas contra las Sicilianas Najdorf y Clásica, basando nuestro juego y nuestra preparación en sus partidas", pero no el de Sozin *(N.A.: el Maestro ruso Veniamin I. Sozin 1896 - 1956)*, porque "difícilmente se puede encontrar alguna partida influyente que él jugara con esta línea…".

En ocasiones, Fischer sólo buscaba obtener una ligera ventaja. Por ejemplo, al usar en el Ruy López la Variante Anderssen (5. d3) contra el Campeón Mundial 1957-58, Vasili Smyslov, en el Capablanca de 1965 *(ver Partida 9)*. O sobre todo, al emplear la Variante del Cambio en la misma Apertura Española, en la que sus innovaciones fueron una verdadera revelación en la Olimpíada de La Habana 1966. La fuerza de sus ideas en la Variante del Cambio ha quedado patente en que varios jugadores del primer nivel siguen empleándola en el presente.

Pero también dominaba todas las líneas del Ruy López, como demostró en sus encuentros con el Gran Maestro húngaro Lázló Szabó *(ver Partida 15)*, el Maestro Internacional noruego Svein Johannessen *(ver Partida 34)*, el Gran Maestro islandés Fridrik Olafsson *(ver Partida 36)* y Spassky *(ver Partida 42)*.

Con las Negras:

Fischer elegía aperturas en las que evitaba simplificaciones tempranas. Al confiar en su preparación casera, producía posiciones complicadas, aunque en ocasiones hacía concesiones estratégicas.

Contra 1. e4:

La principal respuesta de Fischer era la Variante Najdorf de la Defensa Siciliana, donde se sentía seguro, incluso en la complicada Variante del Peón Envenenado. Ver, por ejemplo, su triunfo contra Tringov *(Partida 12)* y su empate con Parma *(Partida 14)*.

Según el Gran Maestro estadounidense Robert Byrne en su columna *Chess* (*The New York Times*. 8 de junio de 1989): "Una predilección que dos de los más grandes jugadores de ataque de todos los tiempos, el actual Campeón Mundial, Gary Kasparov; y Bobby Fischer, un ex Campeón Mundial, tienen en común es la defensa provocadora. Se seduce al oponente a que venga por ti, al simular algún tipo de debilidad - usualmente en tiempo o espacio. Entonces, mediante un cálculo agudo o una compleja evaluación de los factores posicionales, o cualquier cosa que permita mostrar tu superioridad como jugador, se aventaja al oponente y se gana la partida. *(N.A.: ¿No hay en esto algo de Emanuel Lasker?)* Por supuesto, si uno va demasiado lejos o se equivoca, pierde, pero cuando se juega para una victoria con las Negras, es un riesgo que uno está obligado a tomar. El principal vehículo de Fischer para la defensa provocadora era la Variante del Peón Envenenado de la Siciliana Najdorf. Kasparov también estaba generalmente listo para emplear ese desafío, pero usaba más a menudo su prima, la Variante Scheveningen de la Defensa Siciliana. Con cualquiera de ambas, se juega con la espada de Damocles suspendida sobre la cabeza".

Pero también hizo valiosos aportes al enfrentarse a otras líneas contra la Variante Najdorf, como 6. Ae2 empleada por Lehmann *(ver Partida 8)*; o 6. Ac4, por el Gran Maestro austríaco Karl Robatsch en el Capablanca 1965 *(ver Partida 18)* y el boliviano Julio García Soruco en la Olimpíada 1966 *(ver Partida 33)*.

Contra 1. d4:

Generalmente optaba por la Defensa India del Rey, aunque también jugaba la Defensa Grünfeld y esporádicamente la Defensa Nimzoindia. A partir de la Olimpíada de la Habana 1966, incorporó a su repertorio la Defensa Indobenoni (o Benoni Moderna), que tantos éxitos le brindó en los próximos seis años, como su sonado primer triunfo en un encuentro contra Spassky, en la Tercera Partida del Match por el Campeonato Mundial, Reikjavik 1972.

En todas esas defensas, Fischer jugada de forma arriesgada, haciendo concesiones estratégicas, como contra el Gran Maestro argentino Miguel Najdorf en la Olimpíada de 1966 *(ver Partida 41)*. O en su empate contra Jiménez en el Capablanca de 1965 *(ver Partida 23)*. En ambas ocasiones, Fischer debilitó su flanco rey para obtener contrajuego.

Contra 1. c4:

Prefería la Variante Simétrica, con la cual obtuvo una afortunada victoria contra el Maestro Internacional polaco Zbigniev Doda en el Capablanca de 1965 *(Ver Partida 27)*, después de correr enormes riesgos.

En el Medio Juego:

Fischer poseía un excelente dominio de la transición de la Apertura al Medio Juego y había estudiado con profundidad numerosas posiciones típicas procedentes de las aperturas que jugaba.

Cuando obtenía ventaja, trataba de hacer valer ésta de la forma más clara, evitando en lo posible entrar en complicaciones.

A Fischer le agradaba mucho jugar el llamado *Medio Juego Sin Damas*. De esta forma limitaba las posibilidades de su rival de crear complicaciones. A lo largo de su carrera, hay muchas victorias de Bobby con este tipo de posición. Buenas muestras de ello son sus victorias sobre Gilberto García *(ver Partida 16)* y Smyslov *(ver Partida 9)* en el Capablanca 1965; y contra Olafsson *(ver Partida 36)*, Portisch *(ver Partida 38)* y Jiménez *(ver Partida 46)* en la Olimpíada.

El Gran Maestro estadounidense Robert Byrne, en su *Introducción* al libro de Edmar Mednis *How to Beat Bobby Fischer (Cómo vencer a Bobby Fischer.* Nueva York, 1974. Página 28), hace un valioso comentario al respecto:

"Para confirmar aún más la gran influencia de Capablanca en su juego, debe destacarse que, cada vez que Fischer se enfrenta a la decisión de elegir entre un promisorio medio juego de ataque u obtener una pequeña, pero clara y cierta ventaja en el final, él invariablemente elige la segunda opción".

Una buena prueba de ello es su victoria contra el ecuatoriano Olavo Yépez en la Olimpíada de 1966 *(ver Partida 30)*.

Fischer calculaba muy bien y sólo en muy raras ocasiones se veían graves errores de análisis en su juego. El uso de esta arma queda patente en su victoria sobre el germano oriental Wolfgang Pietzsch en el Capablanca de 1965 *(ver Partida 29)*.

Como escribió Spassky en su informe sobre el Torneo de Mar del Plata, 1960, aparecido en *Russians Versus Fischer* (Moscow Chess World 1994. P. 53.): "Él (Fischer) hace que los competidores más débiles enfrenten constantemente complicados problemas tácticos. En esto se parece a Tal".

Otra característica muy importante del norteamericano en el Medio Juego era la de ser un jugador muy activo, que siempre pensaba en obtener contrajuego, incluso en las posiciones en las que debía defenderse.

Ejemplos de esto son sus encuentros contra el Maestro Internacional rumano Victor Ciocâltea *(ver Partida 10)* y contra Doda *(ver Partida 27)*, ambos en el Capablanca de 1965.

Bobby poseía una gran habilidad para mejorar la ubicación de sus piezas. Un buen ejemplo es su triunfo sobre Olafsson en la Olimpíada de 1966 *(ver Partida 36)*.

Para ello tenía algunas maniobras favoritas como:

El ubicar sus torres en la tercera fila cuando llevaba Blancas, y en la sexta horizontal cuando tenía las Negras. Según el Gran Maestro estadounidense Andrew Soltis, en *Bobby Fischer Rediscovered (Bobby Fischer Redescubierto.* B.T. Batsford Ltd., Londres 2003.Pág. 224), el Campeón Mundial 1940-60 y 1961-63, el soviético Mijaíl Botvinnik, en su preparación para el match no jugado contra Bobby en 1970, "destacó lo mucho que le gustaba al estadounidense mover sus torres a lo largo de la tercera línea". Entre muchos ejemplos, tenemos el de su victoria contra Durao en La Habana, 1966 *(ver Partida 31)*.

Cambiar de diagonal un alfil para aumentar la presión sobre una debilidad, como en su encuentro contra Smyslov en el Capablanca 1965 *(ver Partida 9)*, o para apoyar mejor su ofensiva, como contra Szabó en el mismo torneo *(ver Partida 15)*.

En el Final:

Fischer era implacable en los finales en que su rival no disponía de contrajuego efectivo. Ese tipo de posiciones las conducía como una máquina.

Sorprendía a sus rivales con golpes tácticos cuando esperaban la continuación convencional.

Un tipo de final por el que mostraba especial predilección era el de Dama y Peón contra dos Torres, que desde el punto de vista material se considera parejo y en el cual muchos destacados jugadores suelen preferir las dos Torres. Pero, según las características específicas de la posición, Bobby prefería el bando de la Dama.

De ellos, señalamos su victoria sobre Bilek *(Partida 19)*, aunque son similares sus triunfos sobre Donald Byrne en el Western Open de 1963 y Portisch en Santa Mónica, 1966.

También, gracias a su excelente forma física, solía luchar hasta la última posibilidad, creando complicaciones en posiciones en las que se pudo haber acordado el empate.

Esto se aprecia en su enfrentamiento con el Gran Maestro germano oriental Wolfgang Uhlmann en la Olimpíada de 1966 *(ver Partida 37)*, donde en un final parejo, con material reducido, decide sacrificar la calidad para llegar a una posición de doble filo.

Una de sus más depuradas demostraciones en los finales tuvo lugar en su victoria sobre Pachman *(ver Partida 44)*, donde impuso su elevada técnica en una lucha de alfiles de diferente color y torres.

En otra prueba más de su gran erudición ajedrecística, Fischer jugó contra Pachman de forma similar a como le había ganado Aron Nimzowitsch a Hermann von Gottschall en el torneo de Hannover 1926, en un final que Nimzowitsch comentó en sus famosos libros *Mi Sistema y La práctica de Mi Sistema*.

Posteriormente hubo otros ejemplos en los cuales Bobby se impuso en igual tipo de final. Por ejemplo: contra el Gran Maestro húngaro Gyozo Forintos en Montecarlo 1967 y Parma en Rovinj/ Zagreb 1970.

Debilidades:

Su juego arriesgado en busca del triunfo a toda costa, aún en posiciones equilibradas, le indujo a cometer serios errores.

Y aunque a veces esto le dio el triunfo, como en su encuentro con Doda en el Capablanca de 1965 *(ver Partida 27)*, también le trajo costosas derrotas en el mismo torneo contra el Gran Maestro yugoslavo Borislav Ivkov *(ver Partida 17)* y el Gran Maestro soviético Efim Geller *(ver Partida 22)*; así como contra el Gran Maestro rumano Florín Gheorghiu en la Olimpiada de 1966 *(ver Partida 45)*.

Tal ímpetu por forzar la victoria no cesaba en los finales. Sabiendo esto, Eleazar Jiménez *(Partida 23)* le jugó sólidamente y provocó un error que debió costarle un punto completo a Fischer. El Maestro Internacional cubano puso bajo sobre un movimiento equivocado al sellarse por segunda vez el cotejo y resultó tablas.

Raramente lo sorprendían en la Apertura, pero cuando esto sucedía y no disponía de su ansiado contrajuego, era cuando resultaba más vulnerable, como ocurrió contra el Gran Maestro soviético Ratmir Jolmov en el Capablanca de 1965 *(ver Partida 26)*.

Aunque los ejemplos en que se basa este Acercamiento al estilo de Fischer ocurrieron por lo general en las etapas en que transcurre el tiempo de esta obra, las mismas características se observan también a lo largo de su carrera de más de tres décadas en la práctica del ajedrez magistral.

1956
Primera aventura en el extranjero

A Pedro Urra no se le iba de la mente la imagen del niño que durante la travesía no apartaba la vista de su pequeño ajedrez imantado.

Esa fijación le pareció muy inusual al empleado de la tienda de suvenires del transbordador *City of Havana*. Urra de 27 años, escondía detrás de su fachada laboral a un miembro del *Movimiento Revolucionario 26 de Julio* (muy conocido por sus siglas en español *M-26-7*), el más importante grupo armado clandestino que se oponía en Cuba al gobernante Fulgencio Batista y Zaldívar.

No era común que un hecho en apariencia trivial, como el de un niño totalmente ensimismado en un tablerito de ajedrez, captara la atención de los ojos adiestrados de Urra un experto en detectar policías encubiertos y cumplir misiones secretas. Su instinto le decía que detrás de esa estampa inocente, un misterio luchaba por revelársele. No fue hasta años después que logró descifrar el temprano aviso, cuando comprendió que el niño del barco y el genio de ajedrez Robert James Fischer eran la misma persona.

El transbordador *City of Havana* parecía una embarcación turística más, repleta de los llamados *snowbirds* (pájaros de la nieve), los residentes del norte de los Estados Unidos que viajaban a Cuba en busca de un clima cálido. Pero tras esta postal idílica, la nave ocultaba un centro de espionaje y contrabando, además de servir como el transporte clandestino por excelencia de los líderes urbanos de la insurrección contra el régimen de Batista.

En los primeros años de la década de 1930, Batista se apoderó del gobierno de Cuba tras una asonada militar que lideró cuando apenas era un sargento taquígrafo. Con excepción del período 1944-1952, su presencia fue desde entonces, desproporcionada en ese país, hasta que su figura se vio borrada en 1959 por Fidel Castro Ruz, líder del *M-26-7*, quien lo relegó al exilio y al ostracismo político por el resto de su vida.

La labor clandestina primordial de Urra en el transbordador era llevar y traer la correspondencia confidencial que mantenía el flujo de comunicación entre los grupos armados oposicionistas en la Isla y las células que operaban en el exterior. Pero también introducir armas de pequeño calibre y municiones en Cuba, así como ocultar en compartimentos secretos a jefes insurreccionales que salían o entraban al país.

El antiguo buque militar británico de desembarco, construido en Estados Unidos, participó luego en la invasión de Normandía, Francia, en 1944, con el nombre *HMS Northway*. Tras finalizada la Segunda Guerra Mundial se convirtió en un transbordador de pasajeros y se le destinó a la ruta Cayo Hueso (Key West) - La Habana.

En 1956, la embarcación era como una película *Casablanca* sobre las olas, con sus reproducciones de Rick Blaine e Ilsa Lund. Para cada miembro importante de la resistencia como el Victor László del filme, la policía cubana disponía de su Heinrich Strasser, o cuando menos de su Louis Renault.

El viaje de seis horas se convertía en muchas ocasiones en un drama de sigilo y vigilancia que pasaba inadvertido para los pasajeros. El propio Urra no logró escapar de tal acoso hasta que finalmente fue descubierto, interrogado y torturado para que revelara sus contactos, lo que no hizo. Tras el derrocamiento de Batista en 1959, el antiguo conspirador no volvió a tener en su vida las mismas intensas aventuras de su juventud y su rostro se diluyó entre la muchedumbre.

A veces las partes en pugna dirimían sus asuntos a tiro limpio dentro del barco. En otras ocasiones éstos llegaban a su clímax como en la película *Havana (1990)*, en la que el jugador profesional de cartas Jack Weil (interpretado por Robert Redford) recibe por parte de Roberta Durán, (Lena Olin) una suerte de Mata Hari tropical, el encargo de sacar del transbordador un automóvil comprometido con material de comunicaciones dirigido a los rebeldes.

El servicio del *City of Havana* desde su base en Stock Island en Cayo Hueso a La Habana era cada martes, jueves y sábado. Partía hacia Cuba a las diez de la mañana y arribaba a las cuatro de la tarde al Muelle de Hacendados, un alejado bolsón de la bahía en la Ensenada de Atarés. La embarcación regresaba los lunes, miércoles y viernes a su punto de origen.

Esto ocurrió ininterrumpidamente hasta el martes 31 de octubre de 1960, cuando con 287 pasajeros y 86 automóviles partió en su último viaje desde La Habana luego de que los Estados Unidos y Cuba rompieron sus relaciones diplomáticas. En esa última travesía la inmensa mayoría de sus pasajeros eran funcionarios de la Embajada de los Estados Unidos en Cuba y sus familiares, así como refugiados cubanos.

En Cuba, las historias de policías y revolucionarios se reproducían con insistencia. Previo al *City of Havana*, otro transbordador, el *Governor Cobb*, había servido tres décadas antes de escenario a personajes duros y decididos que interpretaron papeles similares cuando esos caracteres tenían otros nombres e ideologías, como Ramiro Capablanca, del que las autoridades sospechaban era un peligroso integrante del grupo *ABC*, uno de los equivalentes en la década de 1930 al *26 de Julio* de Fidel Castro.

El devenir histórico de Cuba se asemejaba entonces a una obra calcada de la puesta en escena de un hecho histórico anterior, como una continua sucesión de hechos. Ernest Hemingway habría podido escribir a mediados de la década de 1950 la secuencia de *"Tener o no tener"* con tan sólo cambiar el nombre del capitán Harry Morgan por el de cualquier otro.

Por más de una década el buque de desembarco HMS Northway, bajo su nuevo nombre City of Havana enlazó a Key West en la Florida con la ciudad de La Habana, en un recorrido de poco más de seis horas. Su llegada a la capital de Cuba tres veces a la semana era un suceso rutinario.

El narrador y académico cubano Antonio Benítez Rojo identificó esas duplicaciones como características de "*La isla que se repite*", en que cuotas uniformes reincidían en dispensar parcelas de sucesos que iban desde hechos heroicos a burdos contrabandos de heroína o mariguana; o desde oleadas de autos robados en ciudades norteamericanas a cargamentos de armas y municiones.

La repetición de hechos no se limitaba a las convulsiones políticas o a las truculencias gansteriles, pues hasta en el mundo del ajedrez los acontecimientos parecían volver a ocurrir. Antes de que Fischer realizara la travesía de Cayo Hueso a La Habana, el joven José Raúl Capablanca, hermano mayor de Ramiro, la había emprendido varias veces desde 1912, año en que se inauguró el servicio de tren desde Nueva York a Cayo Hueso, el famoso *Havana Special* de Henry Morrison Flagler, que tenía una vinculación directa con el transbordador que viajaba a la capital de la Isla.

Había por lo menos una diferencia notable entre ambas imágenes: nadie jamás dejó constancia de haber visto a Capablanca tan alejado del mundo exterior y tan profundamente inmerso en un tablero portátil de ajedrez como Fischer.

Pero para los interesados en la transmutación de las almas, la relación entre el cubano y el estadounidense les parece urdida en otra dimensión. Cuando Capablanca falleció un 8 de marzo de 1942, en la ciudad de Nueva York, dejó un enorme vacío. Este se llenó con el nacimiento de Fischer al día siguiente del calendario, 9 de marzo, pero un año después, 1943. La enigmática sucesión en el tiempo de los dos grandes genios ajedrez tiene la apariencia de haber sido cuidadosamente dispuesta por fuerzas más allá de la comprensión humana.

En 1956, durante el primero de sus dos viajes a Cuba, Fischer formaba parte de una pequeña pero estrambótica amalgama de ajedrecistas, todos ellos convocados a una excursión por carretera y barco de casi 3,500 millas (5,600 kilómetros) de recorrido que su biógrafo clásico, el historiador Frank Brady, calificó como una aventura espeluznante *(a hair-raising trip)*.

El viaje a Cuba en el transbordador *City of Havana* formó parte de una gira por diferentes localidades de los Estados Unidos en donde los siete miembros del *Log Cabin Chess Club* se enfrentaron además a aficionados al ajedrez de las ciudades de Tampa, Miami y Hollywood, todas en el estado de Florida; así como a los de Clinton, en Carolina del Norte.[1]

Cuatro de sus integrantes eran personajes dignos de antología: los dos primeros eran el neonazi Elliot Forry Laucks y el estafador Norman Tweed Whitaker. Un tercero no era menos peculiar: Regina Wender, la madre de Fischer, a quien vigilaba el Buró Federal de Investigaciones (FBI).

Laucks era un personaje fuera de lo normal. Las peores definiciones de su persona estaban motivadas porque solía lucir pines con la insignia nazi en la solapa de sus trajes y exhibía ostentosamente en su hogar banderolas con la cruz gamada y otras parafernalias del mismo estilo. Otros calificativos eran más generosos con él, tal como los que lo identificaban como uno de los caracteres más singulares del ajedrez norteamericano, un verdadero amante y propulsor del juego.

En el sótano de su casa en Collamore Terrace 30, en el poblado de Orange del Este, Nueva Jersey, a sólo cinco kilómetros de Orange del Oeste, donde décadas antes, exactamente en agosto de 1904, José Raúl Capablanca residió cuando arribó por primera vez a los Estados Unidos, Laucks fundó un club de ajedrez al estilo del que habilitó a comienzos del siglo xx, en Riverdale, Manhattan, el profesor Isaac L. Rice.

La diferencia era que Laucks cubrió las paredes de su lugar con gruesos troncos de madera. Tal diseño, propio de una cabaña rústica de los bosques, le sirvió para nombrar así a su cofradía: *Club de Ajedrez de la Cabaña de Troncos de Madera*, que en inglés tiene mejor armonía acústica: *Log Cabin Chess Club*.

Las batallas iniciales en ese club ocurrieron en la noche del 28 de julio de 1934. Ese día Laucks no pudo refrenar sus impulsos oratorios y, no sin elegancia, dijo: "La casa club [habrá de ser] una cabaña de troncos que no sea ni demasiado palaciega, como algunos clubes de hombres ricos, ni tan pobre y tosca que le falte comodidad o un cierto grado de refinamiento...".

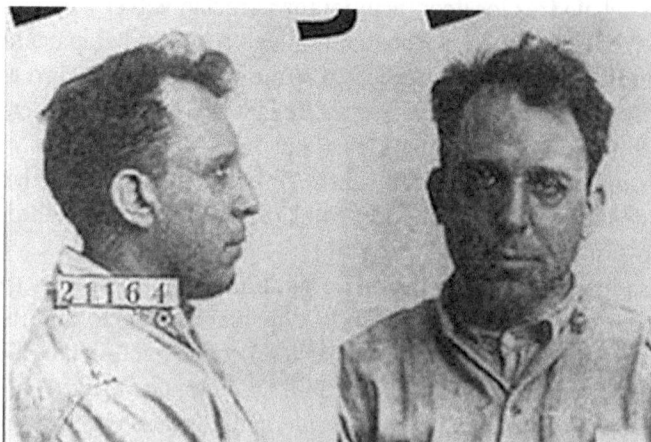

Norman Whitaker fue a la vez figura colorida del ajedrez estadounidense y compañero de prisión de Al Capone en Alcatraz. Según su relato, insistió al niño Fischer a que siempre abriera sus partidas con el Peón del Rey a la cuarta casilla.

A juicio del historiador Brady, Laucks era un millonario excéntrico que a veces daba a Regina Wender pequeños regalos en efectivo o la ayudaba a sufragar los costos de la participación de su hijo en algún torneo. Pero tal abundancia monetaria no se vio en el medio que escogió para viajar a La Habana: una camioneta Chrysler de seis años de uso y muchas millas recorridas.

En una época en que no existían las actuales autopistas y circunvalaciones de ciudades de la costa este de los Estados Unidos, debió ser una tortura atravesar poblaciones llenas de vehículos y luces de tránsito. La incomodidad se veía agravada por el exceso de pasajeros, ocho, más el portaequipaje y el techo repletos con maletas. Los miembros masculinos adultos de la expedición también tenían otra angustia: el comportamiento exasperante del joven Fischer, al que pronto identificaron como "el monstruo".

Según el periodista de ajedrez Sam Sloan, en una nota publicada el 28 de mayo del 2007 en el sitio de internet *Avler Chess*: "Whitaker me dijo que cuando Laucks llevaba a un grupo de ajedrecistas a través del país, no cuidaba el auto. Nunca le cambiaba el aceite. Entonces, cuando el motor finalmente se echaba a perder debido a la falta de aceite, Laucks simplemente iba a un vendedor local de autos usados, compraba otro y entonces el alegre grupo se ponía de nuevo en camino".

Laucks murió el 31 de julio de 1965 de un síncope cardiaco, luego de jugar las seis primeras rondas del Abierto de Estados Unidos que se disputaba en Río Piedras, Puerto Rico. Se desmayó y se le declaró muerto al llegar al hospital. Tenía 67 años de edad.

A pesar de su antisemitismo, a Laucks no parecía importarle mucho que Fischer, a pesar de su origen judío, o tampoco su madre, formaran parte de la expedición. Pero no siempre fue así cuando se trataba de otros. Por ejemplo, las bases de la competencia en uno de sus habituales torneos estaban hechas de tal manera que Samuel Reshevsky no pudiera satisfacerlas. Específicamente, se establecían horas y días de juego imposibles de cumplir para un judío practicante.

Es difícil precisar la influencia a largo plazo de Laucks sobre Fischer. Es reconocido que tales tipos de personalidades fuertes suelen dejar una huella profunda en los jóvenes, justo cuando éstos comienzan a conocer y asimilar el mundo exterior. Las diatribas de Fischer en su adultez contra los judíos, cuando él mismo era de esa procedencia por parte de su madre, y casi con toda certeza también por parte de su padre, tal vez eran un eco distante de las tiradas antisemitas de Laucks, a las que se vio expuesto cuando apenas tenía doce años, un instante en que, al decir del refranero popular, los niños son como una esponja que lo absorben todo.

El viaje de Laucks y sus "cabañeros" a La Habana comenzó a perfilarse tras la visita al *Marshall Chess Club* de Manhattan, el 4 de noviembre de 1955, de un equipo del *Club de Ajedrez Capablanca* de La Habana liderado por el propio vástago de Capablanca, José Raúl hijo, un abogado de 32 años que actuaba de forma voluntaria como Director de Ajedrez en el instituto de deportes de la Isla.

"Club de Ajedrez 'Capablanca' de La Habana
(Afiliado a la Federación Nacional de Ajedrez de Cuba)
Infanta y 25, VEDADO, LA HABANA

La Habana, 11 de octubre de 1955
Sra. Carolina D. Marshall
The Marshall Chess Club
23 W. 10th St.
New York
Estimada Sra. Marshall

Es un placer para nosotros hacerle conocer que como resultado del torneo nacional de ajedrez que ahora estamos efectuando en Cuba, los seis ganadores tendrán la oportunidad de visitar los Estados Unidos por una semana y jugar contra los más reconocidos maestros de Nueva York.

Nuestros amigos, el Sr. Luis A. Bacallao y el Sr. Edward Lasker, han arreglado –con su aprobación– el match en el Marshall Chess Club que se efectuará el 4 de noviembre. Es posible que también juguemos contra el Manhattan Chess Club, pero no estamos seguros todavía.

Para nosotros será un gran honor visitar nuevamente el Marshall Chess Club, particularmente en recuerdo del fallecido Sr. Frank J. Marshall, quien fue un gran amigo de mi padre, José Raúl Capablanca.
Sinceramente suyo,
Dr. José R. Capablanca
Asesor de Ajedrez de Cuba".

Es muy probable que durante un momento del viaje de los cubanos a los Estados Unidos, Laucks hablara con Capablanca hijo y éste le asegurara que sería bienvenido en la Isla.

Los visitantes cubanos sucumbieron ante sus rivales del *Marshall Chess Club* con el abrumador resultado de 5.5 a 0.5 cuando Franklin Howard venció al Dr. Juan González e igual hicieron Elliot Hearst, Carl Pilnick, Anthony A. Santasiere y Edmar Mednis (Gran Maestro desde 1980) sobre Miguel Alemán, Raúl Cárdenas, Rogelio Ortega y Rosendo Carbonell, respectivamente. El único empate alcanzado por los cubanos lo consiguió Carlos Calero contra John W. Collins. Antes de arribar a Nueva York, los cubanos se habían enfrentado en Miami a siete integrantes del club local, pero los floridanos también los vencieron, en esta ocasión 5 a 2.

Entonces había un fluido intercambio de ajedrecistas de la Isla a los Estados Unidos y viceversa, de manera que la proposición de Laucks de ir a La Habana no resultó inusual. Esos contactos existían de hecho desde finales del siglo diecinueve entre los clubes de La Habana con los de Nueva York y Filadelfia, al extremo que dos cubanos, Arístides Martínez y Dionisio Martínez, fueron respectivamente los presidentes del *Manhattan Chess Club* y del *Franklin Chess Club* por muchos años. En el caso de Arístides Martínez, nada menos que por más de dos décadas.

En ocasiones, se realizaban pequeños torneos con jugadores de ambos países, como el de 1947 en la capital cubana, que se celebró como parte de los festejos de la inauguración del *Club Capablanca* de La Habana. Esta competencia la ganó el cubano Gilberto García, por delante del entonces jovencito de diecisiete años Donald Byrne (Maestro Internacional desde 1962); Edward Lasker (Maestro Internacional desde 1961) y los cubanos José R. Florido, Juan A. Quesada, Rosendo Romero, Carlos Calero y Juan González.[2]

En octubre de 1950, los representantes del *Club Capablanca* de La Habana viajaron a Nueva York para oponerse a los del *Manhattan Chess Club*, en cuya nómina estaban los futuros Grandes Maestros Arthur Bisguier (desde 1957) y Robert Byrne (desde 1964). Los habaneros perdieron 5.5 a 2.5. En 1956, los jugadores del *Club Capablanca* lo hicieron mejor contra sus colegas de Miami, a los que derrotaron por 10 a 6. En 1951, llegó a La Habana el famoso ajedrecista Reuben Fine (Gran Maestro desde 1950), acompañado por Edward Lasker, el Dr. Ariel Mengarini, Edgard McCormick, Alexander Bisno y el cronista de ajedrez Hans Kmoch (Maestro Internacional desde 1950) para un match que finalizó empatado 3.5 - 3.5.

Los cubanos incluso viajaron en septiembre de 1951 hasta la distante ciudad de Los Ángeles, California, para enfrentarse a los miembros del *Herman Steiner Chess Club*, gracias a un avión que les proporcionó el entonces Ministro de Educación de la Isla, Aureliano Sánchez Arango, quien era un aficionado al ajedrez. Su influencia en los gobiernos del *Partido Auténtico* (que gobernaron Cuba en el período 1944-1952) fue importante para la construcción del *Club Capablanca* y la organización, en marzo de 1952, de un fuerte torneo internacional en La Habana.

Era además usual que unos pocos maestros de la isla, como Juan González, José R. Florido o Eldis Cobo, jugaran en los torneos abiertos de los Estados Unidos. González, por ejemplo, ganó el Abierto de partidas rápidas (blitz) en 1946, por lo que una fotografía suya en bata de médico ocupó la portada del número de enero de 1947 de la revista *Chess Review* bajo el titular *"Prescription for Speed"* (*Receta para la rapidez*).

Doce años después, Cobo triunfó en el U.S. Chess Open de 1958 (Campeonato Abierto de Ajedrez de los Estados Unidos, que se jugó con un tiempo de meditación regular) al vencer a los Grandes Maestros Arthur Bisguier y Larry Evans, los que desde el año anterior ostentaban ese título.

En los dos casos se trató de bien aprovechados paréntesis en los estudios de ambos: los de González en la escuela de medicina de la Universidad de Nueva York, y los de Cobo en la escuela de ingeniería de la Universidad Columbia.

En febrero de 1952, como parte de los festejos por los 50 años del establecimiento de Cuba como un país independiente, un grupo de ajedrecistas norteamericanos viajó por avión a La Habana para una fuerte competencia internacional llamada *Torneo por el Cincuentenario de la República*.

Fue un evento de resonancia mundial cuya primera ronda se jugó en el Palacio Presidencial. Pero su desarrollo se vio inesperadamente en aprietos por el golpe de estado que Batista dio al mandatario constitucional Carlos Prío Socarrás en la madrugada del 10 de marzo de ese año. Esto obligó al presidente del *Club Capablanca*, Mario Figueredo, a buscar apoyo en figuras cercanas al nuevo gobernante para que no se suspendieran las garantías financieras para el torneo, lo que felizmente logró.

El grupo que participó en torneo de 1952 estuvo encabezado por el estelar polaco-estadounidense Samuel Reshevsky (Gran Maestro desde 1950), quien ganó la competencia empatado con otra figura de primer orden, el también polaco, pero naturalizado argentino, Miguel Najdorf (Gran Maestro desde 1950).

La competencia incluyó a otros conocidos jugadores norteamericanos como Isaac Horowitz, Edward Lasker, Herman Steiner y la nueva estrella Larry Evans, además de otras figuras importantes del ajedrez mundial como el Gran Maestro yugoslavo Svetozar Gligoric (desde 1951) y el Gran Maestro austríaco-argentino Erich Eliskases (desde 1952). También participaron otros futuros Grandes Maestros como el entonces polaco-francés Nicolas Rossolimo (desde 1953), posteriormente nacionalizado estadounidense; el argentino Carlos Guimard (desde 1960); y el niño prodigio español Arturo Pomar (desde 1962).

Otro personaje de cuidado de la expedición del *Log Cabin Chess Club* a Cuba en 1956 era Norman Tweed Whitaker, quien acumulaba en sus espaldas algunos años de cárcel en varias prisiones, entre otras la célebre de Alcatraz, en donde tuvo una relación tumultuosa con Al Capone, que no quiso identificarse con una huelga que Whitaker organizó.

Con el típico rostro del que inspira confianza, el uso de trajes caros y una sonrisa que desarmaba, Whitaker era para muchos sencillamente un embaucador, o un tahúr de casino fluvial, como le hubiera llamado John F. Kennedy. Para sus víctimas, era un delincuente de la peor calaña, a pesar de su título de abogado, del que se le despojó como consecuencia de sus tropelías.

Con informaciones falsas, Whitaker trató de inmiscuirse en el célebre secuestro del hijo de veinte meses del famoso aviador estadounidense Charles Lindbergh, ocurrido en 1932, al proclamar que él tenía contacto con los captores y serviría de intermediario para negociar la libertad del bebé. Esta breve intervención suya posiblemente habría dejado en sus bolsillos la cifra de más de cien mil dólares, pero cuando se descubrió su falso gambito, la justicia lo premió con un pasaje de ida a la cárcel por intento de extorsión.

No todas las argucias fraudulentas de Whitaker tenían como trasfondo el dramatismo ni alcance universal del secuestro del hijo de Lindbergh. La mayoría eran simples pillerías "menores", como el robo de vehículos, la reducción de kilometraje en los odómetros o los envíos de morfina por correo. En una ocasión hasta se le acusó de perversión de menores con una niña de trece años. Pero salió bien librado del incidente cuando los padres de la joven no testificaron en su contra.

Desde su juventud, Whitaker comenzó a tener problemas con la justicia. Todo un rosario delictivo de varias décadas de extensión se muestra en el minucioso registro de su vida y fechorías escrito por John S. Hilbert con la ayuda del conocido historiador y bibliófilo de ajedrez Dale Brandreth, que al final resultó un inmenso volumen de 481 páginas con 570 partidas. Esto parece un esfuerzo desproporcionado para ocuparse de un jugador de ajedrez que estuvo lejos de alcanzar algún éxito significativo.

Hilbert, sin embargo, tituló muy bien esta atípica obra: "*Shady Side: The Life and Crimes of Norman Tweed Whitaker, Chessmaster*" (*El lado turbio: la vida y los graves delitos de Norman Tweed Whitaker, maestro de ajedrez*), que publicó en el 2000 *Caissa,* la casa editora de Brandreth. Tal vez la inspiración del título le llegó a Hilbert por el nombre de la calle en donde vivió Whitaker, *Shady Side,* aunque en ese caso particular era porque sencillamente se encontraba en el lado sombreado de la vía, sin ninguna connotación perniciosa.

En la pormenorizada narración de Hilbert se cuenta que Whitaker comenzó sus incursiones al otro lado de la ley cuando evadió el servicio militar obligatorio implantado en los Estados Unidos a partir del 18 de mayo de 1917, casi cincuenta días después de que el presidente Woodrow Wilson pidiera al Congreso que declarara la guerra a Alemania.

Pero ya antes había tenido serios tropezones con los directores del ajedrez de la ciudad de Filadelfia, al encolerizar lo suficiente a Walter Penn Shipley, una figura clásica del ajedrez de los Estados Unidos a principios del siglo XX, para que éste y los restantes directivos de la institución no sintieran por él tanto "amor fraternal" (tal como expresa el significado en latín de esa ciudad norteña) y lo vetaran formalmente de los salones del *Franklin Chess Club* el 6 de octubre de 1910.

Un ejemplo resumido de la vida y desmanes de Whitaker en su doble personalidad dentro y fuera del ajedrez se puede encontrar en 1921, cuando tras finalizar tercero en el *Octavo Congreso de Ajedrez de los Estados Unidos,* celebrado del 6 al 20 de julio en Atlantic City, Nueva Jersey, urdió en esa misma ciudad el robo de un automóvil para viajar hasta San Francisco, California, en una excursión familiar y de amigos en dos vehículos, uno de ellos el robado. Con ese hurto comenzó su larga y polémica relación con la justicia.

El 30 de diciembre de 1954, tal como si se retrocediera en el tiempo treinta y siete años, se expulsó una vez más a Whitaker del ajedrez organizado, en esta ocasión no por los filadelfios, sino por los directores nacionales de la Federación de Ajedrez de los Estados Unidos, por "ataques falsos, difamatorios y libelos contra la federación y sus oficiales".

Fue verdaderamente injusto que el escritor argentino Jorge Luis Borges no incluyera a Whitaker en su *Historia universal de la infamia,* pues el hombre tenía méritos para estar en tan selecto grupo.

Tal vez como reflejo psicológico de su conducta humana, Whitaker era un jugador de ajedrez de estilo osado, con tendencia a colocar celadas a sus adversarios, como muestra su siguiente partida con el futuro campeón Mundial José Raúl Capablanca.

(1) Norman T. Whitaker - J.R. Capablanca
Peón Dama [A46]
Torneo Nacional. Nueva York 1913

Norman Whitaker

Norman Tweed Whitaker nació en Filadelfia, Estados Unidos, el 9 de abril de 1890; fue Maestro Internacional (desde 1965), gracias a más de diez años de hacer campaña a su favor, Whitaker obtuvo finalmente el título en base a sus resultados históricos.

Su mayor rating Elo fue de 2568 en 1928, lo que lo convirtió en el jugador No. 37 del mundo a los 38 años y cinco meses de edad. Pero también fue el jugador No. 25 del mundo en cuatro ocasiones en las listas entre agosto de 1918 y noviembre de 1918. Su Mejor Resultado Individual según el Elo fue de 2493 en el Campeonato Mundial de Aficionados disputado en La Haya, 1928, cuando obtuvo 3 puntos en 8 partidas (38%) contra una oposición con rating de 2558. En realidad, Whitaker jugó 14 partidas contra opositores con o sin rating, y logró 9.5 puntos en su primer torneo internacional fuera de los Estados Unidos. Esto fue suficiente para compartir los lugares 4-6 con el campeón español, Manuel Golmayo (nacido en La Habana, Cuba, el 20 de diciembre de 1903) y el checo Karel Treybal. El ganador fue el holandés Max Euwe, quien siete años después se convertiría en Campeón Mundial.

En 1918, Whitaker ya era uno de los jugadores más fuertes en los Estados Unidos, cuando derrotó al ex campeón norteamericano Jackson Showalter en un match (+4-1=3). En 1920, representó a la ciudad de Washington contra Chicago en lo que se cree es el primer encuentro estadounidense a larga distancia por onda corta de radio. Whitaker enfrentó al fuerte maestro germano-estadounidense Edward Lasker con un límite de tres horas para toda la partida. Al cumplirse el tiempo acordado, ésta se hallaba inconclusa después de 25 jugadas con una ligera ventaja de Whitaker. El futuro Campeón Mundial José Raúl Capablanca adjudicó la posición como una victoria para el miembro del equipo de la capital del país.

En Atlantic City 1921, Whitaker terminó solo en segundo lugar y mejor entre los estadounidenses en el *Octavo Congreso Estadounidense de Ajedrez*, el antecedente del actual campeonato del país. Whitaker acumuló 8 puntos de 11, sólo medio punto detrás del ganador, el polaco David Janowski, pero por encima del campeón estadounidense Frank James Marshall, derrotando a ambos en el torneo. Esta es posiblemente la mejor actuación de su vida.

En esos años Whitaker era un jugador táctico muy fuerte, que había ganado muchas partidas contra los mejores ajedrecistas de los Estados Unidos.

Después de su segundo lugar en Atlantic City 1921, Whitaker tenía programado jugar un match contra Marshall por el *Campeonato de Ajedrez de los Estados Unidos*, pero no asistió. En noviembre de 1921, había sido arrestado y acusado de un delito grave, y ésta fue probablemente la razón para que se cancelara el match.

Whitaker creció en medio de una familia de clase media alta. Su padre, el Dr. Herbert Whitaker, era profesor de matemáticas con un doctorado de la Universidad de Pensilvania; mientras que su madre era una campeona del juego de cartas llamado *whist*. Norman se recibió de Licenciado en Literatura Alemana en la Universidad de Pensilvania. También se graduó de abogado en la Universidad de Georgetown. Trabajó por varios años como abogado en la Oficina de Patentes y Marcas de los Estados Unidos.

Whitaker murió en Phenix City, Alabama, el 20 de mayo de 1975. Tenía 85 años.

A continuación, la única partida oficial entre Whitaker y José Raúl Capablanca.

1. d4 Cf6 2. Cf3 d6 3. Cc3 Esta fue la segunda ocasión en que Capablanca tuvo que enfrentar este movimiento. Las Blancas intentan jugar 4. e4. **3. ... d5** Pese a perder un tiempo, las Negras tratan de explotar el hecho de que las Blancas jugaron Cc3 y su peón "c" permanece en c2. El año anterior contra Jaffe, también en Nueva York, el cubano jugó 3. ... Af5. *1)*. Otra posibilidad es 4. ... Ad7 *2)*. **4. Af4** También es posible 4. Dd3 con la idea de continuar con 5. e4. *3)*. **4. ... e6 5. e3 Ab4** Resulta interesante 5. ... Ad6. **6. Ad3 c5 7. 0-0** Merece atención 7. dxc5. **7. ... c4 8. Ae2 Axc3 9. bxc3 Ce4 10. De1 Da5** Esta jugada no es la mejor. Lo natural es 10. ... 0-0 *(ver diagrama)*

11. Cd2! Un buen recurso táctico de Whitaker. **11. ... Cxc3?!** Una jugada imprecisa con la que las Negras pronto van a caer en una posición claramente inferior. Por supuesto, no se puede   11. ... Dxc3?? debido a 12. Cxe4!, ya que después de 12. ... Dxe1 las Blancas ganan una pieza con el movimiento intermedio 13. Cd6+. Lo mejor para las Negras es 11. ... Cf6 aunque las Blancas tendrían ventaja luego de 12. Ad6. **12. Bxc4!** Otra excelente jugada. **12. ... Cc6 13. Cb3** Más preciso era jugar directamente 13. Ad3! **13. ... Db4 14. Ad3 Ca4 15. De2 0-0 16. Dh5** Whitaker intenta atacar en el flanco rey. Pero un plan muy interesante es jugar en el otro lado del tablero. Por ejemplo: 16. c3 Qa3 *(Si 16. ... Dxc3? la Dama blanca queda atrapada luego de 17. Ad6 Rd8?!18. Tac1. Y en caso de 16. ... Cxc3?! sigue 17. Dc2 y la amenaza 18. a3 prácticamente obliga a las Negras a jugar 17. ... Ce4. Luego de 18. Axe4 dxe4 19. Ac5 f5 20. Tab1 las Blancas tendrían apreciable ventaja).* 17. Qc2 con clara superioridad. **16. ... f5 17. g4 De7** Es mejor   17. ... Cb2! **18. gxf5 exf5 19. Rh1 Cb2** Ahora esta jugada no es tan efectiva, ya que las Blancas pueden retirar su alfil. **20. Ae2 Cc4 21. Cc5** Más directo es 21. Tg1! **21. ... b6 22. Df3** Whitaker gana un peón con esta jugada. Pero ahora Capablanca puede completar su desarrollo y ubicar sus piezas de forma activa. Es preferible 22. Cd3 manteniendo ligera ventaja. **22. ... bxc5** Después de 22. ... Cd2   23. Dxd5+ Rh8 24. Dxc6 bxc5 25. Dxc5 Ab7+ 26. f3 Dxc5 27. dxc5 Cxf1 28. Txf1 las Blancas mantienen una ligera superioridad en el final. **23. Dxd5+ Ae6 24. Dxc6 Tac8 25. Dg2 cxd4 26. exd4 Dd7** Las Negras han frenado a los peones centrales blancos, lo que les garantiza suficiente compensación por el peón de menos. **27. c3 Tf6!** El cubano activa su Torre de f8, que era su pieza menos efectiva. **28. Tg1 Tg6 29. Dh3 Ad5+ 30. f3** Las Blancas quieren conservar su pareja de alfiles, porque en caso de 30. Af3 Dc6 31. Axd5+ Dxd5+ las Negras tienen compensación por el peón. Sin embargo, esa era su mejor opción ya que ahora Capablanca se apodera de la iniciativa. **30. ... Tg4 31. Txg4?** Esto permite a las Negras ampliar su ventaja. Debió haber jugado 31. Axc4, porque después de 31. ... Txc4 32. Ad2 Tc8 el cubano sólo tendría ligera ventaja. **31. ... fxg4 32. Dg3 Df5?!** Toca a las Negras equivocarse. Era mejor 32. ... De6! **33. Tg1! h5 34. h3 Tf8 35. Axc4 Axc4** La presencia de alfiles de distinto color hace que la situación de las Blancas sea sumamente crítica. **36. Ad6 Tf6?!** Una imprecisión. Es cierto que después de 36. ... Dxf3+ 37. Dxf3 Txf3 38. hxg4 h4 39. Rh2 el final sería tablas. Sin embargo, las negras pueden jugar 36. ... Tf7! 37. hxg4 Dd5 manteniendo la iniciativa. **37. Ae5 Tg6** *(ver diagrama)*

38. Rh2?! Whitaker debió haber jugado 38. Df4! porque después de 38. ... Dxf4 *(Si 38. ... Dc2 las Blancas pueden forzar el empate con 39. De4! Ad3 40. Dd5+ Rh7 41. Axg7! gxf3 42. Dxh5+ Rxg7 43. De5+ Rf7 44. Dc7+)* 39. Axf4 Tf6 40. Ae5 Txf3 41. hxg4 h4 42. Rh2 y las Blancas, pueden alcanzar unas tablas. **38. ... Bd5** Las Negras han logrado una posición ganadora. Este es un ejemplo típico de la ventaja que significa para el bando que ataca la presencia de alfiles de diferente color. Como puede apreciarse, el alfil blanco, a pesar de estar aparentemente muy bien ubicado, no puede colaborar en la defensa de su rey. **39. Df4 Dc2+** Las Negras pueden decidir la partida con 39. ... Dd3! ya que las Blancas están indefensas ante la amenaza 40. ... Axf3. Por ejemplo, después de 40. hxg4 Axf3 41. g5 las Negras ganan con 41. ... Ta6! No obstante, la jugada del texto, aunque menos directa, debe conducir también a la victoria. **40. Tg2 Dd3 41. hxg4 Axf3 42. Td2** Ahora se puede ver la diferencia. En caso de haber jugado directamente 39. .... Dd3! las Blancas no dispondrían de este recurso. **42. ... Df1! 43. g5 Dh1+?** Un error con el que las Negras dejan escapar su mejor posición. Lo correcto es 43. ... h4! porque después de 44. Dxh4 Ad5 45. Df4 Dh1+ 46. Rg3 Dh5 47. Th2 Txg5+ 48. Rf2 Dg6 Capablanca habría tenido ventaja decisiva. **44. Rg3 Ad5 45. Tf2** Es más preciso 45. Th2. **45. ... h4+ 46. Rg4** No es posible 46. Dxh4? debido a 46. ... Dg1+ 47. Rf4 Dc1+ 48. Rg4. *(Si 48. Rf5 las Negras ganarían por medio de 48. ... Tc6 49. Dg3 Db1+ 50. Rg4 Ae6+)* 48. ... Ae6+ 49. Rf3 Txg5 con ataque ganador. **46. ... h3 47. Tb2 Ae6+ 48. Rh5 Rh7 49. Te2 Dd1 50. Dd2 Dg1 51. Df4 Ad5** La jugada sellada. La posición es muy compleja con posibilidades equivalentes para ambos bandos. **52. Td2 Ag2 53. Th4 Rg8 54. Tb2 Rh7 55. c4** Las Blancas, al pensar que no tienen nada a que temer, comienzan a mover sus peones. De haber jugado 55. Te2 las Negras tendrían que conformarse con el empate. **55. ... De1+ 56. Rg4 Dg1 57. d5?!** Una jugada difícil de explicar. Las Blancas pueden evitar el jaque a la descubierta con 57. Dg3. Luego de 57. ... Dd1+ *(Pero no 57. ... Dc1?? debido a 58. Dh4+ Rg8 59. Tb8+ Rf7 60. Df2+)* 58. Rf5 Df1+ 59. Rg4 Af3+ 60. Rh4 *(Por supuesto, no 60. Dxf3? debido a 60. ... Txg5+!)* 60. ... Dc1 61. Rxh3 Dxb2 62. Dxf3 Txg5 63. Af4 Tf5 64. Rg4 g6 65. De4 y la partida debe finalizar en tablas. **57. ... Axd5+ 58. Rg4 Ae6+** *(ver diagrama)*

59. Rf3? El error decisivo. Es cierto que después de 59. Rh4 Dc5! 60. Df4 Ac8 61. Te2 Te6 las Negras están mejor, aunque la posición sigue siendo bien compleja. Luego de la errónea jugada del texto, las Negras obtienen ventaja ganadora. **59. ... Df1+ 60. Re3** No hay nada mejor. Si 60. Tf2 sigue 60. ... Dd3+ 61. Rf4 Dxg3+ 62. Rxg3 Txg5+ 63. Rf4 Tf5+ ganando. En caso de 60. Df2 la respuesta es 60. ... Dd1+ 61. Re3 Txg5 con ventaja decisiva. **60. ... Dxc4 61. Ad4?** Un error que acelera la derrota. Más tenaz es 61. Df4 aunque después de 61. ... Dc5+ 62. Rf3 Ac8 63. Dh4+ Rg8 la situación de las Blancas sigue crítica. **61. ... Dc1+ 62. Td2 Af5** Permite a la torre el acceso a la casilla e6. Pero aún más fuerte es 62. ... Ac8. **63. Dh4+ Rg8 64. Ae5 Te6 65. Dd4** Si 65. Df4, las Negras ganan con 65. ... h2 66. Dxh2 Qc3+ **65. ... h2! 66. Qd8+ Kh7** Las Blancas abandonan. **0-1.**

(Para otros interesantes enfrentamientos de Capablanca y Whitaker, en esta ocasión en simultáneas del cubano, ver Nota 3.)

Whitaker afirmó en un artículo de remembranzas, *Sixty-five Years in American Chess* (Sesenta y cinco años en el ajedrez estadounidense), publicado en la revista *Chess Life* (diciembre de 1969), que él había urgido al joven Fischer a utilizar siempre el Peón Rey como primera jugada. Fischer nunca negó esta afirmación, aunque quizás él prefería la salida con el Peón de Rey por instinto propio, sin que mediara la tutoría de Whitaker.

Sus comentarios sobre Fischer fueron exactamente los siguientes:

"A menudo me preguntan por Bobby Fischer. Lo conozco mejor que la mayoría de los demás. Pasamos tres semanas en una gira de ajedrez a través de muchos estados del sur y Cuba. El equipo de ocho *(N.A. En realidad eran siete)* votó que yo jugara en el Tablero 1, Fischer en el Tablero 2. Naturalmente, tuve una oposición más fuerte, pero al final nuestros puntajes fueron los mismos: cada uno ganó cinco, perdió uno y empató uno. Insté a Fischer a jugar 1. e4. Según recuerdo, en la docena de años transcurridos desde entonces, Bobby nunca ha jugado ningún otro movimiento inicial".

De haber sido así, éste sería sin dudas el mayor aporte de Whitaker a la historia del ajedrez.

Un tercer personaje del viaje también merece analizarse a fondo: Regina Wender-Fischer, la madre del joven prodigio, quien en esta ocasión tuvo el buen tino de no enviar solo a su hijo en la expedición de los "cabañeros" de Laucks.

Unos meses antes, en julio de 1955, Regina fue mucho más negligente al permitir a su hijo viajar solo hasta el distante estado de Nebraska para el campeonato juvenil de los Estados Unidos. De acuerdo con el relato de Frank Brady en *Endgame* (páginas 43-44) cuando ella trató de comprar el pasaje en la estación de trenes Pensilvania de Nueva York, el expendedor se negó con la explicación de que no podía hacerlo, pues los niños menores de doce años no podían viajar solos. Pero ella argumentó en su fuerte acento alemán que el viaje era necesario para su *chess* (*ajedrez* en inglés) y el hombre entendió *chest* (*pecho* en inglés), por lo que le extendió el boleto al creer que se trataba de un viaje para un tratamiento médico de una enfermedad del corazón o los pulmones.

En el hermético mundo de la policía política, una bandera roja es el indicio de que algo de interés se registra en el expediente de una persona. En el caso de Regina, había una larga hilera de banderas rojas, hasta que, tras una enconada e infructuosa cacería, los agentes concluyeron que ella era como una especie de "compañera de viaje", pero no una espía soviética.

Los servicios de inteligencia de los Estados Unidos estaban seriamente preocupados de que la KGB hubiera captado a Bobby durante su viaje a Moscú en 1957. Como mostró posteriormente la historia, Fischer no tenía vocación para el sórdido rol de espía. Para el FBI, y todo el Washington oficial, habría sido muy embarazoso reconocer ante el mundo que su principal talento en el ajedrez no era más que un peón de Moscú.

El grueso del interés del FBI por Regina se remonta al 21 de mayo de 1957, pero su expediente mostraba un arresto desde junio de 1943 "por perturbar la paz", es decir que desde mucho antes ella estaba en el radar de la agencia estadounidense, así como su hermano Max, cuyas primeras anotaciones por parte de la FBI se registraron en 1942.

Los motivos de la vigilancia eran que ella mantenía contactos con miembros del Partido Comunista de los Estados Unidos (a pesar de que había sido expulsada de esa organización en 1953) y con el personal de las sedes diplomáticas soviéticas, con motivo de que Bobby viajara a esa nación para poder desarrollar sus habilidades tras consagrarse en 1957 como el más joven campeón de ajedrez de los Estados Unidos a la edad de 14 años.

Los informes desclasificados del FBI sobre Regina indican el interés de esa agencia por sus actividades y amigos. Varias de las pesquisas las ordenó el propio director de la entidad, John Edgar Hoover, lo cual puede indicar que en algún momento fue un objetivo prioritario.

Uno suele albergar la errónea idea de que los servicios de inteligencia tienen un lenguaje sublime en sus comunicaciones secretas y que esos despachos, no escritos para los seres humanos comunes, esconden recónditos misterios y enigmáticas frases. No es así; en la inmensa mayoría de las ocasiones se trata de una simple recopilación de delaciones o despachos de agentes donde lo único destacado es la pedestre monotonía del texto.

Uno de los primeros despachos sobre la familia Wender se envió a Hoover el 4 de octubre de 1942 desde la sede del FBI en San Luis. Era sobre la vigilancia a Max Wender, el hermano de Regina, como un caso de 'seguridad del tipo C'. En otro informe del 21 de octubre de 1957, se menciona al matemático de origen húngaro Paul Nemenyi como posible padre del hijo varón de Regina y se sugiere al jefe distrital de Chicago entrevistar al propio Nemenyi para aclarar el asunto.

El FBI no creía que el físico alemán Hans-Gerhardt Fischer, que vivía entonces en Chile, era el padre del niño, aunque Regina así lo atestiguó a la trabajadora social que asistió en su parto en el hospital para judíos pobres *Michael Reese*, en Chicago. Según el relato de Regina, ella se encontró con Hans-Gerhardt en la Ciudad de México tras varios años de separación y de ese reencuentro surgió el embarazo. Lo cierto es que los agentes de inteligencia no compartían la historia, lo que parece estar fundamentado por el extraordinario parecido de Fischer con Nemenyi, y también por declaraciones posteriores de otro hijo de Nemenyi, el estadístico Peter Nemenyi, el que atestiguó que Fischer era su hermano paterno.

De diferente parecer era la informante Helen Mahler Goldstein, la que mantenía una relación íntima con Nemenyi. Para Mahler, aunque no lo declaró de forma tan tajante al FBI, Regina engañaba a Nemenyi con la historia de que el pequeño Fischer era su hijo, tal vez con el fin de que él se encargara de los gastos de su mantenimiento, a pesar de que el propio Nemenyi le confesó que tenía un hijo fuera del matrimonio que entonces (1946) tenía la edad de tres años.

Nemenyi también le dijo que la madre del niño vivía en Iowa o Colorado, lo cual coincide con el itinerario de Regina.

Paul Félix Nemenyi provenía de una familia judía acaudalada. Nació el 5 de junio de 1885 en la ciudad de Fiume (hoy día Rijeka, Croacia) y se convirtió en uno de los más importantes matemáticos de Hungría y del mundo con sus estudios y teoremas sobre la mecánica de medios continuos.

En esta historia nadie parece dar la imagen de un ser humano común y corriente. Nemenyi tampoco. Se le consideraba un niño prodigio que a los diecisiete años ganó la competencia nacional de matemáticas de Hungría. Su apellido original era Neumann, pero lo "hungarizó" por Nemenyi. Pese a su origen burgués, estaba catalogado por el FBI como un simpatizante marxista. Según un informante anónimo, Nemenyi no ocultaba su convicción de que el comunismo era mejor que el capitalismo. Falleció el primero de marzo de 1956, a la edad de setenta años, en Washington D.C. Hoy muchos datos apuntan a que era el padre biológico de Fischer, aunque todavía no existen pruebas de DNA que lo garanticen.

Regina Wender-Fischer no era una mujer ordinaria. Hablaba al menos cuatro idiomas, (algunos testigos suben esa cifra hasta ocho) entre ellos el español, además del alemán, el inglés y el ruso. Pero tenía serios problemas de conducta, al extremo de que hasta los agentes del FBI se preguntaban cómo era capaz ella de resolver los complejos problemas de su vida personal.

Un perfil psicológico elaborado por esa agencia la clasificaba como "ligeramente paranoica, querulante, pero no psicótica". Su clasificación dentro del trastorno psiquiátrico denominado querulomanía era bastante correcta, pues se trataba de una mujer con delirios de pleitear y que se quejaba de haber sido objeto de engaños, un síndrome que trasmitió a su hijo varón.

El amplio expediente suyo en el FBI mostraba los siguientes datos básicos:

Fecha de nacimiento	31/3/13.
Lugar de nacimiento	Zúrich, Suiza.
Altura:	5'3" (5 pies y tres pulgadas -1 metro 60 centímetros).
Peso:	140-lbs. (64 kilogramos).
Pelo:	Castaño oscuro (con vetas grises).
Tez:	Rubicunda.
Raza:	Blanca
Sexo:	Femenino
Ocupación:	Enfermera.
Residencia:	560 Lincoln Place, Brooklyn, Nueva York.
Estado marital:	CASADA con GERARD FISCHER, alias GERARDO LIEBACHER, (Nota con bolígrafo: de México, América del Sur), en Moscú, Rusia el 4 de noviembre de 1943. Se divorció de FISCHER el 14 de septiembre de 1945.
Familiares:	HIJA - JOAN FISCHER, nacida el 8 de julio de 1937 en Moscú, Rusia. HIJO - ROBERT JAMES, nacido el 9 de marzo de 1943 en Chicago, Illinois.

Desde luego, esta ficha contiene un error evidente: la fecha de su boda con Hans -Gerhardt Fischer aparece como el 4 de noviembre de 1943, lo cual no es posible pues Regina se había mudado para los Estados Unidos desde 1939. La unión efectivamente ocurrió en Moscú, pero en 1933.

La personalidad de Regina quedó cabalmente reflejada cuando en 1945 viajó hasta un pequeño poblado norteamericano también llamado Moscú, para completar su separación legal de Hans-Gerhardt Fischer. Debe de haber sido una satisfacción personal borrarlo de su pasado con un portazo final apropiado al regresar al comienzo de esa relación matrimonial en el Moscú capital de la Unión Soviética, a otro Moscú, este otro liliputiense, en medio del frío y escabroso estado de Idaho, en el noroeste de los Estados Unidos.

En otra ocasión, cuando Regina escuchó las declaraciones de admiración de su hijo sobre Richard Nixon, al que visitó en la Casa Blanca tras su victoria sobre Boris Spassky en Reikiavik, 1972, su reacción fue hacer campaña a favor del demócrata George McGovern, rival de Nixon en las elecciones presidenciales de ese año.

Durante gran parte de su vida, Regina mantuvo una relación tirante con su hijo, al extremo de que éste, hastiado, declaró: "Ella se entrometía en todo lo mío y a mí no me gusta que se metan en mi vida. Por eso tuve que quitármela de encima"[4]

De acuerdo con el obituario de Fischer aparecido en *The New York Times* del 18 de enero del 2008, el fallecimiento de Regina ocurrió en junio de 1997; y un año después, en junio de 1998, el de su hermana Joan. Ambos hechos luctuosos dejaron un vacío existencial en la vida de Fischer que según especulan algunos de sus allegados, lo perturbaron seriamente y afectaron su frágil racionalidad.

Desde luego, el personaje principal de la gira era Robert James Fischer, quien entonces no era más que Bobby, un chico hiperactivo con una increíble pasión por el ajedrez a quien algunos veían con un tremendo potencial en el juego. Pero lo cierto es que, hasta ese momento, los halagos y las esperanzas sobrepasaban sus resultados.

Con el título *Bobby Fischer - Early Years (Los primeros años de Bobby Fischer)*, el cronista estadounidense de ajedrez Bill Blass escribió un largo artículo sobre los inicios del niño en el juego, de donde hemos sacado algunos datos de los momentos sobresalientes de su vida ajedrecística. Pero también nos han servido de fuentes las biografías clásicas de Frank Brady: *Bobby Fischer. Profile of a Prodigy (Bobby Fischer. Perfil de un prodigio*. Dover Publications. Nueva York 1989); y *Endgame (El final*. Nueva York 2011).

Como a muchos niños prodigios, para Fischer la llegada del ajedrez a su vida fue como un rayo deslumbrador. El checoeslovaco Richard Réti cuenta en sus escritos autobiográficos que a él le sucedió lo mismo, e igual dijeron a su modo el cubano José Raúl Capablanca y el polaco-estadounidense Samuel Reshevsky.

Fischer vio por primera vez un juego de ajedrez cuando su hermana Joan (1938-1998) le compró, el día de su sexto cumpleaños, por el precio de un dólar, uno de plástico en una tienda de dulces situada en la planta baja del edificio en donde vivían. Este dato lo corroboró Fischer en el ejemplar de diciembre de 1966 de la revista *Boy´s Life*.

En un viaje con su familia, Fischer pasó algunos días en la playa de Patchogue, en la costa sur de Long Island, en el estado de Nueva York, pero allí estuvo todo el tiempo estudiando ajedrez con su primer libro sobre el juego, uno que no recordó exactamente, pero dijo que pudo ser *Tarrasch's Best Games of Chess (Las mejores partidas de ajedrez de Tarrasch*. Chatto and Windus. Londres 1947) escrito por Fred Reinfeld.

No resulta extraño que su madre considerara tal absorción como un posible síntoma de autismo, por lo cual trató de que el juego fuera para él más bien una forma de conocer a otros niños de su edad y abandonara su extrema reclusión.

El 14 de noviembre 1950, Regina Fischer envió una tarjeta postal al periódico local, el *Brooklyn Daily Eagle*, con el propósito de crear un pequeño anuncio personal con el que buscaba compañeros de batallas ajedrecísticas para su hijo.

Para su suerte, la tarjeta postal la vio una figura emblemática del ajedrez en los Estados Unidos, Herman Helms, la misma persona que había descubierto la llegada de Capablanca a Nueva York en 1905 y escrito una histórica presentación del cubano.

Helms le respondió así a la madre de Fischer:

> 13 de enero de 1951
> Sra. R. Fischer
> 1059 Union Street
> Brooklyn, N.Y.
>
> Estimada Señora:
>
> Acaba de llegarme su tarjeta postal de nov. 14, que estuvo extraviada en las oficinas del *Eagle*. Si puede traer a su pequeño niño jugador de ajedrez a la Biblioteca Pública de Brooklyn, en la plaza Grand Army, el próximo miércoles *(N.A.: 17 de enero de 1951)* por la noche, a las ocho en punto, él pudiera encontrar allí a alguien de su misma edad. Si le gustara tomar un puesto y jugar contra el Sr. Pavey, quien va a dar una exhibición de simultáneas en ese momento, simplemente pídale que traiga su propio juego de ajedrez. Tengo entendido que los tableros se proporcionarán. También someteré su solicitud a la atención del Sr. Henry Spinner, secretario del Club de Ajedrez de Brooklyn, que se reúne durante las noches de los martes, viernes y sábados en el tercer piso de la Academia de Música de Brooklyn. Es muy posible que el Sr. Spinner conozca a uno o dos niños de esa edad.
>
> Suyo, respetuosamente,
>
> Herman Helms
>
> Editor de ajedrez

Fischer se apareció en el lugar con un juego y un tablero que Regina le había regalado en las Navidades, pero su debut no fue bueno, ya que perdió en apenas quince minutos contra Max Pavey (1918-1957), un maestro con fuerza por encima de 2400 que ese año había finalizado en tercer lugar en el Campeonato Cerrado de los Estados Unidos. Si bien Bobby tuvo que rendirse cuando le atraparon su Dama, e incluso algunos dicen que lloró, posteriormente dijo que la derrota tuvo un gran efecto en él, pues lo motivó a ser mejor en el ajedrez.

Según el recuento de Blas, Bobby conoció esa noche a Carmine Nigro (1910-2011), que era el presidente de la sección de ajedrez y damas en la Asociación de Jóvenes Cristianos (más conocida por sus siglas en inglés YMCA). Carmine estuvo de acuerdo en darle clases al niño por un dólar la hora.

A pesar de su rápida derrota de aquella noche en las simultáneas, el nombre de Fischer apareció por primera vez en la prensa cuando Helms lo mencionó de pasada en su columna de ajedrez del *Brooklyn Daily Eagle* fechada el 18 de enero de 1951.

Regina Fischer no era una mujer corriente. En ocasiones tuvo una relación tumultuosa con su hijo Bobby pero no se puede poner en dudas su amor e interés por él. A veces tenía que ir a buscarlo tarde al Manhattan Chess Club de Nueva York. La gráfica es un vagón del subterráneo de Manhattan. (Foto cortesía de Frank Brady, publicada en *Endgame, Crown Publisher*, New York, 2011).

"En su exhibición en la biblioteca, Pavey jugó 13 partidas con varios oponentes sin perder ninguna. Entabló dos contra Edmar Mednis, un miembro juvenil del *Marshall Chess Club*, y Sylvan Katske. Los otros 11, incluyendo al niño de ocho años *(N.A.: en realidad, tenía siete años)* Bobby Fischer, cayeron derrotados".

A partir de entonces, Bobby estuvo muy relacionado con Nigro, su hijo Tommy y otros dos niños que acudían al hogar de Nigro, donde jugó incontables partidas. Otro detalle histórico es que la primera fotografía de Fischer fue publicada en el boletín de la *Biblioteca de Brooklyn* correspondiente a julio de 1952. Ese año, cuando Fischer no estaba en la escuela, se pasaba la mayor parte del tiempo en esa biblioteca leyendo libros de ajedrez.

En lo que se considera la primera partida registrada de Fischer, en enero de 1953, éste enfrentó a Dan E. Mayers, un físico amante del ajedrez que trabajó durante la Segunda Guerra Mundial en Los Álamos, en el llamado *Proyecto Manhattan* que construyó las primeras bombas atómicas de los Estados Unidos.

Mayers, que tenía un rating ELO de 1900, anotó la partida, en la que Bobby recibió jaque mate en apenas diecisiete movimientos, una prueba más de que a pesar de su intensa dedicación, el ajedrez aún no florecía en él.

(2) Dan Mayers (1900) – Fischer (sin rating). Gambito del Rey [C33]
Brooklyn Chess Club, enero de 1953

1.e4 e5 2. f4 exf4 3. Ac4 Cf6 4. Cc3 c6 Paul Morphy prefirió aquí 4. .... Ab4. Después de 5. e5 siguió con 5. ... d5 6. exf6 *(Mejor es 6. Ab5+)* 6. ... dxc4 7. fxg7 Tg8 8. De2+ Ae6 y ya las Negras estaban mejor en Schulten - Morphy, Nueva York 1857. **5. d4** El británico Isidor Gunsberg jugo aquí 5. e5 contra Capablanca en San Petersburgo 1914. Luego de 5 ... d5 6. Ab3?! (Mejor 6. Ab5+) 6. ... Ce4 7. Cf3 c6 8. De2 Axc3 9.dxc3 g5 las Negras mantuvieron el Peón del Gambito y se impusieron en 26 jugadas. 5. ... **Ab4** El Maestro Internacional alemán Martin Breutigan en *Opening Enciclopaedia 2016*. (ChessBase. Hamburg) considera esta jugada como buena, pero mucho menos que 5. ... c6. **6. e5 Ce4 7. Dh5 O-O** La *Enciclope-dia de Aperturas de Ajedrez* (Belgrado 2000. Pág. 210) recomienda aquí 7. ... d5 8. edx6 0-0 9. Cge2 Cd7 10. Af4 Cdf6 11. Dh4 Cd6 12. Axd6 Axd6 13. 0-0 Ae7 14. Df4 Ag4 con ventaja de las Negras. Westerinen - Wedberg, Espoo, Finlandia 1989. **8. Ce2 d5 9. Ab3 g6 10. Dh6 Ag4 11. Ad2 Cxd2 12. Rxd2 g5 13. h4 gxh4?** Mejor es 13. ... Ae7 14. hxg5 Af5 15. Cxf4 Axg5 16. Dh2 f6   17. Tae1 con juego parejo. **14. Txh4 Af5 15. Tah1 Ae7?** Mejor es 15. ... f6. Pero luego de   14. Tg4+ Rf7 15. Tg7+ Re8 16. e6 las Blancas tienen una posición ganadora (*ver diagrama*)

16. Tg4+ Ag6 17. Dxh7 jaque mate. **1-0.**
Fischer jugó su primer torneo oficial, el campeonato del *Brooklyn Chess Club*, en febrero de 1953, y que-dó en quinto lugar. Al final de ese mismo año, Nigro lo llevó a presenciar las cuatro rondas del match de ajedrez entre los equipos de los Estados Unidos y de la entonces Unión Soviética celebrado en Nueva York, y que los visitantes ganaron 20 - 12.

Otro momento importante en la vida de Fischer fue en septiembre de 1954, cuando Nigro le presen-tó a William Lombardy, quien entonces tenía 16 años. Jugar contra Lombardy, que era más fuerte que él, resultó una gran ayuda. Juntos, repasaron un enorme número de partidas publicadas en diferentes medios de ajedrez.

El resultado de tal relación se vio cuando en el torneo del *Brooklyn Chess Club* de 1954, Fischer terminó en los lugares del tercero al quinto, empatado. Aun así, aunque su aumento de calidad era sos-tenido, no era nada espectacular.

Entonces Fischer comenzó a interesarse en el ajedrez postal, pero ahí tampoco sus resultados podían predecir la aparición de un genio. Incluso, en una de sus partidas perdió en doce movimientos contra Anthony Wayne Conger. Su rating ELO en ajedrez regular en agosto de 1954 era de 1198 y en el ajedrez postal de 1082.

Tampoco hubo indicios de genialidad cuando terminó con 2.5 puntos de 6 posibles en el llamado *Campeonato Nacional Abierto de Aficionados*, una competencia auspiciada por la *Federación de Ajedrez de los Estados Unidos*, que se celebró en la localidad de Mohegan, en el estado de Nueva York. Su resul-tado nada más le sirvió para terminar en el puesto 33 de 75 participantes, pero de acuerdo con la revista *Chess Review* de junio de 1955, el *rating* provisional de Fischer subió hasta 1826.

Ese verano jugó en el torneo del parque de Wahington Square, en la zona bohemia de Greenwich Village, en la ciudad de Nueva York, en donde terminó empatado en el lugar 15 de 32. Fue a finales de ese mismo mes de junio que entró por primera vez en el *Manhattan Chess Club*, en donde venció en partidas rápidas a Walter Shipman, uno de los directores de la institución, y a otros dos rivales que Shipman le buscó. Shipman entonces lo introdujo a Maurice Kesper, el presidente del club, quien le otorgó a Fischer un año de membresía gratis.

El próximo paso fue su participación en el Campeonato Juvenil de los Estados Unidos que se jugó en Lincoln, Nebraska. De ese viaje solitario en tren es la anécdota de la confusión del empleado de la estación de la palabra *chess* (ajedrez) por chest *(pecho)*. Allí finalizó en el puesto 20 de 25 participantes, por lo que su *rating*, que antes había sido computado como de 1839, cayó a un raquítico 1625.

A pesar de su mal resultado general, Fischer ganó el trofeo para el menor de doce años mejor situado. En julio de 1955 participó en el campeonato preliminar juvenil de partidas rápidas a diez segundos por movimiento en donde terminó segundo detrás de los ganadores, Robert F. Cross y Ronald J. Gross.

En octubre volvió a tomar parte en el torneo del parque *Washington Square*, en donde tras clasificarse para la final, terminó en el grupo de cabeza con dos victorias, dos empates y una sola derrota, lo que le sirvió para el lugar 15 entre 60 jugadores. Por ese esfuerzo Bobby recibió una pluma de escribir valorada en diez dólares, pero lo más significativo fue que *The New York Times* lo mencionó en el titular de la noticia sobre la competencia.

EASTMAN GANA EN WASHINGTON SQUARE
NIÑO DE 12, CERCA DE LOS PRIMEROS

"Muchos de los 400 espectadores parecían pensar que Bobby Fischer dio el mejor espectáculo. A pesar de la competencia de sus adversarios más maduros y experimentados, estuvo invicto hasta ayer, cuando llegó a los 15 mejores jugadores del campeonato".

Tal vez como consecuencia de esa publicidad en el principal órgano informativo de la ciudad de Nueva York, se invitó a Bobby a dar su primera exhibición de simultáneas, que se realizó en el *Yorktown Chess Club*, el 26 de noviembre de 1955. Fischer ganó sus doce partidas contra niños de entre siete y doce años. En dos de los encuentros abrió con su peón rey a la cuarta casilla, por lo que resulta obvio que cuando Whitaker le aconsejó en febrero de 1956 abrir siempre con 1. e4, ya Fischer lo hacía, aunque no en todas las partidas.

Es natural preguntarse si Fischer ya era entonces un jugador fuerte. En realidad, no; todavía estaba distante de tener una fuerza de maestro o incluso de un jugador cercano a las categorías que se denominan "experto" o "candidato a maestro". De todas formas, la revista *Chess Life* hablaba de él en el artículo *Vida ajedrecística en Nueva York* escrito por Allen Kaufmann. Luego, en enero de 1956, *Chess Review* lo colocó en portada con motivo de su exhibición en Yorktown.

En enero de 1956, Fischer ganó el primer lugar en el grupo de Clase B del torneo Abierto de la Gran Ciudad de Nueva York, un evento que William Lombardy ganó en el grupo de Clase A. Ese fue hasta entonces su mejor resultado, con cinco victorias y dos derrotas. En la tabla general, empató del quinto al séptimo puesto con Anthony Saidy. Su rating ELO ascendió a 2157, una mejora notable sobre los 1726 que tenía a fines de 1955.

Fue allí donde Frank Brady, su futuro biógrafo, vio por primera vez a Bobby. Quedó impresionado cuando el niño, ante los constantes comentarios de las partidas rápidas que estaba jugando por parte de una persona mucho mayor que él, dijo de forma decidida: " ¡Por favor! ¡Este es un juego de ajedrez!" " Con esto consiguió el silencio y el respeto de los que rodeaban la mesa.

Brady recordó que, con el fin de burlarse de él, llamaban entonces a Fischer *Baby Pfuscher*, un doble juego de palabras con *Bobby-Baby* y luego con *Fischer-Pfuscher*, esta última un vocablo alemán, que significa malcriado, insufrible, torpe o chambón. En este torneo Fischer finalizó un punto por encima de Brady.

Como vemos, a los doce años de edad, e incluso muy cercano a los trece, el juego y la comprensión del ajedrez por parte de Fischer no tenía aún similitud con la de otro genio como Capablanca, cuyas partidas a esa misma edad ya mostraban una sólida comprensión de las claves del juego. Sin embargo es necesario anotar que Capablanca comenzó en al ajedrez cuando todavía no había cumplido los cinco años, es decir, un año y varios meses antes de que Bobby.

También algunos pudieran considerar que los elogios a Fischer eran desproporcionados, pues ya a los ocho años Reshevsky enfrentaba hasta más de veinte adversarios en simultáneas y los derrotaba.

Ese era hasta entonces el Bobby Fischer que abordó la camioneta con Laucks, su madre Regina y otros seis jugadores en la gira que lo llevó desde Nueva Jersey hasta la ciudad de La Habana.

No es de extrañar que durante la travesía de Key West (Cayo Hueso en el argot cubano) a La Habana en 1956, Regina haya preferido mantenerse alejada de su hijo, (tal vez a pedido de él) al extremo de que Pedro Urra, quien se encontraba muy cerca de Fischer, ni siquiera la divisó una sola vez. En cambio Urra recuerda la presencia de Laucks, "un hombre que parecía un ruso", al que en algunas ocasiones vio en el barco junto a Fischer y al que reconoció años después en una fotografía como el único que osó penetrar la férrea pared de aislamiento del niño.

Brady afirma (*Endgame.* Pág. 48) que en el barco Fischer jugó varias partidas a la ciega contra Robert Houghton. Tal vez fue más en el viaje de regreso, cuando el niño se le perdió de vista a Urra, a pesar de que éste tenía en el *City of Havana* una posición privilegiada para observar lo que ocurría en el nivel principal del transbordador, pues la tienda de recuerdos, con paredes de cristales, se encontraba en el medio del salón principal climatizado que se hallaba bajo cubierta. Fischer estaba a unos quince pies de distancia de Urra, hacia proa, sentado al lado de una de las ventanas.

En el momento en que Laucks y sus "cabañeros" viajaban a La Habana, el país caribeño estaba envuelto en un intento por lograr que el ya por entonces general Batista abandonara el poder mediante el llamado a un plebiscito. La persona que se ocupó de esa imposible tarea en vista del deseo de permanecer en el poder por parte del Batista fue Luis Cosme de la Torriente, el ex ministro de relaciones exteriores que en 1913 dio a Capablanca su primer trabajo en el servicio exterior cubano. Sin embargo, las gestiones de Cosme de la Torriente fracasaron y el drama de la Isla prosiguió.

Pero no todo eran tensiones políticas. A muchos turistas el país les parecía perfectamente normal y no eran capaces de sentir los íntimos temblores que brotaban del fondo. Así pues, en el *Cabaret Tropicana* la vedete Dorothy Dandridge, quien se había convertido en una celebridad tras su nominación a un Oscar por su actuación en el filme de 1954 *Carmen Jones*, deleitaba a los asistentes. En esos mismos días, se anunciaba la próxima aparición del cantante Nat King Cole y la visita exclusiva, en otro escenario, del francés Maurice Chevalier en un espectáculo titulado *One Man Show*, patrocinado por el multimillonario venezolano-cubano Julio Lobo, conocido en la Isla como el *Zar del Azúcar*. Mientras tanto, Marlon Brando ganaba en Miami una apuesta simplemente al subirse a un avión rumbo a la capital cubana. Cuando un periodista le preguntó al actor por el motivo de su viaje a La Habana, éste respondió: "Vengo a bailar la rumba, a practicar el toque de las tumbadoras y a comprar un par de bongós".[5]

En el avión en que Brando viajó de súbito a Cuba, también volaba el actor Gary Cooper para visitar a su amigo Ernest Hemingway, que vivía en San Francisco de Paula, un poblado en la periferia de La Habana en donde tenía una casa en la cumbre de una colina llamada *La Vigía*, desde donde se divisaba un gran panorama de la Bahía de La Habana. Por otra parte, en el mundillo del ajedrez en la Isla, el conocido cronista del juego Carlos A. Palacio escribía en la revista *Carteles* un obituario del Maestro polaco-francés Savielly Tartakower, fallecido pocas semanas antes, el 4 de febrero, en París. En la más importante actividad deportiva del país, el béisbol, el lanzador Camilo Pascual de los *Senadores de Washington*, oriundo del mismo municipio donde residía el novelista norteamericano, guiaba a su equipo local, los *Elefantes de Cienfuegos*, a la victoria en el torneo invernal de la Isla. Posteriormente Pascual también ayudó a ganar al *Cienfuegos* la llamada *Serie del Caribe*, que ese año se efectuó en Puerto Rico.

El escritor suizo Max Frisch, quien visitó La Habana un año después y recorrió la principal avenida de la ciudad entonces, el *Paseo del Prado*, describió en su novela *Homo Faber* (Suhrkamp Verlag, Frankfurt, Alemania 1957) su estancia de pocos días en La Habana a través de su personaje principal, el ingeniero Walter Faber, en donde a éste le parece vivir una alucinación, en la cual no podía dejar de contemplar la calle llena de muchachas hermosas vestidas de faldas azules acampanadas y pañuelos blancos en la cabeza, así como hombres espléndidos por su porte altivo y cimbreante. Pero a Faber también le pareció La Habana demasiado penetrada por el *American Way of Life* del cercano Estados Unidos, un país al que criticó porque sobraba la *Coca Cola*, pero nadie bebía vino.

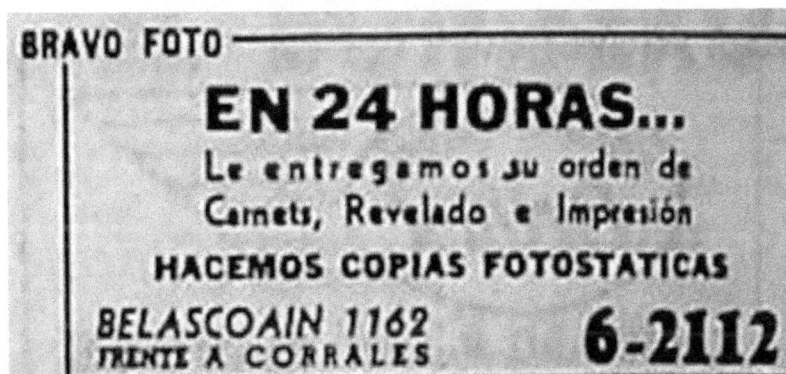

Ramón Bravo, varias veces presidente del Club Capablanca, era un hombre que vivía de su laboratorio fotográfico situado en la Calle Belascoaín en La Habana. Este anuncio comercial aparecía en la Guía de Teléfonos.

Cuando el *City of Havana* tiró ancla en el *Muelle de Hacendados*, cerca del *Castillo de Atarés*, una fortaleza española construida en 1767, una delegación de ajedrecistas esperaba a los visitantes. Entre otros se encontraban el fundador y presidente del *Club Capablanca*, Mario Figueredo; su vice presidente Ramón Bravo Alcántara; el legendario José A. Gelabert, amigo y primer biógrafo de Capablanca; Alberto García, miembro de la directiva de la institución; José Raúl Capablanca hijo, con quien Laucks posiblemente pactó la visita tres meses antes en Nueva York, así como el campeón nacional Dr. Juan González quien, junto con Bravo y Figueredo, ayudó al traslado de los visitantes a sus alojamientos en su recién adquirido *Pontiac Catalina* 1956.

El *Muelle de Hacendados* era el único sitio en la Bahía de La Habana con una esplanada suficiente-mente amplia para recibir los vagones de ferrocarril, camiones y automóviles que cargaba el transbor-dador, pues la parte noreste estaba rodeada de escarpadas colinas y el litoral del suroeste ocupado por el avance urbano, la aduana, los almacenes o la planta eléctrica de la ciudad.

Durante el recibimiento Bravo le ofreció a Regina y a su hijo alojamiento en su vivienda particular en el número 1162 de la calle Belascoain, entre la Calzada del Monte y la calle Cristina, justo en la popu-lar intersección conocida como *Cuatro Caminos*, que tenía acceso cercano al *Muelle de Hacendados* por medio de la Avenida de Atarés. Además de su casa, ubicada en el segundo piso del edificio, Bravo tenía en la planta baja su negocio y laboratorio de fotografía, llamado *Foto Bravo*.

El resto de los jugadores se alojó en el *Hotel Bruzón*, un lugar modesto pero funcional que ofrecía importantes descuentos a los viajeros del *City of Havana*. El establecimiento se hallaba situado en la Calle Bruzón No. 123, casi esquina a Pozos Dulces, a unos diez minutos en automóvil del *Club Capablanca*, en las cercanías del amplio paseo marino frente al Océano Atlántico donde esa noche se efectuó la primera parte del encuentro entre ambos equipos.

Ni los pocos detalles ofrecidos en la prensa sobre la visita de los "cabañeros", ni los que contó Alberto García a los autores de esta obra, mencionaron si Laucks decidió llevar a La Habana su "pisicorre", ver-sión disminuida de la expresión de humor "pisa y corre", que es como identificaban en Cuba a un vehícu-lo *station-wagon*. Todo indica que no lo hizo debido, al alto costo del viaje para los automóviles y la corta estancia de menos de dos días en La Habana. Además, se sabe que González y Figueredo transportaron a los visitantes hasta el hotel en donde se alojaron.

Convertida hoy en una pequeña unidad policiaca de barrio, la casa de Ramón Bravo en la esquina habanera conocida como 'Cuatro Caminos' fue el lugar en donde Fischer residió los días que estuvo en La Habana.

Tras ducharse y comer en el *Hotel Bruzón*, los viajeros fueron directamente hasta el *Club Capablanca* de La Habana, una instalación inaugurada nueve años antes, la noche del 26 de junio de 1947, por el entonces presidente cubano Ramón Grau San Martín.

El local contaba con un salón capaz de albergar 18 mesas de ajedrez y un amplio estante de tres piezas que desde el primer día se pobló con la biblioteca de más de quinientos libros y las colecciones de revistas de ajedrez del juez Rafael Pazos, donados por su viuda a la institución. Pazos era una de las figuras históricas del ajedrez en la Isla, pues, entre otras cosas, fungió en 1921 como padrino de Emanuel Lasker durante el Campeonato Mundial entre el Gran Maestro alemán y José Raúl Capablanca. Un gran lienzo sobre Capablanca realizado por el pintor Esteban Valderrama decoraba la pared trasera y constituía la pieza central de la institución.

En el *Club Capablanca* se realizó una recepción de bienvenida a los visitantes y el pareo de los colores, ocasión en que se nombraron los jugadores por el orden del tablero y se informó que las partidas se disputarían a razón de cincuenta jugadas en dos horas. No habría partidas suspendidas y quedó establecido de manera implícita que los juegos inconclusos se adjudicarían, sin mencionarse tampoco quiénes serían los encargados de ello.

La composición de los encuentros quedó así:

Primer tablero del *Log Cabin Chess Club*, Norman T. Whitaker (ELO 2220, pero en otro anterior publicado en Estados Unidos tenía 2398) contra el campeón de ajedrez de Cuba, el Dr. Juan González, cuyo último rating de la FIDE, cuando ya era una persona cercana a los 80 años, era de 2232.

El más fuerte jugador cubano que formó parte del equipo del Club Capablanca era el Dr. Juan González, ganador en una ocasión del campeonato abierto de partidas rápidas de Estados Unidos.

Segundo tablero del *Club Capablanca*, con piezas blancas, José R. Florido, contra Robert J. Fischer. Unos meses antes, en junio de 1955, la revista *Chess Review* publicó un *rating* provisional de Fischer al que le calculó 1826 puntos. Pese a cifras tan bajas, era más alto que los 1198 de su promedio en el Ajedrez Postal que apareció en la lista de agosto de 1955 de la misma revista o los 1082 de marzo y agosto de 1956, en momentos en que ya Fischer no participaba más en la modalidad del juego por correspondencia.

Florido era un maestro cubano sin un ELO fiable debido a su escasa participación en torneos oficiales, pero uno de 2250 a 2300 podría ser una aproximación cercana a su fuerza de juego. Era conocido por su habilidad para crear celadas, o, como él decía jocosamente, "trapitos" (un anglicismo proveniente de la palabra inglesa *trap,* que en español significa *trampa*), así como por la rapidez de sus movidas, aunque no era un jugador que se distinguía por su comprensión estratégica del ajedrez. Su principal debilidad consistía en realizar la primera jugada que considerara buena, sin detenerse a meditar las consecuencias, un vicio que pescó al jugar tantas partidas rápidas de pequeñas apuestas en el club, que los participantes llamaban 'quinielas', y en las que el ganador era aquel que derrotaba a todos los restantes de forma consecutiva.

Un ejemplo de su estilo es la siguiente partida.

(3) J. Florido - A. Coles
Giuoco Piano [C54]
52 Campeonato Abierto de Estados Unidos. Fort Worth, Texas 1951.

1. e4 e5 2. Cf3 Cc6 3. Ac4 Ac5 4. c3 Cf6 5. d4 exd4 6. cxd4 Ab4+ 7. Ad2 Cxe4 ¡Ya le jugaron así al Greco en 1620! *5).* Por otra parte, en la única partida oficial que se conoce de Fischer en esta variante, contra Edmar Mednis en el Campeonato de EEUU, Nueva York 1963/64, se jugó 7. ... Axd2+ 8. Cbxd2 Cxe4!? *2).* **8. Axb4 Cxb4 9. Axf7+ Rxf7 10. Db3+ d5** La alternativa es 10. ... Rf8. *4).* **11. Dxb4** Se considera que es menos exacto 11. Ce5+ debido a 11. ... Re6! *(En la referida partida Greco - NN, Europa 1620, las Negras jugaron 11. ... Rg8?!* 12. Dxb4 c5! **11. ... Te8** También es posible 11. ... Tf8 *8).* 12... **0-0 b6** La primera ocasión en que se presentó esta posición fue en la tercera partida del Match, no por el Campeonato del Mundo, Zukertort - Steinitz, Londres 1872, donde luego de 12. ... c6 13. Cc3 Cf6 14. Tae1 Db6 15. Dxb6 axb6 16. Txe8 Cxe8 las Negras habían igualado. *9).* Una alternativa interesante es 12. ... a5!? *10).* **13. Cc3** *(ver diagrama)*

13. ... Rg8 Resulta lógico que las Negras quieran evitar que su rey esté tan expuesto. Otra posibilidad es 13. ... c5. *11).* **14. Ce5** Más preciso es 14. Tfe1 **14. ... c5!** Una reacción temática de las Negras en esta línea. **15. Db3** Florido quiere presionar en d5. Sin embargo, era mejor 15. Da4 manteniendo contacto con la

44   Miguel A. Sánchez y Jesús Suárez

casilla d4. **15. ... Ae6?!** Justifica el plan de las Blancas. Coles debió haber jugado 15. ... cxd4! **16. Tad1 Dd6**
17. Cf3? No había necesidad de retroceder con el caballo. Eran preferibles 17. f4 y 17. Cb5 **17. ... Tad8?!**
Las Negras pueden obtener ventaja con 17. ... c4! **18. Cb5 Db8 19. Ce5 Db7 20. Tfe1 a6 21. Cc3 cxd4 22.**
Txd4 Cc5?! Es mejor 22. ... Dc7. **23. Dc2** Una mejor opción es 23. Dd1. **23. ... Dc7 24. Cf3?!** Un nuevo
retroceso del caballo y otra inexactitud. Debió jugar 24. Dd1! con clara superioridad. **24. ... Ce4!** Ahora
la posición está nivelada. **25. Dd3 Cxc3 26. bxc3 Dc8** Con esta jugada las Negras permiten a su oponente
apoderarse de la iniciativa. Lo correcto es 26. ... Af7! con igualdad *(ver diagrama)*

27. Dd2! El comienzo de un interesante plan que permite a Florido obtener ventaja. **27. ... h6 28. Td3**
Af7 29. Ce5! Ae6 30. Tg3! Las Blancas han coordinado muy bien sus piezas y poseen ventaja. La amenaza directa es 31. Dxh6 **30. ... Rh7 31. Dd4** Centralizando la dama. **31. ... Af5?!** No había necesidad de
entregar el peón de b6. La mejor respuesta es 31. ... Dc7. *(No es posible 31. ... Dc5?? debido a 32. Dd3+*
Rh8 33. Txg7! ya que las Blancas ganan después de 33. ... Rxg7 34. Dg6+ Rh8 35. Dxh6+ Rg8 36. Dg6+ Rh8
37. Te3!) Luego de 32. Tg6 Af5 33. Txb6 Tc8 34. Te3 Ae4 aunque las Blancas también tendrían un peón
de más, las Negras estarían mucho más activas que después de la jugada de la partida. **32. Dxb6 Db8 33.**
Dd4 A pesar de tener un peón de más, Florido no cambia las damas, ya que la suya es muy superior a
la de su oponente. **33. ... Te7 34.h3** Una jugada profiláctica. También es posible jugar directamente 34.
Tge3. **34. ... Tde8 35. Tge3!** Las Blancas mantienen el peón de ventaja mientras conservan una excelente
posición. **35. ... Db5 36. a4 Db3?** Un grave error. Es necesario jugar 36. ... Db7 aunque el Blanco habría
conservado amplia superioridad después de 37. f3. **37. g4** Este movimiento permite a las Blancas obtener
una gran ventaja, pero aún más fuerte era 37. c4! porque luego de 37. ... Dxa4 las Blancas pueden jugar
38. Ta1! Dc2 *(No es posible 38 ... Db4? ya que las Negras ganan en el acto con 39. Cc6).* 39. cxd5 ganando.
37. ... Ac2 38. a5?! Otra vez gana 38. c4! **38. ... Db5 39. g5!? Te6** Las Blancas también estarían mejor
luego de 39. ... hxg5 40. Tg3. **40. gxh6 Txh6 41. Tg3! Tg6** A 41. ... Te7 podría seguir 42. Th2! con fuerte
ataque. **42. Txg6 Axg6 43. Dg4!** Cada jugada de Florido plantea una nueva amenaza a las Negras. **43. ...**
Ac2 44. Dh5+ Rg8 45. Df7+ Rh8 46. Te3?! Ahora el cubano comete una imprecisión. Era mejor 46. Rh2!
con la fuerte amenaza 47. Tg1. **46. ... Ae4!** Por esta razón era mejor 46. Rh2. Ahora las Blancas no pueden
jugar 47. Tg3?? ya que recibirían mate en dos jugadas comenzando con 47. ... Db1+. **47. Cf3 Db8?** Un
error que pudo resultar fatal. Es necesario jugar 47. ... Tc8. **48. Te1?** Las Blancas pudieron ganar de forma

forzada con 48. Cg5! porque luego de 48. ... Db1+ 49. Rh2 Dh1+ 50. Rg3 Dg1+ *(El mismo resultado hubiera tenido la partida en caso de 50. ... Tb8 51. Txe4! dxe4 52. Dh5+ Rg8 53. Dh7+ Rf8 54. Dh8+)* 51. Th4 las Negras estarían indefensas ante las amenazas 52. Dxe8+ y 52. Txe4. **48. ... Dd8?!** Lo correcto es 48. ... Tf8! porque luego de 49. Dh5+ Rg8 50. Cg5 Df4 las Negras nivelan la partida. **49. Dh5+ Rg8 50. Cg5 Te5 51. Df7+ Rh8 52. Dh5+ Rg8 53. f4 Ag6?** *(ver diagrama)*

Este ataque a la descubierta es incorrecto. Había que jugar 53. ... Txg5+ ya que después de   54. Dxg5 Dxa5 55. Te3 todavía las Blancas tendrían que salvar algunas dificultades técnicas debido a la expuesta ubicación de su rey. **54. Dxg6! Txe1+ 55. Rf2 Te8 56. Dh7+ Rf8 57. Dh8+** Las Negras abandonan. **(1-0).** Después de 57. ... Re7 58. Dxg7+ Rd6, las Blancas ganan la dama negra con 59. Cf7+.

Hombre de carácter afable y una sonrisa siempre a flor de labios, Florido era una de las figuras emblemáticas del *Club Capablanca*, por lo que en numerosas ocasiones ocupó cargos en la directiva de la institución. Una cualidad distintiva de su carácter era que prefería reírse de sus derrotas en lugar de lamentarse por ellas. No era un profesional del ajedrez y se ganaba la vida como contador de una empresa.

José R. Florido se distinguía por su carácter jovial, sus partidas de ataque y su desconocimiento de la estrategia de ajedrez, lo que no le impidió cosechar algunos éxitos en el tablero tanto en Cuba como Estados Unidos. Cuando le dijeron que su contrario sería un niño de doce años se disgustó. Si hoy día se le recuerda, sin embargo, es por esa partida en 1956.

Su conocimiento teórico era limitado, pero esto no le impidió obtener ciertos éxitos. En Cuba se le consideraba uno de los diez mejores jugadores del país en la década de 1950. En los Estados Unidos, compitió al menos en tres ocasiones en torneos abiertos, en los cuales se ubicó siempre en el grupo de cabeza, además de lograr algunas victorias contra figuras de renombre de ese país, como el Maestro Nacional Ariel A. Mengarini, a quien venció en un encuentro amistoso entre el *Club Capablanca* y el *Marshall Chess Club* en 1951.

En el Torneo Abierto de los Estados Unidos de ese mismo año, celebrado en Fort Worth, Texas, Florido finalizó con 8.5 puntos de 12, empatado del quinto al octavo puesto, por encima de su compatriota Juan González, así como de Norman T. Whitaker y el futuro Gran Maestro Edmar Mednis, en una competencia en la que tomaron parte 95 ajedrecistas y que ganó el futuro Gran Maestro y cinco veces campeón de los Estados Unidos Larry Melvin Evans.

Al año siguiente, en Tampa, Florido terminó con 7.5 puntos en los lugares del décimo al décimo sexto, empatado con Mednis y Herman Steiner (Maestro Internacional desde 1950). En el abierto de 1953 en Milwaukee, una competencia más fuerte y concurrida, finalizó con 8.5 de 13 posibles, empatado del puesto 13 al 26 con los futuros Grandes Maestros Arthur Bisguier (desde 1957), Arthur William Dake (Gran Maestro Honorario desde 1986), Larry Evans y William Lombardy (desde 1960), Hans Berliner (Campeón Mundial por Correspondencia 1965-68), y los Maestros Nacionales Ariel Mengarini y Anthony Santasiere.

Cuando Alberto García, director de competencias del *Club Capablanca*, le informó a Florido que jugaría en el segundo tablero y que su rival de esa noche sería el niño Fischer, el cubano manifestó su desagrado, pues si ganaba nadie daría valor a su triunfo, pero si perdía sería objeto de burlas. En esto se equivocó totalmente, pues si se le recuerda hoy se debe a su derrota de aquel día.

El orgullo hizo que Florido reaccionara así. No le importó mucho que en el ejemplar de enero de 1956 de la revista *Chess Review* Fischer apareciera retratado en la portada, imagen que se correspondía a su exhibición de simultáneas contra niños del *Yorktown Chess Club*.

Florido abrió con 1. e4 y cuando Fischer le respondió con 1. ... e5, la partida transitó por los senderos de la Apertura Italiana o Giuoco Piano, el sistema que Florido siempre utilizaba.

Por muchos meses la única corroboración de que la partida había transcurrido en un esquema italiano aquel día se tuvo diez años más tarde, durante la Olimpiada de Ajedrez de 1966 en La Habana, en el momento en que Fischer y Florido se encontraron en la escalera que conducía desde el *lobby* del *Hotel Habana Libre* al piso de la sala de juegos. El coautor de este libro, Jesús Suárez, se hallaba en el piso del salón de juego, cerca de la parte alta de la escalera, y oyó cuando Florido, cerca de él y también en la parte alta, le decía a un amigo: "No se va a acordar de mí". Fischer, quien subía a pasos vivos, escuchó la conversación, reconoció de inmediato a su viejo rival y le dijo en español, sin dar tiempo a la pregunta: "Florido, me acuerdo de usted. Jugamos un Giuoco Piano", tras lo cual el acompañante de Florido los invitó a "Las Cañitas", un bar contiguo a la piscina del hotel.

Suárez, que entonces contaba con dieciocho años y era estudiante de Licenciatura en Química, lamentó durante mucho tiempo su falta de curiosidad periodística en ese momento cuando los dejó alejarse sin seguirlos, al sentirse algo intimidado. Tampoco se perdona que no le preguntara luego a Florido sobre lo que habló con Fischer, ni que le pidiera que le mostrara las jugadas de aquel enfrentamiento.

Pero todo eso cambió cuando ante una pregunta de los autores, el Maestro Internacional William John Donaldson aconsejó que se pusieran en contacto con Gary Robert Forman, gobernador de la junta de directores del *Marshall Chess Club* desde el 2012 al 2015. De inmediato Forman reconoció el encuentro entre los muchos que estaban al cuidado de la institución y que él había hojeado en su tarea de estudiar y preservar las partidas de Fischer donadas a la institución por Russel Targ, cuñado de Fischer. Pocos días después, Forman adquirió la planilla del encuentro perteneciente a Florido para que pudiera ser utilizada en este libro y de una forma muy gentil la puso a nuestra disposición sin que mediara ningún pago, en aras de la memoria de Fischer, el ajedrez y la amistad.

Según muestra una de las fotografías sobreviviente del encuentro, no hay dudas de que ésta fue la partida más emotiva del match, lo que atestigua el grupo de personas que se reunió alrededor de la mesa, entre ellas Ramón Bravo, vicepresidente del Club Capablanca; y Alberto García, quien dirigió el certamen.

En ese breve encuentro se observan las habilidades, pero también los defectos de ambos contrincantes. El desenlace resultó espectacular por lo inesperado.

Aunque 'Giouco Piano' significa 'juego lento', en manos de Florido era un arma ofensiva de cuidado. Esta fue la apertura que el Maestro cubano escogió para acabar pronto con su joven contrario, cosa que no logró por su conocida afición a jugar la primera jugada que veía.

Una imagen descolorida y maltratada por el tiempo da fe sin embargo, del interés que despertó el encuentro Florido-Fischer. Inmediatamente detrás de Fischer se encuentra Ramón Bravo, su anfitrión en La Habana. Cortesía de Wikipedia.com

(4) José R. Florido - Fischer Giuoco Piano [C50]
Club Capablanca vs Log Cabin Chess Club. La Habana, 25.02.1956

Robert Fischer

Robert James Fischer nació el 9 de marzo de 1943 en la ciudad de Chicago, Illinois, en los Estados Unidos; fue el undécimo Campeón Mundial de ajedrez en la historia (1972-1975). Fue también en su momento el Gran Maestro y el Candidato más joven de la historia (Ambos en 1958, a los 15 años de edad).

Se coronó Campeón Mundial al vencer 12½-8½ (+7-3=11, incluyendo una victoria por no comparecencia a favor de Spassky) en Reikiavik 1972.

Fischer renunció en 1975 a su título cuando la Federación Internacional de Ajedrez (FIDE) aceptó sólo dos de sus tres condiciones para un próximo encuentro por el Campeonato Mundial contra Anatoli Karpov, ganador del Torneo de Candidatos de 1974: 1) Un match ilimitado. 2) El ganador sería el primero en alcanzar 10 victorias. Pero por una votación de 35-32, la FIDE no estuvo de acuerdo con la última solicitud: 3) En caso de un empate 9-9, el Campeón retiene el título. Debido a esto, Karpov fue designado Campeón Mundial por la no comparecencia de su rival.

Fischer participó en tres Torneos de Candidatos: 1) Yugoslavia 1959 (cuando tenía 15 años), donde terminó en 5to-6to lugares empatado con Svetozar Gligorić. 2) Curazao 1962, donde terminó en cuarto lugar. 3) Y vencedor en 1971, tras derrotar 6-0 a Mark Taimanov (en Vancouver, Canadá) y Bent Larsen (en Denver, EE.UU.), y 6½–2½ (+5–1=3) a Tigran V. Petrosian en la Final disputada en Buenos Aires.

Su mayor rating Elo fue de 2895 en la lista de octubre de 1971, cuando tenía 26 años y siete meses de edad, lo que lo convirtió en el jugador #1 del mundo. Pero también fue el #1 del mundo en 109 diferentes meses entre febrero de 1964 y julio de 1974. Su mejor actuación individual según el Elo fue de 2887 en la semifinal del Torneo de Candidatos de 1971 contra Larsen, en la que se impuso 6-0 contra una oposición con un rating promedio de 2752.

Fischer ganó ocho Campeonatos de los Estados Unidos, todos disputados en Nueva York: 1957/58 *(cuando tenía 14 años de edad)*, 1958/59, 1959/60. 1960/61, 1962/63. 1963/64. 1965 y 1966/67. Venció en todos estos torneos por el margen de al menos un punto de ventaja sobre el segundo lugar. El de 1963/64 lo ganó 11-0 con 2½ puntos de ventaja. Su récord total fue de 74 puntos de 90 posibles (+61=26-3) para un 82.2%.

Representó a Estados Unidos en cuatro Olimpiadas, todas en el Primer Tablero, en las que ganó cinco medallas: cuatro de plata y una de bronce. 1.- Leipzig 1960 (Plata Individual y Bronce por Equipos). 2.- Varna 1962 3.- La Habana 1966 (Plata Individual y Plata por Equipos) 4.- Siegen 1970 (Plata Individual).

En 1992, Fischer reapareció luego de una ausencia del ajedrez de 20 años, y jugó un encuentro contra Spassky en Sveti Stefan, Montenegro y Belgrado, Yugoslavia. Como Fischer consideraba que no había perdido su Campeonato Mundial en el tablero, el match se tituló "Campeonato Mundial de Ajedrez" y se pactó al primero que alcanzara 10 victorias. Bobby se impuso 17½-12½ (+10-5=15), y ganó 3.35 millones de dólares por su victoria.

En ese momento, Yugoslavia se encontraba bajo un embargo de las Naciones Unidas y el gobierno de Estados Unidos alertó a Fischer que su participación violaría una orden ejecutiva del país que imponía sanciones a Yugoslavia. Al no obedecer la advertencia, el gobierno de Estados Unidos emitió una orden de captura contra Bobby. Después de esto, el Gran Maestro estadounidense vivió como un expatriado.

En 2004, se le mantuvo encarcelado durante varios meses en Japón por usar un pasaporte revocado por el gobierno de los Estados Unidos. En marzo del 2005, el Parlamento Islandés, a petición del Gran Maestro estadounidense William Lombardy (quien fuera segundo de Fischer n el match contra Spassky en Reikiavik 1972), le concedió una ciudadanía plena a Fischer por razones humanitaria, y también por ser amigo de Islandia y tener una conexión histórica con este país.

Fischer murió de un fallo renal el 17 de enero del 2008 en el Hospital de la Universidad Nacional de Islandia, en Reikiavik. Tenía 64 años.

1. e4 e5 Fischer utilizó esta jugada en otras ocho ocasiones. Después de esta partida no la empleó más hasta su famoso primer enfrentamiento contra el futuro Campeón Mundial, el entonces soviético Boris Spassky, en el torneo de Mar del Plata 1960. **2. Cf3 Cc6 3. Ac4 Ac5 4. d3 d6 5. Cc3 Cf6 6. Ag5 Ca5** En muchas ocasiones los conocimientos de Aperturas de Fischer, a veces intuitivos, sorprenden. El presente es uno de estos casos. Según la Gran Base de Datos de *ChessBase* (Hamburgo 2016), que contiene 5.1

millones de partidas, entre las principales opciones que tienen las Negras en esta posición, la del texto, que fue posteriormente empleada por jugadores como el soviético David Bronstein (Gran Maestro desde 1950 y Subcampeón Mundial 1951) y el húngaro Lajos Portisch (Gran Maestro desde 1961 y ocho veces Candidato al Campeonato Mundial) es la que posee los mejores resultados estadísticos con el 55%. Le siguen 6. ... Ae6 con el 53% y 6. ... h6 con el 52%. Aunque recientemente ha ganado preferencia esta última, Pues luego de 7. Axf6 Dxf6 8. Cd5 Dd8, aunque las Negras han perdido un tiempo, su posición es sólida y poseen la pareja de Alfiles, además de que pueden intentar cambiar el Caballo blanco centralizado con ... Ce7. **7. Ab5+** Una jugada dudosa. Mejor es 7. Ab3 jugado por primera vez por el alemán Siegbert Tarrasch *(1852-1934)* 7. ... c6 8. d4 Cxb3 9. axb3 exd4 10. Cxd4 h6 11. Ah4 0-0 12. 0-0 g5 *(Otra posibilidad es 12. ... Te8)* 13. Ag3 d5 *(La Enciclopedia de Aperturas de Ajedrez [Belgrado 2000] menciona: 13. ... Te8 14. Te1 d5 15. e5 Ce4 16. Dd3 como el encuentro Morozevich - Ki. Georgiev. Tilburg 1994. Y ahora en lugar de 16. ... Ad7 como jugaron las Negras, Morozevich recomienda 16. ... Axd4 seguido de ... Af5 con posición incierta).* 14. exd5 Nxd5 15. Ca4 Ad6 y ahora en lugar de 16. Cxc6?! como en Zvjaginsev - Duda, Barcelona 2016, las Blancas pueden obtener una pequeña, pero segura ventaja con 16. Te1! **7. ... c6 8. Aa4 b5 9. Ab3 Cxb3** La preferencia de Fischer por los alfiles lo lleva a este cambio algo apresurado, pues por una parte, el alfil no puede huir; y por la otra, ahora las Blancas poseen la columna-a semiabierta, donde podrán desarrollar cierta iniciativa. Los programas de computadora sugieren como una mejor opción para las Negras: 9. ... h6 10. Ad2 0-0 11. 0-0 Ag4 12. h3 Ah5 13. De2 Dd7 14. Ae3 Ad4 con una cómoda posición para el segundo jugador. **10. axb3 h6** Una partida entre dos aficionados galeses siguió: 10. ... 0-0 11. 0-0 Ae6 12. h3 h6 13. Ae3 Axe3 14. fxe3 b4 15. Ce2 Db6 16. Dd2. H. Price - J. Bowers. Abierto Mayor Tom Weston 2009. Y ahora en lugar de 16. ... d5, las Negras pueden seguir con 16. ... Ch5 17. Ch4 Tfd8 16. Cf5 Td7 con juego parejo. La partida terminó con una victoria de las Negras en la jugada 79. **11. Ae3 Db6 12. Axc5 Dxc5** *(ver diagrama)*

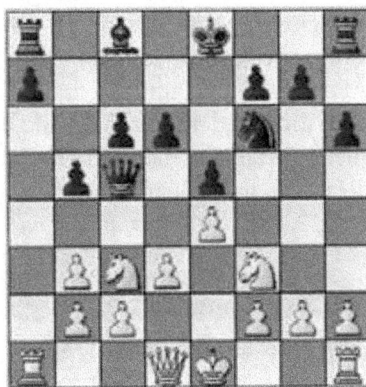

13. 0-0 Las Blancas pueden tratar de aprovechar la situación algo debilitada de los peones negros con 13. d4 exd4 14. Dxd4 Dxd4 15. Cxd4 b4 16. Ca4 Ab7 17. f3. Pero ni la ventaja que logran es tan decisiva, ni es muy probable que un jugador del estilo de Florido tenga en mente un cambio tan temprano de las Damas. **13. ... Ag4 14. Ta5** De nuevo existe la posibilidad de 14. d4 Axf3 15. dxc5 Axd1 16. Tfxd1 dxc5 17. Ta6 Tc8 17. Txa7 0-0, pero las Blancas sólo están un poco mejor *(ver diagrama)*

14. ... g5?! Ya desde niño vemos a un Fischer que trata de apoderarse a toda costa de la iniciativa, incluso cuando juega con las Negras. Sin embargo, este movimiento es más arriesgado que emprendedor, pues aún tiene a su Rey en el centro. Con la simple 14. ... Db6 15. b4 0-0 las Negras disfrutan de una cómoda posición. **15. De2 Db6** Todavía es bueno 15. ... 0-0. **16. b4 Ch5?!** Fischer sigue con su plan de atacar en el flanco rey, pero ahora son las Blancas las que se apoderan de la iniciativa, tanto en el flanco dama como en el centro. **17. De3! Db7** Aunque esta jugada conduce a una posición difícil, es posible que el joven Fischer eluda el cambio de damas porque después de 17. ... Dxe3 18. fxe3, las Blancas tienen un final muy superior y las posibilidades de las Negras de complicar la partida se reducen considerablemente. **18. Tfa1 a6 19. d4 f6 20. d5** Florido trata de golpear en el centro para contrarrestar el juego de las Negras. Sin embargo, la computadora sugiere la elegante maniobra 20. h3 Ae6 21. Ce2 Rf7 22. Da3 Ac4 23. Cc3 Cf4 21. dxe5 fxe5 25. Txa6 Txa6 26. Dxa6 con posición ganadora. **20. ... Ad7?!** Otro movimiento dudoso, con el que Fischer prosigue su idea fija de atacar en el flanco rey. Lo mejor sigue siendo 20. ... 0-0. **21. g3** A partir de este momento, la planilla de anotación de Florido no registra todos los movimientos, quizás producto del apuro de tiempo *(debemos recordar que la partida se jugaba a un ritmo de 50 jugadas en dos horas)*. La continuación que seguimos nos la envió gentilmente el Sr. Forman: "Al consultar la planilla de anotación de Bobby, creo que las jugadas finales deben ser": **21. ... f5?!** Una característica fundamental del estilo de Fischer durante toda su carrera fue que a pesar de estar sometido a una fuerte presión, como en el presente caso, crear contra juego. De nuevo lo correcto es 21. ... 0-0. Ahora Florido abre la posición, con lo que pone de manifiesto su mejor desarrollo y la debilidad del rey negro en el centro. **22. exf5 cxd5** *(ver diagrama)*

23. Cxe5?! ¡**Más fuerte es** sacrificar el otro caballo! Aunque para ello se necesita una pequeña preparación: 23. De2! Cf6 *(A 23... Rf8 sigue 24. Cxb5 Axb5 25. Dxb5 axb5 26. Txa8+ Rg7   27. T1a7 [O también 27. T8a7 Tb8 28. Txb7+ Txb7 29. Ta6 con posición ganadora]. 27. ... Tb8 28. Txb7+ Txb7 29. Ta6 g4 30. Cd2 Cf6 31. Txd6 con ventaja decisiva en el final).* 24. Cxb5 Axb5 25. Dxb5+ Dxb5 26. Txb5 con ventaja decisiva. Sin embargo, las Blancas aún tienen cierta ventaja. **23. ... dxe5 24. Dxe5+ Rf7** *(ver diagrama)*

Ahora las Blancas pueden seguir con 25. Cxd5 The8 26. Dd6 Axf5 27. Dc7+ Dxc7 28. Cxc7 Axc2 29. Cxa8 Txa8 30. Txa6 Txa6 31. Txa6 Cf6 32. f3 con un final ligeramente mejor. Sin embargo, Florido jugó: **25. Cxb5??** ¡Una alucinación! Quizás las Blancas contaban con que las Negras estaban obligadas a tomar en b5 con su Alfil porque las torres negras no estaban comunicadas. O sea, que Florido sufrió lo que el Gran Maestro soviético Nikolai Krogius, en su libro *Psychology in Chess (Psicología en ajedrez*. RHM. Nueva York 1976. P. 20), llama *imagen residual.* Según el Gran Maestro ruso: "Esto es la transferencia de una evaluación de una posición anterior, o de la acción de piezas separadas, en una forma no alterada de una nueva situación que ha surgido en el tablero. De esta forma, el pasado continúa su actividad en el presente al grado de eliminar la realidad. Cuando ocurre una imagen residual, el pensamiento del jugador se ha hecho estático, su habilidad para cambiar su atención se ha reducido". Aplicado lo anterior a la presente posición, pudo haber ocurrido que como el rey de las Negras estuvo toda la partida en la octava línea, el cubano calculó en sus análisis que las torres negras se mantenían incomunicadas. En ese caso, la respuesta obligada de las Negras sería 25. ... Axb5 A lo que hubiera seguido 26D e6+ Rg7 *(Si 26. ... Rf8 27. Txb5 Axb5 28. Dd6+ Re8 29. De6+ Rd8 30. Dd6+ Rc8 31. De6+ Rc7 32. De7+ y tablas por jaque perpetuo).* 27. Dg6+ Rf8 28. Txb5 axb6 29. Dd6+ Re8 30. De5+ Rd7 31. De6+ Rd8 32. Dd6+ Rc8 33. De6+ Rc7 34. De7+ Rc6 *(Por supuesto, no 34. ... Rb6?? por 35. Dc5 ¡jaque mate!)* 35. De6+ Rc7 36. De7+ Rc6 37. De6+ y tablas por jaque continuo. Pero resulta que cuando el rey de las Negras pasó a la séptima línea en la jugada anterior, las torres negras quedaron comunicadas. **25. ... axb5** Luego de esta simple jugada hace su aparición la terca realidad. Ahora las Negras están totalmente ganadas. **26. Td1 Cf6** Las Blancas abandonaron. **0-1.**

A continuación, el otro encuentro que se conoce de este match.

(5) N. Whitaker - J. González
Defensa Siciliana [B20]

Log Cabin Chess Club vs. Club Capablanca. La Habana, 25.2.1956 1. e4 c5 2. Cf3 d6 3. d4 cxd4 4. Cxd4 Cf6 5. Cc3 a6 6. h3 *(ver diagrama)*

Whitaker ya había empleado una vez esta curiosa continuación. *(Ver comentario después de la jugada 9 de las Blancas).* Las explicaciones de Fischer sobre los motivos posicionales detrás de 6. h3, aparecidas en su famoso libro *My 60 Memorable Games* (First paperback edition, Nueva York 1969), son las siguientes: *("La pérdida de tiempo con 5. ... a6 posiblemente puede justificar la pérdida de tiempo* [con 6. h3]", Fischer, *Op. Cit.* Pág. 212.). *("La variante* [6. h3] *está específicamente dirigida contra... P4R (... e5), una jugada característica del Sistema Najdorf".* Fischer, *Op. Cit.* Pág. 212). El Genio de Brooklyn aprendió todo esto en cabeza propia, cuando jugó la variante con Negras ante Lombardy, en el Campeonato de los Estados Unidos 1958/59. *1).* Fischer después empleó 6. h3 con Blancas en tres ocasiones en 1962, con las que obtuvo un igual número de sonadas victorias, que incluyó todas en su libro antes mencionado. Curiosamente, Fischer no volvió a jugar esta variante en partidas oficiales, a pesar de que la misma siguió practicándose y mantiene en la actualidad plena vigencia entre los jugadores del máximo nivel. **6. ... b5** "La réplica más aguda", Fischer, *(Op. Cit.* P. 254.) En la partida Fischer - Julio Bolbochán (Gran Maestro desde 1977), Interzonal de Estocolmo 1962, el argentino optó por 6. ... Cc6. *2).* Una respuesta muy natural es 6. ... g6. Como veremos, al Gran Maestro estadounidense se le presentó esta posición en ambos lados del tablero. *(7.* **Ad3** También es posible 7. Cd5!? Así jugó Fischer en su famosa partida contra Najdorf en la Olimpíada de Varna 1962. **7. ... Ab7 8. De2 Cbd7 9. 0-0** Whitaker jugó 9. Ag5 contra Albert Sandrin, en Nueva Orleáns 1954. *9).* **9. ... Dc7** Otra posibilidad es 9. ... g6. *10).* **10. a4 e5 11. Cf5 b4 12. Cd5 Cxd5 13. exd5 g6** Las Negras desean completar su desarrollo, aunque también era posible 13 ... Axd5. Después de 14. Ad2 Db7 15. Dg4 g6 16. Ce3 Ae6 17. Dxb4 Dxb4 18. Axb4 d5 la posición está equilibrada. **14. Ce3 Ag7 15. Ad2 a5 16. f4** Más sólido es 16. c3. **16. ... 0-0 17. f5** *(ver diagrama)*

17. ... Cf6 Las Negras dejan escapar una buena oportunidad de apoderarse de la iniciativa con 17. ... e4! Esto es una clara muestra de cómo ha evolucionado el Ajedrez. En la actualidad, cualquier jugador con mucha menor fuerza y talento que el maestro cubano, hubiera avanzado su peón-e sin apenas meditar. Ejemplos similares se pueden encontrar con frecuencia en la práctica moderna. **18. Ac4 Dc5 19. Rh2 e4** Las Negras podían haber jugado 19. ... Cxd5, porque después de 20. Axd5 Axd5 21. Cxd5 Dxd5 22. Tad1 Dc6 las Blancas no tendrían suficiente compensación por el peón. **20. Tad1 Tac8 21. b3 Ch5?** Inicio de un plan erróneo. González pensó que podría explotar la debilidad de las casillas negras en el flanco rey de las Blancas, ya que amenaza 22. ... Ae5+. Sin embargo, esto no es posible, por lo que el caballo negro debió permanecer en f6. La jugada correcta es 21. ... Tfe8 con posición nivelada. **22. Cg4!** Con este movimiento Whitaker, a la vez que impide el jaque del alfil negro en e5, amenaza 23. f6. **22. ... Axd5?!** Una nueva imprecisión. Era el momento de reconocer el error y jugar 22. ... Cf6.   **23. Axd5?** Ahora es Whitaker el que se equivoca. Pudo haber jugado 23. Aa6! y las Negras no tendrían nada mejor que sacrificar la calidad con 23. ... Aa8. *(Si 23. ... Tb8 entonces las Blancas obtendrían ventaja decisiva con 24. Ae3 Dc6 25. Ab5 Db7 26. f6!)* Después de 24. f6! Cxf6   25. Axc8 Cxg4+ 26. Axg4 f5 27. Db5 las Blancas tendrían gran ventaja. **23. ... Dxd5 24. f6 Cxf6 25. Txf6 Txc2 26. Rh1?** Las Blancas pueden mantener el equilibrio con 26. Af4! *(ver diagrama)*

26. ... Dxb3?! No hay necesidad de permitir a las Blancas capturar el peón de e4. Por ello es preferible 26. ... Ta2! **27. Txd6?!** Es mejor 27. Dxe4, porque después de 27. ... Ta2 *(Pero no 27. ... Axf6?? porque las Blancas obtienen ventaja ganadora con 28. Cxf6+ Rg7 29. Dd4)* 28. Tb1 d5 las posibilidades son equivalentes. **27. ... Ta2?!** Las Negras pueden obtener gran ventaja con 27. ... f5! **28. Tc1?** Una nueva inexactitud. Es necesario alejar a la dama de la clavada con   28. Df1 para poder responder a 28. ... f5? con 29. Ch6+! **28. ... Dg3?** De nuevo las Negras pueden obtener enorme superioridad por medio de 28. ... f5! **29. Cf6+** Más preciso es 29. Td5 **29. ... Rh8?!** El maestro cubano quiere conservar su alfil. Sin embargo, pudo haber jugado 29. ... Axf6 porque después de 30. Txf6 Td8 31. De3 Dxe3 32. Axe3 Rg7 le hubiera resultado muy difícil a las Blancas hacer valer su pieza de más. **30. Cxe4 De5 31. Dc4 Txa4 32. Td7 Ta1   33. Cg5** Las Blancas han logrado reagrupar sus piezas y se han apoderado de la iniciativa. **33. ... Txc1+   34. Axc1** *(ver diagrama)*

34. ... De1+? El error decisivo. Es necesario 34. ... Dc3! Luego de 35. Cxf7+ Txf7 36. Dxf7 Dxc1+ 37. Rh2 Ae5+ 38. g3 Dc2+ 39. Rg1 Db1+ 40. Rg2 De4+   41. Rf1 Df5+ las Negras tendrían grandes posibilidades de entablar el final. Por ejemplo 42. Dxf5 gxf5 43. Td5 Axg3   44. Txa5 b3 45. Tb5 *(También después de 45. Txf5 b2 46. Tb5 Ae5 47. Tb7 h5 48. Re2 Ag7   49. Rd3 Rh7 las Negras se salvarían)* 45. ... Rg7 46. Txb3 Ae5 47. Tb6 Af6 48. Rf2 Rg6 49. Rf3 Rg5 y dos fuertes programas de ajedrez no ven cómo pueden ganar las Blancas. **35. Rh2** Ahora Whitaker se impone con facilidad. **35. ... Ae5+ 36. Af4 De3 37. Cxf7+ Txf7 38. Txf7** Las Negras abandonan. **1–0.**

A pesar de su expulsión del ajedrez organizado de Estados Unidos en 1954, la revista *Chess Life* (agosto de 1965, página 521) hizo un amplio panegírico de Whitaker en el que expresó frases laudatorias tales como: "vivió una vida increíblemente activa en el ajedrez", aunque objetó que "Fuera del juego, Norman no se distinguió mucho y estuvo envuelto en demasiadas cosas por debajo de las leyes que estudió. Descanse en paz, amigo Norman", fue como *Chess Life* terminó su tributo final a Whitaker.

El resto del match careció de interés dado la desproporcionada diferencia entre los integrantes del equipo cubano, varios de los cuales formaban parte de los mejores en la Isla, mientras que los visitantes eran aficionados sin mucha fuerza. En el tercer tablero, Carlos Calero derrotó con Negras a E. R. Glover, quien tenía entonces un rating promedio de 1976 y era el presidente del Club de Ajedrez de la Biblioteca Mercantil de Nueva York. Calero había triunfado cinco meses antes en el Torneo Eliminatorio Nacional para escoger al retador del Dr. Juan González, que ostentaba la corona en la Isla. En esta última competencia, Calero superó a figuras clásicas del país como Eleazar Jiménez, Miguel Alemán, Rogelio Ortega, Francisco Planas y otras, pero perdió el match con González 1-5 con 3 empates.

En el cuarto tablero, Cobo (2420) venció a William Wyn Walbrecht, quien tenía un bajo promedio de 1736. En el quinto, Rogelio Ortega con un *rating* superior a 2300 (luego llegó a 2472) se impuso a Ted Miller, que ni siquiera tenía puntuación. Lo mismo sucedió con el ex campeón cubano Miguel Alemán (cuyo único *rating* conocido fue de 2178 y que formó parte junto a Capablanca en el equipo de Cuba en la Olimpiada de Buenos Aires y luego también compitió en la de Helsinki 1952), que derrotó a Richard Houghton. El Dr. Rosendo Romero, otro ex campeón nacional, tampoco debió tener problemas para imponerse a Forry Laucks, con un promedio de apenas 1726.

El *Club Capablanca* estaba integrado entonces por jugadores que hubieran podido formar parte de un equipo olímpico de Cuba, como efectivamente lo hizo la gran mayoría en más de una ocasión. Eldis Cobo, por ejemplo, estuvo en una selección olímpica en ocho ocasiones; Eleazar Jiménez, en siete; Rogelio Ortega, en cinco; Miguel Alemán y Juan González lo hicieron en dos; mientras que Calero integró la selección nacional una vez. El único que no representó a Cuba en tal tipo de competencia fue el Dr. Romero, pero no por falta de talento, sino porque su profesión y sus aspiraciones políticas en la distante ciudad de Camagüey le demandaban mucho tiempo.

Al día siguiente de la llegada a La Habana de Fischer y el resto de los "cabañeros", en el importante matutino *Diario de la Marina*, febrero, 26, (página 5-B), apareció la primera información pública de la visita a Cuba del *Log Cabin Chess Club*, escrita por el Dr. González, que, sin embargo, no ofrecía los resultados del encuentro celebrado la noche anterior, ni tampoco hizo mención alguna al joven prodigio.

AJEDREZ

Por Juan González

"Cuando estas líneas vean la luz, ya se encontrarán entre nosotros los siete representantes del equipo de ajedrez que más viaja en el mundo, el Log Cabin Chess Club de New Jersey. Esta simpática institución que preside Mr. [Elliot] Forry Laucks, no sólo celebra matches de ajedrez en todos los centros importantes de Estados Unidos, sino que ha celebrado encuentros en Alaska e innumerables encuentros en Europa y países de la América Latina.

Esta será sin duda alguna una brillante oportunidad para nuestros jugadores de celebrar un match a una o dos vueltas con un fuerte equipo de jugadores norteamericanos ya que con Mr. Laucks viajan siempre estrellas del Marshall C.C., del Manhattan C.C., del Washington Chess Divan y otros clubes importantes de Estados Unidos. Las partidas se celebrarán en el club de ajedrez Capablanca de Infanta 54 en horas de la tarde de hoy domingo. Viene con el equipo N.T. Whitaker maestro internacional de magnífico récord.

El equipo del club Capablanca estará representado por Carlos Calero, Eldis Cobo, Eleazar Jiménez, R. Ortega, Francisco Planas, Miguel Alemán, J.R. Florido y el que redacta estas notas."

La información propiciada por González la tarde anterior muestra que en el momento en que la escribió muchas cosas no estaban definidas todavía. Mientras que él afirmó que la primera parte del encuentro se celebraría el domingo, en realidad los miembros del *Log Cabin* dijeron que no se sentían cansados por el viaje y que estaban dispuestos a enfrentar a los locales la misma noche de su llegada a La Habana.

La decisión también tomaba en consideración el deseo de Laucks de mostrar a los habaneros el talento del joven Fischer en una actividad protagónica, como fue sus simultáneas contra doce jugadores la tarde del domingo 26 de febrero.

En ese intercambio de opiniones tras desembarcar en Cuba, ambas instituciones acordaron que la segunda parte del match, tras las simultáneas de Fischer, sería un match a cuatro vueltas de partidas rápidas a cinco minutos por jugador en cada una (aunque Palacio informó en una crónica periodística del 28 de febrero que sería a doble vuelta).

En la mañana del domingo 26, Fischer inauguró su día no con una partida de ajedrez, sino con un juego callejero de béisbol cuando vio a otros niños de su edad bateando la bola y corriendo las bases en la esplanada frente al mercado agropecuario de Cuatro Caminos, entonces el más grande de La Habana.

El futuro director de programas de la radio y televisión cubanas Humberto Bravo, entonces un joven, durmió ese fin de semana en la casa de su hermano mayor Ramón Bravo y fue testigo del improvisado juego callejero de pelota. Fue él quien se lo contó a Jesús Suárez durante un descanso de un programa radial, del cual Bravo era su director y Suárez el escritor. "Se fue a jugar pelota con los negritos", fue la frase exacta (y no dicha con un tono despectivo) de Bravo a Suárez.

Ese domingo, la temperatura en La Habana ascendió a niveles propios del verano hasta 85.8 grados Fahrenheit (unos 30 grados centígrados) con vientos tibios desde el sureste que hicieron sentir más calurosa la jornada. El Instituto de Meteorología de Cuba explicó que una zona de altas presiones dominaba el Atlántico Central, las Bahamas y toda la zona norte occidental de la Isla. Si los 'cabañeros' habían viajado hacia el sur de los Estados Unidos primero y después a la Isla en búsqueda de un clima cálido tropical, entonces fueron complacidos a plenitud.

Diez años después, en 1966, Luis Escobar, un joven mestizo, inquieto y huesudo que entonces vivía en una barriada humilde, llamó la atención de Fischer cuando acudió frente a él para pedirle un autógrafo en el Hotel "Habana Libre", en donde se celebró la Olimpiada de Ajedrez. En el futuro, Escobar se convertiría en profesor de marxismo-leninismo en la principal escuela de cuadros profesionales del Partido Comunista de Cuba y andando el tiempo, tras sacudirse el marxismo de sus solapas, en traductor de inglés y periodista de la edición en español del *Wall Street Journal* y de la agencia noticiosa *Associated Press* en Nueva York.

Pero entonces no era más que un niño curioso de doce años que no tenía la menor idea de lo que era el ajedrez ni mucho menos de sus principales protagonistas, pero conocía por la intensa propaganda en periódicos, radio y televisión que algo grande sucedía en el principal hotel de la ciudad, un lugar que siempre espantaba sin miramientos a las bandadas de chiquillos en búsqueda de algo que hacer. Pero esta vez, le dijeron, no era así y los dejaban entrar a presenciar el máximo espectáculo universal de ajedrez siempre que acudieran debidamente vestidos y sin bulla.

Cuando Luis descubrió a Fischer y se acercó tímidamente en busca de un autógrafo, el gran maestro estadounidense lo complació de inmediato y tras reconocer en él algo del pasado, le pidió que le indicara cómo podía llegar al popular cruce de calles habaneras conocido como *Cuatro Caminos*.

No fue hasta muchos años después que Escobar supo que el "extraño" interés de Fischer por visitar esa humilde zona se debía a que el norteamericano vivió allí durante su corta visita a La Habana en 1956 y posiblemente recordaba con nostalgia esos instantes. Luis le pareció a Fischer exactamente igual a los chiquillos con los que jugó pelota en la mañana del 26 de febrero de 1956; en ese sentido su instinto humano estuvo muy bien calibrado, como en el ajedrez. Es notable que Fischer nunca le pidiera a Masjuán que lo llevara a esa zona, como si se tratara de una parcela privada de su vida en la que no deseaba dar entrada a nadie que él no quisiera.

En la tarde del domingo 26 de febrero, una docena de jugadores, entre ellos el propio Laucks, se enfrentaron a Fischer, que esa tarde ofreció en el *Club Capablanca* de La Habana la primera exhibición de partidas simultáneas de su vida en la cual participaron tanto adultos como algunos adolescentes. El número de rivales, doce, no parece que fue fortuito, sino como consecuencia de que esa era entonces la edad del joven prodigio.

Un poco más de medio siglo antes, la noche del 24 de octubre de 1901, en la misma ciudad de La Habana, los organizadores no dejaron a un José Raúl Capablanca de entonces también doce años enfrentarse a más de ocho rivales. Capablanca venció a siete de sus adversarios y perdió su única partida contra un aficionado llamado Augusto Valle.

Fischer, vestido con la misma ropa con que hizo el viaje, una camiseta de franjas horizontales de dos colores, un pantalón de pana (*corduroy* en inglés) y zapatos tenis, venció a diez de sus contrarios e hizo tablas con los dos restantes, uno de ellos un joven llamado José Arango Casado, quien con el transcurso de los años se convirtió en un prominente cirujano en Cuba antes de emigrar a otras tierras.

El otro participante que hizo tablas a Fischer fue Ramón Menéndez, que al igual que Arango, era de Guanabacoa, un poblado cercano a La Habana con una antigua tradición ajedrecística que databa de la primera mitad del siglo diecinueve, época en que residió allí Félix Sicre, considerado el primer campeón de ajedrez de Cuba.

(6) Fischer - José M. Arango
Defensa Siciliana [B32]
Exhibición de partidas simultáneas. La Habana, 26.2.1956.

Seis años después de la siguiente partida, José Manuel Arango Casado jugó en el cuarto tablero del equipo cubano durante el noveno Campeonato Mundial Estudiantil celebrado en Mariánské Lázne, Checoeslovaquia, 1962, en donde obtuvo un resultado de dos victorias, tres empates y siete derrotas. Los otros jugadores del equipo cubano fueron: Enrique Velazco López (1er tablero, 42.3 por ciento); Armando Jaime (2do tablero, 18.2 por ciento); Lázaro Plasencia, (3er tablero, 25 por ciento); y Abogeo Tur Gutiérrez (1ra reserva, 25 por ciento). El capitán del equipo fue el futuro Maestro Nacional Hugo Santa Cruz. Tras graduarse de médico, Arango se apartó de la práctica del ajedrez y se convirtió en uno de los fundadores del equipo de especialistas que, a partir de 1969, comenzó a realizar cirugías cardiovasculares en la Isla. **1. e4 c5 2. Cf3 Cc6 3. d4 cxd4 4. Cxd4 Cxd4** Esta movida, ya jugada en la duodécima partida del 4to match entre A. McDonnell y L. De La Bourdonnais, Londres 1834, concede el centro y da ventaja a las Blancas. **5. Dxd4 d6 6. c4 e5 7. Dd3 Cf6 8. Cc3 Ae6** O 8. ... a6 9. Ae2 Ae7 10. 0–0 0–0 11. Td1 Dc7 12. Ag5 Td8 13. Dg3 Ae6 14. Tac1 con mejor posición V. Korchnoi - A. Shevchuk. Exhibición de simultáneas, Londres 2010. *1.)* **9. Ag5** Otra posibilidad es: 9. Ae2 Tc8 10. b3 Ae7 11. 0–0 0–0 12. Td1 a6 13. Ag5 Ce8. 14. Axe7 Dxe7 S. Ivanov (2311) - R. Heikkila, Karhula. Finlandia 2004. *2)* **9. ... Ae7 10. Ae2 a6 11. b3 0–0 12 .0–0 Te8 13. Tad1 Da5 14 Td2** Merece atención 14. Dg3, con la amenaza de ganar un peón mediante 15. Axf6. Por ejemplo: 14. ... Tad8 15. Ad2 Cd7 16. h3 Tc8 17. Ag4 Cf6 18. Axe6 fxe6 19. Cd5 Dd8 20. Cxf6+ Axf6 21. Ab4 Ae7 22. Dg4 y las Blancas están claramente mejor debido a la debilidad del peón negro en d6. **14. ... Tac8 15. Axf6?!** Innecesario. Más natural es 15. Tc2 h6 16. Ad2 con ligera ventaja. **15. ... Axf6 16. Tfd1** Por supuesto que sí 16. Dxd6?? las Negras ganan con 16. ... Tcd8. **16 ... Ted8 17. Cd5 Axd5 18. Dxd5 Dxd5 19. Txd5 Ae7 20. f3 g6 21. c5?** *(ver diagrama)*

21. ... Rg7 Existen dos versiones de esta partida. Aquí seguimos la del libro *How Fischer Plays Chess*, de David Levy. (R.H.M. Press. Nueva York 1975), la misma que también aparece en *Bobby Fischer*, de Smyslov, Tal, Yudasin y Tukmakov (Ediciones Eseuve, Madrid 1992); en *Robert Huebner: World Champion Fischer* (ChessBase. Hamburgo 2003); y en *Opening Encyclopedia* 2016, (ChessBase. Hamburgo 2016). Levy dice en el prólogo de su libro que agradece al árbitro y periodista de ajedrez Carlos Palacio por haberle presentado a José (Arango) Casado, quien le entregó la anotación de este encuentro, lo que le permitió ser el primero en publicar la partida. Pero en *The Unknown Bobby Fischer* (Seattle, Washington 1999), sus autores, los Maestros Internacionales Donaldson y Eric Tangborn, dicen que la jugada en esta posición fue 21. ... Tc6. Según ellos, después de 21. c5? puede ser que las Blancas esperaran el movimiento 21. ... dxc5 para jugar 22. Txe5. Sin embargo, es de hacer notar que las Negras pueden responder a 21. c5? con simplemente 21 ... Txc5 ganando un Peón. **22. Rf2 Tc6** Levy continúa en su versión con una serie de movidas en que las Negras pueden jugar 22. ... Txc5 y las Blancas no lo evitan. Sin saltar a ninguna conclusión apresurada y admitir que tal vez la situación no es exactamente la misma, existe otra partida de Fischer, contra Smyslov, en el *Capablanca In Memoriam, La Habana 1965*, en que durante algunos movimientos el Gran Maestro estadounidense tuvo la oportunidad de realizar una buena jugada y Smyslov no se lo impidió. Esto lo analizaremos con mayor detenimiento en el próximo capítulo de esta obra. **23. g3? f6** 23 ... Txc5. **24. f4** 24. b4!? **24. ... Rf7 25. Re1** 25. b4. **25 ... b5 26. b4 Re8 27. fxe5** Mejor es 27. Ag4! Rf7 28. Rf2 h5 29. Ah3! con ventaja. **27. ... dxc5 28. exf6?!** Las Blancas pueden jugar 28. Ag4 Tc7 29. exf6 Txd5 30. Txd5 Axf6 31. bxc5 con ventaja. Por ejemplo: 31. ... Ae7? 32. c6! **28. ... Axf6 29. bxc5 Ae7** Ahora la posición es totalmente pareja. **30. Txd8+ Axd8 31. Td6 Txd6 32. cxd6 Aa5+** Las Negras disponen de 32. ... Rd7 33. e5 Re6 34. Rd2 Rxe5 con unas tablas fáciles. **33. Rd1 Ab4** Otra vez era mejor 33. ... Rd7. **34. e5 Ac3 35. e6 Ae5 36. d7+ Re7 37. Ag4 Ac7 38. Rc2 b4** Esto permite la penetración del rey enemigo. Mejor es 38. ... Ab6 39. Rd3 h5 40. Ah3 Ag1 41. Re2 Ab6 y el juego debe terminar en tablas. **39. Rd3 Rf6 40. Rc4 a5 41. Rc5 h5?** Correcto es 41. ... Re7. Después de 42. Rc6 Ad8 las Negras pueden empatar. **42. Ah3?** Las Blancas ganaban mediante 42. Rc6! Ad8 43. Ad1 Rxe6 44. h4 Rf7 45. Rb7 Rf8 46. Rc8 Re7 47. Ac2. **42 ... g5 43. Rc6 Ad8 44. Ag2 a4?** Ahora las Negras podían salvarse con 44 ... Rxe6 45. Ad5+ Re7 46. Ab3 g4 45. Ad5 Aa5 etc. **46. Rb7** Aquí de nuevo las Blancas pueden ganar con 46. Rb5 Ad8 47. Rxa4 Re5 48. Ab3 Ae7 49. Rb5, etc. **46. ... a3 47. Rc8** Un final muy interesante en que, a pesar de que dos fuertes programas dan a las Blancas una ventaja decisiva, la posición es Tablas. Por ejemplo, después de 47. Rc6 Re7 48. Rb5 ganando otro Peón, las Negras todavía tienen defensa mediante 48 ... Ac7 49. Rxb4 Ad6+ 50. Rb5 h4 51. Rc6 Ae5 52. Ae4 hxg3 53. Rb7 Rd8 54. Ag6 *(Con la amenaza 55. e7+!)*

54. ... Ad6 55. hxg3 Ae7 *(Por supuesto, no 55. ... Axg3?? debido a 56. e7+! y las Blancas ganan)* 56. g4 Af6 57. Ac2 Ae7 58. Rc6 *(Como no existe manera de mejorar la posición del rey en el flanco dama, las Blancas deben tratar de trasladarlo al otro lado del tablero. Pero después de 58. ... Ab4 59. Ab3 Aa5 60. Rd6 Ab4+ 61. Re5 Re7 62. Rf5 Ad2 63. d8Q+ (Un último intento. Las Blancas cambian su peón-d por el peón-g de las Negras) 63 ... Rxd8 64. Rf6 Ab4 65. Rxg5. (Las Blancas tienen dos peones pasados, pero sólo están separados por una columna. Y es sabido que para poder ganar en estos finales con alfiles de diferente color, es necesario que exista una distancia de al menos dos columnas entre los peones pasados. Por ejemplo: 65 ... Re7 66. Rh6 Ad6 67. g5 Af4 68. Rg6 Ac1 69. Rf5 Ab2 70. g6 Ah8 71. Ac4 Ag7 y las Blancas no tienen manera de progresar.* 47 ... **Re7** 48. **Ac4 Bd8** Tablas (**1/2-1/2**) Las Blancas todavía pueden intentar 49. Ab3 Ab6 50. Rb7 Ad8 51. Rc6 h4 52. gxh4 gxh4 53. h3 Aa5 54. Rb5. Pero las Negras mantienen la igualdad con 54. ... Ac7 55. Rxb4 Ad6+ 56. Rc4 Rd8.

Después de finalizada la exhibición de Fischer, comenzó la segunda parte del match entre los visitantes y los locales: un enfrentamiento de partidas rápidas (blitz) a cuatro vueltas, en el que los representantes del *Club Capablanca* ganaron por el amplio margen de 21 a 7. El lugar de Florido en el segundo tablero lo ocupó Eleazar Jiménez y el de Rosendo Romero, en el séptimo, Carlos A. Palacio.

Debido a que el propio Palacio en su crónica para el rotativo *El Mundo* del 28 de febrero no menciona los resultados individuales, no hay otra manera posible de saber lo que pasó, excepto especular sobre ello y asumir que siguieron el mismo patrón de la primera parte, en la que los dos primeros tableros del *Log Cabin Chess Club* ganaron sus partidas respectivas, y el resto de los visitantes fue barrido, menos quizás una victoria o dos empates de González contra Whitaker. Sí, como indican las estadísticas generales, Fischer derrotó a Jiménez en cuatro ocasiones en las partidas rápidas, esos triunfos suyos no han sido debidamente destacados.

Jiménez era en esa época el segundo mejor jugador de Cuba. Ya en el Torneo Internacional de La Habana de 1952, había finalizado por encima de Herman Steiner (Maestro Internacional desde 1950) y Edward Lasker (Maestro Internacional desde 1961), y logrado importantes empates, como el que obtuvo contra Svetozar Gligorić (Gran Maestro desde 1951) que mostramos a continuación.

(7) S. Gligorić - E. Jiménez
Gambito de la Dama [D15]
La Habana 1952

1. d4 d5 2. c4 c6 3. Cf3 Cf6 4. Cc3 dxc4 5. e4 Este agudo gambito está relacionado con el destacado GM de Odesa Efim Geller, quien lo empleó en varias ocasiones entre 1948 y 1952, como en su victoria contra Wolfgang Unzicker (Gran Maestro desde 1954) en el Interzonal de Saltsjöbaden 1952. Esta continuación tiene una gran diferencia con la jugada estándar 5. a4, ya que las Blancas inician enseguida acciones en el centro a cambio de permitir la jugada ... b7-b5. **5. ... b5 6. e5** La variante principal. La alternativa es 6. Qc2, empleada en sus años jóvenes por Boris Spassky (Campeón Mundial 1969-1972). **6. ... Cd5 7. a4** En busca de debilitar el flanco dama de las Negras. Aunque aquí las Blancas han ensayado varias continuaciones, aún se considera en la actualidad que ésta es su mejor opción. **7. ... b4** Esta jugada se hizo por primera vez en la presente partida. Aunque posteriormente se ha empleado en muchas oportunidades, no posee una reputación favorable. Entre las varias opciones de las Negras, se considera que la mejor es

7. ... e6. **8. Ce4 c3** Resulta inferior 8. ... Af5 debido a 9. Cg3 Ag6 10. e6 c3 11. Ce5 con ventaja de las blancas. Eriksson -Johansson, Estocolmo 2005. **9. bxc3 Cxc3?!** Jiménez desea eliminar cuanto antes el caballo blanco centralizado. Sin embargo, es mejor 9. ... bxc3.**10. Cxc3 bxc3 11. Ad3 Aa6?!** Las Negras pretenden cambiar el valioso alfil blanco de d3. Sin embargo, esta jugada tiene el inconveniente de que descuida el control de la casilla e6. Un plan por considerar es 11. ... a5 para responder a 12. Aa3 con 12 ... Ca6, con la idea de llevar este Caballo, vía b4, a la importante casilla d5. **12. Aa3** Gligorić quiere impedir que las Negras puedan enrocar corto. Pero era más fuerte 12. e6! porque luego de 12. ... fxe6   13. 0–0 g6 14. Cg5! las Blancas disponen de una enorme superioridad. **12. ... e6 13. Axf8 Rxf8 14. 0–0** (*ver diagrama*)

14. ... g6 Un movimiento acorde con la época en la que se jugó esta partida (y también con el sólido estilo del maestro cubano). En la actualidad, muchos jugadores se hubieran decidido por la más activa 14. ... g5!? **15. Tb1 Axd3 16. Dxd3 Rg7 17. Tfc1 Dd5 18. Txc3** Merece atención   18. h4!? **18. ... Cd7 19. Tbc1 Thc8 20. h4 Tab8 21. Da6 Tc7** Jiménez se decide a sacrificar un peón al pensar que al Blanco le será muy difícil hacer valer su ventaja material debido a la solidez de la posición de las Negras. Otra posibilidad es avanzar el peón aislado en c6. Pero luego de 21. ... c5 22. h5! las Blancas mantienen ligera ventaja. **22. De2** Había que capturar el peón de c6. Es cierto que luego de 22. Txc6 Txc6 23. Dxc6 Cb6 las Negras consiguen una posición sólida, pero de esta forma las Blancas habrían tenido mayores posibilidades de éxito que con la jugada del texto. **22. ... Tb4   23. Dc2 c5** Las Negras por fin avanzan su peón aislado. Sin embargo, era más exacto jugar primero la profiláctica 23. ... h6. **24. dxc5** Con esta jugada desaparecen por completo las posibilidades de victoria de las Blancas. Es mejor 24. h5! que mantiene una ligera ventaja. **24. ... Cxe5 25. Cxe5 Dxe5** Las Blancas poseen un peón pasado, pero éste se encuentra muy bien bloqueado. Y como las Negras sólo tienen una desventaja en su posición (el peón libre blanco), no corren peligro. "... en 1951 (N.A. En su match por el Campeonato Mundial contra M. Botvinnik), tal como Spassky contra Petrosian en 1969 y Korchnoi contra Karpov en 1974, yo no tenía temor a jugar un final con una sola debilidad..." Bronstein en: *David Bronstein - Chess Improviser*, (B. S. Vainstein. First English Edition. Oxford. Gran Bretaña 1983). **26. Tc4 Txc4** También es posible 26. ... Tb2. **27. Dxc4 Tc6 28. g3 h5 29. Rg2 Rh7 30. Tc2 Rg7 31. f4 Dc7 32. Dd4+ Rh7 33. De5** (*ver diagrama*)

33. ... Db7 Como es natural, las Negras eluden el cambio de damas ya que luego de 33 ... Dxe5?! 34. fxe5 g5 35. Rf3 Rg6 36. Re4 el Blanco tendría un final muy superior. **34. Rh2 Dd7** Ya se podría haber firmado el empate. **35. De4 Rg7 36. Kg2 Kh7 37. Kf2 Kg7 38. Ke3 Kh7 39. Dd4 Dc7 40. De5 Da5** Tablas. ½–½.

En 1957, tras vencer en el torneo nacional clasificatorio, Jiménez derrotó 6-4 al Dr. González en un encuentro por el campeonato de Cuba para ascender al primer puesto del ajedrez en la Isla, posición que ocupó por más de una década.

El único indicio de su resultado con Fischer se lo dio el propio Jiménez a Jesús Suárez años después. Mientras analizaban las contundentes victorias de Fischer sobre Mark Taimanov y Bent Larsen en el Torneo de Candidatos de 1971, Suárez le preguntó a Jiménez si se acordaba cómo jugaba Fischer cuando fue a Cuba en 1956. "¡Una maravilla!" manifestó Jiménez. "Imagínate un niño de doce años que se sabía de arriba a abajo la India del Rey!"

Pero aquí Jiménez se detuvo y no dio otros detalles. Sin embargo, recordemos algunas cosas: 1) En la partida contra Florido, Fischer jugó un Giuoco Piano con Negras. 2) En las simultáneas que dio al día siguiente, Fischer jugó todas las partidas con Blancas. 3) Por tanto, Fischer tuvo que haber jugado la India del Rey en sus partidas rápidas. Y como es difícil estar mirando a otros tableros en este tipo de encuentros, es casi seguro que Jiménez jugó con Fischer en enfrentamientos en que el norteamericano tuvo por lo menos dos veces las piezas Negras y en alguno de ellos jugó la India del Rey.

Según la crónica de Palacio antes citada, Fischer no perdió ninguna partida de las que jugó en La Habana, lo cual lleva a la conclusión de que Jiménez las perdió todas o casi todas contra Fischer, sin ninguna victoria. A partir de esos encuentros, Jiménez jugó cuatro partidas de torneo con Fischer. Hizo tablas en dos ocasiones consecutivas: en la Olimpiada de Leipzig, República Democrática Alemana, en 1960; y en el Capablanca In Memoriam jugado en 1965 en La Habana, cuando estuvo a punto de derrotarlo. Perdió en la Olimpiada de La Habana, 1966. Y volvió a entablar con él en el Torneo Interzonal de Palma de Mallorca, España, disputado en 1970.

El que Fischer desde temprana edad hiciera de la India del Rey su defensa favorita contra el Peón Dama queda comprobado en varias de sus partidas. Por ejemplo, contra Albert Humphrey en el Campeonato Nacional de Aficionados de los Estados Unidos que se celebró en Lake Mohegan, Nueva York, en mayo de 1955. El encuentro terminó en tablas en 33 jugadas. A continuación, en el Campeonato Nacional Juvenil de los Estados Unidos de 1955, celebrado en Lincoln, Nebraska. Allí Fischer empleó de nuevo la India del Rey y entabló contra William Whisler (en 25 jugadas) y venció a Jimmy Thomason (en 23 movimientos).

El martes 28 de febrero, cuando ya Fischer y el resto del Log Cabin se encontraban de vuelta en los Estados Unidos, Palacio publicó la siguiente crónica en el periódico El Mundo de La Habana:

Notas de Ajedrez

por Carlos A. Palacio

"El acontecimiento más notorio del fin de semana pasado, conjuntamente con la agradable visita que hizo al Club Capablanca de La Habana el grupo de ajedrecistas del Log Cabin Chess Club de West Orange, New Jersey, capitaneado por su presidente Mr. Forry Laucks, fue la impresionante personalidad del niño de doce años (y no diez como consignamos en nuestra nota anterior), llamado Bobby Fischer, acompañado de su mamá la señora Regina Wender Fischer.

Desde el primer momento, cuando comenzó a vencer o superar con relativa facilidad a los jugadores más fuertes de nuestro club con los que se enfrentó, y verlo brindar el domingo pasado una sesión de 12 partidas simultáneas, ganando diez y entablando dos, pudimos confirmar las referencias que ya teníamos de las condiciones asombrosas de este muchacho.

No sin una justificación altamente demostrada es que una revista de la categoría y circulación mundial como el "Chess Review" publica en la portada de su número de enero pasado una foto de Bobby Fischer brindando una sesión de partidas simultáneas en el famoso Manhattan Chess Club de Nueva York contra oponentes cuyas edades fluctuaban entre los 7 y los 12 años de edad, venciéndolos a todos, por cuya labor recibió como presente un reloj con su nombre grabado y un cheque del Yorktown Chess Club. No sin aunar méritos muy admitidos es que un periódico tan íntegro y parco en los elogios como el "New York Times" destacara el talento de este novel aficionado.

A pesar de su corta edad, ya Bobby podría recopilar las primeras páginas de su "carrera de ajedrez"; y cuando lo calificamos de aficionado, lo es en el sentido literal del vocablo, ya que para él, el ajedrez constituye una afición tan poderosa como delirante (esto y el base-ball (sic).

Natural y residente de Brooklyn (N.A. En realidad, Fischer nació en Chicago), su iniciación tuvo lugar en ocasión de formar parte del grupo de muchachos a quienes el doctor Harold Sussman, con su hijo entre ellos, les enseñaba los rudimentos del juego ciencia.

Esto ocurrió hace poco más de un año, cuando en el club de ajedrez de Yorktown se fundó el primer Grupo Juvenil que dirige Mr. Joseph Brooks, integrado por jóvenes de 8 a 12 años de edad. Hoy cuenta con más de 80 miembros de la misma edad, y si a cada uno se preguntara quién es el campeón, contestarían al unísono: Bobby Fischer.

Entre los elogios más autorizados que se han emitido con respecto a su pericia y técnica ajedrecística constan el de los señores Hans Kmoch, árbitro internacional, Hyman Rotkins y Joespe Davia, presidente y vice, respectivamente, del Yorktown Chess Club.

Agreguemos además la opinión de todos los que tuvieron ocasión de verlo jugar en los salones ampliamente colmados del Club Capablanca hace dos días.

El sábado anterior se jugó la primera partida del match en la que los visitantes fueron vencidos con puntuación de 5 por 2

Mencionando primero a los integrantes del Log Cabin Chess Club, el resultado fue el siguiente:

Norman Whitaker 1, doctor Juan González 0. Bobby Fischer 1, José R. Florido 0. E.R. Gover 0, Carlos Calero 1. William Wyn Walbrecht 0, Eldis Cobo 1. Ted Miller 0, Rogelio Ortega 1. R. Houghton 0, Miguel Alemán 1. Forry Lauks 0, doctor Rosendo Romero 1.

El domingo se efectuó un match torneo a doble vuelta (*N.A. En realidad fue a cuatro vueltas*) en forma de "rapid-transit" contra los mismos oponentes, con la excepción de los señores Florido y Romero del Club Capablanca, que fueron sustituidos por Eleazar Jiménez y C.A. Palacio. El resultado volvió a ser favorable para el club sede, con puntuación de 21 por 7.

En las simultáneas de Bobby Fischer participaron los señores doctor Raymundo Plasencia, Sergey Pavol, Rogelio Ferrer, E. Houghton, Forry Laucks, doctor Luis F. de Almagro, Antonio Higuera, doctor Armando Bermúdez, Alberto Reyes, Raúl Martín, José Arango y doctor Ramón Menéndez Bermúdez.

Solamente hicieron tablas el señor Ramón Menéndez, y el joven José Arango Casado, de Guanabacoa. Estos actos estuvieron bajo la dirección del señor Alberto García. Los señores Mario Figueredo y Ramón Bravo, presidente y vice del club, respectivamente, colmaron de atenciones a los visitantes, que partieron de regreso ayer llevando una agradable impresión de su corta estadía en La Habana".

"Maestro en ciernes". El artículo publicado por Carlos A. Palacio en el periódico "El Mundo" de La Habana fue la primera vez que un diario, en cualquier parte del mundo, vaticinó un gran futuro al joven Fischer. Al escribir el calce de la fotografía, Palacio escribió: "La diminuta figurita del niño Bobby Fischer se mueve ágil alrededor de los tableros durante su exhibición en el Club Capablanca. Ganó diez y entabló dos."

En la mañana del lunes 27 de febrero, los miembros del *Log Cabin* dejaron Cuba en la misma embarcación que los trajo a la Isla, el transbordador *City of Havana*. El pasajero número 23, Robert Fischer, se sentó esta vez en un lugar distante de la tienda de recuerdos, al extremo de que Pedro Urra ni siquiera se percató de su presencia en el barco.

A doce millas de La Habana, los pasajeros notaron una inusitada actividad de los oficiales y marineros de la nave, quienes observaban con sus catalejos y gritaban entre sí mientras señalaban a una embarcación a estribor que era zarandeada por las olas. Era el camaronero *Atlantic Wave* que tras haber partido de La Habana rumbo a Cayo Hueso, sufrió una seria avería de sus maquinarias y estaba a la deriva.

Tras interrumpir brevemente el paso, el *ferry* siguió su ruta para asombro de los pasajeros, quienes no entendían qué pasaba y por qué el transbordador no prestaba auxilio a la nave en peligro.

En realidad, ya para entonces, la Capitanía del Puerto de La Habana conocía lo sucedido por mensajes desde el *City of Havana,* por lo que había enviado al lugar del drama a un guardacostas y a otra embarcación de salvamento que remolcó al pesquero hasta el interior de la Bahía de La Habana, sin ningún tipo de pérdida humana, tras el susto de quedarse a la deriva a merced de las aguas agitadas de la corriente del Golfo de México y el fuerte viento de casi veinte millas por horas de esa mañana.

En su tienda encristalada bajo cubierta, Urra notó el nerviosismo y la agitación de las voces de los pasajeros, pero sobre todo la señal en clave de emergencia marina que se emitió. Cuando todo volvió a la tranquilidad y la tienda a recibir clientes, Urra les preguntó qué sucedía. "Es que un barco se está hundiendo", le dijeron. Pero Urra sabía por experiencia que no era verdad, pues la nave no inició operación alguna de rescate y concluyó que el incidente no era tan dramático como las respuestas que recibió. A los pocos minutos ya había olvidado el asunto y su vida llena de misterios prosiguió por casi dos años más en el Estrecho de la Florida, hasta que la policía descubrió su rol oculto en la nave.

Los *cabañeros* tenían todavía por delante un largo camino hasta Nueva Jersey y Nueva York, que incluía otras citas en el sur de la Florida.

John Donaldson, en su columna #746 para *The Mechanic's Institute,* fechada el 29 de abril del 2016, reconstruyó el itinerario de los *cabañeros* como él consideró de manera lógica que debió ser, y no como hasta entonces se aceptó.

Pero quizás Donaldson pasó por alto que Forry Laucks no era un hombre de sentido común ni lógica en su comportamiento, de manera que para disputar los últimos encuentros en la Florida, hizo atravesar a su grupo el estado, primero de este a oeste, luego de oeste a este y finalmente de este a oeste otra vez, antes de regresar a las carreteras que se dirigían hacia el norte en dirección a Clinton, Carolina del Norte,

Como si se tratara de una venganza patriótica, el cubano Néstor Hernández[6] le propinó al joven Fischer su única derrota en la excursión, en una partida jugada el primero de marzo, en la ciudad de Tampa.

Tal vez sus encuentros contra Florido y Hernández hicieron decir a Fischer, como un resumen de su viaje a La Habana (y a Tampa), que "Los cubanos parecen tomarse el ajedrez más en serio... Lo consideran más en la forma en que yo me lo tomo. El ajedrez es como una lucha, y me gusta ganar. A ellos también".[7]

Néstor Hernández (al centro, segunda fila) fue el único cubano que jamás venció a Fischer en una partida formal. Hernández era conocido como "el campeón cubano de Tampa". La partida se encuentra con casi toda seguridad en los archivos Fischer del Marshall Chess Club de Nueva York.

El Club Capablanca de La Habana, inaugurado por el Presidente de Cuba Ramón Grau San Martín, el 26 de junio de 1947, ha quedado para la historia como la institución en la que Fischer ganó su primera partida a un maestro de ajedrez y en donde realizó su primer exhibición de simultáneas con participación de adultos. El club se encuentra en la Calle Infanta 54, a dos cuadras del paseo marítimo de La Habana conocido como El Malecón.

1965

Ajedrez a larga distancia

El Gran Maestro holandés Johannes Hendrikus (Hein) Donner llamaba a José Luis Barreras el "dictador del ajedrez cubano".[1]

Pero en el lenguaje iconoclasta de Donner no resulta fácil distinguir si se trata de una crítica al funcionario que estaba al frente del ajedrez en la mayor isla de las Antillas o, sencillamente, otro de sus sarcasmos. La fama de mordaz del holandés era tal que según el Gran Maestro paraguayo Zenón Franco, el danés Bent Larsen comentó en una ocasión que "Donner podría ser la víctima en una novela de Agatha Christie. En la escena final todos los presentes, sin excepción, tendrían motivos para haberlo matado".[2]

Pero es gracias a la narración de Donner en su libro de memorias *The King* (New in Chess. Alkmaar, The Netherlands 2006. Pág. 66-72), que conocemos la forma en que Barreras consiguió el visto bueno de los demás jugadores que participaron en el torneo *Capablanca In Memoriam* de 1965 para permitir la inclusión de Robert James Fischer, debido a la inusitada forma en que el Gran Maestro de los Estados Unidos jugaría en la competencia: desde una habitación cerrada en el *Marshall Chess Club* de Nueva York, como consecuencia de que el Departamento norteamericano de Estado no le dio permiso para viajar a Cuba.

Cuando el 22 de agosto, tres días antes de la inauguración del torneo, Barreras leyó a los restantes jugadores las propuestas que normaban la participación de Fischer, uno de ellos (al que Donner identificó claramente sin mencionarlo por su nombre) fue el Gran Maestro checoslovaco Luděk Pachman, quien objetó que "no jugaría contra un ciudadano de un país que bombardeaba a Vietnam".

Pachman pronto habría de lamentar semejante arranque de celo revolucionario, pues sólo tres años después tropas soviéticas ocuparon su propia nación. Su protesta contra ese acto agresivo le valió que lo enviaran a la cárcel y despojaran de sus cargos, con lo cual mostró ser una persona de principios y no un simple vociferante de ocasión.

Donner narró que se convocó a los participantes del torneo a dicha reunión a fin de que aprobaran las reglas especiales que Folke Rogard, quien entonces presidía la Federación Internacional de Ajedrez (FIDE, por sus siglas en francés), le sugirió a Barreras crear a fin de "mantener la justicia del ajedrez".

El consejo de Rogard formaba parte de su respuesta a un mensaje cablegráfico que el director del ajedrez cubano le envió y que decía:

"Bobby Fischer acepta participar en el Torneo Capablanca In Memoriam, pero las oficinas extranjeras (sic) de los Estados Unidos se han negado a darle visa para su viaje a Cuba. Fischer propone a la Federación de Ajedrecistas de Cuba que él participará desde Nueva York utilizando una línea telefónica desde el salón del torneo hasta el Nueva York Chess Club (sic). La Federación Cubana aceptó esta proposición bajo las condiciones de que las partidas de Fischer sean supervisadas por la FIDE en Nueva York y en La Habana. Esperamos obtener su contesta y le enviamos nuestro saludo" (José Luis Barreras: *Ajedrez en Cuba*. Editorial INDER. La Habana 2002. Pág. 121).

"Su pregunta", respondió Rogard a Barreras, "es un poco complicada y que yo sepa, un arreglo seme-jante nunca ha aparecido en la historia del ajedrez".

Rogard insistió en que "un arreglo como el que Ud. está tratando con Fischer, debe ser sometido a la aprobación de los demás participantes". Esto, debido a que "uno de los principios de la FIDE es, por supuesto, que en un torneo de la FIDE cada participante jugará exactamente bajo las mismas condicio-nes que los demás jugadores o participantes, es por lo tanto un privilegio jugar en una sala de torneo sin molestia alguna como son la guerra de nervios del público, los camarógrafos, etc.". Pese a estas objecio-nes, el rector de la FIDE manifestó que debía estimularse el regreso de Fischer, al que calificaba como un "gigante del ajedrez".

Ese fue el motivo por el cual Barreras convocó a los jugadores del torneo con el objetivo de aprobar tres diferentes temas. El punto uno se refería a que los maestros invitados aceptaran la participación de Fischer a larga distancia mediante el uso de un teléfono. El punto dos mencionaba crear una comisión para instrumentar los detalles técnicos; mientras que el número tres se distinguía por su aparente sen-cillez: "Propuesta de los Grandes Maestros soviéticos".

En realidad los puntos uno y dos del reglamento no provocaron desacuerdos, excepto la oposición de Pachman. Pero las cosas se complicaron con el tres, ya que se trataba de una declaración de tipo polí-tico, redactada, según Donner, en la embajada de la Unión de Repúblicas Socialistas Soviéticas (URSS), la cual se encomendó leer a Vasili Smyslov, quien, como excampeón mundial, era la figura de mayor prestigio ajedrecístico entre los tres Grandes Maestros soviéticos participantes en el torneo. Los otros dos eran Efim Geller y Ratmir Jolmov.

Este dibujo a plumilla de Fischer se convirtió en emblema de su participación en el torneo Capablanca en 1965, pero en realidad las jugadas fueron realizadas por teletipo y no por teléfono.

El punto tres proponía que los participantes afirmaran que ellos, "con gran indignación, habían tomado nota del ilegal impedimento del gobierno de los Estados Unidos de no permitir a Fischer viajar a Cuba". Cuando Smyslov finalizó su lectura, un hombre, que Donner identificó como el embajador de la Unión Soviética en La Habana, se levantó para pedir que la propuesta se aprobara por aclamación.

Fue ahí donde comenzaron los conflictos. Donner se opuso y lo mismo hizo el entonces Maestro Internacional Heinz Lehmann, de Berlín Occidental. Para ambos resultaba contradictorio que fuera precisamente la delegación soviética la que hiciera tal propuesta crítica sobre el impedimento de viajar libremente, pues argumentaban que el país que ellos representaban violaba ese derecho a sus ciudadanos.

Con la intención de calmar los ánimos, el holandés agregó que Fischer no aceptaría participar si se criticaba a su propia nación. Sin embargo, al final de su vida, el Gran Maestro estadounidense convirtió sus ataques a los Estados Unidos en algo común, y lo que fue aún peor, lo hizo con un encono totalmente desmedido.

Cuando Barreras vio que la discusión no llevaba a ninguna parte y amenazaba, según Donner, romper la atmósfera de armonía que suelen brindar los cócteles de ron, soda, hierbabuena, azúcar y limón conocidos como "mojitos", propuso lo más sensato, aunque pareciera arbitrario: suspender la reunión con el pretexto de salir todos hacia el *Cabaret Tropicana* de La Habana para disfrutar de los sensuales movimientos de sus bailarinas.

Tal vez el mote de "dictador del ajedrez cubano" que Donner le endilgó a Barreras haya sido por esta decisión, que dejó un tanto en ridículo a los que momentos antes estaban totalmente involucrados en una controversia.

Hay que mencionar que Barreras se jactaba de que en más de una ocasión había invitado a Fischer a jugar en Cuba y que estas propuestas gozaban del visto bueno de las más altas esferas del gobierno cubano, un pretexto para no mencionar por su nombre a Fidel Castro, cuya identidad en tales cosas siempre permanecía tras un halo de misterio.

Es muy posible que el visto bueno a las invitaciones más conflictivas (o costosas) desde 1962 a 1964 proviniera de Ernesto "Ché" Guevara, al que Barreras identificaba como la figura del gobierno que con más fuerza había apoyado el inicio de los torneos Capablanca en la Isla, ya que Guevara era un gran aficionado al juego.[3]

Pero en 1965 había poca confusión sobre quién era el encargado del visto bueno, pues entonces Guevara se había marchado por primera vez de Cuba con destino a la República del Congo (Léopoldville), en donde libró una fracasada campaña guerrillera.[4]

Barreras aseguró que él había invitado a Fischer desde 1962 (año en que se celebró el primer memorial Capablanca), cuando se encontró con él en el torneo Interzonal de Estocolmo, que el estadounidense ganó en forma brillante. Pero la fecha de ese año de la competencia en La Habana coincidía con el Torneo de Candidatos que se celebró en la isla holandesa de Curazao, en las Antillas Menores, por lo que el norteamericano no pudo aceptar la propuesta cubana, si es que entonces estuvo interesado.

Según Barreras, estas invitaciones se repitieron (sin éxito) en 1963 y 1964, a pesar de las duras críticas de Fischer contra varios de los jugadores soviéticos que participaron en el Torneo de Candidatos de 1962, a los que calificó de "comunistas tramposos", lo que sin dudas no era el mejor aval para que se le invitara a Cuba.

Fischer aseguró a la revista *Sports Illustrated* (agosto 20 de 1962) que "los rusos arreglaron" el resultado del torneo de Curazao, y que tres representantes de esa nación (Tigran Petrosian, Paul Keres y Efim Geller) habían pre acordado hacer tablas rápidas entre ellos a fin de conservar energías para enfrentarse a él". Cierto o no, la FIDE tomó nota de la acusación y los próximos encuentros de Candidatos se realizaron por medio de enfrentamientos individuales y no mediante un torneo de todos contra todos.

En 1964, la invitación a Fischer de viajar a Cuba la aceptó por sustitución Larry Evans, otro fuerte Gran Maestro de los Estados Unidos. Ese hecho mostró que tal vez en el futuro Fischer viajaría a La Habana. Sin embargo, tal como advirtió John Donaldson a Miguel Angel Sánchez en un mensaje de febrero 20, 2019, evidenció que algo no fue en verdad totalmente transparente en el viaje de Evans:

> "Es cierto que Evans tenía una extensa credencial periodística y tal vez hubiera logrado la autorización, [del Departamento de Estado] pero como una cuestión de hecho ni se tomó el trabajo de pedir el permiso. Voló desde otro país [a Cuba], creo que Canadá, y Estados Unidos no se enteró hasta después. Cuando regresó recibió un grupo de visitas de agentes del FBI. Esto era algo que Fischer no deseaba."

Nadie preguntó a Barreras los detalles de esas invitaciones, ni los motivos por los cuales Fischer no las aceptó, pues se daba por entendido que eran algo así como "secretos de Estado".

En Cuba, por ejemplo, jamás se informó en público que muchos jugadores extranjeros recibían una prima por participar en los torneos Capablanca, y que en el caso de Fischer fue de tres mil dólares (unos veintitrés mil dólares de 2017), la mayor cantidad que había recibido hasta entonces el norteamericano por sólo tomar parte en una competencia. Tampoco que los premios eran en divisas para los Maestros de los entonces llamados "países occidentales".[5]

El carácter secreto de tales remuneraciones o premios era debido a que en 1961 Fidel Castro había abolido el profesionalismo en las actividades competitivas físicas o mentales en Cuba, a lo que llamó "deporte esclavo". En 1962, con el inicio de los torneos de ajedrez en memoria de Capablanca resultaba muy difícil explicar a la población la duplicidad de que mientras por un lado se abolía por decreto el profesionalismo, por el otro se pagaba a los ajedrecistas por asistir a los torneos y, lo que era peor, por sus resultados. El contrato de tres mil dólares a Fischer fue posiblemente el mayor secreto de todos.

Tras Curazao, un frustrado Fischer se apartó de la práctica del juego, y en el momento en que aceptó viajar a Cuba, llevaba tres años casi totalmente alejado del ajedrez internacional. Sólo había participado en la Olimpiada de Varna de 1962, en donde se desarrolló su famoso empate contra el entonces monarca mundial Mijaíl Botvinnik; así como en el Campeonato de Ajedrez de los Estados Unidos, Nueva York 1963-1964, en el cual ganó las once partidas del evento, algo que en competencias de alto nivel celebradas en esa ciudad sólo lo habían logrado Emanuel Lasker y José Raúl Capablanca, quienes luego fueron Campeones Mundiales. Si las estadísticas de lo ocurrido en el pasado servían para vaticinar el futuro, Fischer era un claro elegido del destino para conquistar la corona mundial de ajedrez.[6]

Hasta el 6 de agosto de 1965, la prensa de Cuba no había dicho nada acerca de si se había invitado a Fischer y si éste había aceptado jugar en La Habana. Pero en una rueda de prensa ese mismo día, Barreras anunció sorpresivamente que el Departamento de Estado no dejaba viajar a la Isla al Gran Maestro estadounidense.

Fue entonces que todos en Cuba comprendieron que previamente se había invitado a Fischer y que éste había aceptado la oferta de participar en el torneo, una importante noticia que Barreras se guardó de informar hasta que no fuera autorizado, o con el fin de lograr los mejores resultados propagandísticos.

La noticia, que llevaba al mismo tiempo el aspecto positivo de que Fischer había aceptado la invitación, pero como contraparte negativa el que no le permitían viajar, fue apenas el primer eslabón de una cadena de obstáculos que puso en peligro su participación. Incluso visto a la distancia de los años, el asunto aún se mantiene como una emotiva secuela de eventos que mantuvo en vilo al mundo ajedrecístico por espacio de tres semanas.

El periódico Revolución de La Habana anunció que Fischer jugaría por teléfono y esto pareció ser el último obstáculo, pero todavía existirían otros por delante.

Debido a que entonces no se permitía a los ciudadanos de los Estados Unidos visitar Cuba (así como tampoco ir a Albania, China, Corea del Norte y Vietnam del Norte), Fischer tuvo que pedir permiso para viajar a la Isla, al tiempo que la Federación de Ajedrez de los Estados Unidos abogaba ante el Departamento norteamericano de Estado para que se le otorgara el permiso. Pero ni siquiera así, a pesar del precedente que constituyó el viaje de Evans del año anterior, los obstinados funcionarios del servicio exterior aprobaron su solicitud.

Un extracto del proceso de esa toma de decisión, que aparece en el historial de Fischer elaborado por el Buró Federal de Investigaciones indica que la sección de Cuba del Departamento de Estado recomendó que la solicitud de Fischer no se aprobara debido a que las directivas sobre los viajes a la Isla no incluían nada que validara su principal propósito: participar en una competición de ajedrez.

Pero la solicitud incluía una categoría permitida: la de la actividad periodística, e indicaba que Fischer escribiría reseñas del torneo para el suplemento literario *Saturday Review* y para la revista especializada de ajedrez *Chess Life*. Sin embargo, los representantes del Departamento de Estado no dieron su brazo a torcer y alegaron que la función como reportero no era más que secundaria y, por tanto, Fischer no clasificaba como un periodista genuino o de 'buena fe'.

A los editores del *New York Times* esto le pareció una reducción al absurdo de la política de los Estados Unidos hacia Cuba. En su edición del 4 de agosto de 1965 el periódico publicó un duro editorial contra el Departamento de Estado con el título: *Bobby Fischer recibe jaque mate* ("*Bobby Fischer Checkmated*").

"Hubo algo particularmente ridículo en la denegación del Departamento de Estado de autorizar al pasaporte de Bobby Fischer, el Campeón de ajedrez de los Estados Unidos, para que fuera a Cuba. 'No cae dentro del criterio establecido del departamento', declaró solemnemente un portavoz.

Desafía la imaginación de qué manera el gran maestro de Brooklyn se contaminaría jugando en el Torneo Conmemorativo Capablanca en La Habana, junto con jugadores de muchos países. El único peligro que podría correr sería su propio temperamento incierto, pero eso es algo que arriesga en cada torneo.

Para prohibir viajar a Bobby Fischer, el Departamento de Estado incumple incluso sus propias reglas, ya que a los periodistas acreditados siempre se les permitió ir a Cuba, y el Sr. Fischer tiene credenciales del *Saturday Review* y de *Chess Life*. Ahora parece que uno tiene que ser un "periodista de buena fe" y no sólo un periodista.

De manera que, a las categorías rechazadas de profesores, estudiantes, científicos, autores y artistas estadounidenses, debemos agregar ahora a los jugadores de ajedrez. Esta es la reducción al absurdo de una política que perjudica a los Estados Unidos mucho más que a Cuba".

La noticia de la negativa a Fischer pronto encontró resonancia política en La Habana. Barreras la llamó "Maniobras contra Cuba del Departamento de Estado". Un día antes, (5 de agosto) el rotativo cubano *Revolución* había publicado extractos del editorial del *New York Times* que criticaba la decisión de anular el viaje de Fischer a la isla caribeña.

Pero en realidad. ésta no era la primera ocasión en que un maestro de ajedrez se encontraba envuelto en el torbellino de las políticas del Departamento de Estado. Ya había ocurrido en 1921, aunque las circunstancias fueron muy diferentes, pues involucraban a un ciudadano alemán, Emanuel Lasker, y al hecho de que los Estados Unidos y Alemania aún se hallaban técnicamente en un conflicto bélico, a pesar del Tratado de Versalles que había puesto fin a la Primera Guerra Mundial.

Correspondió entonces al más alto funcionario de relaciones exteriores de los Estados Unidos, el Secretario de Estado Bainbridge Colby, autorizar el visado a Lasker para que pudiera viajar a los Estados Unidos de paso hacia La Habana, en donde enfrentaría al Gran Maestro cubano José Raúl Capablanca por la corona mundial de ajedrez.

Al final Lasker viajó directamente a Cuba desde Holanda y el permiso de tránsito resultó innecesario, pero al menos mostró que a principios del siglo XX había un poco más de sentido común. ¿O influyó que Colby era un aficionado al ajedrez y ex miembro del *Manhattan Chess Club*?

Pero de pronto ocurrió algo en el caso de Fischer:

"Nueva York. AP/ 9 de agosto, 1965

El campeón de ajedrez de los Estados Unidos, Robert Fischer, quien no pudo obtener el permiso del gobierno para asistir a un torneo internacional, participará de todos modos… por teléfono. El Departamento de Estado rechazó su solicitud de autorización para el viaje basándose en que no está incluida en ninguno de los requerimientos para permitir a un norteamericano ir a Cuba. Su abogado, Andrew P. Davis, aceptó la sugerencia de un entusiasta del juego, y propuso al campeón norteamericano, de 22 años, la participación telefónica.

Davis habló con representantes del torneo en memoria de Capablanca, en La Habana, y ellos aceptaron. El torneo se extiende desde el 25 de este mes a igual día de septiembre. Fischer jugará en el Club Marshall de Nueva York. Un árbitro presenciará sus movimientos. "Si alguna [sugerencia para] el empleo de un teletipo en lugar del teléfono parece mejor, lo usaremos." Explicó el abogado. Davis dijo que ignoraba qué efectos produciría en Fischer jugar de esta forma. "Algunos dicen que los contrincantes tienen la misma ventaja y la misma desventaja", comentó. "Mi opinión es que Fischer se verá un poco afectado", agregó Davis, quien también comentó que algunas condiciones mínimas pueden afectar sus partidas.

Al negar la solicitud, el Departamento de Estado explicó que sólo periodistas, hombres de negocios con intereses desde hace mucho tiempo allí o personas en misión humanitaria, pueden autorizarse para ir a Cuba".

El Dr. Capablanca en la silla de Fischer durante la dramática partida con el Gran Maestro búlgaro Tringov, en la cual en un momento los aficionados pensaron que Fischer estaba perdido, cuando en realidad era un estudio casero del norteamericano. Francisco Acosta, detrás de Capablanca, era "el mensajero de Fischer'; él llevaba y traía las jugadas que se transmitían por el teletipo.

Lo que ocurrió, conforme a una versión aparecida en la página 30 del *New York Times* de agosto 8 fue lo siguiente: un aficionado al ajedrez que vivía en el 201 Este de la calle 19 en Brooklyn, Nueva York, llamado Moses Eskolski, llamó a Davis para sugerirle que se arreglara la participación de Fischer por teléfono si es que no le dejaban viajar.

A Davis le pareció una gran idea y transmitió la propuesta a Barreras, quien la aceptó tras consultar con sus superiores. De esta forma, al menos en teoría por el momento, la participación de Fischer era todavía posible.

Armado con la posibilidad técnica de que Fischer jugara desde los Estados Unidos, David consideró que tenía un cierto nivel legal de maniobra y volvió a ponerse en contacto con el Departamento de Estado para que reconsideraran su posición y permitieran viajar a su cliente, pero la respuesta fue otra vez negativa y contundente: "No podemos detener una llamada por teléfono" -le dijeron- "pero no reconsideraremos nuestra decisión de la solicitud del viaje de Fischer". (*The New York Times*. Agosto 8, 1965. Pág. 30).

Aunque la participación de Fischer en el torneo de La Habana (que inicialmente se anunció sería por teléfono, luego por telégrafo y finalmente se materializó mediante el uso de un teletipo alquilado por la agencia cubana de noticias *Prensa Latina*) fue un acontecimiento de resonancia mundial no fue, como se dijo incorrectamente, la primera vez que los medios de comunicaciones internacionales se utilizaron en competencias de ajedrez.

Incluso en una ocasión ocurrió con casi los mismos protagonistas: el *Marshall Chess Club* de Nueva York y el *Club Capablanca* de La Habana, que incluía muchos de los mejores jugadores cubanos de ese momento. Fue el 15 de febrero de 1948, cuando un fuerte equipo del club estadounidense, encabezado por Samuel Reshevsky, enfrentó a los cubanos con un resultado de 7.5 a 4.5 a favor de los neoyorquinos.[7]

Pero lo cierto es, como afirmaba Rogard, que pese a conocidos ejemplos de encuentros por telégrafo entre clubes o individuales, como la famosa disputa teórica entre William Steinitz y Mijaíl Chigorin jugada en 1890-1891, ésta era la primera vez que un ajedrecista se enfrentaba al resto de sus contrincantes a larga distancia.

Cuando se intentó anteriormente, como en el caso del entonces alemán oriental Wolfang Uhlmann en 1960, quien pidió permiso para jugar de esta forma en un torneo zonal europeo en Berg en Dal, Países Bajos, pues las autoridades holandesas no le garantizaron a tiempo el visado (según éstas, al germano oriental le faltaba obtener los documentos necesarios de la Comisión Aliada de Control en Berlín Occidental, establecidos después que Alemania Oriental cerró sus fronteras) la FIDE desaprobó el método, pues se trataba de una competencia oficial por el campeonato del mundo.[9]

El 11 de agosto apareció en el *New York Times* un extraño despacho noticioso (sin firma y que tampoco provenía de alguna agencia de prensa) bajo el titular: *Castro encantado con la prohibición de viajar a Fischer* (*Castro said to hail ban on Fischer trip*). Puesto que el periódico la publicó sin identificar la fuente, cabe suponer que el origen de la información proviniera de una en la cual el rotativo tenía plena confianza.

La nota decía que el primer ministro cubano, Fidel Castro, estaba encantado de que el Departamento norteamericano de Estado no le hubiera dado permiso a Fischer para viajar a La Habana. Según la información, Castro habría asegurado que la negativa era una gran victoria propagandística para Cuba.

En esa misma breve nota de prensa el abogado de Fischer afirmaba que, a pesar del obstáculo legal, su cliente jugaría de todos modos en el torneo cubano, ya fuera por teléfono o por teletipo. Indudablemente Davis estaba lejos de imaginar las consecuencias que este artículo habría de provocar.

El mismo día en que apareció publicado el anónimo despacho de prensa, un iracundo Bobby Fischer escribió a Fidel Castro un largo telegrama en el que se quejaba de que su decisión de participar en un torneo de ajedrez en La Habana se utilizara con fines políticos, y anunciaba su retiro de la competencia a menos que el gobernante cubano asegurara que no había hecho tales comentarios.

El cablegrama que llegó a La Habana durante la noche del 11 de agosto decía:

"Me opongo a sus declaraciones, publicadas hoy en el *New York Times*, en que se proclama una victoria propagandística y por esto me retiro del torneo Capablanca. Solamente volveré a entrar en el torneo si envía un cable asegurándome que usted y su gobierno no buscan beneficios políticos de mi participación, y que no se producirán en el futuro más comentarios políticos por parte de usted de mi participación. Bobby Fischer".

La carta de Fischer se publicó al día siguiente en el propio *New York Times* bajo el encabezamiento: *Fischer se retira de competencia de ajedrez en rechazo a Castro.* (*Fischer Withdraws From Chess Games In Rebuff to Castro*). Fue otra información que no apareció firmada y en la cual se aseguraba "que Bobby Fischer hizo clara ayer su intención de no ser utilizado por el Premier Fidel Castro como peón en un concurso de propaganda".

Cuando Castro recibió la queja del ajedrecista norteamericano, redactó una concisa respuesta en que negó haber hecho semejantes comentarios, con lo cual dejaba las puertas abiertas a que Fischer aceptara de nuevo participar en el torneo, pero también lo retaba a que buscara otro pretexto si estaba temeroso de jugar.

La respuesta de Castro decía:

> Bobby Fischer, New York, USA. Ref: COA 38
>
> Acabo de recibir su cable. Me sorprende que usted me atribuya algún tipo de manifestación referente a su participación en el torneo. A este respecto no he dicho ni he hablado una sola palabra con nadie. Sólo tengo sobre ello noticias que he leído en cables de agencias norteamericanas. Nuestro país no tiene necesidad de tan efímera propaganda. Es suyo el problema de participar o no en dicho torneo. Sus palabras son, por tanto, injustas. Si usted se ha asustado y arrepentido de su decisión inicial, sería mejor que ideara otro pretexto y tuviese el valor de ser honesto.
>
> Fidel Castro Ruz
>
> Primer Ministro del Gobierno Revolucionario.

Algunos autores, como los periodistas de la *BBC* David Edmonds y John Eidinow, quienes escribieron un libro sobre el estadounidense llamado *Bobby Fischer Goes to War* (*Bobby Fischer se va a la guerra*), consideraron la respuesta de Fidel Castro "como una lección interesante para los estudiosos de la psicología de Fischer". Según ellos, mientras que otros claudicaban ante las demandas del norteamericano para descubrir enseguida que así alentaban otras, Castro, tras eliminar el pretexto de la queja (la supuesta propaganda política), dejó la pelota en el campo del estadounidense para que él decidiera.

De hecho en la prensa cubana de entonces no apareció ninguna referencia en lo que respecta a la supuesta manifestación pública de tal frase por parte de Castro en que él afirmara que la prohibición a Fischer era una victoria política para Cuba.

Sin embargo, no puede descartarse que tal vez Castro haya hecho tal comentario en privado, como en una embajada o mientras recibía a invitados del extranjero. Por ejemplo, el 9 de agosto el gobernante cubano fue a la embajada soviética en La Habana y quizás allí opinó sobre lo que ocurría respecto a la negativa del permiso a Fischer para viajar a Cuba, aunque no hay ninguna prueba sobre ello.

Lo cierto es que el *impasse* sobre la participación de Fischer duró algunos días. Todavía el 16 de agosto, en un resumen sobre los participantes en el torneo, el periódico *Revolución* escribió: "En cuanto a la participación de Fischer, el Comité Organizador dijo que 'hasta este momento no había nueva noticia que ofrecer tras el mensaje que le envió nuestro Primer Ministro Fidel Castro'".

Y cuando el estadounidense se decidió finalmente a tomar parte, su retorno no se publicó en La Habana hasta el 23 de agosto, cuando en la página 7 del periódico *Revolución* (*Granma* a partir del 3 de octubre de ese año) en un titular a ocho columnas se informó: "Lehman (sic) contra Fischer", sin que previamente se hubiera anunciado que el norteamericano hubiera cambiado de parecer.

Así fue, de esta manera casual, al dar a conocer las partidas de la primera jornada del torneo, como los cubanos conocieron la forma en que había finalizado el altercado epistolar entre su "máximo líder" y un maestro de ajedrez extranjero.

El día antes de que se iniciara la competencia, un reportero de la televisión estadounidense le preguntó a Fischer en el *Marshall Chess Club* por qué al fin se decidió a participar en el torneo de La Habana. El Gran Maestro estadounidense explicó los motivos que lo hicieron cambiar de parecer:

> Fischer: Bueno, según la información del [*New York*] *Times*, ellos dijeron que ésta es una victoria propagandística para Cuba. Así que le cablegrafié [a Fidel Castro] diciendo que me retiraría del torneo a menos que [él] repudiara esa declaración. Entonces me respondió con un cable, que no había hecho la declaración, que todo lo que sabía era lo que había leído en los periódicos, así que reingresé.

> Reportero: Entonces, él trataba de alejarse de la declaración. O al menos que no la había hecho.

> Fischer: Bueno, dijo que no la había hecho.

> Reportero: ¿Le cree?

> Fischer: Bueno, tengo que tomar su palabra por buena en eso.

Cuando Barreras recibió en La Habana la respuesta afirmativa de Fischer, ya todos los maestros participantes estaban en La Habana tras algunos cambios de última hora, como la renuncia del danés Bent Larsen a tomar parte en el torneo, tal vez tras conocer los rumores de que Fischer había recibido tres mil dólares por jugar, cifra que al parecer le negaron a él. El lugar de Larsen lo ocupó el neozelandés Robert G. Wade.

Otro que a última hora no pudo hacer el viaje fue el Gran Maestro sueco Gedeón Stahlberg por problemas de salud y cuyo puesto lo ocupó el germano occidental Heinz Lehmann. Stahlberg moriría dos años después en Leningrado, (hoy otra vez San Petersburgo, como su nombre original) cuando se disponía a participar en el torneo por el "50 Aniversario de la Revolución de Octubre".

La baja de Stahlberg fue también sensible porque su sustituto bajó el nivel del torneo y su ausencia privó a la competencia de una figura histórica que había enfrentado a Capablanca en eventos oficiales. Esto sólo se había logrado en dos ocasiones anteriores en la historia de los Capablanca In Memoriam: por primera vez, cuando en la edición inicial del torneo en 1962, participó el polaco-argentino Miguel Najdorf, quien hizo tablas con Capablanca en el torneo de Margate de 1939. También en 1964, con la participación del propio Stahlberg, quien empató con Capablanca en Moscú de 1935 y en el Torneo de las Naciones de Buenos Aires 1939.

Stahlberg, además, hubiera sido el único de los maestros participantes que hasta entonces había escrito un libro sobre el Campeón Mundial cubano, la hermosa obra *Partidas Clásicas de Capablanca,* que se publicó en Buenos Aires en 1943 con la coautoría del escritor argentino Paulino Alles Monasterios.

Algunos otros detalles necesitaban completarse en La Habana, tales como las reglas especiales aprobadas por los demás participantes que Fischer debía aceptar. El cablegrama de Barreras a Fischer decía:

Mr. Robert Fischer

c/c: Dr. Andrew P. Davis.

Le estoy enviando para su aprobación las reglas técnicas sobre su participación en el torneo. Es importante una respuesta rápida para tener un orden en los puntos que puedan requerir reajustes con el consentimiento total de todas las partes involucradas. Además, es necesario conocer al árbitro designado para actuar en Nueva York.

Atentamente J.L. Barreras Director de Torneo. Árbitro Internacional de la FIDE. (José Luis Barreras, Obra citada, página 126. Otros documentos de ese libro con los cables entre La Habana y Nueva York por intermedio de la agencia noticiosa Prensa Latina aparecen citados extensamente a continuación.)

Tales reglas, mencionadas por Donner al comienzo de este capítulo, las redactó un comité técnico integrado por el propio jugador holandés, el belga Alberic O'Kelly, el soviético Efim Geller y el checoeslovaco Luděk Pachman, todos ellos Grandes Maestros. También integraba la comisión José Luis Barreras en su calidad de árbitro principal del torneo. Las reglas establecían las siguientes normativas:

1.- Acerca del tiempo de juego.

Como todo participante Mr. Fischer comenzará sus juegos a las 15:00 horas tiempo de Cuba, 15:00 horas de Nueva York. La primera sesión se espera culmine aproximadamente a las 20:30 hora de Cuba (hora de NY) debido al retraso causado por la transmisión de los movimientos. Como todo participante Mr. Fischer reanudará el juego después de un descanso de hora y media. Por eso, la comisión técnica espera que la segunda sesión comenzará a las 22 horas tiempo de Cuba y Nueva York, y durará hasta las 0:15 horas, hora de Cuba.

2.- Acerca de la transmisión de movimientos.

Los movimientos son transmitidos en dos sistemas simultáneamente: primero en la anotación descriptiva norteamericana y además en el código Udeman. Al mismo tiempo se transmitirá una indicación del tiempo usado.

3.- Acerca del aplazamiento de las partidas.

El momento de aplazar la partida se decidirá por el árbitro de Nueva York en las partidas de números nones y por el árbitro de La Habana en las partidas con números pares. Después para reanudar el juego, antes de que el sobre sea abierto, el árbitro del lado del jugador que selló el movimiento chequea si el otro jugador está presente en la sala del torneo,

La Habana, 21 de agosto de 1965.

Miembros de la Comisión Técnica".

En la mañana del 24 agosto, cuando apenas faltaba un día para el inicio del torneo, todavía no se había resuelto el medio de comunicación para transmitir las partidas entre La Habana y Nueva York.

A la una y treinta de la tarde de ese día se le envió a Francisco Portela, corresponsal en las Naciones Unidas de la agencia noticiosa cubana *Prensa Latina (Prela)*, un mensaje para que lo hiciera llegar a Andrew Davis.

MFS [MENSAJE FUERA DE SERVICIO] NR 1,

ATENCION PORTELA

PRELA ONU – NEW YORK

NOS RUEGAN: COMUNICAR A MR. DAVIS QUE NUESTRA FEDERACION DE AJEDREZ, A TRAVES DE LA EMPRESA TELEFONICA 13 DE MARZO DE CUBA CORRERA CON TODOS LOS GASTOS QUE ORIGINE LA TRANSMISION TELEFONICA Y POR TELETIPO DE LAS PARTIDAS DE FISCHER EN EL IV CAPABLANCA. TAMBIEN COMUNICARLE QUE HOY A LAS CINCO P.M. HAREMOS UNA PRUEBA DESDE EL SALON DE EMBAJADORES DEL HOTEL HABANA LIBRE, HACIENDO LA PRUEBA DESDE AQUÍ EL DIRECTOR GENERAL DEL TORNEO JOSE LUIS BARRERAS, CON EL SALON DONDE SE JUGARA EN EL MARSHALL CHESS CLUB DE NUEVA YORK PIDIENDOLE A MR. DAVIS QUE EL SENOR FISCHER SE ENCUENTRE PRESENTE, ASI COMO UN MIEMBRO DE DICHO CLUB. AL OBJETO DE QUE ESTA PRUEBA SEA SATISFACTORIA. SERIA CONVENIENTE QUE BARRERAS JUGARA UNA PARTIDA CON UN MIEMBRO DEL MARSHALL CHESS CLUB PARA COMPROBAR OBJETIVAMENTE LA SINCRONIZACION DE LOS TELEFONOS, VERIFICAR LAS JUGADAS Y EL TIEMPO CONSUMIDO EN CADA UNA DE ELLAS, ASI COMO CUALQUIER OTRO DETALLE. ESPERO RESPUESTA.

LA HABANA, AGOSTO 24/65 LAS 1:30 P.M.

Portela respondió de inmediato con un mensaje lleno de preocupaciones por los trámites no resueltos.

MFS [mensaje fuera de servicio] ONU NUMERO 9

ATENCION [Ricardo] AGACINO-DEPORTES

LA HABANA

REF: FISCHER

HICE CONTACTO CON DAVIS. ME ENCARGA HAGA LLEGAR A BARRERAS LO SIGUIENTE:

1. LA AMERICAN TELEPHONE AND TELEGRAPH NO HA HECHO NADA. AUTORIZARIA USTED QUE SE CONTRATE LA COMUNICACIÓN CON LA WESTERN UNION SI LA AMERICAN TELEPHONE AND TELEGRAPH NO COMENZASE A INSTALAR EL EQUIPO Y FACILIDADES A LAS 9:30 A.M. EN EL MARSHALL CHESS CLUB?

(Compañero AGACINO, PARA INFORMACION DE USTEDES, PARECE TAMBIEN QUE LA AT&T HA INSINUADO HARIA FALTA EL PERMISO DEL DEPARTAMENTO DE ESTADO. SALIO A RELUCIR LA BUFONADA, COMO SE DIRIA. ¿ME EXPLICO?

2. DAVIS TAMBIEN QUIERE DECIRLE A BARRERAS ESTO OTRO:

SOLICITO CON TODA LA BUENA INTENCION LA APROBACION DE ARTHUR BISGUIER COMO ARBI-
TRO EN VISTA DE QUE NO ES POSIBLE OBTENER UNA PERSONA QUE NO SEA AJEDRECISTA. NO DEBE
DUDARSE DE LA INTEGRIDAD Y CAPACIDAD DE BISGUIER COMO ARBITRO. SOLICITAMOS QUE SE
RECONSIDERE ESTE ASUNTO (EN MOMENTO EN QUE [DAVIS] ME DICTABA ESTE MENSAJE LLEGABA
EL MFS 6 TUYO Y DAVIS AÑADIO LO QUE SIGUE: NADIE DESEA O ESTA DISPUESTO A SERVIR COMO AR-
BITRO DEBIDO A LAS LARGAS HORAS REQUERIDAS Y AL LARGO PERIODO DE TIEMPO COMPRENDIDO
EN LA TAREA. SALUDOS Y BUENA SUERTE. PORTELA

NUEVA YORK, AGOSTO 24/65

Cuando Ricardo Agacino, el gentil veterano periodista que estaba a cargo de la sección de deportes en
Prensa Latina recibió el mensaje de Portela, comprendió de inmediato que algunos elementos funda-
mentales estaban todavía en el aire y otra vez peligraba la participación de Fischer en el torneo, o al
menos durante el primer día de la competencia. Enseguida trató de contactar a Barreras por cualquier
medio, pero antes acudió a la dirección de la agencia donde su jefe, José Felipe Carneado, le dio instrucciones de qué hacer.

Pese al apuro, La Habana no pudo responder a Nueva York hasta las 5:30 p.m. de ese día, ya a menos
de 24 horas del inicio de la competencia:

MFS 9

ATENCION PORTELA: DICE BARRERAS QUE LA DESIGNACION DE ARTHUR BISGUIER PUEDE SER APRO-
BADA SI FISCHER ESTA EN CONTACTO CON EL PUBLICO COMO LO ESTARA SU CONTRARIO AQUÍ EN
LA HABANA, ES DECIR QUE EL PUBLICO PUEDA OBSERVAR MIENTRAS SE DESARROLLABA SU PARTIDA.
SI FISCHER JUEGA EN UNA SALA DONDE SOLO ESTEN EL Y EL ARBITRO, SIN LA PRESENCIA DE PU-
BLICO, SE PRODUCIRAN OBJECIONES QUE ESTAMOS EN LA OBLIGACION DE EVITAR. EL GRAN MAE-
STRO ARTHUR BISGUIER NOS MERECE ENTERA CONFIANZA POR SUS ACTIVIDADES EN EL AJEDREZ
INTERNACIONAL Y SU CAPACIDAD PARA EL DESEMPEÑO DE ESTE CARGO. LA OBJECION DE BARRE-
RAS PARTE DEL HECHO DE HABERSE PUBLICADO QUE FISCHER ESTARIA FUERA DE LA PRESENCIA DEL
PUBLICO CUANDO SE DESARROLLEN SUS PARTIDAS. CUANDO SE ACLARE ESTE EXTREMO SE TOMARA
UNA INMEDIATA DECISION.

SALUDOS/AGACINO/LA HABANA 24.8.65 RA/DC 8:35 P.M.

MFS 9

En la narración de Barreras aparecida en su libro *El ajedrez en Cuba* (Editorial Deportes. La Habana
2002), parece existir un salto en los mensajes que se intercambiaron frenéticamente entre La Habana y
Nueva York esa noche del 24 de agosto y la mañana del día siguiente.

Después de tanto tiempo transcurrido, resulta imposible saber por qué Barreras obvió el resto de
los mensajes, pero cuando se reanudó esa correspondencia en el libro a partir de la tarde del inicio de
la competencia, era evidente que la *Western Union* había llevado un teletipo al *Marshall Chess Club,* a
un costo por la instalación y servicio calculado en 10.000 dólares (77.000 dólares en 2017), un gasto
extraordinario que en Cuba nunca se mencionó.

El atraso en la instalación del teletipo en Nueva York causaba intranquilidad en La Habana, ya que
la primera ronda había comenzado en todas las partidas, excepto entre la del alemán Lehmann y Fischer.
Un ambiente de nerviosismo se reflejaba en el rostro de varios de los oficiales de la competencia y del

personal técnico en general, pero de manera especial en los designados para trabajar en la partida de Fischer.

La responsabilidad principal en La Habana recayó en el Dr. José Raúl Capablanca hijo, cuya misión era recibir en la misma mesa de las partidas de Fischer las jugadas del norteamericano y ejecutarlas sobre el tablero como su representante personal. Fischer no puso objeción alguna a que el hijo de Capablanca fuera su representación en Cuba, pues además del impacto del nombre, Fischer lo conocía personalmente desde su viaje a la Isla en 1956. El Dr. Capablanca era un hombre que disfrutaba de respeto en los círculos profesionales y ajedrecísticos de Cuba. Se había graduado de abogado en La Habana, tras hacer sus estudios preuniversitarios en la ciudad de Nueva York. Durante casi toda la década de los años 1950 fue comisionado de ajedrez de Cuba sin cobrar por ese trabajo. Resultaba imposible encontrar una persona más idónea para la responsabilidad de representar a Fischer. Además, el Dr. Capablanca hablaba inglés de manera impecable gracias a sus muchos años de estudio en instituciones de enseñanza de Estados Unidos.

Las otras personas que se incluyeron en la "mesa especial" o "número uno" fue el asistente de árbitro Ramón F. Moreno como juez de mesa. Moreno era un conocido jugador capitalino de lengua afilada y una barbita puntiaguda como la de León Trotsky, así como los jóvenes Francisco Acosta y Jesús Suárez, quienes contaron como reemplazo a otro muchacho llamado Orlando Peraza, quien con los años se convirtió en un alto oficial de los servicios jurídicos del ejército cubano.

La labor de Acosta era llevar las jugadas de los contrarios de Fischer desde la mesa de juego al cuarto detrás de la sala de competencia y viceversa, es decir, recibir los movimientos del teletipo y correr de vuelta hasta la mesa de la partida para entregarla al hijo de Capablanca. El teletipo de *Prensa Latina* se colocó detrás de la mesa presidencial del Salón Embajadores del hotel *Habana Libre* (que antes de 1959 se llamaba *Havana Hilton*) una instalación que no era propiedad de la firma *Hilton* que sólo la administraba, sino de la Caja de Retiro y Asistencia Social del sindicato de los trabajadores gastronómicos de Cuba, pese a lo cual tampoco escapó de ser intervenida.

El teletipo estaba lo suficientemente lejos para que el duro golpear de las teclas de impacto no molestara a los participantes. Jesús Suárez, de entonces 17 años, era el encargado de reproducir en los tableros murales, a unos cien pies de distancia, las jugadas, que le enviaba Moreno por una línea telefónica especial. Los murales de las partidas se encontraban en otro cubículo del amplio salón, alejado del rectángulo acordonado donde se celebraban las partidas.

Barreras puso a Suárez en esa posición ya que ambos vivían cerca. El primero en el vecindario de Santos Suárez y el segundo en el contiguo de Palatino. Barreras presentía que los encuentros de Fischer terminarían muy tarde en la noche en una ciudad donde los ómnibus de transporte público a medianoche eran muy irregulares y escasos, de manera que él podría llevar a Suárez hasta su casa en el majestuoso *Dodge Custom Royal* 1959, propiedad de su esposa, un automóvil que todo el mundo en La Habana de los años de la década de 1960 tenía que detenerse a admirar, entre otras cosas, por su larga y estilizada "cola de pato" y porque vehículos de ese tipo ya estaban en vías de extinción en Cuba.

La mesa de Fischer se ubicó en el extremo más lejano de la sala de juego, en la segunda hilera, pegada a la pared exterior del hotel, bien distante del público. Esto le pareció una muy mala ubicación a Acosta, quien tenía que llevar a toda prisa las movidas hasta la máquina de transmisiones, además de una colosal pérdida de tiempo, pues tenía que atravesar la sala de juego de una esquina a la otra para llegar a la zona privada donde estaba el teletipo.

Acosta le hizo ver su punto de vista a Barreras con la sugerencia de que colocara esa mesa en el extremo más cercano a la presidencia del torneo, desde donde la distancia hasta el cubículo de transmisiones era apenas unos pocos pasos. Su proposición, además de lógica, contenía el elemento de que el público podría seguir directamente sobre la mesa de juego asignada a Fischer el desarrollo de los encuentros.

Pero Barreras lo tomó como una crítica y en tono de disgusto le respondió que él era quien tomaba las decisiones. (¿Habría visto tal incidente Donner para reafirmar su designación de Barreras como "el dictador del ajedrez cubano"?) Barreras tal vez temió que esa ubicación de la mesa de Fischer cercana al público podría provocar una gran congestión de personas en esa parte, en lo cual tenía razón y así fue como ocurrió, pero al final resultó un mal menor.

Esa misma tarde, mientras trataba de seguir las instrucciones de Barreras de llevar las jugadas lo más rápido al teletipo ("Corriendo", le dijo), Acosta tropezó con el cordón que separaba al público de los jugadores y en su caída arrastró consigo a otras personas que estorbaban su paso, lo cual causó una enorme conmoción que interrumpió brevemente el desarrollo de la competencia.

Al día siguiente, tras la contundente evidencia de las premoniciones de Acosta, Barreras demostró que no era tan "dictador", pues decidió que la mesa de Fischer se cambiara desde el sitio más distante del teletipo, al más cercano.

En Nueva York, mientras tanto, una enorme cantidad de público, directivos del ajedrez de los Estados Unidos y periodistas esperaban que se finalizara con la instalación del teletipo. Cuando todo estuvo listo y las pruebas de transmisión se realizaron con éxito, comenzó la partida entre Lehmann y Fischer con un atraso de más de cuatro horas, en momentos en que ya habían finalizado casi todos los encuentros de la ronda inaugural.

Esa mañana del 25 de agosto, el entonces novato reportero William E. Farrell, el hombre que como testigo del hecho escribiría años después, el 6 de octubre de 1981, la más desgarrada narración sobre el asesinato del líder egipcio Anwar El-Sadat durante un desfile militar en El Cairo, hacía entonces sus primeras crónicas para el *The New York Times*. Su largo artículo ocupó un espacio preponderante en la página 36 del periódico de esa jornada.

Campeón de ajedrez jugará por cable.

Bobby Fischer excluido de ir a Cuba hará sus movimientos por el hilo

Bobby Fischer, campeón de ajedrez de los Estados Unidos, se sentará hoy frente al tablero de ajedrez, cerca de una ventana que da a un patio sombreado por los árboles, en Greenwich Village, para jugar la primera de una serie de partidas, contra 22 oponentes (sic) reunidos juntos a 1,350 millas (N.A.: 2,160 kilómetros) de distancia en un hotel de La Habana.

Las jugadas del campeón de 22 años serán cablegrafiadas directamente desde el Marshall Chess Club, en 23 West, 10th Street. Fischer tendrá como oponente el día de la apertura a Heinz Lehmann, Gran Maestro Internacional (sic) de Alemania Occidental, en el hotel Habana Libre.

El alto y temperamental maestro, que cuando niño fue llamado el Mozart del ajedrez, celebró el día de ayer una conferencia de prensa en la pequeña y tranquila habitación de atrás del Club donde comenzará a jugar con las piezas blancas a las 3 p.m. del día de hoy.

Preguntado acerca de sus oponentes Fischer dijo: *He jugado anteriormente con algunos de ellos y entonces lucieron muy fuertes.*

Enviar y recibir las jugadas por teletipo, él dijo que *era la segunda mejor manera de estar allá.* Un miembro del Club dijo que el *American Cable* y la *Radio Corporation* le habían asegurado que el tiempo de la transmisión sería solamente de seis segundos.

¿Se entrenó Fischer para el torneo? *No particularmente,* dijo abruptamente. *Se da el caso de que a veces no juego una verdadera partida por espacio de meses.*

A medida que las jugadas del Sr. Fischer sean llevadas al operador del teletipo en otra habitación, las mismas también serán reproducidas en un tablero mural colocado en un gran salón lleno de tableros de ajedrez y banquetas rojas. El Club espera tener un experto en cada sesión para describir y hacer un análisis para los espectadores del juego del Sr. Fischer.

Ayer, cerca de media docena de asistentes continuaron jugando imperturbablemente al ajedrez, a pesar de la algarabía de la conferencia de prensa que se celebraba a pocos pasos de ellos.

El árbitro hará las jugadas

Sentado al lado opuesto del Sr. Fischer estará un árbitro que realizará los movimientos de las piezas negras (sic) del Sr. Lehmann, a medida que las jugadas se reciban desde La Habana.

Hasta ahora no ha sido designado el árbitro. Arthur Bisguier, Gran Maestro norteamericano, hubo de ser seleccionado, pero los funcionarios de Cuba no lo aprobaron alegando que Bisguier había actuado como segundo entrenador de Fischer en un encuentro celebrado hace algunos años en Curazao, Antillas Occidentales Holandesas.

Un experto ajedrecístico dijo que el acuerdo era extraño. Aunque el ajedrez ha sido jugado por teléfono, correspondencia y radio, ésta era la primera vez que uno de los participantes jugará por teléfono, mientras que el otro jugará en un salón distante. *"Es una atmósfera fría para él",* continuó diciendo el experto, *"él no podrá sondear a los jugadores".*

La Sra. Carolina Marshall, una pequeña mujer de 80 años que dirige el Club que lleva el mismo nombre del jugador que fuera su esposo Frank J. Marshall, Campeón de los Estados Unidos durante 27 años, dijo que ella se había asegurado de que el Sr. Fischer no fuese molestado mientras jugaba.

Al revisar la lista de oponentes, dijo, "No hay muchos 'de los mejores' por lo que veo".

Pero algo de la crónica no estaba debidamente explicado: las jugadas no iban directo desde el *Marshall Chess Club* a La Habana, sino a la oficina de *Prensa Latina* en las Naciones Unidas y desde allí la cinta perforada se colocaba en el teletipo que estaba conectado con la central de la agencia en Cuba, que entonces la retransmitía a la sala de juego. El camino hacia Nueva York recorría un sendero similar: desde el Salón Embajadores a *Prela Habana* y desde allí a la ONU, desde donde seguía, en otro paso, hasta el *Marshall Chess Club.* Esto agregaba minutos adicionales a la longitud de los encuentros de Fischer.

No obstante, alguien que pudo respirar tranquilo fue Francisco Portela que esa noche, a las 9:55 p.m., transmitió a su sede en La Habana el siguiente mensaje:

MENSAJE FUERA DE SERVICIO ONU NUMERO 8/ATENCION AGACINO/ LA HABANA/

FAVOR HACER SABER A BARRERAS LO SIGUIENTE:

1.- YO ESTOY EN LA HABITACION EN QUE ESTA FISCHER. LA UNICA OTRA PERSONA QUE HAY EN LA HABITACION ES EL ARBITRO.

2.- SE ME INVITO POR EL MARSHALL CHESS CLUB A ESTAR PRESENTE EN LA HABITACION EN VISTA DE QUE LA CANTIDAD DE FOTOGRAFOS Y CAMAROGRAFOS Y DE PUBLICO ES TAL QUE MOLESTAN REALMENTE A FISCHER. CON TAL MOTIVO SE CERRO LA PUERTA QUE DABA AL PUBLICO.

3.- PUEDO GARANTIZAR QUE TODO TRANSCURRE NORMALMENTE.

4.- EL PUBLICO HA AUMENTADO Y LLENA TOTALMENTE TODOS LOS SALONES Y PASILLOS DEL CLUB.

SALUDOS/PORTELA/ NUEVA YORK AGOSTO 25/65/ FVP/HV 9:55 P.M.

Tras todas esas vicisitudes al fin el torneo tuvo su nómina completa de veintidós maestros, de los cuales doce, más de la mitad, ya tenían el título, entonces importante de Gran Maestro Internacional. Otros ocho eran Maestros Internacionales y sólo dos de ellos no tenían títulos de la federación mundial de ajedrez.

Con sus veintidós años y cinco meses de edad al momento de iniciarse la competencia, Fischer era el más joven de los concurrentes, pero entonces (enero de 1965) ocupaba el primer lugar de todos los jugadores del mundo en la Lista del Coeficiente ELO con 2774, esto debido a su extraordinario triunfo de once victorias sucesivas durante el campeonato de los Estados Unidos 1963-1964. Otros dos de los participantes estaban catalogados también como de los diez mejores del orbe: Smyslov con un ELO de 2744 ocupaba el lugar siete y Geller con 2730 aparecía en el lugar diez. Los restantes integrantes de esa selecta decena de punteros de enero de 1965 eran Mijaíl Tal, número dos con 2763; el entonces Campeón Mundial Tigran Petrosian, número tres con 2762; Boris Spassky, número cuatro con 2750; Mijaíl Botvinnik, número cinco con 2749; Victor Korchnoi, seis con 2749; Paul Keres, ocho con 2739 y Leonid Stein en el nueve con 2730.

Detrás de Fischer, Smyslov y Geller el jugador de alto promedio entre los participantes en el torneo de La Habana era el yugoslavo Borislav Ivkov con un promedio de 2694 puntos, que lo convertía en el número dieciséis del planeta; seguido por Jolmov con 2665 puntos, en el lugar veintiuno. Pachman con 2639, ocupaba el sitio treinta y dos; el húngaro Lázlo Szabó con 2620, el cuarenta y dos; y el yugoslavo Bruno Parma con 2605 el cuarenta y nueve. Ninguno de los otros maestros estaba en la lista de los cincuenta primeros del mundo.

Por la cantidad de Grandes Maestros y Maestros Internacionales, el torneo en memoria de Capablanca de 1965 fue calificado como de categoría 1A y por la calidad de estos jugadores quedó para la historia como uno de los tres más fuertes de ese año, junto con el certamen de Zagreb, Yugoslavia, en el que Ivkov compartió el primer puesto con Ulhmann; y el de Ereván, Armenia, que ganó Korchnoi por encima de Petrosian.

La primera partida de Fischer, que comenzó después de las 8:00 p.m., fue contra Maestro Internacional Heinz Lehmann, de la entonces República Federal Alemana.

(8) Heinz G. Lehmann - Fischer
Defensa Siciliana [B84]
Capablanca In Memoriam. Ronda 1. La Habana, 26.8.1965

Heinz Lehmann

Heinz Gerhard Lehmann nació el 20 de octubre de 1921 en Königsberg, Prusia, Alemania; fue un Maestro Internacional entonces germano occidental (desde 1961) y Gran Maestro Honorario (desde 1992). Su mayor Elo fue de 2575 en la lista histórica de febrero de 1965 (la lista oficial de Elo de la FIDE comenzó en 1970), lo que lo convirtió en el jugador No. 83 del mundo. Tenía entonces 43 años y cuatro meses de edad. Pero su mejor actuación Elo fue en Palma de Mallorca, España 1967, cuando obtuvo 8.5 puntos de 17 contra una oposición con promedio de 2600.

En los Campeonatos de la República Federal Alemana (RFA), terminó 2do en 1953, y 3ro en 1957 y 1959. Representó a su país en las Olimpiadas de Múnich, RFA 1958 (Segundo Suplente); y Leipzig, República Democrática Alemana 1960 (Cuarto Tablero); así como en el Primer Campeonato Europeo por Equipos, Viena 1957 (Sexto Tablero). También jugó en los Torneos Zonales de Múnich 1954 y Madrid 1960.

Se recibió de Leyes cuando tenía 21 años. Posteriormente trabajó como un alto funcionario del gobierno en Berlín Occidental.

Lehmann murió el 8 de junio de 1985, en Berlín, de una enfermedad cardiovascular. Tenía 73 años

A continuación la única partida de Lehmann contra Fischer.

1. e4 c5 2. Cf3 d6 3. d4 cxd4 4. Cxd4 Cf6 5. Cc3 a6 6. Ae2 Cbd7 Esta es la primera (y última) vez que Fischer hizo esta jugada. Antes y después siempre empleó 6 ... e5 en esta posición.   **7. 0–0 e6 8. f4** El Gran Maestro soviético Efim Geller, por mucho tiempo el mejor especialista en la variante 6. Ae2 contra la Najdorf, jugó aquí 8. a4 en 1977 y las Blancas comenzaron a obtener una serie de rápidas victorias Pero en el 2008, el Gran Maestro chino-singapurense Zhang Zhong ganó dos partidas *blitz* con las Negras contra el Gran Maestro ucraniano Valery Aveskulov en esta variante. **8. ... b5** Esta ambiciosa jugada *(¡Qué intenta nada menos que ganar el peón "e" blanco!)* se empleó por primera vez en el encuentro E. Znosko-Borovsky - A. Rubinstein, Londres 1922. **9. Af3 Ab7 10. e5** La interesante jugada 10. Te1 se empleó en el encuentro entre la colombiana Ángela Franco y la lituana Irena Karsokaite en la Olimpiada Femenina de Khanty-Mansiysk, Rusia 2010. **10 ... Axf3 11. Cxf3** *(ver diagrama)*

11. ... dxe5 De acuerdo con su estilo posicional, Rubinstein jugó aquí 11. ... b4 (Pero en 1983, el Gran Maestro húngaro András Adorján continuó con 11. ... Cg4). **12. fxe5 Cg4 13. De2** Mijaíl Tal (Campeón Mundial 1960-1961) menciona aquí en el libro *Bobby Fischer 2, 1961–1967* (Smyslov, Tal, Yudasin y Tukmakov. Ediciones Eseuve. Madrid 1992. Pág. 171) la variante 13. De1 Cdxe5 14. Cxe5 Dd4+ 15. Rh1 Dxe5 16. Dh4 con iniciativa. Pero después de 16. ... h5 17. Af4 Dc5 18. Tad1 Ae7 19. Dg3 e5 20. Df3 0–0 21. Ag3 Tad8 22. h3 Cf6 23. Ah4 Txd1 24. Txd1 e4 no está clara la compensación de las Blancas por el Peón sacrificado. **13. ... b4 14. Ce4** Otra posibilidad es 14. Cd1. **14. ... Cgxe5** Hasta aquí, Fischer seguía la partida J. Rubinetti - M. Najdorf, jugada un año antes en el Campeonato Argentino. **15. Cxe5** Rubinetti jugó 15. Ag5. **15. ... Cxe5** *(ver diagrama)*

16. Cg5? Después de esto, las Blancas simplemente tienen un Peón menos, algo suficiente para que Fischer obtenga una posición ganadora. Es interesante 16. Ag5 Ae7 *(Pero no 16. ... Db6+ 17. Rh1 Tc8 18. Tad1 f5 19. Dh5+ Cg6 20. Cf6+ y ganan las Blancas).* 17. Tad1 Dc7 *(Mejor parece 17. ... Db6+ 18. Rh1 Td8)* 18. Axe7 *(¿Por qué no 18. Dh5 g6 19. Dh6 Cg4 20. Dh3 h5 21. Axe7 Rxe7 22. Dh4+ Rf8 23. Cg5 con un muy fuerte ataque?)* 18. ... Rxe7 19. Cd6 Dc5+   20. Rh1 f6 21. h3 Ta7 22. c3 bxc3 23. bxc3 Td8 y las Negras están mejor. V. Kamble - R. Siddarth, Campeonato Mundial de Menos de 20 Años, 2002. Pero como dice el Gran Maestro alemán Karsten Müller en su libro *Bobby Fischer, The Career and Complete Games of the*

American World Champion, (Russell Enterprises, Inc. Milford, CT, EEUU 2009. Pág. 253) aquí es crítico 16. Af4! Por ejemplo: 16. ... Cg6 *(Si 16. ... Dd4+ 17. Rh1 Ae7 18. Tad1 Dc4 19. De3 Cc6 20. Cd6+ y ganan las Blancas)* 17. Tad1 Db6+ 18. Ae3 Dc6 19. Ad4 con iniciativa de las Blancas. **16. ... Db6+ 17. Rh1 Db5! 18. De1 Ae7 19. b3** Otra inexactitud que compromete más la posición. Mejor era 19. a4, aunque después de 19. ... bxa3 20. b3 0-0 21. Axa3 Axa3 *(Pero no 21. ... Axg5? debido a 22. Axf8 Txf8?! 23. Ta5)* 22. Txa3 Cc6 las Negras siguen con un peón de ventaja. **19. ... 0-0 20. a4 Dc5** Fischer evita 20. ... bxa3 21. Axa3 Axg5 22. Axf8 Txf8 23. Ta5, a la vez que deja a las Blancas con un peón débil en c2. **21. De2** El error final. Debió jugar 21. c4. Sin embargo, luego de 21. ... Cxc4. *(No es posible 21. ... bxc3? debido a 22. Aa3 Dc7 23. Axe7 Dxe7 24. Dxe5).*22. bxc4 Axg5 23. Axg5 Dxg5 24. Dxb4 Tab8 las Negras tienen gran ventaja. **21. ... Tac8 22. c4** Demasiado tarde. **22. ... bxc3** Parece que las Negras van a perder una pieza, pero ya Fischer había anticipado esto. **23. Aa3 Dc7 24. Axe7 Dxe7 25. Dxe5 Tc5!** ¡La clave! Ahora las Negras pueden tomar el caballo blanco. **26. De2 Txg5 27. Dxa6 Db4 28. Tfb1 Td8 29. a5 h6 30. Dc4 Dxc4 31. bxc4 c2 32. Tc1** *(ver diagrama)*

Y las Blancas abandonaron **(0-1)** sin esperar por 32. ... Txa5! 33. Txa5 Td1+. A la hora en que se recibió en Nueva York la rendición de Lehmann, el reloj marcaba las 2:45 a.m. Una producción típica de Fischer, en que una variante poco conocida se convierte en sus manos en una peligrosa arma de apertura que le da una ventaja competitiva. Quizás la idea no es totalmente correcta, pero cuando se encuentra la respuesta adecuada, ya es muy tarde.

Al finalizar su encuentro de la primera ronda, Fischer encontró que también los soviéticos Jolmov y Smyslov habían ganado sus respectivas partidas. En el caso de Jolmov fue más notable, pues derrotó con piezas negras al Gran Maestro búlgaro Georgi P. Tringov en 32 movimientos de una Apertura Española, después de que su rival permitió una sencilla combinación con entrega de una pieza que le dio oportunidades al soviético de un ataque decisivo. Otros jugadores que luego se mantuvieron en los primeros escalones de la tabla de posiciones como Geller e Ivkov, apenas empataron sus encuentros. Ivkov contra Pachman y Geller contra Wade.

Sin embargo, las cosas no serían tan fáciles en la Segunda Ronda, cuando Fischer tendría de contrario al ex campeón del mundo Smyslov.

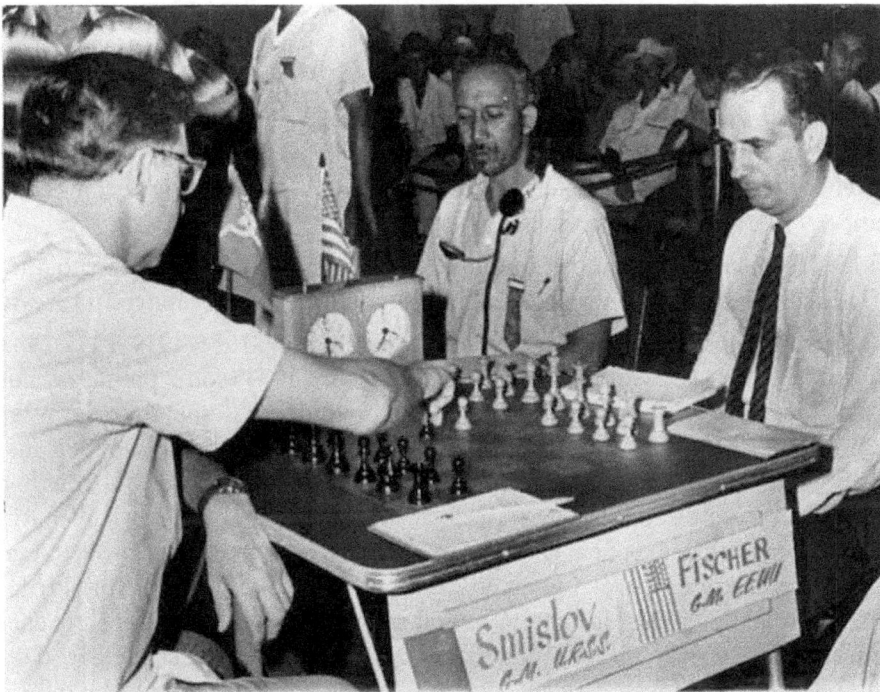

El Dr. Capablanca, hijo de José Raúl Capablanca fue el representante personal de Fischer durante todo el torneo. El impacto de su nombre más sus amplios conocimientos del idioma inglés y su larga experiencia como organizador de ajedrez en Cuba lo hicieron un personaje ideal para defender los intereses de Fischer en La Habana. Aquí hace el papel de Fischer en el encuentro de la segunda ronda Smyslov-Fischer.

(9) Fischer - Vasili V. Smyslov
Ruy López [C77]
Capablanca In Memoriam. Ronda 2. La Habana, 26.8.1965

Vasili Smyslov

Vasili Vasilievich Smyslov nació el 24 de marzo de 1921 en Moscú, entonces capital de la Unión Soviética. Fue el Séptimo Campeón Mundial (1957-1958) en la historia del ajedrez. En 1940 recibió el título de Gran Maestro de la URSS y en 1950, el de Gran Maestro Internacional en la primera lista de títulos de la FIDE.

En el torneo por el Campeonato Mundial de 1948, Smyslov (11 puntos de 20) terminó en segundo lugar detrás del ganador y nuevo Campeón Mundial, el soviético Mijaíl Botvinnik (14 de 20), pero superó en la tabla de posiciones al también soviético Paul Keres (10.5 de 20), al estadounidense Samuel Reshevsky (10.5 de 20) y al holandés y ex Campeón Mundial 1935-37 Max Euwe (4 de 20).

También jugó tres encuentros épicos por el Campeonato Mundial contra Botvinnik: empató el primero 12-12 en 1954; ganó el segundo 12.5-9.5 en 1957 y perdió el tercero 10.5-12.5 en 1958. Si se suman los tres encuentros, Smyslov tuvo un mejor resultado con 35-34 puntos, pero sólo fue Campeón Mundial por menos de un año (le faltaron cinco días). A pesar de ello, escribió en *Smyslov's 125 Selected Games* (Cadogan Books, Londres 1983. P. 15): "E incluso así, no tengo razón para quejarme de mi destino. Cumplí mi sueño y me convertí en el séptimo campeón mundial en la historia del ajedrez".

En 1977, cuando tenía 76 años, Smyslov participó en el primer Campeonato Mundial Nocaut de la FIDE, pero perdió en la primera ronda contra el ruso Alexander Morozevich.

Smyslov jugó en siete Torneos de Candidatos (1950, 1953, 1956, 1959, 1965, 1983-84 y 1985), ganando dos consecutivos: Neuhausen-Zúrich, Suiza 1953 (con 2 puntos más que los soviéticos David Bronstein y Keres, así como el estadounidense Reshevsky); y Amsterdam, Países Bajos, 1956 (1.5 puntos más que Keres). En el Torneo de Candidatos de 1983, luego de derrotar al germano occidental Robert Hübner en Velden am Wörthersee, Austria (lo que se determinó por el giro de una ruleta después de un empate 7-7) y al húngaro Zoltan Ribli 6.5-4.5 en Londres, Smyslov jugó la final en Vilna, Lituania, cuando tenía 62 años. Pero perdió ésta con el soviético Garry Kasparov (quien en ese momento tenía 21 años). Smyslov fue el #1 en la Lista Mensual de Rating Histórico Mundial en 59 diferentes ocasiones entre enero de 1952 y septiembre de 1958. Su mayor rating Elo fue de 2800 en la lista de septiembre de 1956, cuando tenía 35 años y seis meses de edad. Pero su Mejor Actuación Individual Elo fue en el Torneo de Candidatos Neuhausen - Zúrich 1953, cuando jugó para 2824 (19 puntos de 29 posibles [64.28 por ciento] contra una oposición de 2719).

En los Campeonatos Soviéticos, Smyslov jugó 20 finales, terminando 1-2 junto con Bronstein en 1949, y 1-2 junto con Geller en 1955. Geller ganó 4-3 el match de desempate. En Olimpiadas, ganó 9 medallas de oro con el equipo de la URSS, al ocupar diferentes tableros entre 1952 y 1972.

Fue también un notable barítono, que recibió lecciones profesionales de canto desde 1947 e incluso participó en una competencia en el Teatro Bolshoi. "Mi amor por la música y el canto me ha traído mucha alegría, pero también me ha ayudado a relacionarme con más calma con todas las vicisitudes del destino" Smyslov (*Op. Cit.* P. 17).

Smyslov murió el 27 de marzo del 2010 en un hospital de Moscú víctima de una insuficiencia cardiaca congestiva. Tenía 89 años.

Antes de la próxima partida, Fischer y Smyslov se habían enfrentado en cuatro ocasiones durante el Torneo de Candidatos de Yugoslavia 1959. En el último de sus encuentros contra el ex campeón mundial en esa competencia, el estadounidense consiguió igualar sus resultados personales contra Smyslov, tras haber perdido contra él en la tercera vuelta del torneo. Ahora cada uno tenía la oportunidad de inclinar el balance personal entre ambos a su favor.

1. e4 e5 2. Cf3 Cc6 3. Ab5 a6 4. Aa4 Cf6 5. d3 La Variante Anderssen, empleada por primera vez por el maestro alemán Adolf Anderssen en su match contra el estadounidense Paul Morphy celebrado en París

1858. Más tarde, Anderssen también la jugó contra el austríaco Wilhelm Steinitz: primero en el match entre ambos en 1866 y después en el torneo de Viena 1873. Esta continuación, que mantiene plena vigencia, sólo la empleó Fischer en la presente partida. **5. ... d6** Las Negras eligen una jugada sólida, pero que Fischer consideró pasiva al comentar este encuentro su libro *My 60 Memorable Games* (Simon and Schuster, primera impresión rústica, Nueva York 1969. P. 311). En la actualidad, la forma más popular de enfrentar la Variante Anderssen es, curiosamente, la empleada por Morphy en 1858: 5. ... b5 6. Ab3 Ac5, que sin dudas, es más activa. Por ejemplo: 7. c3 (*Si 7. Cc3 d6 8. Cd5 h6 9. c3 0-0 10.0-0 Tb8 11. Te1 Aa7 12. Ae3 Axe3 13. Txe3 Ca5 14. Ac2 c5 con una partida igualada. M. Carlsen - A. Giri, Stavanger, Noruega 2016)* 7. ... d6 8. Ag5 (*Si 8. Cbd2 0-0 9. Cf1 d5 10. exd5 Cxd5 11. Cg3 f6 12. 0-0 Ae6 y las Negras están bien. F. Caruana - W. So. Londres 2017)* 8. ... h6 9. Ah4 g5 10. Ag3 Aa7 10. Cbd2 Ca5 12. Ac2 Ch5 13. a4 b4! y las Negras se apoderan de la iniciativa. V. Anand - M. Matlakov, Wijk aan Zee 2018. Un ejemplo moderno lo tenemos en M. Carlsen - A. Giri, Stavanger, Noruega 2016, que siguió con: 7. Cc3 d6 8. Cd5 h6 9. c3 0-0 10.0-0 Tb8 11. Te1 Aa7 12. Ae3 Axe3 13. Txe3 Ca5 14. Ac2 c5 con igualdad. **6. c3** Esta es la jugada de Steinitz que, al conservar el alfil español, le dio nueva vida a esta variante. Anderssen, por su parte, jugaba en este momento 6. Axc6+. Se ha comentado en muchas ocasiones que en las partidas de Fischer se podía ver la influencia de Steinitz. En el presente caso es evidente que el estadounidense sigue una de las líneas favoritas del Primer Campeón del Mundo. **6. ... Ae7** Smyslov tenía experiencias previas con Blancas en esta variante. Por ejemplo, el movimiento 6. ... g6 apareció en la partida Smyslov - Euwe, Groninga 1946, que continuó con: 7. 0-0 Ag7 8. Te1 b5 9. Ac2 0-0 10. Ag5 h6 11. Ah4 De8 12. Cbd2 Ch5 con igualdad. En nuestros días también se juega con frecuencia 6. ... g6. Por ejemplo, en el encuentro F. Vallejo Pons - W. So, Capablanca In Memoriam, La Habana 2014, donde después de 7. 0-0 Ag7 8. Te1 la partida continuó con 8. ... 0-0 9. h3 b5 10. Ac2 Ab7 11. Ae3 (*En lugar del plan sin 9. h3 y con 10. Ag5 de Smyslov.* **7. Cbd2** Otra posibilidad es 7. 0-0 0-0 8. Te1, como en M. Carlsen - G. Diptayan, PRO Chess League (*Knock-Out*), Torneo de Ajedrez Rápido, Internet chess.com. **7. ... 0-0** (*ver diagrama*)

8. Cf1 "Un aspecto de la estrategia blanca es diferir el enroque y, eventualmente, montar un ataque en el flanco rey a base de h3, g4, etc. Más tarde, el caballo puede llevarse a e3 o g3, sin necesidad de perder un tiempo (una vez enrocado) con Te1". Fischer (*Op. Cit.*). **8. ... b5** De forma interesante se desarrolló la partida A. Savchenko- S. Mamedyarov, Campeonato Mundial de Partidas Rápidas, Berlín 2015, donde se jugó 8. ... d5!? **9. Ab3** Otra posibilidad es 9. Ac2 d5 10. exd5 *(En la partida Capablanca-Burn, San Se-bastián 1911, el cubano jugó 10. De2.* 10 ... Cxd5 11. Cg3 como en Durarbayli - Sargissian, Antalya 2013. **9. ... d5** También es posible jugar esta línea al estilo de la Variante Chigorin con 9. ... Ca5 10. Ac2 c5, como en Predke - Ernst, Moscú 2015. **10. De2 dxe4** Tanto Fischer (*Op. Cit.* P. 312), como Euwe en *Bobby Fischer - The Greatest?* (Sterling Publishing Co. 1979. P. 177-179) coinciden en que era mejor mantener la tensión en el centro con 10. ... Ae6. Luego de 11. Cg3 *(Resulta un error 11. exd5?! Cxd5 12. Cxe5? debido a 12. ... Cxe5 13. Dxe5 Af6 14. De2 Cxc3 ganando).* El encuentro D. Schneider- J. Schroer, Internet Chess Club 2009, continuó con 11. ... a5. **11. dxe4 Ae6** Fischer quedó sorprendido de que Smyslov se permi-tiese peones doblados, pero respetó su decisión pues a su juicio, Smyslov no hacía este tipo de cosa a la ligera. Otro ex campeón del mundo, Max Euwe, al comentar sobre esta jugada escribió: "Muy original. Las Negras aceptan peones doblados y aislados para obtener el control de las importantes casillas d5 y f5. Sin embargo, la debilidad en e5 se hará sentir a la larga". (Euwe, *Op. Cit.* P. 177-179). Las Negras también han desarrollado el alfil por b7, como Smirnov - Ciszewski, Gdansk 2008. **12. Axe6** En la ronda siguiente de este torneo, en la partida, W. Pietzsch - Wade, las Blancas jugaron 12. Cg3. **12. ... fxe6 13. Cg3** Fischer sabía que tras el cambio de alfiles en e6 su caballo dama no tenía mucho que hacer en g3, pero de to-das formas comprendió que tras enrocar tendría tiempo para reagruparse y mantener la mayor presión posible sobre los peones doblados. **13. ... Dd7** Otra posibilidad es 13. ... Ad6   14. 0-0 Ce7 15. c4 De8. **14. 0-0** "Durante la partida me estaba pateando a mí mismo por permitir el posterior cambio de damas. Más agudo es 14. a4 Tad8 *(si 14. ... bxa4 15. Dc4 a3 16. b4)* 15. axb5 axb5 16. Ta6 b4 17.0-0 y las Negras no pueden aliviar su carga con ... Dd3. Por lo tanto, lo correcto es 14. ... b4!" Fischer (*Op. Cit.* Pág. 313) **14. ... Tad8 15. a4 Dd3** Con muy buen criterio, Smyslov fuerza el cambio de damas que su adversario inadvertidamente le permitió, ya que sin éstas en el tablero, será más difícil a las Blancas explotar las debilidades en la estructura de peones del Negro. **16. Dxd3 Txd3 17. axb5 axb5** *(ver diagrama)*

18. Ta6! Una importante jugada, que obliga a la torre Negra ir a d6, lo que impide ... Ac5, donde este alfil habría estado muy bien ubicado. **18. ... Td6 19. Rh1** Un movimiento profiláctico. Hubiera sido in-correcto jugar 19. b4?! debido a 19. ... Cd4. **19. ... Cd7** Las Negras pudieron jugar 19. ... b4! y según un programa digital, lo mejor para las Blancas es 20. Ae3. *("Después de 20. cxb4 Cxb4 21. Ta7 Tc6 22. Cxe5 Tc2 las Negras tendrían un juego activo por el peón" Fischer. [Op. cit. P. 314])* 20. ... bxc3 21. bxc3 *(Si 21. Ac5, las Negras responderían 21. ...Cb4! porque luego de 22. Axd6 Axd6 23. Ta3 c2 tendrían buena compensación por la calidad).* 21. ... Cd7 y apenas se podría hablar de una ventaja de las Blancas. Un detalle interesante es que desde este momento hasta la jugada 26, estos dos grandes jugadores no se percataron de la importancia del movimiento ... b4! *(Ver comentario de Fischer después de la jugada 20 de las Negras).* **20. Ae3** 20. b4! **20. ... Td8?!** "Aún es buena 20. ... b4. Ninguno de nosotros se dio cuenta en este momento de cuan esencial es esta jugada. Yo no quería debilitar mis casillas c3 y c4 al jugar b4 para prevenirla; y Smyslov no quería comprometerse todavía". Fischer. *(Op. Cit. P. 314).* **21. h3** 21. b4! resultaba mejor. **21. ... h6** 21 ... b4! **22. Tfa1 Cdb8 23. Ta8 Td1+ 24. Rh2** Mejor que 24. Txd1 Txd1+ 25. Rh2 Ad6 ya que las Blancas no pueden jugar 26. Aa7? debido a 26. ... Ta1 ganando. **24. ... Txa1 25. Txa1 Cd7** *(ver diagrama)*

26. b4! Esto impide definitivamente que las Negras puedan avanzar su peón "b". Smyslov le dijo a Fischer, en una conversación por una línea telefónica directa después de la partida, "que él sintió que las Negras estaban probablemente perdidas después de esta réplica". Fischer, *Op. Cit. (P. 315).* Sin embargo, aunque la posición negra es inferior, aún existen recursos defensivos para poder salvar la partida. **26. ... Rf7 27. Cf1** Intentando activar este caballo que no cumplía ninguna función en g3. **27. ... Ad6 28. g3** Cerrando la diagonal para que las Negras no puedan jugar 28. ... Cd4. **28. ... Cf6 29. C1d2 Re7 30. Ta6 Cb8** Fischer *(Op. Cit. P. 315)* señaló que resultaba muy incómodo para las Negras 30. ... Rd7 31. Ce1 Cb8 32. Ta5 Rc6 *(Es un error 32. ... c6? debido a 33. Ta7+ Re8 34. Cd3 con amplia ventaja).* La línea mostrada por Fischer podía continuar así: 33. Cd3 Cbd7 34. c4! Axc4 35. b5+ Rb7 36. Ta7+ Rb8 37. Cxc4 Cxe4 38. Cxd6 Cxd6 39. Cb4! con ventaja decisiva. **31. Ta5!** Otra buena jugada que tiene como objetivo provocar 31. ... c6 para que en esa casilla no se pueda ubicar una pieza de las Negras. Esto, unido al limitado espacio que posee Smyslov, reduce aún más la movilidad de sus piezas. **31. ... c6 32. Rg2** Hay que admirar la eficacia y a la vez, la claridad en el juego de Fischer. Como él mismo señaló, su plan es trasladar el caballo de f3 a d3, y con ese fin, lleva su rey a e2 para apoyarlo. **32. ... Cbd7 33. Rf1** *(ver diagrama)*

33. ... Tc8? Fischer considera esta jugada un error y recomienda 33. ... Ce8! Luego de 34. Cb3 Cc7 35. Ta7 Ta8 36. Ca5 Ca8 37. Txa8 Cxa8 38. Aa7 Rd7 39. Cb7 dijo: "Parece malo, pero las Negras tienen chances de sobrevivir ante la ausencia de una victoria forzada". Sin embargo, el autor Cyrus Lakdawala, en *Fischer: Move by Move* (Everyman Chess, paperback edition. Londres 2016), recomienda: "34. Ce1 Cc7 35. Cd3 Ta8 36. Cb3! y las Negras permanecen en una situación incómoda". **34. Ce1 Ce8 35. Cd3** El caballo llegó a d3. El próximo paso es avanzar el peón "c". **35. ... Cc7 36. c4!** Con la amenaza de ganar una pieza con 37. c5, lo que fuerza a las Negras a capturar en c4, después de lo cual las Blancas recapturarán con su caballo y aumentará la presión sobre el débil peón negro de e5. **36. ... bxc4 37. Cxc4** Ahora la presión sobre el peón de e5 limita aún más la movilidad de las piezas negras. **37. ... Cb5** Como señaló Fischer, no es posible 37. ... Ta8? debido a 38. Txa8 Cxa8 39. Ca5 Cb8 40. Aa7 Rd7 41. Cc4 y las Negras pierden el peón de e5. **38. Ta6! Rf6** En caso de 38. ... Cb8, las Blancas ganan con 39. Ta8 Cc7 40. Cxd6 Rxd6 41. Ac5+. Fischer (*Op. Cit.* P. 317). **39. Ac1!** El alfil cambia de diagonal para aumentar la presión sobre el peón de e5. **39. ... Ab8 40. Ab2** Las Negras se encuentran indefensas ante la amenaza 41. f4. **40. ... c5** Al ver lo complicado de su situación, Smyslov hace un último intento de buscar contrajuego. Si 40. ... g5 41. Cdxe5 Axe5 42. Ce5 Cxe5 43. f4 las Blancas recuperarían la pieza y terminan con un peón de más. **41. Cb6! Cxb6 42. Txb6 c4** En caso de 42. ... Cd4 las Blancas ganarían con facilidad por medio de 43. Cxc5. **43. Cc5 c3** *(ver diagrama)*

Y Smyslov abandonó sin esperar la respuesta de su adversario. **1–0**. Tras la partida Fischer mostró el camino hacia la victoria mediante: 44. Ac1 Cd4 45. Cd7+ Re7 46. Cxb8 Cb3 47. Tb7+ Rd8 48. Td7+ Re8 49. Txg7! Sin dudas una exquisita victoria de Fischer, que ganó esta partida en el más puro estilo de Capablanca. A juicio de Euwe, el cubano era el estratega por excelencia, el jugador posicional que era capaz de convertir la más pequeña ventaja en victoria.

Después de la presente partida, Fischer y Smyslov se enfrentarton en cuatro ocasiones más, con una victoria alcanzada por el estadounidense y tres tablas, con lo que el resultado final entre ambos fue de +3-1=5 a favor de Fischer.

Una dura derrota sufrió el ex campeón mundial Vasily en su partida contra Fischer al comienzo del torneo, pero al final y gracias al infortunio del Gran Maestro Borislav Ivkov en las dos últimas rondas del torneo le permitió ganar la competencia.

Luego de dos rondas, Fischer se encontró como líder del torneo, pues ninguno del grupo de cabeza mostraba dos victorias. Geller, por ejemplo, volvió a empatar, esta vez con Szabó, y Jolmov no pudo imponer su fiereza ante el imperturbable Parma. Los dos puntos de Fischer tenían un valor real adicional, pues uno de ellos, el último, lo logró contra uno de los potenciales líderes de la competencia, un escollo que el resto de los aspirantes al premio tendrían que sortear durante el desarrollo del torneo.

En la Tercera Ronda Fischer tuvo una dura tarea contra el rumano Victor Ciocâltea en una partida que tuvo su momento de confusión al principio, cuando aparentemente se produjo un error en la transmisión de los movimientos. Sin provocar disturbios, Fischer aceptó como buena la jugada que recibió desde La Habana, pero su gentileza no fue debidamente compensada sobre el tablero, ya que durante mucho tiempo caminó al borde del precipicio.

(10) Victor Ciocâltea – Fischer
Defensa Alekhine [B03]
Capablanca In Memoriam. Ronda 3. La Habana, 29.08.1965

Victor Ciocâltea

Victor Ciocâltea nació el 16 de enero de 1932 en Bucarest, Rumania; fue Maestro Internacional (desde 1957) y Gran Maestro (desde 1978). Su mayor rating Elo fue de 2601 en la lista de diciembre de 1964, lo que lo convirtió en el jugador No. 53 del mundo. Tenía entonces 32 años y un mes de edad. Pero su mejor actuación Elo fue de 2670, en un torneo en 1966 en el balneario turístico de Zinnowitz, en la República Democrática Alemana, cuando obtuvo 10.5 de 15 (70%) contra una oposición con rating promedio de 2544.

Antes de jugar ajedrez, Ciocâltea integró el equipo nacional juvenil rumano de tenis de mesa. Fue campeón nacional de ajedrez de su país en siete oportunidades: 1952 a los 20 años y luego en 1959, 1961, 1970, 1971, 1975 y 1979.

Jugó por Rumania en once Olimpiadas de ajedrez desde 1956 a 1982, ocupando el Primer Tablero en Varna, Bulgaria 1962; el Tercer Tablero en Tel Aviv, Israel 1964 y Lucerna, Suiza 1982; y el Segundo Tablero en Moscú 1956; La Habana 1966, Lugano, Suiza1968; Siegen, República Federal Alemana 1970; Skopje, Yugoslavia 1972; Niza, Francia 1974, Buenos Aires 1978 y La Valeta, Malta 1980.

Ciocâltea murió el 10 de septiembre de 1983 de un derrame cerebral en un hospital de Barcelona, cuando jugaba la Cuarta Ronda de un torneo en Manresa, a 65 kilómetros (40 millas) de la capital catalana. Tenía 51 años.

En recordación suya se juega desde 1984 el torneo *Victor Ciocâltea Memorial*, la competencia ajedrecística más fuerte en Rumania.

Antes del presente encuentro, Ciocâltea y Fischer habían jugado dos partidas, ambas en la Olimpiada de Varna, con una victoria para cada uno con las piezas blancas.

1. e4 Cf6 Este es el debut de Fischer con la Defensa Alekhine. Según Karsten Müller en su ya citado libro "*Bobby Fischer. The Career and Complete Games of the American World Champion.*": "Por primera vez en su carrera, Fischer se defiende contra 1. e4 con la Defensa Alekhine. En realidad, se informó en ese momento que en Nueva York, como resultado de una falla de transmisión, Bobby pensó que la jugada inicial había sido 1. d4 y respondió con 1. ... Cf6, pero lo cierto es que Ciocâltea había abierto la partida con 1. e4. El error se descubrió cuando llegó el segundo movimiento de las Blancas, 2. e5. Al hacerse claro lo que había ocurrido, se le dio a Fischer la oportunidad de echar atrás su primera jugada. Pero él declinó y terminó entablando una turbulenta partida". Después de esta vez, Fischer no empleó más esta defensa hasta Rovinj/Zagreb, Yugoslavia 1970, contra el australiano-estadounidense Walter Browne

(Gran Maestro desde 1970), cuando luego de salir bien de la apertura, se equivocó y tuvo que entablar un difícil final en el que su adversario dejó escapar la victoria en más de una ocasión. Entonces la jugó tres veces en el Interzonal de Palma de Mallorca 1970: contra el yugoslavo Dragoljub Minic (Maestro Internacional desde 1964 y Gran Maestro Honorario desde 1991), el estadounidense-canadiense Duncan Suttles (Maestro Internacional desde 1967 y Gran Maestro desde 1972) y el mongol Tudev Ujtumen (Maestro Internacional desde 1965). El estadounidense entabló la tercera. Fischer no volvió a utilizar la Defensa Alekhine hasta la decimotercera partida del match por el Campeonato del Mundo de 1972 (aunque es oportuno recordar que en sus tres encuentros de Candidatos ninguno de sus rivales le jugó 1. e4). Esto ocurrió en un momento clave de su encuentro contra el soviético Boris Spassky, ya que el entonces Campeón del Mundo (1969-72) había ganado la undécima partida y había hecho tablas con Negras la siguiente, por lo que se había acercado a una distancia de dos puntos en el marcador. Fischer ganó una complicada partida que resultó prácticamente decisiva, pues no sólo le permitió ampliar la ventaja, sino que también fue clave desde el punto de vista psicológico.

Luego Fischer la volvió a emplear en la décimo novena partida, donde utilizó otra línea y logró, después de ardua lucha, un valioso empate que le acercó más al ansiado título. Como detalle curioso, en toda su carrera a Fischer con Blancas sólo le jugaron esta defensa en dos ocasiones en partidas oficiales y en ambas se enfrentó al maestro norteamericano Hans Berliner, Campeón Mundial por Correspondencia 1965-1968. *(Ver comentario después de la jugada 7 de las Blancas).* **2. e5 Cd5 3. d4 d6 4. c4** Otra posibilidad es 4. Nf3 Bg4. *Así jugó Fischer en la 19na partida de su match contra Spassky por la corona mundial, Reikiavik 1972. (Sin embargo, previamente, en el 13er encuentro, había hecho 4. ... g6. 5. Ac4 [Browne, en Rovinj/Zagreb 1970, jugó contra Fischer la menos emprendedora 5. Ae2. 5. ... Cb6 6. Ab3 Ag7 Spassky, probablemente sorprendido por la apertura de su rival, jugó 7. Cbd2?! [Mejores son 7. Cg5 y 7. exd6]. Luego de 7. ... 0–0 8. h3 a5! 9. a4?! dxe5 10. dxe5 Ca6! 11. 0–0 Cc5 12. De2 De8 13. Ce4 Cbxa4 Fischer ganó un Peón. Más tarde la partida se complicó, aunque Bobby terminó ganando un final que Mijaíl Botvinnik consideró el mayor logro del Genio de Brooklyn en ese match [Garry Kasparov. My Great Predecessors IV. Pág. 458. 5. Ae2 e6 6. 0–0 Ae7 7. h3 Ah5 8 .c4 Cb6 9. Cc3 0–0 10. Ae3 d5 11. c5 Axf3 12. Axf3 Cc4 13. b3 Cxe3 14. fxe3 b6 15. e4 c6 16. b4 bxc5 17. bxc5 Da5 18. Cxd5!? con una posición muy complicada.* **4. ... Cb6 5. exd6** La llamada Variante del Cambio de la Defensa Alekhine, en la que las Blancas disponen de un buen centro de peones, mientras que las Negras deben resolver el problema de su caballo de b6, que no está bien ubicado. En su partida contra Uitumen en Palma de Mallorca 1970, Fischer tuvo que enfrentar por primera y única vez en su carrera el Ataque de los Cuatro Peones contra la Defensa Alekhine. **5. ... cxd6** Esta continuación es mucho más activa que 5. ... exd6, ya que la estructura simétrica de peones brinda menores oportunidades de contrajuego. Después de la jugada del texto, las Negras desarrollarán su alfil de casillas negras por g7, donde estará mucho mejor que en e7. **6. Cc3** Suttles jugó 6. Be3 contra Fischer en el Interzonal de Palma de Mallorca 1970. **6. ... g6 7. h4!?** Ciocâltea se decide por este agudo movimiento, sobre el cual comentó en la revista cubana de ajedrez *Jaque Mate* (octubre de 1965. Pág. 31): "Esta es una nueva jugada. Las Blancas no quieren seguir las variantes teóricas por lo cual no hacen la mejor jugada, que es 7. Ad3". Antes de esta partida ya se había jugado así en tres ocasiones: El primero en hacerlo fue nada menos que Tal en su encuentro contra Vladislav Shiyanovsky, en la semifinal del Campeonato de la URSS, Riga 1955. *(Ver comentario después de la jugada 7 de las Negras).* 7. Ad3 fue también el movimiento que empleó Fischer en sus dos partidas contra Berliner. En la actualidad se considera que la jugada principal de las Blancas es 7. Ae3. Ambas partidas contra Berliner siguieron iguales hasta la 11ma jugada: 7.... Ag7 8. Cge2 Cc6. *(Contra Dragoljub Minic en Palma de Mallorca 1970, Fischer jugó 8.*

... 0–0 y alcanzó una buena posición. 9. Ae3 (*La alternativa es 9. d5*). 9. ... 0–0 10.0–0 e5 11. d5 Cb4 (*Así jugó Berliner en su segunda partida con Fischer, que se disputó en el Campeonato de los Estados Unidos, Nueva York 1962/63. Antes en el campeonato estadounidense, Nueva York 1960–61, había optado por 11. ... Ce7. 7. ...* **h6** Aunque un gran especialista en la Defensa Alekhine como el soviético Vladímir Baguírov (Gran Maestro desde 1978) eligió una vez la jugada del texto, en otras tres ocasiones se decidió por detener el posible avance del peón "h" blanco con 7. ... h5. Siguió 8. Ae3 Ag7 9. Ae2. (*En el encuentro Oleg Dementiev - Baguírov, Campeonato de la URSS, Riga 1970, las Blancas jugaron 9. c5. Otra posibilidad es 9. Db3 Cc6 10. d5 como en Bojan Kurajica – Baguírov, Erevan 1971. Años después, en Banja Luka 1976, se volvieron a enfrentar Kurajica y Baguírov, y el primero jugó 10. Td1.* **8. Ae3** En esta posición Tal jugó 8. Bd3 contra Shianovsky, en Riga 1955. Otra posibilidad es 8. h5 g5   9. Ad3 como en Volker Meier - Baguírov, Berlín 1991. **8. ... Ag7   9. Dd2 Cc6 10. d5** Las Blancas quieren impedir el temático avance del peón "d" negro. Otro plan es 10. b3 d5 11. c5 Cd7 12. Td1 como en Kurajica - Lehmann, Málaga 1970. **10. ... Ce5 11. b3 Cbd7** Otra posibilidad es desarrollar primero el alfil de casillas blancas con 11. ... Bf5, como en Miljanic - Blees, Budapest 1990. **12. f3** Ciocâltea le pone un signo de admiración a esta jugada (*Op. Cit.*). Su plan es continuar con 13. Ch3 y 14. Cf2. Sin embargo, más natural es 12. Ad4. **12. ...Cc5 13. Ch3 Af5 14. Cf2** (*ver diagrama*)

Smyslov, Ivkov y Geller fueron los que ocuparon los tres primeros puestos del memorable torneo en memoria de José Raúl Capablanca en su edición de 1965, pero la figura principal del torneo no apareció en el podio y ni si siquiera estaba en La Habana, sino a 1,300 millas de distancia, en Nueva York, Robert James Fischer.

14. ... b5? Con este intempestivo sacrificio de peón comienzan los problemas de Fischer en esta partida. El norteamericano, como era característico de su estilo, intenta apoderarse cuanto antes de la iniciativa. Sin embargo, su valoración es demasiado optimista, ya que no obtendrá nada por el material ofrecido. Lo normal era 14. ... Da5 con posición nivelada. **15. cxb5 Da5** "Después de 15. ... Tc8 16. Tc1 Da5 17. Ccd1! están mejor las Blancas" Ciocâltea. *(Op. Cit.)*. **16. Tc1 0–0 17. Ca4 Dd8 18. Cxc5 dxc5 19. f4** "Era mejor 19. Ae2 h5 20. g4 con mejor juego" Ciocâltea. *(Op. Cit.)*. En realidad, el rumano es bien modesto en sus comentarios, ya que las Blancas tienen ventaja decisiva. Por ejemplo, si 20. ... hxg4 *(También en caso de 20. ... Ad7 21. gxh5 Axb5   22. f4 las Blancas tendrían un ataque ganador).* 21. fxg4 Ad7 22. h5! y la ofensiva blanca en el flanco rey es indetenible. **19. ... Cg4 20. Cxg4 Axg4 21. Txc5** "Es mejor 21. Axc5 ya que en ese caso las Negras no podrían jugar 21. ... e5" Ciocâltea *(Op. Cit.)*. Sin embargo, no hay nada que objetar a la jugada del texto, ya que las Blancas siguen conservando una superioridad decisiva. **21. ... e5 22. f5!** "Única jugada. Las Blancas deben cerrar la posición" Ciocâltea *(Op. Cit.)*. Aunque hay otras posibilidades que brindan al primer jugador una amplia ventaja, como por ejemplo 22. dxe6, el movimiento del texto es el mejor. **22. ... gxf5 23. Axh6 f4 24. Axg7 Axg7** Resulta evidente que las Blancas mantienen una ventaja ganadora, pues las Negras no poseen la menor compensación por los dos peones de menos. Además de ello, el rey negro está muy mal defendido. **25. Ae2 Ad7 26. Dc3** "Después de 26. g3! fxg3 27. Dc3, las Blancas pueden ganar fácilmente" Ciocâltea *(Op. Cit.)*. Esto es cierto, aunque todavía más directo es 27. Tc3! **26. ... Df6 27. b4 Tg8 28. Af3?** Resulta curioso que el maestro rumano no comente esta jugada, que evidentemente es un error, ya que brinda oportunidades de contrajuego a las Negras. Después del movimiento natural 28. 0–0, las Blancas mejorarían considerablemente la coordinación de sus piezas y conservarían los dos peones de ventaja *(ver diagrama)*

28. ... e4! Fischer no deja escapar la oportunidad de complicar la partida. **29. Ae2.** El alfil debe regresar a e2, ya que si 29. Axe4?, las Negras ganarían una pieza con 29. ... Dxc3+ 30. Txc3 Tge8. **29. ... Dxc3+ 30. Txc3 Rf6 31. Th2?!** Ahora esta torre quedará muy pasiva. Mejor es   31. Af1 tratando de, luego de h4-h5, poner en juego la torre vía h4. **31. ... Tac8** El inicio de un plan demasiado lento para cambiar la torre blanca de c3. Era mejor 31. ...Tg3! porque luego de 32. Txg3 fxg3 33. Th1 Re5 las Negras están activas. **32. Tc5!** Por supuesto, las Blancas no cambian torres en c8. **32. ... Re5** La idea de Fischer es llevar su rey a d4 para forzar el cambio de torres. Sin embargo, este plan tiene el inconveniente de que ahora las Blancas podrán avanzar su peón pasado, que al estar alejado el rey negro, se tornará muy peligroso. **33. h5 Rd4 34. h6 Txc5 35. bxc5 Rxc5 36. Th4** Ciocâltea *(Op. Cit.)* le adiciona un signo de interrogación a su última jugada y señala: "Con 36. Th5! las Blancas tendrían chances de ganar. 36. ... f5 *(También   36. ...Th8 37. h7 f5 38. a4 Rxd5 39. a5)* 37. Tg5 Th8 38. Tg7". Sin embargo, el verdadero error vendrá dos jugadas después. **36. ... f5 37. h7 Th8** *(ver diagrama)*

38. Th6? Este es el momento en que las Blancas dejan escapar la victoria. La jugada correcta es 38. d6! Luego de 38. ... Rxd6 39. Ac4 Ae8 40. a4 Rc5 41. Ae6 Ag6 42. Th6 Txh7 43. Txg6 la pieza de ventaja de las Blancas decide la partida en su favor. **38. ... Rxd5** Ya pasó lo peor para Fischer, pues restableció el equilibrio material y su grupo compacto de peones en el centro le brinda reales posibilidades de salvarse. **39. Rd2 Rc5 40. a4 Rb4 41. Ta6 Txh7 42. Txa7** *(ver diagrama)*

42. ... e3+! Fischer encuentra una forma clara de entablar la partida. Otra posibilidad de salvación es 42. ... Rc5 ya que si 43. Tb7, entonces 43. ... Rb4. Pero un grave error sería 42. ... Tf7, con la idea de salir de la clavada del alfil con 43. ... Ae6, pues las Blancas ganarían en el acto con 43. b6. **43. Rc2 Axb5!** Esto asegura el empate. **44. Txh7 Axe2 45. Tf7 f3 46. gxf3 Axf3 47. Rd3** Ciocâltea dice *(Op. Cit.)* que la partida también podría finalizar tablas luego de   47. Txf5 Ae4+ 48. Rd1 Axf5 49. Re2. **47. ... Ae4+ 48. Rxe3 Rxa4** Y se acordó el empate.   **1/2-1/2.**

Este empate contra Ciocâltea significó el final de la cadena de partidas ganadas más extensa de Fischer en toda su carrera, ya que llevaba veinticuatro victorias consecutivas en encuentros oficiales hasta este momento.

La serie de triunfos comenzó tras la división del punto contra el Maestro Paul Poschel en la cuarta ronda del Western Open de 1963, al imponerse en las cuatro partidas restantes. Posteriormente ganó con puntuación perfecta de siete victorias el New York Open de 1963; a continuación se produjo su espectacular triunfo en el Campeonato de Estados Unidos, Nueva York 1963-64 en donde venció a sus once rivales, hasta llegar al IV Capablanca In Memoriam en el que derrotó a sus dos primeros adversarios: Lehmann y Smyslov.

Posteriormente a su enfrentamiento en La Habana, Fischer y Ciocâltea disputaron otro encuentro en Netanya, Israel, 1969, que terminó con una victoria del estadounidense (Negras). Con ello, el marcador final entre ambos jugadores quedó +2=1-1 a favor de Fischer.

Tras sus tablas con Ciocâltea, Fischer siguió liderando la tabla del torneo con 2.5 puntos, empatado ahora con Jolmov, que venció en la Tercera Ronda al cubano Gilberto García; mientras que Ivkov y Geller empataban su partida entre ellos. Smyslov se repuso de la derrota contra Fischer al vencer el Gran Maestro Albéric O'Kelly en un encuentro en el que el afán del belga por cambiar piezas lo llevó a un final muy inferior.

En la Cuarta Ronda de la competencia, Fischer encontró que su contrario de esa tarde, O›Kelly (Negras), había decidido rendir un homenaje a Frank J. Marshall con la selección de su estrategia de juego y utilizar un peligroso gambito, lo que resultó en toda una sorpresa.

(11) Fischer - Albéric O'Kelly
Ruy López [C89]
Capablanca In Memoriam. Ronda 4. La Habana, 30.8.1965

Albéric O'Kelly

Albéric Joseph Rodolphe Marie Robert Ghislain O'Kelly de Galway nació el 17 de mayo de 1911 en Anderlecht, Bélgica; fue Maestro Internacional (desde 1950, primer año en que se entregó el título), y Gran Maestro (desde 1956), un Gran Maestro Internacional de Ajedrez por Correspondencia (desde 1962), el tercer Campeón Mundial de la Federación Internacional de Ajedrez por Correspondencia (1962-1965) y Árbitro Internacional (desde 1962).

Su mayor promedio Elo fue de 2664 en la lista de enero de 1957, lo que lo convirtió en el jugador #31 del mundo cuando tenía 45 años y ocho meses de edad. Pero fue el jugador #27 del mundo en cuatro oportunidades diferentes entre diciembre de 1953 y marzo de 1954. Su mejor actuación según el Elo fue de 2675 en Zagreb 1955, cuando obtuvo 10.5 de 18 contra una oposición con rating de 2619.

Ganó el campeonato de Bélgica en trece oportunidades (1937, 1938, 1942, 1943, 1944, 1946, 1947, 1951, 1952, 1953, 1956, 1957 y 1959). O'Kelly jugó en 8 Olimpiadas, en las que ocupó siempre el Primer Tablero de su país: Estocolmo 1937; Dubrovnik, Yugoslavia 1956; Amsterdam, Países Bajos 1954; Moscú 1956; Leipzig, Alemania Oriental 1960; Varna, Bulgaria 1962; La Habana, Cuba 1966 y Lugano, Suiza 1968.

Ya en 1947, era uno de los principales jugadores de Europa, cuando terminó primero en el Torneo Zonal Europeo celebrado en Hilversum, Países Bajos, donde finalizó por encima de Pachman, Petar Trifunović, Theo Daniël Van Scheltinga, Conel Hugh O'Donel Alexander, Szabó, Maximilian Blau y Nicolas Rossolimo entre otros.

O›Kelly fue el árbitro principal de los encuentros por el Campeonato Mundial entre Tigran Petrosian y Boris Spassky celebrados en Moscú en 1966 y 1969, así como en el match por la Final del Torneo de Candidatos entre Anatoly Karpov y Víctor Korchnoi, también jugado en Moscú, pero en 1974. Él estaba adecuadamente preparado para este trabajo porque hablaba fluidamente alemán, español, francés, holandés, inglés y ruso, además de algo de italiano.

En 1958 recibió la condecoración belga de la *Palma Dorada de la Orden de la Corona*, por sus éxitos en el ajedrez y las distinciones traídas a su país.

O'Kelly era descendiente de John O'Kelly, un oficial del ejército británico nacido en Irlanda, a quien se le entregó en 1720 un título de nobleza en Bélgica. Por eso se le identificaba a menudo como el "conde O'Kelly de Galway", como por ejemplo, en la portada de la versión en inglés de su libro *Tigran Petrosian, World Champion*. Sin embargo, la revista *Chess Mail* (10/1999) publicó que: "su amigo Paul Clement desmintió la idea equivocada de que O'Kelly era un conde".

La *Variante O'Kelly* de la Defensa Siciliana (1. e4 c5 2. Nf3 a6) lleva su nombre.

O' Kelly murió de leucemia el 3 de octubre de 1980, en Bruselas. Tenía 69 años.

A continuación la segunda partida entre Fischer y O'Kelly. Ellos habían entablado su primer encuentro en la Olimpiada de Leipzig, 1960, en el que el Gran Maestro belga llevó las Blancas.

1. e4 e5 2. Cf3 Cc6 3. Ab5 a6 4. Aa4 Cf6 5. 0-0 Ae7 6. Te1 b5 7. Ab3 0-0 "Cuando uno se enfrenta a Fischer hay que cuidarse de no caer en una variante preparada, cómo le ocurrió a Lehmann, Tringov y Robatsch en este torneo. Si por el contrario se puede escoger una línea de juego que, aunque arriesgada, Fischer no haya podido analizar en su laboratorio antes de la partida, se puede luchar con éxito contra él. Teniendo en cuenta esto, en mi partida con él escogí el venenoso gambito Marshall, matando al mismo tiempo dos pájaros de un tiro, ya que mi adversario jugaba desde el Marshall Chess Club de New York". Albéric O´Kelly. *Revista cubana de ajedrez Jaque Mate.* (Octubre 1965. Pág. 308-310). N.A.: Si las Negras no pretenden jugar el Ataque Marshall, entonces es recomendable 7. ... d6 ya que al estar el peón de e5 defendido, 8. a4 no resulta tan peligrosa. No obstante, el GM cubano Leinier Domínguez ha empleado esta última jugada varias veces, y con ella logró una sonada victoria contra Piotr Svidler en el torneo Grand Prix FIDE celebrado en Khanty-Mansiysk, Rusia 2015. Pero las Negras disponen de varias respuestas satisfactorias. Una de ellas es 8. ... Ag4, como en Domínguez - Adams, Bakú 2015 **8.c3** "Está claro que Fischer, con su complejo de superioridad, no le teme a la jugada siguiente del Negro, porque él no cree que alguien se atreva a sacrificarle un peón en la apertura" O´Kelly. *(Op. cit.).* N.A.: Existen tres formas diferentes de evitar el Ataque Marshall: 1) 8. h3, que se empleó dos veces en el match por el Campeonato del Mundo entre Serguei Karjakin y Magnus Carlsen, Nueva York 2016, donde el primero no le dio la oportunidad al Campeón del Mundo de plantear el Ataque Marshall. 2) Aunque también se considera que 8. d4 es una jugada Anti-Marshall, en realidad suele transponer, luego de 8. ... d6 9. c3, a la Variante 8. c3 d6 9. d4. 3) De las tres opciones Anti-Marshall, se considera que la más peligrosa para el Negro es 8. a4. Garry Kasparov obtuvo resultados muy buenos con la misma. Una respuesta importante es 8. ... b4 9. d3 **8. ... d5** Aunque muchos piensan que esto se jugó por primera vez en la famosa partida Capablanca - Marshall, Nueva York 1918, en realidad no es así. Como destaca Edward Winter (*Kings, Commoners and Knaves*, 1999, Pág. 151), este sacrificio de peón lo emplearon por primera vez cuatro jugadores cubanos en consulta (Conill, Ostolaza, López y Herrera) contra el maestro alemán Carl Walbrodt, en una partida jugada el 18 o el 19 de febrero de 1893 en La Habana. Además, el mismo Marshall ya había jugado 8. ... d5 contra Walter Frere (en una partida aparentemente informal)". Una anécdota simpática es que O'Kelly acompañó su movimiento con un mensaje a Fischer en el que le decía que hacía esta jugada en homenaje a Marshall, desde cuyo club jugaba el Gran Maestro estadounidense. El Genio de Brooklyn le respondió: "Espero que no se arrepienta de lo que ha hecho". **9. exd5 Cxd5** Ésta es la verdadera novedad que Marshall preparó contra Capablanca. En las dos partidas anteriores de Fischer en esta variante, las Negras jugaron 9. ... e4, sobre la cual el ruso-estadounidense Leonid Shamkovich (Gran Maestro desde 1975) comenta en *Ruy Lopez. The Marshall Attack.* (New in Chess Yearbook 35. 1995. P. 206-224). "Esta idea parece incorrecta, pero se encuentra esporádicamente en la práctica de torneos. Esta variante, que recibe el nombre del campeón estadounidense de 1948, Herman Steiner, obliga a las Negras a sacrificar un segundo peón en muchas líneas, y evidentemente, la mayoría de los jugadores concluye que las Blancas pueden rechazar el ataque que sigue". En la actualidad la línea principal es 10. dxc6 exf3 11. d4. *(Fischer jugó 11. Dxf3!? en las dos ocasiones en que se enfrentó a esta variante. 11. ... fxg2 12. Df3. (En la mencionada partida no oficial de Frere contra Marshall, Nueva York 1917, se jugó la menos incisiva 12. Af4. Ver Partida Adicional 12). 12. ...Te8 13. Ag5 como en So - Shukuraliev, Guangzhou 2010. b)* Entre los jugadores de primer nivel también se ha jugado 11. g3. Por ejemplo: 11. ... Te8 *(La primera vez que se empleó 8. ... d5, las Negras hicieron aquí 11. ... Ag4 12. d4 h5? 13. Ag5 Te8 14. Cd2 Ch7 15. Axe7 Txe7 16.*

h3! y las Blancas obtuvieron ventaja decisiva, C. Walbrodt - Conill/Ostolaza/López/Herrera (en consulta). La Habana 1893. 12. d4 Ag4 13. Ag5 h6 14. Axf6 Axf6 15. Cd2 Dd6 16. h3 Ah5 17. Dc2 con clara ventaja, Nakamura - Short, Londres 2010. **10. Cxe5 Cxe5 11. Txe5** *(ver diagrama)*

Ésta es la posición de salida más frecuente del Ataque Marshall y además, mantiene plena vigencia en la actualidad. Varios jugadores de primer nivel, encabezados por el actual Campeón del Mundo, el noruego Magnus Carlsen, emplean regularmente el sacrificio de peón por parte de las Negras. Es cierto que las Blancas tienen un peón de más sin ninguna debilidad significativa, pero las Negras esperan obtener compensación con el rápido traslado de sus piezas hacia el flanco rey, mientras que las Blancas tienen aún sin desarrollar su flanco dama. Como detalle interesante, a Fischer le jugaron cinco veces el Marshall durante su carrera y ¡tres de ellas fueron en este torneo! **11. ... c6** Existe la falsa creencia de que la jugada del texto se empleó por primera vez en la partida Christoffel - H. Steiner, Hastings 1945-46 Sin embargo, no es así. Según aparece en el *Big Database 2016* (ChessBase, Hamburg. Germany), el primero que la empleó con las Negras fue el inglés Conel Hugh O'Donel Alexander, contra el peruano Alberto Dulanto (Blancas) en la Olimpíada de Buenos Aires 1939 Aunque en la actualidad se considera que 11. ... c6 es la mejor opción, las Negras han acudido también a otras continuaciones, como 11. ...Cf6, que fue la que hizo Marshall contra Capablanca en Nueva York 1918. Otra posibilidad es 11, ... Cb6 que sólo se ha jugado en pocas ocasiones ya que este caballo es más útil en el centro o en el flanco rey. Se considera que 11. ... Ab7 es la mejor de las alternativas a la jugada del texto. Sobre ella, Shamkovich expresó: "El temprano desarrollo del alfil dama tiene sus ventajas y desventajas. Es difícil decir dónde debe colocarse el alfil, por lo que las Blancas pueden intentar probar que el alfil pertenece al flanco rey, y la jugada de las Negras es una pérdida de tiempo". Un ejemplo importante está en el encuentro Ivanchuk - Kamsky, Montreal 2007. **12. g3** Fischer empleó dos veces en este torneo la jugada principal 12. d4, contra Wade y contra Donner. El Gran Maestro de Brooklyn volvió a utilizar la del texto en su encuentro contra Spassky en la II Copa Piatigorsky, Santa Mónica 1966. El objetivo es impedir el plan de las Negras con 12. ... Ad6 y 13. ... Dh4. Su inconveniente es que pierde un importante tiempo en el desarrollo. Otro plan interesante para enfrentar el Ataque Marshall es 12. Axd5 y luego de 12. ... cxd5 13. d4 Ad6 retirar la torre a e3 con la idea de poder responder, después de 14. Te3 Dh4 con 15. h3 Df4 16. Te5 Df6 17. Te1 Dg6 18. Df3, como en Polgar - Shirov, Cap d›Agde 2003. Una alternativa muy interesante es 12. d3. **12. ... Af6.** En la referida partida Fischer - Spassky, II Copa Piatigorsky, Santa Mónica 1966, las Negras jugaron 12. ... Cf6. Otra posibilidad es 12. ... Ad6. **13.Te1 Ta7** Esta jugada, que no se ha vuelto a utilizar, tiene como idea ocupar rápidamente la columna "e". Sin embargo, actualmente se considera que lo mejor para las Negras es 13. ...c5 14. d4 Ab7 *(Otra posibilidad es 14. ... cxd4 15. cxd4 Ab7 16. Cc3 Cxc3 17. bxc3 b4* [En la partida Matanovic - Geller, Interzonal de Susa 1967, luego de *17. ... Dd7 18. Ae3 Tfe8* se acordó el empate]. *18. Ab2 bxc3 19. Axc3 Dd7 20. Tc1 Tac8 21. Dd3 y las Blancas están mejor. Matanovic - Ostojic, Novi Travnik 1969. Pero es de considerar 16. a4).* 16. ... Cxc3 17. bxc3 Axc3 y es evidente que las Negras tienen compensación por el peón. Braga - Geller, Ámsterdam 1986. **14. d4 Te7 15. Txe7 Dxe7 16. Axd5** Fischer se desprende de su "favorito" alfil español para poder seguir con Ae3 y aliviar así la presión de las Negras en la columna "e". En *Bobby Fischer 2*, Smyslov, Tal, Yudasin y Tukmakov (Págs. 174-176), señalan que lo mejor para las Blancas es la recomendación de I. Zaitsev: 16. Ca3. Sin embargo, luego de 16. ... Td8!, con la idea de continuar con 17. ... c5, las Negras pueden obtener un buen juego. **16. ... cxd5 17. Ae3 Te8 18. Cd2** Las Blancas completaron el desarrollo de sus piezas menores a cambio de desprenderse de la pareja de alfiles. Sin embargo, las Negras poseen el control de las casillas blancas, lo que les brinda buenas oportunidades de obtener contrajuego. **18. ... Ah3 19. Df3 De6 20. Te1 Ag4 21. Dg2 Ah3 22. Df3 Ag4** *(ver diagrama)*

23. Dh1 Fischer muestra una vez más su alto nivel combativo y evita las tablas por repetición de jugadas. Pero lo cierto es que no posee ventaja alguna. **23. ... h5** Una jugada estándar en el Ataque Marshall. Las Negras, además de darle un aire a su rey, amenazan seguir avanzando este peón. Sin embargo, también era una buena jugada 23. ... b4! para iniciar una especie de ataque minoritario, ya que sería incorrecto 24. cxb4?! por 24. ... Bxd4. **24. h4 Df5** Otra vez resultaba muy interesante 24. ... b4. **25. Dg2! Dd3** "Amenaza ...Txe3 y ... Dxd2 en caso de 26. Dxd5" O´Kelly *(Op. Cit.).* Sin embargo, esta valoración es incorrecta *(Ver comentario después de la jugada 26 de las Blancas).* De nuevo, lo mejor es 25. ... b4! *(ver diagrama)*

26. Cf1?! Ambos jugadores no se percatan de que es posible 26. Dxd5! Ahora las Negras deben responder con 26. ... b4 *(Hubiera sido un grave error 26. ... Txe3 ya que luego de 27. Txe3 Dxd2 28. Te8+ Rh7 29. f3 las Negras no tienen nada mejor que llegar a un difícil final con 29. ... Dd1+ 30. Rf2 Dc2+ 31. Te2 Df5 32. Dxf5+ Axf5 33. Te8. También era de considerar la recomendación de Müller [Op. Cit. P. 253]: 26. ... Dc2. Luego de 27. a3 Dxb2 28. Ce4 Te6   29. Cc5 las Blancas sólo mantendrían una ligera ventaja).* 27. Cb3 bxc3 28. Cc5 Dc2 29. bxc3 Dxc3 30. Tc1 con ligera superioridad de las Blancas. **26. ... Dc4** Resulta muy interesante regresar con la dama a f5 y la posición está equilibrada. **27. a3 Da2 28. f3 Af5 29. Dd2 Te6 30. Af2 Txe1 31. Axe1 Db1** "Esto permite al caballo blanco reagruparse enérgicamente. Después de la profiláctica 31. ... Ae6, las Negras no están peor, pues ahora a 32. Ce3 Ae7 33. Cg2 Ad6 34. Cf4 se puede responder con 34. ... Axf4" Müller *(Op. Cit. Pág. 253).* **32. Ce3 Ae6 33. Cg2! Ae7   34. Cf4 g6 35. Rg2 Ad6 36. Cxe6 fxe6 37. Af2 Rf7   38. Ae3 Re8** "Buscando seguridad en el centro o en el ala de la dama, para defender las debilidades en a6 y e6" O´Kelly. *(Op. Cit.)* **39. Bh6** Esta jugada, por sí sola, no es un error. Sin embargo, es el inicio de un plan inexacto que facilita la tarea de su adversario. **39. ... Rd7 40. Ag7 Df5!** O´Kelly destaca *(Op. Cit.):* "Aquí la dama está muy bien colocada. La jugada siguiente de las Blancas fue la sellada *(por Fischer).* Analizando la posición llegué a la conclusión de que en un final de damas o alfiles sería tablas sin demasiadas complicaciones" *(ver diagrama)*

41. Ah8?! La jugada sellada de Fischer es incorrecta, ya que permite a las Negras forzar el cambio de alfiles. Era preferible 41. Ah6 para intentar jugar De2 y luego g3-g4 sin darle la oportunidad a las Negras de responder con ... g6-g5. **41. ... Df8!** O'Kelly no deja escapar la posibilidad de forzar el cambio de alfiles, ya que en el final de damas resultante, aunque cuenta con un peón de menos, siempre tendrá contrajuego por la poca protección que tiene el monarca blanco. **42. Ae5 Axe5 43. dxe5 Df5 44. De3 Rc6 45. b4 Rb7** Ahora no es recomendable 44. ... Dc2+ 45. Rh3 Df5+?! porque tal como se señala en *Bobby Fischer 2*, después de 46. g4 hxg4+ 47. fxg4 Df1+ 48. Rg3 las Blancas podrían crear un peligroso peón pasado con el avance h4-h5. Sin embargo, después de 44. ... Dc2+ 45. Rh3 las Negras pudieron continuar con 45. ... Re8! y no se ve cómo puedan progresar las Blancas. **46. Rh2 Ra8 47. De2** La amenaza de jaque perpetuo impide a la dama blanca alejarse de su rey. **47. ... Rb7 48. Rg2 Rb8** *(ver diagrama)*

49. g4 Fischer realiza su último intento. **49. ... Df4!** La mejor respuesta. **50. Df2 Rb7 51. Dd4 Dc1! 52. Dd3** "Si ahora 52. Rg3 De1+ y la dama blanca no puede cubrir por 53. ... Dxe5+ y, si 53. Rf4 Dxh4" O´Kelly (*Op. Cit.*). **52. ... De1 53. gxh5** Resulta evidente que en caso de 53. Dxg6 las Negras forzarían el jaque continuo con 53. ... De2+. **53. ... gxh5 54. f4** Esta fue la jugada sellada por Fischer tras la segunda sesión de juego, pero después de analizarla, propuso tablas que aceptó su adversario. **1/2-1/2**

Fischer ganó la tercera y última partida disputada entre ambos rivales, en Buenos Aires 1970, en que el estadounidense jugó con Blancas. Con esto, el marcador entre ambos quedó +1=2-0 a favor suyo.

Tras dos victorias y dos empates en las primeras cuatro rondas del torneo, era fácil distinguir que los encuentros del maestro estadounidense resultaban hasta entonces las más feroces de una competencia que apenas comenzaba a entrar en calor. Al concluir la cuarta jornada, Fischer estaba todavía en el primer lugar con 3 puntos, pero otros tres Grandes Maestros: Ivkov, Jolmov y Smyslov, tenían la misma puntuación que él. Ivkov, al vencer al Maestro Internacional de Polonia Zbigniev Doda y Smyslov a Wade, en tanto que Jolmov empató con el Gran Maestro de Austria Karl Robatsch.

En la Quinta Ronda, el Gran Maestro búlgaro Georgi Tringov conoció en carne propia lo que O'Kelly llamaba el "laboratorio" de Fischer.

(12) Georgi P. Tringov - Fischer
Defensa Siciliana [B97]
Capablanca In Memoriam. Ronda 5. La Habana 31.8.1965

Georgi P. Tringov

Georgi Petrov Tringov nació el 7 de marzo de 1937 en Plovdiv, Bulgaria; fue Maestro Internacional (desde 1962) y Gran Maestro (desde 1963), con lo que se convirtió en el segundo jugador de su país en ganar esta última distinción (después de Milko Bobotsov en 1961).

Su mayor rating Elo fue de 2636 en la lista de noviembre de 1978, lo que lo convirtió en el jugador #55 del mundo cuando tenía 41 años y 8 meses de edad. Pero anteriormente fue el jugador #39 del mundo en dos meses diferentes: octubre de 1962 y noviembre de 1962.

La mejor actuación individual Elo de Tringov fue de 2717 en la Olimpiada de Lugano, Suiza 1968, cuando alcanzó 9 puntos de 12 posibles (75 %) contra una oposición con un rating promedio de 2585, lo que ayudó a los búlgaros a ganar la medalla de bronce, su mejor colocación en la historia de estas competencias.

Fue campeón búlgaro en tres ocasiones: 1963, 1981 y 1985. Tringov jugó para su país en cinco Campeonatos Mundiales Estudiantiles por Equipos (1957 a 1960), en los que ganó una medalla de oro individual en tres competiciones consecutivas: en el Cuarto Tablero en 1957 y 1958, y en el Segundo Tablero en 1959, donde alcanzó una puntuación de 92.3% (+11=2-0). El equipo estudiantil búlgaro fue también muy exitoso en esos años, al ganar la medalla de plata en 1957 y 1958, y la de oro en 1959.

Fue también un miembro regular del equipo de su nación en las Olimpiadas de Ajedrez, al jugar en 12 de ellas (todas las disputadas entre 1956 y 1982, excepto las de 1960 y 1976). Tringov obtuvo sus mejores resultados olímpicos en 1968 y 1978, al ganar en dos ocasiones la medalla individual de oro con una puntuación de 78.6% (+8=6-0) en el Segundo Tablero en Lugano, 1968; y 10 años después, con el 77.3% (+6=5–0) en el Tercer Tablero de la de Buenos Aires 1978. En 1982, ocupó el Primer Tablero del equipo búlgaro en la Olimpiada de Lucerna, Suiza.

En 1964, ganó el Torneo Zonal Europeo de la FIDE celebrado en Kecskemét, Hungría, por delante de los Grandes Maestros Itsvan Bilek (Hungría), Pachman (Checoslovaquia), Aleksander Matanovic (Yugoslavia), Mato Damjanovic (Yugoslavia), Szabó (Hungría), Vlastimil Hort (Checoslovaquia), Florín Gheorghiu (Rumania) y Hans Joachim Hecht (Alemania Occidental), entre otros.

Tringov murió el 2 de julio del 2000 en Plovdiv. Tenía 63 años.

Desde el 2001 se juega en Bulgaria un torneo en su memoria.

A continuación, la única partida disputada entre Tringov y Fischer.

1. e4 c5 2. Cf3 d6 3. d4 cxd4 4. Cxd4 Cf6 5. Cc3 a6 6. Ag5 Tringov elige la línea más aguda para enfrentar a Fischer en su favorita Variante Najdorf. Un dato interesante es que el Gran Maestro estadounidense sólo empleó la jugada de las Blancas en una ocasión: contra Geller en Mónaco 1967. Por lo general, cuando jugaba con Blancas, Fischer enfrentaba esta variante con el sistema   6. Ac4. **6. ... e6 7. f4 Db6** *(ver diagrama)*

Este es el comienzo de la complicada *Variante del Peón Envenenado*, popularizada por Fischer. Fischer también empleó el movimiento 7. ... Ae7 en 21 ocasiones, aunque no la jugó entre 1961 y 1968. Fischer nunca eligió 7. ... Cbd7, una línea que popularizó el ruso Lev Polugaievsky (1934-1995. Gran Maestro desde 1962) y tuvo numerosos seguidores, destacándose entre ellos Boris Gelfand (Gran Maestro desde 1989. Retador al Campeonato Mundial 2012). En cuanto a la aguda Variante Polugaievsky 7. ...b5, el estadounidense sólo la jugó contra el yugoslavo Dragoljub Minić (1936-2005. Gran Maestro Honorario desde 1991), en Skopje 1967 Por otra parte, debemos mencionar que desde hace unos años, los simpatizantes de la Variante del Peón Envenenado preceden la jugada ..., Db6 con   7. ... h6 *(Ver comentario después de la jugada 10 de las Negras)*. **8. Dd2** La continuación más agresiva. Las Blancas también pueden declinar la captura del peón y jugar de forma más posicional con 8. Cb3. **8. ... Dxb2 9. Tb1** Para la alternativa 9. Cb3, que ganó popularidad a partir de la sonada victoria de Spassky sobre Fischer en la undécima partida del match por el Campeonato del Mundo, Reikiavik 1972, **9. ... Da3 10. e5** Una muestra de la constante evolución que existe en el ajedrez es que cuando Kasparov comentó las partidas Tal - Tolush, Campeonato de la URSS 1956 (*My Great Predecessors. Part II.* 2003) y Bilek - Fischer, Interzonal de Estocolmo 1962 (*My Great Predecessors. Part IV.* 2004), le pone un signo de dudosa (?!) a la jugada del texto. Sin embargo, la misma se ha hecho muy popular en estos últimos años. *(Ver comentario después de la jugada 12 de las Blancas)*. Se considera que lo más peligroso para las Negras en esta variante es 10. f5 **10. ... dxe5** La jugada 10. ... h6 ha traído un resurgir de esta línea. **11. fxe5 Cfd7** *(ver diagrama)*

12. Ac4 Una línea que se juega mucho en la actualidad es 12. Ce4 *(que es la que las Negras buscan evitar cuando juegan 7. ... h6 o 10. ... h6)*, utilizada por primera vez en la famosa partida Tal - Tolush, Campeonato de la URSS, Leningrado 1956, donde Tal logró una victoria espectacular. Sin embargo, luego de la partida Korchnoi - Tolush, Campeonato de la URSS, Riga 1958, en que las Negras jugaron 12. ... h6, la línea se consideró durante algún tiempo no satisfactoria para el Blanco. Pero esta evaluación ha recibido nuevos aires. **12. ... Ab4.** Para 12. ... Ae7?! **13. Tb3 Da5 14. 0–0 0–0 15. Cxe6?** Hasta esta partida se consideraba que este movimiento era lo correcto. *(Ver comentario después de la jugada 18 de las Negras).* Pero tres meses después, luego de ver lo que le ocurrió a Tringov, Robert Byrne introdujo contra Evans, en el Campeonato de los Estados Unidos 1965/66, la interesante novedad 15. Af6 **15. ... fxe6 16. Axe6+ Rh8 17. Txf8+ Axf8 18. Df4** "Los holandeses consideraban en sus análisis que era necesaria la continuación 18. ... Dxe5 19. Dxe5 Cxe5, que después de 20. Axc8 da un final más favorable al Blanco. Al parecer, Tringov creía en dichos análisis sin haberlos comprobado con más detalle. En cambio, Fischer mantenía una actitud más escéptica con respecto a esta cuestión…" Paul Keres en *4 x 25* (Keres e Ivo Nei. Editorial Chessy. España, 2005. Pág. 31. El original en estonio se publicó en 1975). **18. ... Cc6 19. Df7** *(ver diagrama)*

Francisco Acosta, el joven que llevaba los movimientos de Fischer al teletipo que las enviaba a Nueva York, recuerda que: "Tras la última jugada de Tringov, un rumor fue creciendo entre el público que presenciaba la partida. 'Fischer está perdido, Fischer está perdido'. El comentario pronto se propagó y toda la atención de los presentes, incluyendo árbitros y otros jugadores, se dirigió a ver la debacle del Gran Maestro norteamericano en tan pocas jugadas. Cuando Acosta, al que apodaban 'el mensajero de Fischer', llevó la última jugada hasta la sala donde se encontraba el teletipo, la opinión entre los aficionados era que Fischer se iba a rendir. Pero...   **19. ... Dc5+ 20. Rh1** Si 20. Ae3, las Negras ganan con 20. ... Dxe3+ 21. Rf1 Dc1+ 22. Re2 Cd4+ **20. ... Cf6!** ¡Sorpresa! Esta jugada, que refuta todo el plan de las Blancas, es el colofón en el estudio de Fischer. **21. Axc8** Por supuesto, si 21. Axf6 o 21. exf6, entonces 21. ... Axe6 ganando. **21. ... Cxe5 22. De6** *(ver diagrama)*

22. ... Ceg4! Las Blancas abandonan **(0–1)** debido a la doble amenaza 23. ... Cf2+, con mate en dos jugadas; y 23. .... Txc8, ganando una pieza. Al analizar este encuentro, Paul Keres (*Op. Cit.*) dice: "Esta partida, que en su tiempo tuvo un considerable valor teórico, demuestra la profundidad de la preparación de
aperturas de Fischer". Un dato adicional, mencionado por el Gran Maestro Andrew E. Soltis en su libro
Bobby Fischer Rediscovered (BT Batsford. Londres. 2003. Pág. 150), es que Tringov pensó dos horas y 20
minutos en la partida, mientras que Bobby sólo consumió poco más de una hora. Pero hay que agregar
que el tiempo empleado por Fischer incluye los 17 minutos que llegó tarde al encuentro.

La victoria sobre Tringov mantuvo a Fischer de puntero en la tabla de posiciones con 4 unidades de
5 posibles, aunque empatado con Smyslov, quien había logrado un triunfo importante sobre Szabó. El estadounidense mantuvo su condición de invicto en la competencia, pero todavía tendría que enfrentarse
a tres peligrosos rivales en Geller, Jolmov e Ivkov.

Este último era uno de los jugadores más apreciados por el público, porque además de ser de un
carácter muy jovial, hablaba perfectamente el español debido a que su entonces esposa era argentina. Y
también era el "favorito de las damas", como llamaba Alekhine a Capablanca.

En la Sexta Ronda Fischer encontró en Wade otro rival que de pronto se contagió con la fiebre de
honrar a Marshall.

(13) Fischer - Robert G. Wade
Ruy López [C89]
Capablanca In Memoriam. Ronda 6. La Habana 1.9.1965

Robert Wade

Robert Graham Wade nació el 10 de abril de 1921 en Dunedin, Nueva Zelanda; fue Maestro
Internacional (desde 1950). Rechazó el título de Gran Maestro Honorario al considerar que,
debido a la inflación del rating Elo, su título de Maestro Internacional era mucho más valioso.
Fue también Arbitro Internacional (desde 1958).

Su mayor rating Elo fue de 2499 en la lista de agosto de 1972, lo que lo convirtió en el jugador
#264 del mundo. Pero Wade fue el jugador #189 del mundo en la lista de septiembre de 1946.

Su mejor actuación individual Elo fue de 2581 en Venecia 1950, cuando obtuvo 7 de 13 contra una oposición con un rating promedio de 2555. Fue tres veces Campeón de Nueva Zelanda (1944, 1945 y 1948) y dos veces Campeón Británico (Chester 1952 y Coventry 1970).

Jugó en siete Olimpiadas, seis por Inglaterra y una por Nueva Zelanda: Amsterdam 1954 (Inglaterra. 4to Tablero), Moscú 1956 (Inglaterra. 3er Tablero), Múnich 1958 (Inglaterra. Primer Suplente), Leipzig 1960 (Inglaterra. Segundo Suplente), Varna 1962 (Inglaterra. Segundo Suplente), Siegen 1970 (Nueva Zelanda. Segundo Tablero) y Skopje 1972 (Inglaterra. Tercer Tablero).

Wade reunió una gran biblioteca de ajedrez en su casa en Londres, que incluía libros, revistas y muchos boletines originales de torneos. Poseía, en Occidente, la colección más completa de literatura soviética de ajedrez y ayudó en secreto a Fischer a prepararse para su match contra Spassky en 1972, al reunir un archivo especial de las partidas de Spassky. También ayudó a Fischer en el match 'revancha' contra Spassky 20 años después.

En 1979, se le galardonó con la Orden del Imperio Británico por sus servicios al ajedrez. También se le nombró "Miembro Honorario" de la Federación Internacional de Ajedrez (FIDE).

El miércoles 26 de noviembre del 2008, Wade ingresó con una neumonía grave en el Hospital Elisabeth, en Woolrich, Londres, donde murió el sábado 29 de noviembre de 2008 a las 3:00 a.m. Tenía 87 años.

A continuación, la segunda partida entre Fischer y Wade. El estadounidense ganó la primera con Blancas, disputada en Buenos Aires 1960.

1. e4 e5 2. Cf3 Cc6 3. Ab5 a6 4. Aa4 Cf6 5. 0–0 Ae7 6. Te1 b5 7. Ab3 0–0 8. c3 d5 Al igual que en su partida anterior con Blancas, contra O'Kelly, Fischer tiene que enfrentar el Ataque Marshall. **9. exd5 Cxd5 10. Cxe5 Cxe5 11. Txe5 c6 12. d4** El estadounidense se desvía de la línea seguida contra O'Kelly, 12. g3, y se decide por la continuación principal. **12. ... Ad6 13. Te1 Dh4 14. g3 Dh3 15. Ae3** Tal como hará unas rondas más tarde contra Donner, Fischer sigue con la línea central. Una alternativa es 15. Te4 con la idea de impedir las principales jugadas de ataque de las Negras como 15. ... Ag4 y 15. ...f5. Otra posibilidad en lugar de la jugada del texto 15. De2. **15. ... h5?!** Wade se desvía de la continuación estándar 15... Ag4. Leamos su explicación: "Hasta aquí todo se ha jugado en muchísimas partidas; pero yo no sabía particularmente mucho sobre las líneas normales 15. ... Af5, 15. ... f5 y 15. ... Ag4, ciertamente no para hacer resistencia a la memoria casi fotográfica de Fischer, quien parece conocer y aprovechar todas las partidas modernas de los últimos tiempos. Pero yo conocía una línea jugada solamente en una partida -hasta lo que mis conocimientos me permiten saber- por Boleslavsky. Este gran maestro soviético logró tablas, aunque no fácilmente. Pero al menos, yo tenía alguna experiencia de la variante, pues la había jugado en partidas sueltas". (Revista *Jaque Mate*. (Octubre 1965. Págs. 313-314). Sin embargo, Andrew Soltis, en su libro *Bobby Fischer Rediscovered* (Pág. 146), al analizar la partida del norteamericano con Donner en el presente torneo, se refiere a 15. ... h5?! con el siguiente comentario: "Una interesante y poco explorada alternativa es h5, escribió Leonard Barden en un libro de 1963 sobre el Ruy López". **16. Df3 h4** Además de la mencionada partida de Boleslavsky y la presente, esta línea sólo se ha jugado en otra ocasión. *(ver diagrama)*

17. Axd5! Esta continuación de Fischer permite a las Blancas obtener ventaja, convirtiéndose es la principal responsable de que esta línea no se haya vuelto a jugar por las Negras. "Creo que el oponente de Boleslavsky jugó 17. Cd2". Wade (*Op. Cit.*). Sin embargo, no fue el oponente, sino el propio Boleslavsky el que hizo esta jugada. Wade agregó (*Op. Cit.*): "Si 17. Dg2, entonces inmediatamente 17. ... hxg3" 18. hxg3 (*Si 18. Dxh3, las Negras recuperan el Peón con 18...gxf2+*). 18. ... Df5 mantiene la presión". *(N.A.):* En nuestra opinión, ahora las Blancas pueden obtener ventaja con 19. Cd2 Ae6 20. Ce4. Pero en lugar de la recomendación de Wade (*18. ... Df5*), merece atención 18. ...Te8. **17. ... cxd5 18. Cd2** Como señaló Wade (*Op. Cit.*): "18. Dxd5 hxg3 19. hxg3 Axg3 da a las Negras terreno para un contrajuego". La valoración del Maestro Internacional británico es correcta, porque luego de 20. Dg2 Ac7 21. Dxh3 Axh3 22. Cd2 Ae6 las Negras tienen suficiente compensación por el Peón. **18. ... Ae6 19. Af4** "Con la finalidad de eliminar el así llamado 'bueno y potencialmente activo alfil negro', lo que me permite introducir algún elemento de complicación". Wade (*Op. Cit.*). **19. ... Ag4** (*ver diagrama*)

20. Dg2?! Ahora es el estadounidense el que se equivoca. Según Wade (*Op. Cit.*): "El principal motivo de duda en mi mente era si las Blancas podían o no jugar con seguridad 20. Dxd5. Me han dicho que

Boleslavsky ha sugerido 20. De3 lo que, sin embargo, facilita a las Negras una combinación de tablas: 20. ... Tae8 21. Dxe8 Axf4! 22. gxf4 Af3 23. Cxf3 Dg4+". En realidad, 20. Dxd5! proporciona una amplia superioridad a las Blancas. Por ejemplo: 20. ... Axf4 21. gxf4 Tae8 *(En* Bobby Fischer 2 *[Smyslov, Tal, Yudasin, Tukmakov. Editorial Eseuve. Madrid 1992. Pág. 177-178] se menciona 21. ... Dd3, pero esto es un error, ya que las Blancas pueden lograr una ventaja decisiva con 22. Ce4! con la idea de continuar con 23. Te3! [Menos precisa es 22. Cf1 propuesta en* Bobby Fischer 2] *y si 22. ... Ae2 entonces 23. Df5!)* y ahora las Blancas pueden obtener una gran ventaja con 22. f3. **20. ... Dxg2+ 21. Txg2 h3+ 22. Tg1 Axf4 23. gxf4 Tfd8** "La partida entra ahora en una fase donde las Negras, con un peón de menos, tienen que mantener una defensa vigilante. Las Blancas afrontan gran dificultad en tratar de convertir su peón extra en uno pasado y tienen que vigilar continuamente que las Negras no logren una columna abierta en el flanco dama para penetrar por allí con sus torres." Wade *(Op. Cit.).* **24. f3 Ae6 25. Cb3 Tab8 26. a3!** Para evitar que las Negras puedan obtener contrajuego con 26. ... b4.**26. ...Tb6 27. Rf2 g6?!** Las Negras quieren activar su rey vía g7-f6. Sin embargo, esta jugada tiene el inconveniente de colocar otro peón en el mismo color de su alfil. Era de considerar era 27. ... Ac8. Luego de 28. Te5 Tg6 29. Tg5 *(Si 29. Tg1, entonces 29. ... Txg1 30. Rxg1 Rf8).* 29. ... Tf6 30. Tag1 g6 31. Rg3 Af5 32. Te1 con ventaja de las Blancas en ambos casos, pero con mayores oportunidades de contrajuego que después de la jugada del texto. **28. Te5 Rg7 29. Tae1 Rf6** *(ver diagrama)*

30. Ca5 Comienzo de un plan demasiado lento que permite a las Negras obtener contrajuego. Como se señala en *Bobby Fischer 2,* era preferible 30. Cc5 con la idea de continuar con b4, Ta1 y a4. **30. ...Th8 31. b4** Aunque en el ajedrez es difícil reconocer un error mientras transcurre la partida, las Blancas aún tenían tiempo para jugar 31. Cb3 y luego 32. Cc5. **31. ... Tc8 32. T5e3 Tg8 33. Cb3 Ta8 34. Ta1! g5** "Este es el único medio de obtener contrajuego con la perenne amenaza de entrar en g2" Wade *(Op. Cit.).* **35. fxg5+ Rxg5 36. Tg1+ Rf6** *(ver diagrama)*

37.Tee1 Esto no es lo mejor. Karsten Müller (*Op. Cit.*) muestra el plan correcto: "Las Torres se deben activar en las filas tercera y quinta, por ejemplo: 37. Tg3 Tc6 38. f4 Tcc8 39. Te5 Tg8 40. Tgg5 Tgc8 41. Cc5 a5 42. Th5 axb4 43. axb4 Ag4 44. Th6+ Rg7 45. Th4 Ta2+ 46. Re1 Ae6 47. Cxe6+ fxe6 48. Txh3 con ventaja". **37. ... Tc6 38. Tc1 Af5 39. Tge1 Tg8 40. Tg1 Ta8** Wade señala en su libro con K. J. O'Connell, "*Todas las partidas de Fischer desde 1955 hasta 1973*" (página 241): "Mucho mejor era 40. ... Txg1 41. Rxg1 Rg5 con el plan ... Rf4 y ... Tg6". **41. Cc5 a5** Las Negras avanzan su peón "a" antes que su oponente juegue a3-a4. **42. Ta1 Tcc8 43. Ta2 Tg8 44. Tg3 axb4 45. cxb4 Th8!** "Como las Blancas amenazaban jugar 46. a4 creando un Peón pasado, las Negras tienen que jugar agresivamente para sostener la posición. Ahora las Negras amenazan Th4 atacando el peón-d blanco." Wade. Revista *Jaque Mate*. (Octubre 1965. Págs. 313-314). **46. Tg1 Thg8** "Aquí fue aplazada la partida por primera vez" Wade (*Op. Cit.*). El neozelandés relató posteriormente que al despertarse al siguiente día, encontró en los periódicos habaneros que todos los expertos daban por perdida su posición. **47. Txg8 Txg8 48. Re3 Te8+** No hay nada que objetar a la jugada del texto, aunque también merecía consideración 48. ...Tg1!? que se recomienda en *Bobby Fischer 2*. **49. Rf4 Tg8** Wade regresa con su torre a g8, pues como él mismo señaló, todo su contrajuego se basa en la ubicación de su torre en g2.   **50. Te2 Tg2 51. Re3** Fischer se ve forzado a regresar con su rey a e3, ya que en caso de 51. Te5, habría seguido 51. ... Ae6 52. Cxe6 fxe6 53. Th5 Txh2 54. Th7 Rg6 55. Th4 Th1 y las Negras no tienen problemas para hacer tablas, pues si 56. Re5 sigue 56. ... h2 y las Blancas se ven forzadas a regresar con 57. Rf4. Resulta obvio que no es posible 57. Rxe6?? debido a 57. ... Te1+. Y también resulta un error 57. Rd6? por 57. ... Rg5. **51. ...Tg1!** Ante la amenaza 52. Txg2, las Negras deben mover su torre, pero lo hacen a la casilla dónde esté más activa *(ver diagrama)*

52. a4 Al comprender que no existe otra forma de progresar, Fischer se decide finalmente por esta jugada, que llevaba tanto tiempo planificando. **52. ... bxa4 53. Cxa4 Td1!** Wade juega otra vez de forma precisa y ubica su torre en la mejor casilla. **54. Tb2** Fischer decide sacrificar su Peón de d4 y coloca su torre detrás de su peón pasado en busca de crear amenazas con éste.   **54. ... Td3+ 55. Rf2 Txd4 56. Cc3 Td3 57. Ce2** "Y la partida fue aplazada por segunda vez, teniendo Fischer un fuerte Peón pasado y con mi torre no muy bien situada" Wade. (*Op. Cit.*) **57. ... d4** "Movimiento secreto. La idea es ubicar el alfil en b7 con amenazas. Después de mi partida con Szabó en la séptima ronda, yo analicé la posición durante dos horas examinando principalmente 58. b5 Ac8 59. Cg3 Ab7 60. Ce4+ Re5, llegando a la conclusión que si yo llevaba mi rey al flanco dama (pero no a f4) podría hacer tablas" Wade (*Op. Cit.*). **58. b5 Ac8** "Afortunadamente, yo había concedido suma atención a este movimiento una hora antes de la partida y aunque debido a ello dediqué a mi almuerzo muy poco tiempo, ya tenía preparada la base de una línea a seguir" Wade (*Op. Cit.*). **59. Cc1 Td1** "Después de la partida, me dijo Fischer por teléfono que él esperaba 59. ... Tc3" Wade (*Op. Cit.*). **60. Cb3 Th1 61. Rg3 Tg1+ 62. Rf4 Tg2 63. Td2 Ab7** Como planeó, Wade ubica su alfil en b7. El empate está cerca. **64. b6 Aa8** "Situándose lejos de un ataque inmediato. Ahora mi oponente debe forzar y simplificar la posición". Wade (*Op. Cit.*) Como se muestra en *Bobby Fischer 2*, las Negras todavía pueden perder. Por ejemplo: 64. ... Ad5? 65. Txd4 Axb3 66. b7 Tg8 67. Tb4, ganando. **65. Txd4 Txh2 66. Td6+** Si 66. Td8, las Negras entablan con 66. ... Tb2. **66. ... Re7** "Mientras aún exista la posibilidad de que su oponente se equivoque, Fischer seguirá jugando. Si 66. ... Rg7, sigue   67. Cd4 amenazando Cf5+ con vestigios de una 'red de mate'" Wade (*Op. Cit.*). Sin embargo, las Negras no tenían por qué preocuparse, ya que luego de 67. ... Tb2 68. Cf5+ Rh7 69. Th6+ Rg8 70. Txh3 Txb6 el final también sería tablas. **67. Th6 Tb2 68. Cd4 h2 69. Rg3** "Y el señor Fischer me ofreció tablas que fueron aceptadas" Wade (*Op. Cit.*). **1/2-1/2**. Hay que señalar que después de caer en un final inferior, Wade se defendió de forma excelente, lo que le permitió alcanzar este valioso empate.

La tercera y última partida jugada entre ambos rivales, en Vinkovci, Croacia 1968, fue una victoria para Fischer, que también jugó con las Blancas. Luego de esto, el balance final de sus encuentros fue de +2=1-0 a favor del estadounidense.

A pesar del empate con Wade, Fischer siguió primero en el torneo, empatado ahora con 4.5 puntos con Ivkov, quien venció en una elegante lucha posicional, que incluyó un preciso final, al ex campeón mundial Smyslov. También de puntero se situó otra vez Jolmov, al derrotar al Maestro Internacional Eleazar Jiménez cuando en un esquema de absoluta igualdad, el cubano cometió una serie de errores en línea.

En la Séptima Ronda Fischer tuvo de rival al yugoslavo Bruno Parma, un Gran Maestro talentoso, sólido y de poco espíritu combativo.

(14) Bruno Parma - Fischer
Defensa Siciliana [B97]
Capablanca In Memoriam. Ronda 7. La Habana. 2.9.1965

Bruno Parma

Bruno Parma nació el 30 de diciembre de 1941 en Liubliana, Eslovenia (entonces Yugoslavia); fue Maestro Internacional (desde 1961, cuando ganó el Campeonato Mundial Juvenil en La Haya, Países Bajos) y Gran Maestro (desde 1963), con lo que se convirtió en el tercer esloveno en conseguir este honor (después de Milan Vidmar en 1950 y Vasja Pirc en 1953).

Su mayor rating Elo fue de 2656 en la lista de julio de 1977, lo que lo convirtió en el jugador #38 del mundo cuando tenía 35 años y siete meses de edad. Pero antes de eso, fue el jugador #35 del mundo en varias ocasiones entre abril de 1962 y noviembre de 1966.

Su mejor actuación individual según el Elo fue de 2703 en Zagreb 1965, cuando obtuvo 12 puntos de 19 (63%) contra una oposición con rating promedio de 2615.

Parma jugó ocho veces para Yugoslavia en las Olimpiadas de Ajedrez: Varna 1962 (Primer Suplente), Tel Aviv 1964 (Cuarto Tablero), La Habana 1966 (Tercer Tablero), Lugano 1968 (Primer Suplente), Siegen 1970 (Primer Suplente), Niza 1974 (Segundo Suplente), Buenos Aires 1978 (Segundo Suplente) y La Valeta 1980 (Tercer Tablero).

A continuación, la segunda partida entre Parma y Fischer. La primera, jugada en Bled 1961, fue tablas.

1. e4 c5 2. Cf3 d6 3. d4 cxd4 4. Cxd4 Cf6 5. Cc3 a6 6. Ag5 e6 7. f4 Db6 8. Dd2 Dxb2 9. Tb1 Da3 10. Axf6 Parma se decide por su jugada favorita, que ya había empleado contra Fischer en Bled 1961, y que volvió a jugar en la tercera ocasión en que se enfrentó al estadounidense, en Rovinj/Zagreb 1970. **10. ... gxf6 11. Ae2 Ag7** Una alternativa importante es 11. ... Cc6, como jugó Fischer contra Parma en Bled 1961, que fue la primera vez en que el estadounidense empleó la Variante del Peón Envenenado. El yugoslavo jugó 12. Cb3 Pero esta continuación no se emplea prácticamente en la actualidad. La jugada principal es 12. Cxc6 y luego de 12. ... bxc6 13. 0-0 Ae7 14. Rh1 Da5 se llega a la posición crítica en esta línea. Ahora las Blancas han empleado diferentes alternativas: a) 15. De3. b) 15. De1. c) 15. Tf3 y d) 15. f5 Las Negras también han jugado 11. ... h5 en forma directa, o algunas jugadas después. **12. 0–0** *(ver diagrama)*

12. ... f5! El signo de admiración es de Karsten Müller, quien dice en su libro *Bobby Fischer. The Career and Complete Games of the American World Champion* (Pág. 256): "Lleva a un final tablas". Aunque como se verá, las intenciones de Fischer no son las de buscar un empate. **13. Tfd1** La justificación táctica del último movimiento de las Negras es que no resulta posible 13. exf5? debido a 13. ... Dc5 ganando. **13. ... Cc6** Una importante alternativa es 13. ... 0–0   14. exf5. **14. Cxc6 Axc3** Otra posibilidad es 14. ... bxc6. Sin embargo, como el propio Parma se encargó de demostrar, luego de 15. Tb3 Dc5+ 16. Rh1   0–0 17. Ca4! las Blancas pueden obtener ventaja. **15. De3 bxc6 16. Tb3 Dc5 17. Dxc5** En la partida Velimirovic - Ftacnik, Banja Luka 1983, el primero jugó 17. Txc3 para tratar de explotar la debilidad del peón negro de d6. **17. ... dxc5 18. Txc3 fxe4 19. Txc5 Ad7** Después de 19. ... Re7 20. Txc6 se acordó el empate en la partida Jiménez - O'Kelly, Málaga 1966, aunque las Blancas disponen de una ligera superioridad. (*Ver diagrama*)

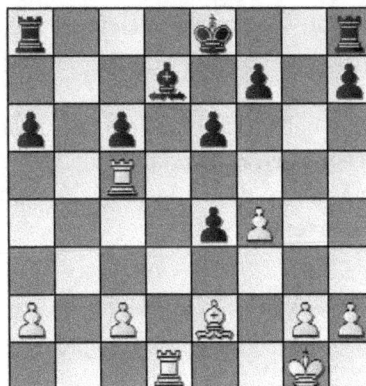

20. Te5 Tres años después, dos participantes de este mismo torneo, Lehmann (Blancas) y O'Kelly, llegaron a esta posición en Solingen 1968, y el Maestro alemán repitió la jugada hecha por Parma. *(Ver comentario después del movimiento 23 de las Blancas).* **20. ... f5 21. g4 Tg8   22. Rf2 fxg4 23. Txe4** Aquí es donde Lehmann se decidió a variar y jugó 23. Rg3. **23. ... h5 24. Rg3 Re7 25. Te5** Parma *(Op. Cit.)* coloca un signo de interrogación a este movimiento y señala: "Después de esta jugada, las Negras tienen ventaja. Mucho mejor era 25. Rh4". Pensamos que este comentario es algo exagerado, ya que la posición después de la jugada del texto se mantiene equilibrada. Aunque es cierto que una mejor opción es 25. f5, que le brinda a las Blancas una mínima ventaja *(ver diagrama)*

25. ... h4+! Fischer, como es característico en su estilo, elige la respuesta más activa. **26. Rxh4 Th8+ 27. Th5** Lo más sólido. Parma señaló *(Op. Cit.)* que: "Es malo 27. Rg3 Th3+ 28. Rg2 Tah8 29. Th1 g3". Pero también es posible 27. Rxg4, ya que luego de 27. ... Txh2 28. Te1 se mantiene el equilibrio. **27. ... Txh5+ 28. Rxh5 Th8+ 29. Rxg4 Txh2** "Después de 29. ... e5+ 30. Rg3 Th3+ 31. Rg2 exf4? las Blancas ganarían con 32. Txd7+" Parma. *(Op. Cit.).* **30. Td2 a5 31. Rg3 Th1 32. Ac4 Te1 33. Te2 Txe2 34. Axe2** Y se acordó el empate. **½–½.**

La tercera y última partida entre estos rivales, disputada en Rovinj/Zagreb 1970, la ganó el Gran Maestro estadounidense, quien jugó con las Negras en los tres encuentros entre ellos, todos en la Variante del Peón Envenenado de la Variante Najdorf de la Defensa Sicicliana. Después de esto, el resultado entre ambos terminó +1=2-0 a favor de Fischer.

Al comenzar la Octava Ronda, Fischer había descendido al segundo lugar del torneo, empatado con 5 puntos con Jolmov y Smyslov. Todos ellos detrás de Ivkov, quien lideraba la competencia con 5.5 puntos. Fischer tuvo ese día de rival al Gran Maestro de Hungría Lázló Szabó, un jugador respetado en todo el orbe, con un expediente sólido en su carrera.

(15) Fischer - Lázló Szabó
Ruy López [C92]
Capablanca In Memoriam. Ronda 8. La Habana, 05.09.1965.

Lázló Szabó (ver biografía en la página 312)

Antes de la siguiente partida, Szabó se había enfrentado en tres ocasiones a Fischer. Entabló con el estadounidense en el Interzonal de Portoroz, Yugoslavia 1958; y en el Torneo de Buenos Aires 1960. Perdió (con Blancas) en la Olimpiada de Leipzig, 1960.

1. e4 e5 2. Cf3 Cc6 3. Ab5 a6 4. Aa4 Nf6 5. 0–0 Ae7 6. Te1 b5 7. Ab3 0–0 8. c3 d6 9. h3 Ae6 La idea de la jugada del texto es lograr el cambio del "alfil español" de las Blancas para reducir sus posibilidades de ataque. Esta variante, poco empleada en la actualidad, es una creación del maestro ruso Mijaíl Ivanovich Chigorin (1850-1908), un jugador cuyas ideas influyeron enormemente en el desarrollo de la llamada Escuela Soviética de Ajedrez. Por ejemplo, un gran especialista en la variante 9. ... Be6 fue el Gran Maestro soviético Ratmir Jolmov. Sin embargo, cuando Jolmov enfrentó con Negras a Fischer en una ronda posterior de este torneo, se decidió por 9. ... Ca5, ¡y terminó jugando la Variante Chigorin del Ruy López! **10. d4** Por segunda y última vez en su carrera, Fischer se enfrenta con esta variante. La ocasión anterior fue contra el gran maestro búlgaro Milko Bobotsov, en la Olimpíada de Leipzig 1960. En ambas partidas, el Gran Maestro estadounidense eligió el movimiento del texto, que permite a las Blancas obtener una ligera ventaja. Es por esta razón que la jugada 9. ... Ae6 no se ve con frecuencia en la práctica actual. Sin embargo, para lograr esta pequeña ventaja, las Blancas tienen que jugar con mucha precisión. Por ejemplo, si el primer jugador trata de evitar el cambio de alfiles con   10. Bc2, las Negras igualan en el acto con 10. ... d5! Y en el caso de 9. Bxe6 fxe6, la "debilidad" del peón negro de e6 está compensada por el control que tiene el segundo jugador de la columna "f". Por ejemplo, en la partida Boleslavsky - Keres, Campeonato Absoluto de la URSS, Leningrado-Moscú 1941, se continuó con 11. d4 De8 12. Db3 Dd7 13. dxe5 Cxe5 14. Cxe5 dxe5 "Los peones doblados de las Negras no son débiles. Por el contrario, las casillas centrales d4-d5 están muy bien defendidas". Mijaíl Botvinnik, *Soviet Chess Championship* (Dover Edition. Nueva York 1973. Página 181). 15. Cd2 Ch5 16. Cf3 Ad6 17. a4 Tab8 18. axb5 axb5 19. Ae3 h6 20. Ch2 Rh7 con igualdad. **10. ... Axb3 11. axb3** El movimiento del texto tiene a su favor el que ahora se abre la columna "a", con lo que no sólo se ataca al peón negro en a6, sino que también se evita la posibilidad de ... Ca5 por parte de las Negras. Por otra parte, la jugada 11. Dxb3 permite al segundo jugador ganar eventualmente un tiempo con 11. ... Ca5, para poder avanzar después el peón "c", algo temático en esta variante. Contra 11. Dxb3, una respuesta sólida es 11 ... Dd7. **11. ... exd4** Las Negras también han jugado 11. ... Dd7 y 11. ... Te8, pero la teoría actual considera que la jugada hecha por Szabó es la mejor opción. **12. cxd4** La recaptura natural, pues las

Blancas ocupan el centro con sus peones. Por otra parte, 12. Cxd4 no ocasiona problemas a las Negras. **12. ... Cb4** Esta es la continuación más sólida. Más agresivo es 12. ... d5. **13. d5** Esta es la continuación principal de las Blancas. Sobre la misma, Karsten Műller comentó (*Op. Cit.* Pág. 256) "Permite a las Blancas obtener una pequeña pero duradera ventaja". La alternativa es 13. Cc3 c5 14. Bf4. **13. ... Cd7** La otra opción de las Negras es 13. ... c5. **14. Ca3** Fischer utiliza una idea de Vasiukov *(ver comentario después de la siguiente jugada de las Negras).* Sin embargo, la teoría actual considera que lo mejor para el Blanco es 14. Ad2. Por ejemplo: 14. ... Cd3 15. Te2 Af6 16. Dc2 C3c5 17. Ae3 Te8 18. Cbd2 a5 19. Ad4, con ligera ventaja del primer jugador. Yudasin - G. Kuzmin, Campeonato de la URSS, Leningrado 1990 *(ver diagrama)*

14. ... Af6 Una nueva jugada en esta posición. En el encuentro Vasiukov - Yudovich, Moscú 1964, las Negras continuaron con 14. ... c5. **15. Cc2 c5** Lo mejor. En caso de 15. ... a5 16. Cxb4 axb4 17. Txa8 Dxa8 18. Ad2 Axb2 19. Axb4 Af6 20. Dc2 las Negras tendrían que preocuparse por la defensa de su peón de c7, que se encuentra retrasado en una columna abierta. **16. Cxb4 cxb4 17. Cd4 Axd4 18. Dxd4 a5** Szabó pretende obtener contrajuego al poner en movimiento su mayoría de peones del flanco dama. Otro plan que parece más activo es 18. ... Cc5 19. Te3 Dh4!? *(No era conveniente 19. ... a5 debido a 20. e5! y las Blancas se apoderan de la iniciativa).* La idea es que luego de 20. Dxb4 las Negras obtienen compensación por el peón sacrificado por medio de 20. ... f5! **19. Af4** El plan de las Blancas es trasladar este alfil a g3 y después jugar f2-f4 y e4-e5. **19. ... Cc5 20. Te3 f6** Para dificultar el plan de su oponente por medio del control de la casilla e5 *(ver diagrama)*

A partir de este momento es de observar como Fischer, con cada uno de sus movimientos, va mejorando la ubicación de sus piezas con la idea de abrir el juego mediante e4-e5. **21. Tae1 Dc7 22. Ag3 Cd7 23. Rh2 Tfd8** No era conveniente para las Negras tratar de simplificar la posición con 23. ... Dc5, porque después de 24. Dxc5 dxc5 25. f4! los peones blancos serían más peligrosos que los negros. **24. T3e2 Cc5 25. Te3 Cd7 26. Dd3 Tab8 27. De2 Tb7 28. Rh1 Cc5?!** Una imprecisión. Como el plan de Fischer es jugar f2-f4 y e4-e5, el caballo negro está bien ubicado en d7 y no había por qué moverlo de allí. Merece atención 28. ... Te8. **29. f4! Tf8?!** Müller (*Op. Cit.*) recomienda 29. ... Df7. Pero en ese caso también es muy fuerte 30. e5! Luego de 30. ... f5 (*No es posible 30. ... dxe5? debido a 31. fxe5 fxe5 32. Axe5 con ventaja decisiva*) las Blancas mantienen una clara superioridad con 31. Ah4! **30. e5!** Al fin las Blancas logran esta ruptura central, con la que obtienen una ventaja considerable. **30. ... f5** La respuesta más tenaz. A 30. ... fxe5? sigue 31. fxe5 dxe5 32. Axe5 Dd7 33. Ad4! Dxd5 34. Td1 Cxb3 35. Axg7! ganando. **31. Ah4!** El alfil ya cumplió su función en g3 y cambia de diagonal para apoyar de forma más efectiva a la ofensiva de las Blancas. (*Ver la misma estrategia en la jugada 39 de la partida Fischer - Smyslov de la Ronda 2 de este mismo torneo.*) **31. ... dxe5** Si 31. ... Ce4 sería decisivo tanto 32. e6, como 32. Txe4 fxe4 33. Dxe4. Müller señala (*Op. Cit.*) que un mal menor es 31. ... a4. Pero las Blancas disponen de la excelente jugada 32. Tc1! que es mejor que 32. exd6, propuesta por el Gran Maestro alemán. **32. fxe5 f4?!** "Si 32. ... Ce4, entonces las Blancas obtendrían ventaja decisiva con 33. Txe4 fxe4 34. Dxe4" Müller (*Op. Cit.* Pág. 256). **33. Tf3 Dd7 34. Dd2 Df5 35. e6** Comienza el avance decisivo de los peones pasados del Blanco. **35. ... Ne4 36. Dd4!** Las Negras abandonaron. **(1–0).** Luego de 36. ... Cd6 37. e7 Te8 38. Txf4 no hay nada que hacer.

El quinto y último encuentro entre ambos rivales ocurrió en el torneo de Buenos Aires, 1970, en el que se impuso el estadounidense con Negras. Después de esto, Fischer finalizó con un resultado de +3=2=0 a su favor en el marcador entre ambos.

En la ronda nueve, Fischer todavía se encontraba medio punto detrás de Ivkov en la tabla de posiciones, empatado con Smyslov con un total de 6 puntos de 8 posibles. Ese día, supuestamente tendría una partida menos complicada contra el cubano Gilberto García, al que le iba mal en el torneo. Sin embargo, el desarrollo del encuentro no mostró un desenlace sino hasta casi el final de la partida.

Gilberto García

Gilberto García Torres nació el 2 de septiembre de 1920 en El Jíbaro, en la provincia de Las Villas (actual de Sancti Spíritus), Cuba; fue Maestro Nacional de ajedrez (desde 1963).

Su mayor rating Elo histórico fue de 2416 en la lista de octubre de 1971, lo que lo convirtió en el jugador #482 del mundo cuando tenía 50 años y un mes de edad. Pero fue el jugador #440 del mundo en la lista de julio de 1968. Su Mejor Actuación Individual Elo fue de 2468 en II Capablanca In Memoriam, disputado en La Habana 1963, cuando obtuvo 7 puntos de 21 (33 %) contra una oposición de un rating promedio de 2570.

Gilberto terminó primero-segundo, empatado con Silvino García, en el Campeonato Cubano de 1968, pero perdió el encuentro de desempate. También igualó en segundo lugar, junto con el Maestro Internacional Francisco J. Pérez, en el Campeonato Cubano de 1963, disputado en La Habana. Por esta última actuación recibió el título de Maestro Nacional, el cuarto en la historia del ajedrez cubano después de 1959. También debemos mencionar que el Maestro Internacional Eleazar Jiménez sólo perdió dos partidas de las 96 que disputó en los Campeonatos Cubanos después de 1960. Una de ellas, en 1974, fue contra Gilberto. La otra, en 1970, fue contra el futuro Gran Maestro Román Hernández

Representó a Cuba en las Olimpiadas de Ajedrez de Varna 1962 (Tercer tablero. +4=3-11); y Tel Aviv 1964 (Primer Suplente. +2=3-3).

En junio-julio de 1947, Gilberto ganó el torneo que se celebró en La Habana por la inauguración del Club Capablanca al acumular 5.5 puntos de 7 posibles, con lo que finalizó por encima del estadounidense Donald Byrne, el también estadounidense Edward Lasker, y los cubanos José Ramón Florido, Juan Quesada, Rosendo Romero, Carlos Calero y Juan González.

Tenía un estilo incisivo y sin compromisos, y siempre evitaba las tablas. Por ejemplo, en el II Capablanca In Memoriam de 1963, no empató ninguna de sus 21 partidas disputadas; en el Campeonato Cubano de 1966, sólo empató dos encuentros de los 23 que jugó; y en el Campeonato Cubano de 1971, sólo hizo dos tablas en sus 21 enfrentamientos.

Gilberto García murió en La Habana, el 22 de marzo del 2002. Tenía 81 años.

A continuación la única partida disputada entre Gilberto García y Fischer.
1. d4 Cf6 2. c4 g6 3. Cc3 d5 La única Defensa Grünfeld jugada por Fischer en torneos oficiales en Cuba. **4. cxd5 Cxd5 5. e4 Cxc3 6. bxc3 Ag7 7. Ae3** En las otras tres ocasiones que le jugaron a Fischer la Variante del Cambio contra la Grünfeld, sus rivales eligieron siempre 7. Ac4. Primero fue Benjamin Greenwald, en el

Abierto del estado de Nueva York, jugado en Poughkeepsie 1963; y luego el soviético (hasta 1976) y después francés (desde 1978) Boris Spassky (Campeón Mundial 1969-1972) en sus dos famosas victorias con esta variante contra el estadounidense, la inicial en la II Copa Piatigorsky, Estados Unidos, 1966 y después en la Olimpíada de Siegen, Alemania Federal 1970 La jugada del texto alcanzó gran popularidad después del match Karpov - Kasparov, Nueva York/Lyon 1990. **7. ... c5 8. Ac4** Una continuación poco empleada. Las jugadas más frecuentes son 8. Dd2, 8. Tc1, 8. Cf3 y 8. Tb1 *(ver diagrama)*

8. ... Da5!? Esta es una muestra más de la preparación de Fischer en sus aperturas y de cómo comprendía los aspectos esenciales de las mismas. La jugada del texto, que ya fue empleada en el encuentro Kowalski - Reshevsky, Campeonato de Estados Unidos, Nueva York 1946, tiene como objetivo obligar al primer jugador a responder 9. Qd2. Pero a partir de ahí, Fischer introduce un nuevo orden de jugadas con el que busca, después de ... cxd4, lograr un cambio de damas en que las Blancas se ven obligadas a colocar su rey en d2, lo que aprovechan las Negras para obtener un buen juego. En su lugar, la continuación rutinaria 8. ... Cc6 transpone a variantes muy conocidas. **9. Dd2 0–0** Otra posibilidad es 9. ... Cc6 10. Ce2 0–0 11. Td1 Ad7 12. 0–0 cxd4 13. cxd4 Dxd2 14. Axd2 **10. Tb1** Con la amenaza 11. Tb5. Pero ahora las Negras simplemente cambian las damas, ya que su rival se verá obligado a recapturar con su rey y colocarlo en una de las columnas centrales. Los actuales programas de apertura sugieren como mejor para las Blancas 10. Ce2. Pero luego de 10. ... Td8 11. d5 Cd7 12.0-0 Cb6 13. Ab3 e6 14. Tad1 exd5 15. exd5 Db5! las Negras están bien. **10. ... cxd4 11. cxd4 Dxd2+ 12. Rxd2 Cc6** Aunque se han cambiado las damas, casi todas las piezas están todavía sobre el tablero, en lo que se conoce como un *Medio Juego Sin Damas*, un tipo de posición que le gustaba mucho a Fischer, agregándose en el presente caso la presencia del rey blanco en una de las columnas centrales. **13. Cf3 e6** Con el objetivo de mantener la tensión, al restringir la movilidad del peón "d" blanco. Sin embargo, es curioso que después de esta partida, la jugada más empleada por las Negras ha sido 13. ... Td8. **14. Re2** Resulta lógico que las Blancas quieran sacar a su rey de la columna "d", en la que con seguridad se va a ubicar una torre de las Negras. Menos natural es 14. h4?! tal como se jugó en Y. Shen - Y. Ding, China 2013 **14. ... b6 15. Thc1 Ab7 16. Ad3 Tac8 17. Tc2 Tcd8 18. Tc4** *(ver diagrama)*

18. ... f5! Fischer aumenta la presión sobre el centro blanco y ahora amenaza ganar material, tanto con 19 ... f4, como con 19. ... Ca5. Esto fuerza a su rival a avanzar su Peón "e", lo que deja a las Negras con el control absoluto de la importante casilla d5. **19. e5 Ca5 20. Ta4?** Resulta extraño que un jugador de un estilo tan agresivo como Gilberto García no se decida por la jugada activa 20. Tc7! y ubique mal su torre en esta casilla. Es cierto que 20. Tc7! podría implicar el sacrificio de una pieza luego de 20. ... Axf3+ 21. gxf3 f4 22. Txa7 fxe3 23. fxe3. Sin embargo, después de 23. ... Cc6 *(No es conveniente 23. ... Tb8? debido a 24. Te7 con gran ventaja)* 24. Tb7 las Negras no tienen nada mejor que devolver la pieza con 24. ... Cxd4+. *(Si 24. ... Axe5 sigue 25. dxe5 Cxe5 26. Ae4 con ligera ventaja de las Blancas)* con lo que se llega a un final igualado luego de 25. exd4 Txd4 26. T7xb6 Axe5 27. Txe6 Axh2. **20. ... Td7 21. Cg5** Más natural es 21. Tc1. **21. ... Ad5 22. Ad2 Cc6 23. Ab5** Otra vez merecía consideración 23. Tc1. **23. ... Tc8 24. Re1** Ya es tarde para 24. Tc1, porque seguiría 24. ... Tdc7 25. Rf1 Cb8! 26. Txc7 Rxc7 y las Blancas se encuentran en desventaja debido a la deficiente coordinación de sus piezas, destacándose en especial la mala ubicación de su torre en a4. **24. ... h6 25. Ch3!?** Gilberto inicia un plan bien interesante, cuyo objetivo es trasladar este caballo a d1, desde dónde podría ser muy útil. **25. ... g5** No es conveniente 25. ... Axg2, por 26. Cf4 y serían las Blancas las que tendrían ventaja. **26. f3 Af8 27. Cf2 Tdc7 28. Aa6 Td8 29. Tc1 Tdd7 30. Ab5?!** Una imprecisión que permite a las Negras avanzar su peón de la columna-a. Lo correcto es 30. Cd1, con la idea de ubicar el caballo en e3 o c3, en dependencia de las circunstancias *(ver diagrama)*

30. ... a5! Las Negras buscan ubicar una de sus piezas menores en b4, encerrando a la torre de a4. **31. Cd3 Tf7** Quitando la torre de la clavada. **32.h4 Ca7** Las Negras debieron jugar 32. ... Cb4! Luego de 33. hxg5 Txc1+ 34. Cxc1 hxg5 hubieran tenido clara ventaja (¡Otra vez la mala ubicación de la *torre blanca en a4!)* En este caso sería un error 35. Axg5?, porque luego de   35. ... Tg7 36. f4 Th7 las Negras tendrían una posición ganadora. **33. Ac4 f4** No es posible 33. ... b5? debido a 34. Axd5 y serían las Blancas las que ganarían. **34. Re2 Tc6 35. Cf2 Tfc7** Las Negras obtienen el control de la columna-c. Sin embargo, la posición blanca aún posee sus recursos.   **36. Axd5 exd5 37. Tb1** No es posible 37. Txc6?? debido a 37. ... Cxc6 y las Blancas no pueden hacer nada para evitar ... b5. **37. Ae7 38. hxg5 hxg5 39. Rd3 Td7 40. Cd1 Rf7   41. Cc3 Ab4 42. a3?!** Según Karsten Müller *(Op. Cit.)*, Gilberto omite ahora una interesante posibilidad: "En este caso, debido a la naturaleza de la posición y el peligro de que algunas piezas puedan verse muy mal ubicadas, la actividad cuenta más que el material, por lo que es necesario 42. Ce2! b5 (*N.A. En caso de 42. ... Ae7, las Blancas podrían obtener contrajuego con 43. g3! fxg34. Cxg3*). 43. Taxb4 axb4 44. Axb4". La realidad es que de esta forma, las Blancas habrían tenido muy buenas oportunidades de salvar la partida *(ver diagrama)*

42 ... Be7?! Ahora son las Negras las que se equivocan. Es mejor 42. ... Axc3!, también sugerida por Müller *(Op. Cit.)*. Luego de 43. Axc3 Re6 44. Ad2 Tdc7 45. Th1 *(Si 45. Tb2 habría seguido 45. ... Th7!)* 45. ... Nb5 las Negras tienen amplia ventaja. **43. Nxd5?** En un momento en que tenían posibilidades firmes de alcanzar el empate, las Blancas cometen este error que decide la partida. Según Müller *(Op. Cit.):* "Parece que las Blancas asumen que su torre en a4 está atrapada y toman medidas desesperadas. Pero el enfoque activo 43. Th1 ofrece buenas oportunidades de tablas. Por ejemplo: 43. ... Rg7 44. g3 fxg3 45. Tg1 Ad8 46. Txg3 Tg6 *(Si   46. ... b5 47. Axg5 Axg5 48. Txa5 Rh6 49. Th3+ Rg6 50. Th8)*. 47. Ce2 Tf7 48. Re3 Tb7 49. Tg1 b5 50. Txa5. **43. ... Txd5 44. Re4 Tb5** Las Blancas no tienen compensación alguna por la pieza y su torre de a4 sigue sin jugar. El resto no necesita comentarios. **45. Th1 Rg6 46. Th8 Tb2   47. Ab4 Axb4 48. axb4 Cb5 49. Ta1 Txb4 50. Rd5 Cxd4 51. Tah1 Tc5+ 52. Rd6 Cf5+** Las Blancas abandonaron. **0–1.**

Tras su victoria sobre Gilberto García, Fischer escaló nuevamente al primer lugar, empatado con Ivkov, quien en la Novena Ronda hizo tablas con Szabó; y con Smyslov, quien dispuso de Donner en apenas 14 movimientos.

Ese día, cuando en La Habana y todo el Golfo de México se sentían todavía los efectos del paso cercano del huracán *Betsy*, Fischer enfrentaba a Ivkov en un duelo en la cumbre. Debido a los efectos del fenómeno meteorologico, las comunicaciones quedaron cortadas, por lo que el inicio del encuentro se pospuso. Eso hizo que en Estados Unidos algunos periódicos encabezaran sus artículos sobre la partida con el curioso titular: *Suspenden partida de ajedrez por lluvia.*

(17) Fischer - Borislav Ivkov
Ruy López [C96]
Capablanca In Memoriam. Ronda 10. La Habana, 10.9.1965.

Borislav Ivkov

Borislav Ivkov nació el 12 de noviembre de 1933 en Belgrado, Serbia (entonces Yugoslavia); es un Maestro Internacional (desde 1954) y un Gran Maestro (desde 1955). También es Árbitro Internacional (desde 1986). Fue Candidato al Campeonato Mundial (1965) y ganó el primer Campeonato Mundial Juvenil (menos de 20 años) disputado en 1951, en Birmingham, Inglaterra.

Ivkov ganó tres veces el Campeonato Yugoslavo (Sarajevo 1958, empatado con Svetozar Gligorić; Zenica 1963, igualado con Mijo Udodčič; y Umag 1972, en solitario).

Su mayor rating Elo fue de 2715 en la lista de octubre de 1956, lo que lo convirtió en el jugador #9 del mundo cuando tenía 22 años y 11 meses de edad. Su Mejor Actuación Individual Elo fue de 2748 en Zagreb 1965, cuando obtuvo 13.5 puntos de 19 (71%) contra una oposición con un rating promedio de 2610.

En realidad, desde mediados de la década de 1950 hasta finales de la de 1960, Ivkov fue el segundo mejor jugador yugoslavo, sólo por detrás de Gligorić.

Ivkov jugó cinco torneos Interzonales: (Ámsterdam 1964, en que clasificó para el Torneo de Candidatos de 1965; Susa 1967; Palma de Mallorca 1970; Petrópolis 1973 y Río de Janeiro 1979).

En doce ocasiones representó a Yugoslavia en Olimpiadas, en las que ganó diez medallas producto del resultado de su equipo y cinco individuales: *Moscú 1956.* Tercer Tablero: Bronce por Equipos y Plata por Resultado Individual; *Múnich 1958. Tercer* Tablero: Plata por Equipos; *Leipzig 1960.* Tercer Tablero. Bronce por Equipos y Bronce por Resultado Individual; *Varna 1962,* Cuarto Tablero 4: Plata por Equipos y Oro por Resultado Individual; *Tel Aviv 1964.* Segundo Tablero 2: Plata por Equipos; *La Habana 1966.* Segundo Tablero; *Lugano 1968. Segundo* Tablero: Plata por Equipos; *Siegen 1970.* Segundo Tablero: Plata por Equipos y Oro por Resultado Individual; *Skopje 1972.* Segundo Tablero: Bronce por Equipos; *Niza 1974.* Tercer Tablero: Plata por Equipos y Plata por Resultado Individual; *Buenos Aires 1978.* Cuarto Tablero; *La Valeta 1980:* Segundo Tablero. Bronce por Equipos.

A partir del Campeonato Europeo por Equipos inaugural, celebrado en 1957, Ivkov jugó en un total de cinco de estas competencias, en las que ganó cuatro medallas por equipo y una individual: *Viena 1957.* Tercer Tablero: Plata por Equipos; *Hamburgo 1965.* Primer Tablero:

Plata por Equipos; *Kapfenberg 1970.* Segundo Tablero; *Bath 1973.* Segundo Tablero. Plata por Equipos y Oro Individual; *Moscú 1977.* Sexto Tablero. Bronce por Equipos. *Skara 1980.* Tercer Tablero.

Desde febrero de 1955 hasta abril de 1975, Ivkov estuvo en los primeros 40 de la lista Elo. Y en 1985, cuando tenía 51 años de edad, ganó el grupo Premier I del torneo Capablanca In Memoriam disputado en La Habana, en el que tuvo una actuación Elo de 2693.

El Gran Maestro serbio tiene un hijo, Boris Ivkov, nacido en 1962 producto de su matrimonio con la ex "Miss Argentina" Olga María Kesic (1936-1975).

A continuación la quinta partida entre Ivkov y Fischer. Antes de ella, Ivkov había ganado una con Negras, disputada en Santiago (Chile), 1959; y las otras tres fueron tablas.

1. e4 e5 2. Cf3 Cc6 3. Ab5 a6 4. Aa4 Cf6 5. 0–0 Ae7 6. Te1 b5 7. Ab3 0–0 Por tercera vez en este torneo amenazan a Fischer con plantearle el Ataque Marshall. **8. c3** Y otra vez el estadounidense acepta el reto. En los comentarios a la Partida Fischer - O'Kelly, mencionamos las distintas formas que tienen las Blancas para evitar el Ataque Marshall. **8. ... d6** Sin embargo, Ivkov opta por la continuación estándar, al igual que hizo Jolmov varias rondas después en este mismo torneo y también Spassky, al año siguiente en la Olimpíada de La Habana. **9. h3 Ca5** La Variante Chigorin, que mantiene su vigencia en el ajedrez actual del más alto nivel debido a su solidez. Las Negras desplazan momentáneamente su caballo hacia el borde del tablero para golpear el centro blanco con c5. Spassky, en la antes mencionada partida, se decidió por la Variante Smyslov: 9. ... h6. **10. Ac2 c5 11. d4 Cd7** Esta jugada, que se empleó por primera vez en el encuentro entre Yuri Averbach (Blancas) y Mijaíl Kamishov, en la Semifinal de Moscú del Campeonato de la URSS de 1947, comienza la Variante Keres, llamada así por el buen resultado que obtuvo con ella el Gran Maestro estonio en el Torneo de Candidatos de Curazao 1962. Al referirse a esto, Keres señala en *The Quest for Perfection* (First American Edition. Seattle, Washington, 1997. Pág. 170): "En Curazao ensayé en tres partidas este mismo sistema (cuatro si se cuenta una transposición) y obtuve con él el excelente resultado de tres puntos. Esto demuestra que no es tan fácil para el Blanco obtener una línea prometedora contra él". Fischer ripostó a este comentario en *My 60 Memorable Games* (Simon and Schuster, New York 1969. Pág. 234-235) con: "La novedad de Keres, introducida en esta ocasión (sic), se puso de moda desde entonces. Personalmente, no me impresionó y sigue sin impresionarme. Las Negras pierden tiempo en trasladar su caballo a b6, y, además, el flanco rey se debilita con su ausencia, por lo que cabría preguntarse si no estaría mejor donde se hallaba originalmente". Por su parte, el maestro internacional estadounidense John Watson comentó en *Mastering the Chess Openings. Volume I.* (Gambit Publications. United Kingdom 2006. Pág 132): "Jugadas como ésta hacen al Ruy López una de las aperturas más fascinantes en términos estratégicos. ¡Las Negras juegan una pieza hacia atrás, bloquean su propio alfil de c8 y al mismo tiempo alejan su vista de la vital casilla d5! Pero ellas intentan forzar una decisión en las casillas centrales negras, así que 11. ... Cd7 sirve el doble propósito, después de los cambios de peones, de proteger e5 y liberar la casilla f6 para el alfil. Las Negras también reconocen que, en algunas líneas, su dama debe ir a b6 en vez de a c7, e incluso podrían considerar ... f5". Jolmov prefirió 11. ... Dc7 (*ver diagrama*)

12. dxc5 "Pero no 12. dxe5 Cxe5! con total libertad". Fischer. *(Op. Cit.).* En este tipo de estructura del Ruy López, Fischer por lo general cambiaba en c5 y después trataba de explotar la debilidad de la casilla d5, como jugó en la antes mencionada partida contra Keres, en la Ronda 7 de Curazao 1962 Keres dijo en sus comentarios a esta partida *(Op. Cit.)* que en este momento la jugada 12. Cbd2 "es indudablemente el método normal de desarrollo y ciertamente más prometedora que la incolora línea 12. dxc5 dxc5 13. Cbd2, que Fischer eligió contra mí. Probablemente, el mismo Fischer no tenía una opinión tan alta de la fuerza de esta continuación, incluso cuando ganó la partida, pues en un encuentro posterior abandonó 12. dxc5 y cerró el centro con 12. d5". A esto le respondió Fischer *(Op. Cit.):* "De acuerdo con esa lógica, Keres no debe estar convencido de la corrección de 11. ... Cd7, porque más tarde varió con la antigua ... Dc7 (contra Gligorich [sic] en Hastings 1965)". Lo cierto es que aunque las Blancas tienen otras opciones en su jugada 12, en el presente se considera que la más prometedora es 12. Cbd2. Contra ella, la mejor respuesta para las Negras es 12. ... exd4, que se ha visto en varias partidas del gran maestro uzbeko-alemán Alexander Graf - quien anteriormente utilizaba el apellido Nenashev, hasta que comenzó a jugar en Alemania en el 2001. **12. ... dxc5 13. Cbd2** Una alternativa es 13. b3. **13. ... f6** Un refuerzo a 13. ... Dc7?! que se jugó en el mencionado encuentro Fischer - Keres. Ronda 7. Curazao 1962 en que luego de 14. Cf1 Cb6 15. Ce3 Td8 16. De2 Ae6 17. Cd5! *("La idea es abrir líneas para aprovechar la debilitada posición del flanco rey negro"* [Fischer. Op. Cit.]). 17. ... Cxd5 18. exd5 Axd5 19. Cxe5 Las Blancas tienen ventaja. Y ahora, en otro de sus característicos comentarios, Bobby expresó: "Luego de sus primeros días, en que le gustaba atacar, Keres ha cambiado a un ajedrez posicional-defensivo. Pero este tipo de posición es demasiado, incluso para él". En la actualidad, se considera que la mejor jugada para las Negras es la idea del Gran Maestro ucraniano Oleg Romanishin 13. ... Ab7. **14. Ch4** Ivkov escribió en la revista cubana de ajedrez *Jaque Mate* (octubre de 1965. Págs. 304 - 306): "El año pasado jugué frente al *(Maestro Internacional)* peruano *(Oscar)* Quiñones en el Interzonal de Ámsterdam 1964: 14. Cf1 Cb6 15. De2 Ae6 16. Ce3, pero después de 16. ... Ta7 yo tenía poco que hacer. Por eso creo que la del texto es mejor". **14. ... Cb6 15. Cf5 Tf7 Según** Ivkov. *(Op. Cit.)* "No sería bueno ahora 15. ... Axf5 porque aunque dobla un peón, deja en cambio a las Blancas una fuerte casilla disponible en e4 para su alfil o caballo. Más adelante capturé un caballo en esa misma casilla porque entonces las Blancas tenían que retomar con la dama" *(ver diagrama)*

16. Cxe7+? Esta jugada no es lógica, ya que después de mover varias veces el caballo, las Blancas lo cambian por un alfil inactivo. Fischer asegura (*Op. Cit.*) que: "15. Dg4 Rh8 17. h4!, con la amenaza h5 seguido de Cf3-h4, es favorable para las Blancas. Por ejemplo: 17. ... g6   18. Ch6 Tg7 19. Df3 con ventaja". En la partida Klovans - Graf, Pinsk 1986, en lugar de 17.... g6 se jugó 17. ... De8 **16. ... Txe7 17. Df3 Ae6 18. Cf1 Td7!** (*ver diagrama*)

"Las Negras tienen una considerable ventaja de desarrollo y están muy bien. El próximo paso de las Blancas debe ser completar la puesta en juego de sus piezas del flanco dama. Así, una continuación lógica es 19. b3 con la idea de 20. Ae3. Como se jugó, las Blancas se encontrarán con serias dificultades" Edmar Mednis en *How to Beat Bobby Fischer.* (Dover Publications, Nueva York 1997. Págs. 188-191). **19. Ce3?! c4 20. Cf5 Ca4!** "Amenaza Cc5-d3. Por eso las Blancas tienen que hacer Axa4 y en consecuencia, ya no tienen nada. La posición de las Negras ya es mejor porque disponen de dos líneas abiertas. Los peones negros aislados en a4 y c4 No son débiles, en tanto que el blanco de b2 sí lo es. Las Blancas tampoco tienen piezas con que atacar el flanco rey enemigo. Ya en esta posición me siento muy bien". Ivkov *(Op.*

Cit.). Por su parte Mednis (*Op. Cit.*) se expresó de forma similar: "Una jugada de Gran Maestro. El caballo inmoviliza el flanco dama blanco y también amenaza, en un momento oportuno, trasladarse a c5 y d3. Así es que las Blancas no tienen nada mejor que los siguientes cambios, los que, sin embargo, dan a las Negras el dominio absoluto de la casilla d3 y un claro control de la columna "d". Estas consideraciones están por encima de cualquier valoración sobre si son débiles los peones negros del flanco dama, ya que las Blancas no tienen forma de aprovecharlo". **21. Axa4 bxa4 22. Ae3 Td3 23. Dg4 Dd7 24. Ac5** "El alfil es más activo en esta diagonal y puede defender el peón de b2" (Ivkov. *Op. Cit.*). **24. ...Tc8 25. Ae7** Amenaza mate y obliga a las Negras a tomar el caballo de f5. Pero es una jugada artificial. Más sólido es 25. Aa3. **25. ... Axf5!** "Al fin desaparece el caballo, pero según señalé en la jugada 15, las Blancas no pueden ahora tomar con el Peón debido a ... Dxe7. En la posición actual el caballo es más fuerte que el alfil, aunque Fischer, como Capablanca, prefiere los alfiles, pero el caballo puede entrar en juego vía b7-d8, o c6". Ivkov (*Op.Cit.*). **26. Dxf5 Cc6 27. Ac5 Cd8?!** Las Negras pretenden llevar su caballo a e6, pero esto permite a Fischer nivelar la partida. Como reconoció el propio Ivkov (*Op. Cit.*): "Un error. Es mejor 27. ... Td8 y en ese caso yo estaría sentado como un Hércules con el dominio de todo el tablero. Las Blancas se encontrarían en una posición muy triste y poco airosa para los que plantean la Apertura Española. Sin embargo, la jugada que hice tenía un fundamento psicológico porque yo, que conozco muy bien el estilo de Fischer sabía que él iba a cambiar damas ya que de esa forma él podría dominar la columna "d" antes que yo; pero en ese caso le contestaría con ... Td3 porque ya tenía yo en mi mente dibujado todo lo que iba a pasar. Pero mi torre en d3 con el caballo en d8 era una situación desfavorable para mí". **28. Dxd7 Txd7 29. Tad1!** Fischer no deja escapar su oportunidad de luchar por el control de la importante columna-d. **29. ... Td3!?** "Un arriesgado intento de jugar a ganar. Después de 29. ... Txd1 30. Txd1 Ce6 31. Aa3 Td8! hay una segura igualdad, pues luego de 32. Txd8+ Cxd8 las Blancas no podrían sacar ventaja de los débiles peones negros en el flanco dama". Mednis. (*Op. Cit.*). **30. Aa3** Aunque criticado por Ivkov, en realidad no hay nada que objetar a este movimiento que mantiene la partida nivelada. **30. ... Cc6 31. Txd3 cxd3 32. Td1 Td8** (*ver diagrama*)

33. Rf1?! Esto no es todavía un error, pero ahora y en los tres siguientes movimientos Fischer pudo haber jugado f2-f3, que era lo indicado. Por ejemplo, luego de 33. f3 Ca5 34. Ac5 Cc4 35. b3 axb3 36. axb3 Tc8 37. Aa7 (*Otra posibilidad es 37. Af2, pero aquí las Negras logran forzar el empate con mayor facilidad aún:*

37. ... Ca5 38. b4 Cb3 39. Txd3 Cc1 40. Td6 Txc3   41. Txa6 Cd3 y el final está igualado). 37. ... Ca5 38. b4 Cb3 39. Txd3 Cc1 40. Td6 *(Si 40. Te3, entonces 40. ... Txc3!)* 40. ... Txc3 41. Txa6 Tb3 42. Ac5 Tb2 43. h4 Cd3 con tablas. **33. ... g6** *(ver diagrama)*

34. g4?! Pero esta jugada sí compromete la posición, ya que debilita el flanco rey. De haber jugado 34. f3, las Blancas no habrían tenido muchos problemas para entablar. **34. ... f5!** Las Negras aprovechan su oportunidad y pasan a la ofensiva. "Este sacrificio de Peón activa mis piezas y puedo ligar y fortalecer mi Peón pasado" Ivkov. *(Op. Cit.).* **35. gxf5?!** Fischer continúa jugando de manera imprecisa y en cada movimiento compromete más su posición. "¡Esto es demasiado! Las Blancas abren el flanco rey de una forma en que permiten que las Negras puedan penetrar en él. La jugada requerida era 35. f3, y aunque la posición de las Negras es mejor, las Blancas deben sostenerse". Mednis. *(Op. Cit.).* En cambio, Karsten Müller *(Op. Cit.)* sugiere otra posibilidad para las Blancas mediante: 35. exf5 gxf5 36. Tg2 con lo que considera que éstas no están peor. **35. ... gxf5 36. exf5?!** Ésta es la última oportunidad de jugar 36. f3. Es cierto que las Negras todavía estarían mejor luego de 36. ... Ca5 37. Ac5 Td7 38. Re1 Rf7, pero las Blancas tendrían chances reales de salvarse. **36. ... e4 37. Re1?** "Esto pierde casi forzado. Se podía sostener aún la partida. Es curioso que Fischer juegue en este momento tan mal. Cualquier otra jugada era mejor. Por ejemplo: 37. Rg2 Td5". Ivkov *(Op. Cit.).* Aunque en este caso, después de 38. Rg3 Txf5   39. Ad6 Tf3+ 40. Rg2 Rf7 41. Te1 Rg6 al Blanco le hubiera esperado una difícil defensa. **37. ... Ce5 38. Ac5** "Mi última jugada impedía 38. Rd2 debido a 38. ... Cc4+ y si   39. Rc1 e3! 40. fxe3 d2+ y pierden la torre". Ivkov *(Op. Cit.).* **38. ... Cf3+ 39. Rf1 Rf7!** Amenaza ganar con 40. ... Tg8. **40. Rg2 Tg8+ 41. Rh1** En este momento se selló la partida.   **41. ...Tg1+!** El movimiento sellado por el Gran Maestro yugoslavo es el mejor, ya que las Negras ganan el final de forma forzada. Las jugadas después de la reanudación se hicieron a un ritmo muy rápido. **42. Txg1 Cxg1 43. Ae3** Es evidente que no era posible 43. Rxg1 debido a   43. ... d2. **43. ... Cf3 44. Rg2 d2 45. Axd2 Cxd2 46. Rg3 Rf6 47. Rf4 h5** "Ahora se puede ganar de varias maneras. Por ejemplo, 47. ... Cc4, pero más seguro y rápido fue el método que seguí". Ivkov *(Op. Cit.).* **48. Re3 Cf3 49. Rxe4 Cg5+ 50. Rf4 Cxh3+ 51. Rg3 Cg5 52. Rh4 Rxf5   53. Rxh5 Ce4** Las Blancas abandonaron. **(0-1)**
Tras su triunfo Ivkov comentó: "Una partida psicológica de mi parte, porque sabía que mi oponente iba a tomar el alfil en la jugada 16. Al principio no me gustaba esa jugada de las Blancas. También preví su jugada 34. g4 porque abría una columna para sus torres. Otra jugada mala fue 25. Ae7. Con Quiñones

jugué esta variante con las Blancas y ataqué en ambos flancos, mientras que Fischer aquí se preocupó únicamente de atacar en el flanco rey, sin que pudiera tener éxito". Ivkov *(Op. Cit.)*.

Después del presente encuentro, ambos adversarios jugaron siete partidas más, de las que Fischer ganó seis y entabló una, con lo que el resultado final entre ambos fue de +6=4-2 a favor suyo.

Tras esta derrota, Fischer perdió el liderazgo de la competencia. Ahora acumulaba 7 puntos contra 8 de Ivkov y 7.5 de Smyslov.

En su próxima partida, contra el Gran Maestro austríaco Karl Robatsch, el estadounidense se enfrentó a un jugador que realizaba el torneo de su vida.

(18) Karl Robatsch – Fischer
Defensa Siciliana [B86]
Capablanca In Memoriam. Ronda 11. La Habana 11.9.1965.

Karl Robatsch

Karl Robatsch nació el 14 de octubre de 1929 en Klagenfurt, Austria; fue Maestro Internacional (desde 1957) y un Gran Maestro (desde 1961).

Su mayor rating Elo fue 2653 en la lista de abril de 1961, lo que lo convirtió en el jugador #26 en el mundo cuando tenía 32 años y 6 meses de edad. La Mejor Actuación Individual Elo de Robatsch fue de 2648 en el presente Capablanca In Memoriam de 1965, cuando hizo 12.5 puntos de 21 posibles (60%) contra una oposición con un rating promedio de 2574.

Fue campeón austríaco en 1960. En ese mismo año sorprendió al mundo del ajedrez en la Olimpiada de Leipzig, al conseguir un 84.4% de efectividad (+11=5-0) en sus partidas, con lo que ganó la Medalla de Oro en el Primer Tablero cuando aún era un Maestro Internacional.

Robatsch jugó once veces por Austria en las Olimpiadas de Ajedrez. En todas ellas ocupó el Primer Tablero, excepto en la última en 1994, cuando jugó en el Tercer Tablero.

El Gran Maestro austríaco compartió su amor por el Ajedrez con una carrera paralela en la Botánica. Como un orquidéologo reconocido, se le adjudicó el título de "Profesor" por su destacado trabajo de investigación de diferentes especies y sub-especies de orquídeas.

Robatsch murió en Klagenfurt, el 19 de septiembre del 2000, luego de una larga lucha contra un cáncer de garganta y estómago. Tenía 71 años.

A continuación la segunda partida entre Fischer y Robatsch. La primera, en la Olimpiada de Varna de 1962, la ganó el Gran Maestro estadounidense jugando con Blancas.

1. e4 c5 2. Cf3 d6 3. d4 cxd4 4. Cxd4 Cf6 5. Cc3 a6 6. Ac4 Robatsch enfrenta a Fischer con la variante favorita del estadounidense. **6. ... e6 7. a3** Con la jugada del texto, las Blancas le dan un refugio a su alfil en a2, a la vez que impiden la expulsión de su caballo de c3 con un posible ... b5-b4. En su contra hay que decir que pierde un tiempo en la apertura, que en la Defensa Siciliana puede llegar a ser muy importante. En el momento de jugarse esta partida, Robatsch era un especialista de esta línea, al haberla jugado en cinco ocasiones. La primera de ellas fue nada menos que contra el entonces campeón mundial Mijaíl Tal, en la Olimpíada de Leipzig 1960. La jugada más popular, y a la vez la mejor, es 7. Ab3, que el propio Fischer hizo en reiteradas ocasiones, aunque también es posible 7. 0-0. **7. ... Ae7** Otro plan es tratar de aprovechar el tiempo perdido por las Blancas para atacar cuanto antes el peón de e4 con 7. ... b5 8. Aa2 Ab7 Las Negras también pueden desarrollar su caballo dama por c6. **8. Aa2 0-0 9. 0-0** Una línea aguda que apenas se ha jugado es 9. g4. La respuesta natural de las Negras es golpear en el centro con 9. ... d5. **9. ... b5 10. f4** Las Blancas disponen de diversas opciones, como 10. De2, 10. De1 10. Dd3 y 10. Ae3 **10. ... Ab7** En el referido encuentro Robatsch - Tal, Olimpíada de Leipzig 1960, el soviético jugó 10. ... Cbd7. **11. f5** Esta es la principal idea del sistema que comienza con 6. Ac4, que tantas veces empleó Fischer con éxito. El objetivo es provocar la jugada ... e6-e5 (o ... exf5), que además de abrir la diagonal a2-g8 al alfil blanco, debilita la casilla d5. **11. ... e5 12. Cde2 Cbd7** Las Negras también han capturado el peón de e4 con 12. ... Cxe4 13. Cxe4 Axe4 **13. Cg3 Tc8 14. Ae3** La alternativa es 14. Ag5 **14. ... Cb6 15. Axb6?!** Aunque ya el Negro está bien, después de este cambio Fischer tiene el control de las casillas negras.**15. ... Dxb6+ 16. Rh1** *(ver diagrama)*

16. ... De3! Los programas de computadora proponen 16. ... Txc3 17. bxc3 Axe4 con clara compensación por la calidad. Sin embargo, el movimiento del texto tiene a su favor que, en caso de ser atacada, la dama negra puede trasladarse a g5 o h6, donde también está muy bien ubicada y podría apoyar un posible ... Cg4. **17. Cd5** Una alternativa es 17. Tf3. **17. ... Axd5!** Con muy buen criterio, Fischer cambia su alfil, y no su caballo de f6, que reserva como el principal defensor de su enroque. **18. Axd5 Ad8** Fischer quiere activar su alfil. Otra posibilidad, mencionada por Cyrus Lakdawala en *Fischer, Move by Move* (Everyman Chess 2016), es pasar a un final favorable de torres por medio de: 18. ... Cxd5 19. exd5 Ah4 20. Tf3 Dd4 21. c3 Dxd1+ 22. Txd1 Axg3 23. Txg3 Tc4. **19. a4** Las Blancas intentan buscar contrajuego con la apertura de la columna "a", pero como veremos, esto repercutirá en su contra. Por supuesto, no era conveniente 19. Ab7?! porque luego de 19. ... Tc7 no es posible 20. Axa6?? debido a 20. ... Db6 ganando el alfil. **19. ... Ab6 20. axb5** A 20. Ab7?! seguiría 20. ... Tc4, porque en caso de 21. Axa6?! las Negras obtienen clara superioridad con 21. ... Txa4. **20. ... axb5 21. Ta6** Müller señala en su libro sobre Fischer, que "La profiláctica 21. c3= es más prudente". La idea de la jugada propuesta por el Gran Maestro alemán es impedir 21. ... b4. En este caso, luego de 21. c3 Dg5 22. Ta6 Tb8, las Negras sólo tienen una mínima ventaja. **21. ... b4!** Lo mejor. Fischer impide el mencionado avance del peón "c" blanco. En caso de 22. Ab3 podía seguir 22. ... Ac5 para responder a 23. Df3 con 23. ... Dg5 con ventaja. **22. Ch5** (*ver diagrama*)

22. ... Cxd5! Mucho mejor que 22. ... Cxh5?! porque después de 23. Dxh5 sería un grave error 23. ... Txc2?? debido a 24. Dxf7+! ganando en el acto. **23. Dg4?** Aunque se encontraba ligeramente inferior, el Gran Maestro austríaco había jugado hasta este momento una interesante partida. Sin embargo, ahora se equivoca. Es cierto que sería un error 23. Dxd5? debido a 23. ... Txc2 24. Ta8 (*Si 24. Dxd6?! entonces 24. ... De2 ganando*). 24. ... Ad8 con ventaja decisiva. Pero es posible 23. exd5. Y ahora tanto Lakdawala (*Op. Cit.*) como Müller (*Op. Cit.*) sugieren como mejor 23. ... Tc4! (*Luego de 23. ... f6 24. Dg4 Tf7 25. Cg3 Txc2 26. Dxb4 habría pasado lo peor para Robatsch*). 24. Dd3 Tc7 25. Dd1 f6 26. h3 y las Blancas tienen oportunidades reales de salvar la partida. **23. ... g6 24. exd5 Txc2 25. fxg6** Insuficiente es 25. Cf6+ Rg7 26. Ce4 (*Si 26. Txb6 las Negras ganan por medio de 26. ... Tc1 27. Ch5+ Rh8*) 26. ... Dd3 (*También es muy fuerte 26. ... h5, según muestran tanto Andrew Soltis en* Bobby Fischer Rediscovered [Batsford. 2003], *como Smyslov, Tal, Yudsasin y Tukmakov en* Bobby Fischer II [Ediciones Eseuve. Madrid 1992]. 27. Taa1 h5 28. f6+ Rg8 29. Tfd1 hxg4 30. Txd3 Txb2 31. Cxd6 Ad4 y las Negras no deben tener muchos problemas para imponerse en el final. **25. ... hxg6 26. Cf6+ Rg7 27. Ch5+** Si 27. Dh4, la jugada correcta es 27. ... Tf2! (*Pero no 27. ... Th8?? debido a 28. Ce8+! y después de 28. ... Txe8 las Blancas pueden forzar el empate comenzando con 29. Df6+*) 28. Dxf2 Dxf2 29. Txf2 Axf2 30. Ce4 Ad4 31. b3 Tc8 32. Tc6 Ta8 con gran ventaja de las Negras en el final. **27. ... Rh6! 28. Cf6** Amenazando mate en dos jugadas. **28. ...Tf2 29. Taa1?!** Las Blancas habrían ofrecido mayor resistencia con 29. Dh4+, aunque luego de 29. ... Rg7 30. Dxf2 Dxf2 31. Txf2 Axf2 32. Ce4 Ad4 33. b3 Tc8 34. Tc6 Ta8 35. h4 f5 36. Cg5 (*Si 36. Cxd6, entonces 36. ... e4!*) 36. ... Af2 las Negras tienen un final ganador (*ver diagrama*)

29. ... Ta8! Fischer activa la única pieza que le faltaba y explota otra vez la debilidad de las Blancas en su primera línea. **30. Dxb4** También después de 30. Tad1 Rg7 31. Ch5+ Rf8 32. Cf6 Ad4 33. Ce4 Tf4 34. Txf4 Dxf4 35. Dxf4 exf4 36. b3 Ta3 37. Tb1 Re7 las Negras ganan sin muchas dificultades. **30. ... Rg7!** Aún había tiempo para perder: 30. ... Txf6?? 31. Dh4+. **31. Dxd6** A 31. Cg4 hubiera seguido 31. ... Df4 32. Dxf4 Txf4 33. h3 f5 ganando. **31. ... De2! 32. Ce8+** No hay nada que hacer. A 32. Tg1 la respuesta hubiera sido 32. ... Txa1 33. Ce8+ Rh7. **32. ... Txe8** Lakdawala *(Op. Cit.)* señala: "La jugada humana. A la computadora le gusta la aún más demoledora 32. ... Th6! que deja a las Blancas totalmente sin esperanzas". **33. Tfe1 Db5** Las Blancas abandonaron. **(0-1).** Al terminar el encuentro, Robatsch telefoneó a Nueva York para preguntar dónde se había equivocado. "Toda la variante carece de valor", le respondió Fischer. Después de esta partida, Robatsch no volvió a jugar más la línea 7. a3, que como sabemos, había sido su arma favorita para enfrentar la Variante Najdorf.

La tercera partida y final entre ambos jugadores, disputada en Vinkovci 1968, en la que Fischer llevó las Blancas, terminó en tablas. Con esto, el balance de sus encuentros quedó +2=1-0 a favor suyo.

Tras su última victoria, Fischer acumulaba 8 puntos, uno menos que Ivkov que entonces lideraba la competencia con 9, seguido de Smyslov con 8.5. Pero el estadounidense estaba por encima de los otros dos soviéticos, Geller (7.5) y Jolmov (7). La próxima partida era importante porque Bobby no sólo se enfrentaba al segundo de los dos maestros húngaros en el torneo, sino que tenía que buscar acortar distancias con los líderes.

(19) Fischer - István Bilek
Defensa Francesa [C13]
Capablanca In Memoriam. Ronda 12. La Habana, 12.9.1965

István Bilek

István Bilek nació el 11 de agosto de 1932 en Budapest, Hungría, fue Maestro Internacional (desde 1958) y Gran Maestro (desde 1962).

Su mayor rating Elo histórico fue de 2639, en la lista de abril de 1967, lo que lo convirtió en el jugador #36 del mundo. Tenía entonces 34 años y ocho meses de edad. Pero su mejor actuación Elo fue de 2675 en Beverwijk, Países Bajos, en 1966, cuando obtuvo 9.5 puntos de 14 (68 por ciento) contra una oposición con un rating promedio de 2569.

El Gran Maestro magiar ganó el Campeonato Húngaro en tres ocasiones: 1963, 1965 y 1970. En ese último año su esposa, Edit Lang, ganó el Campeonato Femenino Húngaro. Ella también ganó el de 1964.

Bilek jugó en nueve ocasiones para el equipo húngaro en las Olimpiadas de Ajedrez (de 1958 a 1974), en las que ganó tres medallas individuales: dos de Plata en Varna, Bulgaria 1962 (Tercer Tablero. +7=6=1 - 71.4%) y Skopje, Yugoslavia 1972 (Segundo Tablero. +7=9-0 - 71.9%); y una de Bronce en La Habana 1966 (Tercer Tablero. +8=7-0 - 76.7%). Y tres Medallas por Equipos, dos de Plata: Siegen, República Federal Alemana 1970 (Tercer Tablero. +4=6-1 - 63.4%); y Skopje 1972; y una de Bronce: La Habana 1966.

Fue dos veces Capitán del equipo olímpico masculino de su país: en Buenos Aires, 1978, cuando Hungría ganó la Olimpiada, con un punto más que la Unión Soviética (su único segundo lugar hasta entonces, pues habían ganado las otras 12 olimpiadas anteriores en que habían participado) y en Malta 1980.

El Gran Maestro magiar jugó en los Interzonales de Estocolmo 1962 y Ámsterdam 1964. Además, fue editor de la columna de ajedrez en el diario *Magyar Nemzet (Nación Húngara)*.

Bilek murió el 20 de marzo del 2010 en Budapest. Tenía 77 años.

Antes de la siguiente partida, Bilek había perdido su único encuentro contra Fischer (Negras), disputado en el Interzonal de Estocolmo, 1962.

1. e4 e6 2. d4 El Gran Maestro estadounidense empleó 2. d3 en cuatro ocasiones durante su carrera, imponiéndose en todas ellas. Ver en este libro su encuentro contra Joaquim Durao (en el capítulo *1966*). **2. ... d5 3. Cc3** La jugada favorita del norteamericano. En una sola ocasión Fischer jugó la Variante Tarrasch *(3. Cd2)*: contra Robert Byrne en el Campeonato de Estados Unidos. Nueva York 1965. **3. ... Cf6** Una variante que causó problemas a Fischer fue la Winawer *(3. ... Bb4)*. Contra ella, sufrió varias derrotas: *(Borislav Ivkov, Santiago de Chile 1959; Wolfgang Uhlmann, Buenos Aires 1960; Edmar Mednis, Campeonato Estados Unidos. Nueva York 1962; y Vlatko Kovacevic, Rovinj/Zagreb, Yugoslavia 1970)*. Aunque también obtuvo brillantes victorias *(Bent Larsen, 1ra partida del Match de Candidatos, Denver 1971)* y espectaculares empates *(Mijaíl Tal, Olimpíada de Leipzig 1960)*. Sobre ella, Fischer manifestó en *My 60 Memorables Games*: "Puede que todavía me vea forzado a admitir que la Winawer es sólida. ¡Pero lo dudo! Esta defensa es anti posicional y debilita el flanco rey". Es de señalar que en partidas oficiales, nadie jugó la Variante Rubinstein "pura" *(3. ... dxe4)* contra el estadounidense. **4. Ag5** La jugada favorita de Fischer para enfrentar la Variante Clásica. En una sola ocasión el norteamericano jugó 4. e5, contra Pal Benko en el Torneo de Candidatos de Curazao 1962. **4. ... dxe4** Bilek elige la sólida Variante Burn, que mantiene plena vigencia en nuestros días. El objetivo de ésta es que las Negras, al impedir el avance e4-e5, pueden mantener su caballo en f6 y su alfil de casillas negras puede desarrollarse con mayor comodidad. También es importante que en muchas líneas las Negras pueden jugar ... b7-b6 y desarrollar su alfil de casillas blancas por la gran diagonal a8-h1. Por supuesto, el movimiento 4. ... dxe4 también tiene sus inconvenientes. Las Blancas poseen ventaja en espacio y por ende, mayores posibilidades de maniobra. Resulta curioso que a Fischer no le hayan jugado nunca el movimiento estándar 4. ... Ae7 en partidas oficiales. Sin embargo, sí se lo jugaron en encuentros de simultáneas. En dos ocasiones Fischer tuvo que enfrentar la aguda Variante MacCutcheon (*4. ... Bb4*). **5. Nxe4 Nbd7** A Fischer también le jugaron 5. ... Be7. Es de señalar que en esta variante, luego de 6. Axf6, el Gran Maestro estadounidense también tuvo que enfrentar en dos ocasiones la jugada 6. ... gxf6 a lo que respondió siempre con 7. g3. Primero contra el búlgaro Nicolai Minev, en la Olimpíada de La Habana 1966 (ver esta partida en el capítulo *1966*) y después en su famosa Tercera Partida del match final de candidatos en Buenos Aires 1970, contra Petrosian. Estos encuentros se analizan en detalle en el próximo capítulo. **6. Nf3** En dos oportunidades Fischer jugó 6. Cxf6+. **6. ... Ae7 7. Cxf6+ Axf6 8. h4** La continuación más peligrosa para las Negras. En el Interzonal de Estocolmo 1962, Fischer jugó 8. Qd2 contra Petrosian. **8. ... h6** Desde hace varios años se considera que la mejor respuesta de las Negras es 8. ... 0-0. La jugada del texto tiene el inconveniente de que debilita su flanco rey. La presente partida es un ejemplo de cómo aprovechar esto. **9. Axf6 Dxf6** Se considera inferior la captura con caballo: 9. ... Cxf6. **10. Dd2** Esta jugada, que busca enrocar largo, ha sido relegada hoy en día en favor de 10. Ad3 y especialmente 10. Ac4. **10. ... 0-0 11. 0-0-0** (*ver diagrama*)

11. ... b6 Actualmente se cree que la mejor forma de luchar por la igualdad por parte de las Negras es 11. ... e5. **12. Ab5 De7 13. Th3 Ab7 14. Tg3 Rh8** El GM húngaro comenta en la revista cubana de ajedrez *Jaque Mate* (diciembre 1965. Página 373) que éste fue su error decisivo, y agrega: "Hay una pregunta que yo me hago. Durante cinco horas jugué sin contrajuego aspirando a tablas, a causa de este movimiento que fue una equivocación. Si hubiese hecho lo correcto 14. ... Rh7, ¿habría perdido más pronto y más fácilmente?" Lo cierto es que después de cualquiera de esos dos movimientos de rey, las Blancas mantendrían una ligera ventaja. La causa fundamental de la derrota de las Negras viene en su siguiente jugada. **15. Axd7 Axf3?** Éste es el verdadero error decisivo, ya que al abrirse la columna-g, las Negras se verán enseguida en serios problemas. Bilek escribió (*Op. Cit.*): "Debí haber jugado 15. ... Dxd7, pero después de 16. Ce5, las Blancas tendrían un caballo 'eterno' en el centro del tablero. Naturalmente, vi la combinación que viene, pero no preví las subsiguientes desagradables consecuencias del final". Sin embargo, ésa era su mejor opción, ya que luego de 16. ... De7 17. Df4, las Blancas sólo disponen de una ligera superioridad. **16. gxf3 Dxd7 17. Tdg1 f6** No es posible 17. ... Tg8?? debido a 18. Txg7! ganando en el acto *(ver diagrama)*

18. Txg7! Normalmente se considera que dos torres son más fuertes que una dama. Sin embargo, es de tomar en cuenta lo que dicen Karsten Müller y Frank Lamprecht en su extraordinario libro *Fundamental Chess Endings* (Gambit Publications. Reino Unido 2001. Pág. 343): "Dos torres son usualmente iguales a una dama y un peón, pero son muy importantes los aspectos específicos de la posición dada. Un papel crucial en la evaluación lo desempeñan la seguridad del rey y la estructura de peones". A esto agrega Mark Dvoretsky en *Endgame Manual* (Segunda Edición. Russell Enterprises, Inc. Milford, Connecticut. EEUU 2008. Pág. 293): "La dama tiene ventaja cuando las torres están desconectadas o condenadas a la pasividad debido a la necesidad de detener un peón pasado del oponente o defender sus propios peones". En la presente posición, jugada 36 años y 44 años, respectivamente, antes de los anteriores comentarios, Fischer lleva con muy buen criterio la partida a este tipo de final, al considerar que su dama estará en condiciones de aprovechar la posición insegura del rey adversario, la descoordinación de las torres negras así como las debilidades existentes - y otras que creará - en la posición enemiga. **18. ... Dxg7 19. Txg7 Rxg7 20. Df4 Tac8 21. h5!** Fischer se asegura el acceso a la importante casilla g6. **21. ... c5 22. Dg4+ Rf7 23. Dg6+ Re7 24. dxc5 Txc5 25. Dxh6 Tg5** "Jugué para llegar a esta posición al confiar en el poder de mis torres. Desdichadamente, la real apreciación del final demuestra otra cosa. ¡La actividad de la dama blanca será decisiva! Las torres son meras espectadoras de lo que va a ocurrir". Bilek (*Op. Cit.*). **26. b3** Vale la pena destacar como Fischer toma medidas profilácticas antes de reiniciar las acciones con su dama. **26. ... e5 27. Rb2** Aunque algunos programas señalan que es más directo 27. f4, Fischer busca evitar cualquier posible jaque intermedio en la primera fila. **27. ... Tf7 28. a4 Re6?!** Más tenaz es 28. ... Tg2, aunque luego de 29. Dh8 Th2 30. h6 las Blancas mantienen una ventaja ganadora. **29. Dh8 Te7?!**

Era mejor 29. ... Tgg7. No obstante, luego de 30. Dc8+ Re7 31. Dc7+ Re6 32. Dc4+ Re7 33. f4 las Blancas siguen con su enorme ventaja. **30. h6 Rf7 31. Dh7+ Rf8 32. Dd3 Rf7 33. h7 Th5 34. Dd5+ Te6** Podría parecer que las Negras han logrado defenderse de forma satisfactoria. Sin embargo, Fischer dispone de un golpe muy fuerte *(ver diagrama)*

35. f4! Las Negras tienen que contar ahora con la amenaza 36. f5. **35. ... f5** En caso de 35. ... Re7, las Blancas ganan con 36. f5 Td6 37. Dg8 **36. fxe5 Txh7** Al fin Bilek se deshace del peón-h pasado, pero ahora las Blancas ganan el de f5 y quedan con dos peones pasados y unidos. **37. Qd7+ Re7 38. Qxf5+ Ke8 39. f4 Kd8 40. e6** Las Negras abandonaron. **(1–0)**. Una muestra más de la excelente técnica de Fischer en los finales.

Después de la presente partida, la última entre ambos, los resultados quedaron favorables a Fischer +2-0-0.

A pesar de la victoria sobre Bilek, la situación de Fischer no varió en la tabla del torneo, pues con sus 9 puntos seguía uno completo por debajo de Ivkov, que venció al cubano Eldis Cobo; así como de Smyslov, que triunfó sobre Lehmann.

En la Ronda 13, Fischer tenía en el gran teórico checoeslovaco Pachman un rival que ya antes había encontrado puntos débiles en la coraza del Gran Maestro norteamericano.

(20) Luděk Pachman - Fischer
Defensa India del Rey (E65)
Capablanca In Memoriam. Ronda 13. La Habana, 13.9.1965.

Luděk Pachman

Luděk Pachman nació el 11 de mayo de 1924 en Bělá pod Bezdězem, Checoslovaquia (actual República Checa); fue Maestro Internacional (desde 1950) y Gran Maestro (desde 1954).

Su mayor rating Elo fue de 2695 en la lista de diciembre de 1959, lo que lo convirtió en el jugador #15 del mundo a los 35 años y siete meses de edad. Pero fue el jugador #14 del mundo en la lista de octubre de 1959. Su mejor Actuación Individual según el Elo fue de 2714 en el II Capablanca In Memoriam, La Habana 1963, cuando obtuvo 14 puntos de 19 posibles (74 %) contra una oposición con un rating promedio de 2554.

Entre 1946 y 1966, Pachman ganó en siete ocasiones el campeonato de Checoslovaquia y representó a su país en ocho Olimpiadas consecutivas (desde 1956 hasta 1966). En ellas jugó en el Primer Tablero en 1954, 1958, 1960, 1964 y 1966, y el Segundo Tablero en las otras tres.

Tras ser detenido y cumplir prisión por sus proclamas en contra de la intervención rusa en Checoeslovaquia de 1968, Pachman emigró en 1972 a la República Federal Alemana, en donde jugó el Segundo Tablero para este país en la Olimpiada de Haifa, Israel 1976 y también ganó su Campeonato Nacional 1978.

Después de la Revolución de Terciopelo que ocurrió en 1989 en su país natal, Pachman retomó la ciudadanía checa, pero en 1998 la devolvió y se estableció definitivamente en Passau, Alemania.

El Gran Maestro checo-alemán fue un prolífico autor que publicó 80 libros en cinco idiomas.

Pachman murió el 6 de marzo del 2003 en Passau. Tenía 78 años.

Antes de la siguiente partida, Pachman y Fischer se habían enfrentado en seis ocasiones, con dos victorias para el Gran Maestro checo (una con Negras y una con Blancas), logradas en su segundo y tercer encuentros contra el estadounidense, respectivamente, en los torneos de Mar del Plata y Santiago de Chile, ambos en 1959. Fischer (Blancas) descontó en el quinto encuentro, cuando venció a Pachman en la Olimpiada de Leipzig 1960. Las otras tres partidas fueron tablas.

    1. Cf3 Cf6 2. c4 g6 3. g3 Ag7 4. Ag2 0-0 5. 0-0 c5 6. d4 d6 7. dxc5 Después de este cambio en c5, las Negras no tienen muchos problemas para igualar. La jugada más ambiciosa es 7. Cc3. En West Orange, New Jersey, Estado Unidos, 1957, Arthur Feuerstein jugó contra Fischer 7. h3, que tampoco es preocupante para las Negras. **7. ... dxc5** *(ver diagrama)*

8. Cc3 Se considera que la jugada más prometedora para las Blancas es 8. Ce5. Sobre la misma, el Gran Maestro soviético David Bronstein dice en su excelente libro sobre el Torneo de Candidatos de Neuhausen - Zúrich 1953: *El ajedrez de torneo* (*Mezhdunarodny turnir grossmeisterov: Neigauzen - Tsiurij 1953. Fizkultura i sport. 1956*): "El traslado del caballo de f3 a e5 inyecta vida a esta variante aparentemente inofensiva". **8. ... Nc6 9. Af4** La alternativa es 9. Ae3. **9. ... Qa5** A la primera oportunidad que se le presenta, Fischer evita el cambio de damas. Una alternativa es 9. ... Ae6. **10. Bd2** Las Blancas tienen otras dos posibilidades. En cada uno de los casos ubican un caballo en una importante casilla central. **10. ... Af5** Una idea interesante es 10. ... Da6 *(ver diagrama)*

11. Dc1 Esta jugada no se había empleado antes y nadie ha vuelto a repetirla. Es evidente que su objetivo es jugar Ah6 y cambiar el siempre peligroso alfil de g7 de las Negras. Pachman insiste en no brindarle a su rival la menor oportunidad de complicar la partida. Existen otras continuaciones algo más activas comenzando con 11. Ch4, u 11. Cd5 **11. ... Cd4** Con la amenaza 12. ... Dxc3! **12. Cxd4 cxd4 13. Cd5 Dd8 14. Ah6** Pachman continúa con su plan de jugar con solidez. Una oportunidad interesante era ganar un peón con 14. Cxf6+ Axf6 15. Bh6 Re8 16. Bxb7 Rb8 17. Bc6, aunque las Negras disponen de 17. ... d3!?

Ahora, los programas recomiendan 18. Dd1 (*En Bobby Fischer II,* Smyslov, Tal. Tukmakov y Yudasin *señalan que luego de 18. Axe8 dxe2 19. Te1 Axb2 "las Negras se apoderan de la iniciativa".*) 18. ... Txb2 19. exd3 Ad7 20. Ad5 Ah3 21. Te1 e6 con compensación por el peón de menos. **14. ... Axh6 15. Dxh6** Por supuesto, no 15. Cxf6+?? por 15. ... Rg7 ganando. **15. ... Cxd5 16. cxd5 Tc8 17. Dd2 Db6 18. Tac1** (*ver diagrama*)

Resulta evidente que la partida se encamina hacia un empate. Todas las torres se cambiarán en la columna "c" y el final resultante de dama y alfil del mismo color por bando está totalmente nivelado. **18. ... a5 19. a3 Txc1 20. Txc1 Tc8 21. Txc8+ Axc8 22. h3** Aunque esta jugada no compromete en nada la posición, más natural es 22. h4. **22. ... Dc5 23. Df4 Rg7 24. Db8** Las Blancas pretenden jugar 25. b4, algo que Fischer impide con su próxima jugada. **24. ... a4 25. Df4 f6** Según Wade y O´Connell, en *Todas las partidas de Fischer (desde 1955 hasta 1973),* páginas 244-245, Fischer declinó cortésmente el ofrecimiento de tablas que le hizo Pachman y añadió que tenía ganas de jugar esta posición. Sin embargo, aunque el estadounidense intente crear algún desbalance, la posición de las Blancas se mantiene segura. **26. h4 h6 27. Af3 Ad7 28. De4 Ae8** (*ver diagrama*)

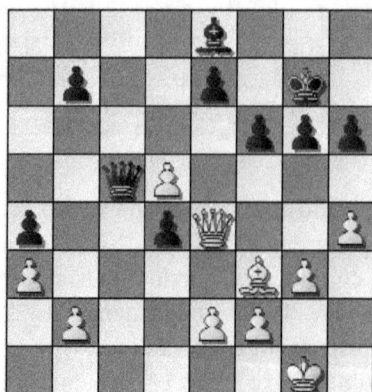

29. d6 La forma más sencilla de forzar el empate. También es posible 29. g4. **29. ... Dxd6 30. Dxb7 Af7 31. Dc6** Aunque los programas recomiendan en este momento: 31. Db5 Ab3   32. h5! f5 33. hxg6 Rxg6, la posición se mantendría equilibrada y de esta forma tampoco se habría alterado el resultado de la partida. **31. ... Dxc6 32. Axc6 Ab3 33. f4!** Esto le abre el paso al rey blanco y prácticamente fuerza el cambio de otro peón. **33. ... e5 34. fxe5 fxe5 35. Rf2 Rf6** Otro plan es 35. ... Ac2, con la intención de jugar 36. ... e4. Sin embargo, las Blancas pueden forzar el empate con 36. Re1 *(También es posible 36. e3)* 36. ... Rf6 37. Rd2 Ab3 38. Rd3 g5 39. e3. **36. Ae4 g5 37. hxg5+ Rxg5 38. e3 Rg4 39. exd4 exd4 40. Ad3 Ad1** Según Pachman en sus memorias *"Ajedrez y Comunismo"*, (Ediciones Martínez Roca, Barcelona, 1974) ahora Fischer le propuso tablas y él aceptó. **1/2-1/2.**

De todas las partidas de este libro, ésta tal vez sea una de las menos emocionantes. Pachman explicó posteriormente que jugó nervioso, pues en el periódico habanero *El Mundo,* que lo contrató para una crónica diaria del torneo, escribió una crítica sobre Fischer a raíz del incidente del cambio epistolar entre Fidel Castro y el norteamericano. El Gran Maestro checoslovaco asegura que como consecuencia, recibió una carta anónima de un aficionado cubano que le decía: "Estaré en la sala, presenciando su partida contra Fischer; no le quitaré los ojos de encima y estoy seguro de que usted perderá". Pachman agregó que al comenzar el encuentro no miraba al tablero, sino a la masa de asistentes en busca de la mirada del autor de la carta, pero encontró tan compacta la muchedumbre que eso lo tranquilizó.

Posteriormente, Fischer y Pachman se enfrentarían por octava y última ocasión en la Olimpíada de La Habana de 1966, un encuentro ganado por Fischer.

El empate con Pachman empeoró la situación de Fischer entre los punteros. Al finalizar la Ronda 13, Ivkov tenía 11 puntos tras vencer a Donner en apenas 21 jugadas. Smyslov (quien derrotó a Ciocâltea) acumulaba 10.5; Fischer y Geller 9.5. Les seguían Jolmov y Robatsch con 8. A esa altura del evento, los únicos jugadores invictos eran Jolmov y Geller.

La victoria de Ivkov en esta ronda le significó ganar un juego de ajedrez de marfil al Premio de Brillantez del torneo, que donó desde Nueva York el Gran Maestro estadounidense-francés-griego-ruso Nicolas Rossolimo.

Es curioso que el comité seleccionado para elegir el premio escogiera una partida en que la única pieza que Ivkov sacrifica no se puede tomar, pues un sencillo jaque doble gana la dama o recupera la torre entregada con ganancia de una pieza. Por ello, hemos añadido los comentarios de Rossolimo al encuentro para que el lector conozca por sí mismo las razones que él da para elegirla como merecedora del galardón.

(21) Borislav Ivkov - Johannes H. Donner
Capablanca In Memoriam. Ronda 13.
La Habana, 13.9.1965.

1. e4 e5 2. Cf3 Cc6 3. Ab5 a6 4. Aa4 Cf6 5. 0-0 Cxe4 6. d4 b5 7. Ab3 d5 8. dxc5 Ae6 9. De2 Cc5?! Un movimiento un poco descartado desde las partidas Smyslov - Reshevsky y Smyslov - Euwe, La Haya/Moscú 1948, que terminaron con victorias de las Blancas. Rossolimo comenta: "La variante de apertura del Ruy López que ha sido profundamente analizada por los jugadores holandeses, siendo Euwe su principal autoridad". **10. Td1 Cxb3** Mejor parece 10. ... Ae7 11. c4 d4 como jugó el Gran Maestro soviético Artur Yusupov (con Negras) contra el Gran Maestro cubano Amador Rodríguez en el Interzonal de Toluca, México 1982. Las Negras consiguieron una pequeña ventaja, pero la partida terminó en tablas ¡en 103 jugadas!) **11. cxb3** Smyslov jugó 11. axb3 contra Euwe en la partida antes mencionada. Rossolimo comenta sobre 11. cxb3: "¡Una ingeniosa idea! En vez de jugar la mecánica axb3, las Blancas se preparan para bloquear las casillas negras en el debilitado flanco dama y el centro. Resulta maravilloso ver algo nuevo de Ivkov en tan antigua y súper analizada variante. Y ahora Donner se enfrenta con el terrible problema de encontrar en la sala de juego del torneo, bajo la presión del reloj, la defensa correcta a un ataque que seguramente se ha preparado con antelación". **11. ... Ae7** Rossolimo dice que las Negras deben jugar de inmediato 11. ... Cb8 y si 12. Ag5 Ae7 13. Axe7 Dxe7 14. Cc3 c6 15. Cd4 Ta7 16. f4 g6 17. g4 c5 18. Cc2 Td7. Pero los programas de computación consideran que en esta posición las Blancas están mejor después de 19. Dg2. Posteriormente el Maestro Internacional mongol Tudev Uitumen jugó 11. ... Dd7 contra el Gran Maestro yugoslavo Milan Matulovic, en el Interzonal de Palma de Mallorca 1970; y 11. ... Ca5 contra Robatsch en la Olimpiada de Skopje 1972, y las Negras se impusieron en ambas partidas. **12. Cc3 0-0 13. Ae3 Ca5** Mejor es 13. ... Dd7. **14. Tac1 Cb7** Extraña jugada. Mejor parece 14. ... c5 15. Ce4 c4 con igualdad.　　**15. Ce4 Ag4** "La única forma de prevenir el bloqueo" (Rossolimo). **16. h3 Axf3** "Forzada. Si 16. ... Ah5 17. Cg3 Ag6 18. Dd2 Ae4 19. Cxe4 dxe4 20. Dc2, lo que gana un peón con una aplastante ventaja posicional" (Rossolimo0. **17. Dxf3 c6** Rossolimo comenta que "después de la jugada del texto, el caballo blanco penetra por f5, con múltiples amenazas que no se pueden defender simultáneamente. Mejor era 17. ... dxe4 18. Txd8 exf3 19. Txa8 Txa8 20. Txc7 Ad6 *(N.A. Un poco mejor es 20. ... Ce8, pero luego de 21. Txe7 Cc6 22. Tc7 Ce5 23. g4 las Blancas tienen un final mucho mejor)*. 21. exd6 Cxd6 22. gxf3 Cf5 23. a4 g624. Tb7 Cxe3 25. fxe3 Tc8". Pero los programas concluyen que dos jugadas antes, las Blancas debieron jugar 23. Rf1, con la idea de centralizar el rey, y están mucho mejor. **18. Cg3 Tc8　19. Cf5 g6** Si 19. ... Rh8 20. Dg4 Tg8 21. Ab6 Df8 22. Cxe7 Dxe7 20. Txd5 ganando *(ver diagrama)*

20. Txd5! De8 21. Ah6. Las Negras abandonaron. **1-0.**

En la Ronda 14 Fischer enfrentó al cubano Eldis Cobo, un jugador que había desperado curiosidad en el norteamericano cuando siete **años** atrás había triunfado en el Abierto de los Estados Unidos por encima de Larry Evans, Robert Byrne y Arthur Bisguier, entre otros.

(22) Fischer - Eldis Cobo
Defensa Siciliana [B75]
Capablanca In Memoriam. Ronda 14. La Habana 14.9.1965

Eldis Cobo

Eldis Cobo Arteaga nació el 5 de septiembre de 1929 en Santiago de Cuba; fue Maestro Internacional (desde 1967).

Su mayor Elo histórico fue de 2533 en la lista de diciembre de 1962, lo que lo convirtió en el jugador #122 del mundo. Pero su Mejor Actuación Individual Elo fue de 2580 en el Capablanca In Memoriam de 1967, donde alcanzó 9 puntos de 19 (47%) contra una oposición con un rating promedio de 2589. Fue aquí donde obtuvo su título de Maestro Internacional.

Cobo terminó empatado en primer lugar en el Campeonato de Cuba que se jugó en 1950 en La Habana. Pero en el match de desempate, que se jugó ese mismo año en Camagüey, perdió contra Rosendo Romero. Cobo tenía entonces 21 años. Representó a Cuba en ocho olimpiadas: Helsinki 1952 (Cuarto Tablero), Leipzig 1960 (Segundo Tablero), Varna 1962 (Segundo Tablero), Tel Aviv 1964 (Segundo Suplente); en todas las restantes: La Habana 1966, Lugano 1968, Siegen 1970 y Skopje 1972, ocupó el Tercer Tablero. Fue también Capitán de los equipos cubanos en las Olimpiadas de La Valeta, Malta 1980; Lucerna, Suiza 1982; Salónica, Grecia 1984; y Dubái, Emiratos Árabes Unidos 1986.

En 1958, Cobo obtuvo su más resonada victoria al ganar el Torneo Nacional Abierto de los Estados Unidos que se disputó en Rochester, Minnesota. En sus partidas individuales de este torneo derrotó, entre otros, al Gran Maestro norteamericano Larry Evans y al futuro gran maestro (desde 1964) del mismo país Robert Byrne, y entabló con el Gran Maestro estadounidense Arthur Bisguier. La partida de Cobo con Evans, en la que el cubano llevaba las Negras, se disputó en la penúltima ronda del torneo, cuando el norteamericano iba solo en primer lugar con 8.5 puntos, mientras que Cobo integraba un grupo de cuatro jugadores que marchaba en segundo puesto medio punto detrás. Después de su victoria contra Evans, el caribeño se enfrentó (¡De nuevo con Negras!) en la ronda final a Herbert Avram, quien fue Campeón de los estados de Virginia (1952, 1953 y 1954) y Maryland (1955 y 1979), así como de la ciudad de Washington en 1969. Hay que agregar que Avram había derrotado al adolescente Bobby Fischer un año antes, en la primera ronda del Abierto de West Orange, New Jersey 1957, unos meses antes de que el Genio de Brooklyn ganara el primero de sus ocho campeonatos de Estados Unidos. Cobo se impuso a Avram en 39 jugadas y se adjudicó el torneo. Es muy interesante destacar que un curioso Robert Fischer le envió desde el Interzonal de Portoroz, Eslovenia, donde se encontraba jugando, una tarjeta postal a Jack Collins a la ciudad de Nueva York, en donde le preguntaba intrigado: *"[¿]Es bueno el cubano que ganó [el Abierto de EEUU?]" ("Is the Cuban who won [The U.S. Open] any good [?]")*. Por ese triunfo internacional Cobo recibió en su país el premio de "Mejor Deportista del Año" de Cuba, algo que nunca, antes o después consiguió un ajedrecista.

Cobo era una persona afable y tenía un gran talento para el ajedrez, pero no era un jugador profesional y las únicas veces que estudiaba ajedrez era cuando participaba en algún torneo. Como su ilustre compatriota José Raúl Capablanca, era un incansable jugador de bridge y dominó. Durante los fines de semana amanecía en una pequeña tienda en la calle habanera de Galiano en donde se había creado una peña de ajedrez, pero que durante las noches el ajedrez se convertía en interminables partidos de dominós. Era ingeniero eléctrico de profesión, graduado en 1958 en la Universidad de Columbia, en la ciudad de Nueva York, Estados Unidos. Trabajó una gran parte de su vida en la Compañía Cubana de Teléfonos.

Cobo murió el 9 de abril de 1993 en La Habana. Tenía 63 años.

A continuación, la única partida disputada entre él y Fischer.

1. e4 c5 2. Cf3 g6 La forma más común de llegar al Dragón Acelerado es por medio de 2. ... Cc6 3. d4 cxd4 4. Cxd4 g6. Pero tal vez Cobo quiere evitar el Anillo Maróczy, al que se llega ahora con 5. c4. Hay que recordar que así jugó Fischer en tres ocasiones: una contra Pal Benko, en el Campeonato de EEUU 1960/61; y dos veces contra Samuel Reshevsky, en el match entre ambos disputado en Nueva York/ Los Ángeles 1961Es curioso que Fischer posteriormente alcanzaría unos resultados mucho mejores al jugar con las Negras el Dragón contra el Anillo Maróczy (-0=1+2), y especialmente en encuentros muy importantes como fueron: su victoria sobre Bent Larsen (Segunda Partida del Match Semifinal de Candidatos, Denver, EEUU 1971), sus fáciles tablas contra Tigran Petrosian (Cuarta Partida del Match Final de Candidatos, Buenos Aires 1971) y finalmente su triunfo sobre el Gran Maestro yugoslavo Mato Damjanovic (Torneo Internacional de Buenos Aires 1970). En cuanto a la jugada del texto, a la que comúnmente se conoce como 'Dragón Hiper Acelerado', Fischer tuvo que enfrentarla en otras dos ocasiones y siempre respondió con 3. d4. **3. d4 Ag7** Después de 3. ... cxd4 4. Cxd4 Cf6 5. Cc3, el futuro Maestro Internacional suizo Edwin Bhend jugó contra Fischer, en Zúrich 1959, la dudosa 5. ... Ag7? **4. Cc3 cxd4 5. Cxd4 Cc6 6. Ae3 Cf6 7. Ac4** El movimiento favorito de Fischer durante toda su carrera para enfrentar la Variante del Dragón. Sólo en una ocasión jugó de otra forma: en la Segunda Partida del mencionado match contra Reshevsky de 1961, en que se decidió por 7. Ae2. Hay que destacar que este último encuentro, como muchos de los de Fischer, tiene una gran importancia teórica al seguir las huellas del famoso enfrentamiento Alekhine - Botvinnik, Nottingham 1936. **7. ... d6** Previamente, en el Interzonal de Portoroz 1958, el Gran Maestro argentino Oscar Panno le había jugado a Fischer 7. ... 0-0, a lo que el estadounidense continuó con la imprecisa 8. f3, lo que permitió: 8. ... Db6! 9. Ab3 Cxe4 En la famosa partida Fischer - Reshevsky, Campeonato de Estados Unidos, Nueva York 1958-59, las Blancas jugaron mejor con: 8. Ab3 y las Negras cometieron de inmediato un error con 8. ... Ca5? Luego de 9. e5 las Negras volvieron a equivocarse con 9. ... Ce8? (Un mal menor es 9... Cxb3 Fischer, quien estudió ruso para leer las revistas y libros de ajedrez publicados en la desaparecida Unión Soviética, seguramente conocía esa partida *(ver diagrama)*

10. Axf7+! Rxf7 11. Ce6 dxe6 *(Si 11. ... Rxe6 hubiera seguido 12. Dd5+ Rf5 y mate en 5 jugadas comenzando con 13. g4+).* 12. Dxd8 y las Blancas terminaron imponiéndose.

Pero como dice el historiador Edward Winter en *Chess Notes (6382),* esta combinación ya había ocurrido, y 'la víctima' fue nada menos que Siegbert Tarrasch, aunque hay que mencionar a su favor que fue en unas simultáneas en que jugó contra 26 oponentes:

Walther von Holzhausen - S. Tarrasch. Simultáneas. Fráncfort, 7 de octubre de 1912

1. e4 e5 2. Cf3 Cc6 3. Ac4 Cf6 4. d4 exd4 5. 0-0 d6 6. Cxd4 Ae7 7. Cc3 0-0 8. h3 Te8 9. Te1 Cd7

10. Axf7+ Rxf7 11. Ce6!! Cde5 *(Si 11. ... Rxe6 12. Dd5+ Rf6 13. Df5 mate).* 12. Dh5+ Rg8 13. Cxd8 Txd8 13. Cd5 y las Negras abandonaron. **(1-0).**

Más tarde Reshevsky jugó mejor contra Fischer 9. ... Cg4. Por otra parte, una variante poco frecuente le jugó el Maestro Internacional yugoslavo Mario Bertok a Fischer en Bled 1961. La continuación, que comienza con 7. ... Ca5, que había introducido ese mismo año en la práctica el Gran Maestro yugoslavo Vasja Pirc. También en Bled 1961, el gran maestro islandés Friðrik Olafsson jugó contra Bobby 7. ... Da5. **8. f3 Db6!?** *(ver diagrama)*

Cobo emplea una continuación muy aguda, propuesta por el Gran Maestro soviético Efim Geller para evitar el Ataque Yugoslavo por parte de las Blancas. En su lugar, la jugada más frecuente es 8. ... 0-0, con la que se alcanza la posición normal del Dragón Acelerado. **9. Nf5!** Como casi siempre, Fischer escoge la continuación más emprendedora. A cambio de un peón, las Blancas tienen a su favor la pareja de alfiles y la insegura ubicación del rey negro. Las Blancas disponen de otras tres posibilidades. Sin embargo, ninguna de ellas es peligrosa para las Negras: a) Se considera que las Blancas no tienen tiempo para 9. Ab3 debido a 9. ... Cxe4 (*Aunque Eduard Gufeld y Efim Lazarev en* Leonid Stein - La estrategia de riesgo. *(Thinker Press. Noviembre 2000) prefieren 9. ... Cg4.* 10. fxe4 Axd4 11. Axd4 Dxd4 12. Dxd4 Cxd4 13. Aa4+ Ad7 14. Axd7+ Rxd7 y las Negras tienen un peón de más en el final. Tayeb - Ernst, Manila 1992. b) Lo más sólido para el blanco es 9. Ab5. Sin embargo, las Negras pueden igualar sin muchas dificultades: 9. ... Dc7   10. Cd5 Cxd5 11. exd5 a6 12. Axc6+ bxc6 13. Cxc6 Ab7 como en Bijovsky - Stein, Campeonato de la URSS, Tallin 1965. **9. ... Dxb2 10. Cxg7+ Rf8 11. Cd5** La jugada más agresiva y la mejor. Se han hecho otras como 11. Ad2? y 11. Rd2, pero son inferiores. **11. ... Cxd5** La alternativa es 11. ... Rxg7, que según la teoría actual es algo inferior y se juega mucho menos que el movimiento del texto. Sin embargo, no se conoce una forma clara para que las Blancas obtengan ventaja. **12. Axd5 Rxg7 13. 0–0** Es muy interesante 13. Tb1. **13. ... Dc3** "Las Blancas poseen la pareja de alfiles y muchas líneas y diagonales abiertas. Además, tienen grandes posibilidades de incrementar la presión, lo que haría feliz a cualquier ajedrecista al que le guste el juego activo. Con las piezas negras, un buen defensor debe tener la esperanza de superar a un adversario menos experimentado, dado que no hay debilidades en la posición del segundo jugador. Sin embargo, objetivamente las Blancas tienen una magnífica compensación más que suficiente por el peón", dice el Gran Maestro rumano Dorian Rogozenko en la *Enciclopedia de Aperturas 2016* (ChessBase, Hamburgo, Alemania 2016). **14. Te1** Sobre la alternativa 14. Dc1, para aumentar el control sobre las casillas negras, **14. ... Qa5 15. Dc1 h5** Lo más lógico para prevenir 16. Ah6+, aunque también se ha jugado 15. ... h6. **16. Db2+** Otra posibilidad es 16. Tb1 **16. ... f6 17. Tad1 Dc7 18. f4** Después de completar el desarrollo de todas sus piezas, Fischer sigue una estrategia de casillas negras y trata de abrir el juego por medio de e5, con el objetivo de explotar la mayor movilidad de sus piezas y la insegura ubicación del monarca adversario. **18. ... h4** Si 18. ... e5?! las Blancas podrían regresar con su torre a f1 con posibilidades reales de ataque. **19. h3** Por supuesto, las Blancas tienen que detener el avance del peón "h" de las Negras. **19. ... Ad7 20. Tb1 Tab8** También en caso de 20. ... b6, las Blancas pueden abrir la posición con 21. e5!? aunque luego de 21. ... dxe5 22. fxe5 Nxe5 (*Resulta inferior 22. ... fxe5?! debido a 23. Af4! y no es posible*

22. ... Dxe5?? por 23. Ah6+) 23. Ad4 (Después de 23. Axa8 Txa8 las Blancas no dispondrían de nada mejor que 24. Qb4, a lo que podría seguir 24. ... Cf3+! que fuerza el empate). 23. ... Cc6 24. Txe7+ Cxe7 25. Axf6+ Rh7 26. Axa8 Txa8 27. Axe7 Df4 la posición está igualada (ver diagrama)

21. e5! Ésta es la mejor forma de ocasionarle problemas a las Negras. Al abrirse la posición, Cobo tendrá que jugar de forma muy precisa. **21. ... dxe5 22. fxe5 Cxe5!** La respuesta correcta, porque si 22. ... Dxe5? seguiría 23. Ah6+ Rxh6 24. Txe5 Cxe5 25. Db4 ganando un peón, con lo que las Negras no tienen compensación suficiente por la pérdida de su dama. Por otra parte, sería un grave error 22. ... fxe5? debido a 23. Af4! con la amenaza 24. Txe5! Si las Negras juegan ahora 23. ... Qb6+, las Blancas ganan la calidad luego de 24. Dxb6 axb6 25. Axc6 Axc6   26. Axe5+. **23. Axa7 Ta8 24. Ad4** Las Blancas amenazan 25. Txe5! **24. ... Cc6** (ver diagrama)

Un momento importante en la partida. Smyslov, Tal, Yudasin y Tukmakov muestran en su libro *Bobby Fischer 2* la siguiente posibilidad: 25. Txe7+ Cxe7 26. Axf6+ Rh7 (*Si 26 ... Rf8?27. Axe7+ Rxe7 28. Te1+*) 27. Axe7 Ac6! con posición complicada. Sin embargo, ahora señalan que si 28. Df6, entonces las Negras ganarían con 28. ... Axd5. Pero no es así, pues las Blancas aún pueden forzar el empate con 29. Tb4!

Ac4   30. Txb7 Dxb7 31. Dxh4+ Rg7 (*Si 31. ... Rg8 entonces 32. Dxc4+*). 32. Df6+. Por su parte, Hans Müller (*Op. Cit.* Pág. 259) dice que si   "25. Dxb7 Dd6 26. Axc6 Dxd4+ 27. Rh1 Axc6 28. Txe7+ Rh6 29. Dxc6 las Negras deben ser capaces de sostenerse, al igual que en la partida". Fischer elige una tercera alternativa. **25. Axc6 Axc6 26. Te6** La amenaza es 27. Axf6+! **26. ... Taf8?!** Hasta este momento Cobo ha jugado muy bien. Pero ahora se equivoca. Varios de los comentaristas que ha tenido la partida han recomendado que debió haber llevado la otra torre a f8: 26. ... Thf8! y dejar la torre de a8 para ubicarla en e8. Luego de 27. Tbe1 Tae8, las Negras no tendrían nada a que temer. Pero Wade menciona en "*Todas las partidas de Fischer desde 1955 hasta 1973*" (página 245) que "Cobo se hallaba extremadamente apurado de tiempo. Sólo le quedaban dos minutos para completar las 40 jugadas". **27. Tbe1 Tf7?** Según Müller (*Op. Cit.*), éste es el error decisivo, pues permite un poderoso golpe. "27. ... Dg3 28. Txe7+ Rg8 29. T1e2 Th7 ofrece oportunidades de salvarse". En realidad, si seguimos el análisis, después de 30. Txh7 Rxh7 31. Axf6 Te8 32. Ae7, aunque las Blancas mantienen ventaja, las Negras no están desprovistas de recursos (*ver diagrama*)

28. Txe7! Este contundente golpe debió vencer en pocas jugadas. **28. ... Dg3** Si 28. ... Txe7, las Blancas ganan con 29. Axf6+ Rh6 30. Dc1+! **29. Axf6+ Rh6 30. Dc1+?!** Si ahora las Blancas hubieran llevado cualquiera de sus torres a e4 para evitar el mate en g2, ganaban en el acto. Por ejemplo: 30. T1e4 Axe4 31. Txe4 etc. **30. ... g5 31. Dxg5+** De esta forma las Blancas llegan a un final de torre y alfiles de distinto color por bando, pero con dos peones de más. **31. ... Dxg5   32. Axg5+ Rg7 33. Tf1** Fischer quiere ahora simplificar la posición. No obstante, era de considerar 33. T7e5. **33. ... Txe7 34. Axe7 Ta8 35. a3** Como es natural, Fischer no tiene intención de cambiar más peones. Además, las Negras van a tener ahora serias dificultades para defender su débil peón de h4. **35. ... Ta4?! 36. Ab4! Rg6 37. Tf4** Comienza el asedio al peón negro. **37. ... Rg5 38. Td4 Rh5 39. c4!** Desclavando la torre. Las Negras perdieron por tiempo, pero no tienen nada contra la amenaza 40. Ae7. **1-0**

Cuando culminó la Décimo Cuarta Ronda, Ivkov, descendió al segundo lugar con 11 puntos tras su derrota contra Jolmov, detrás de Smyslov, que acumulaba 11.5. Fischer iba tercero con 10.5 puntos.

En la Ronda 15 Fischer tenía de rival al cubano Eleazar Jiménez, su segundo Maestro Internacional en sucesión, por lo que muchos aficionados consideraron que el norteamericano obtendría un punto completo.

(23) Eleazar Jiménez - Fischer
Defensa India del Rey [E82]
Capablanca In Memoriam. Ronda 15. La Habana 15.9.1965

Eleazar Jiménez

Eleazar Jiménez Zerquera nació el 25 de junio de 1928 en Ciego de Ávila, capital de la provincia del mismo nombre (antigua Camagüey); Cuba, fue un Maestro Internacional (desde 1963). Recibió su título por sus actuaciones como primer tablero de los equipos cubanos en las Olimpiadas de Leipzig, República Democrática Alemana 1960 (+4 –3 =1, para un resultado Elo de 2477); y Varna, Bulgaria 1962 (+3 –3 =13, para un resultado Elo de 2526). Este fue el segundo título internacional de un jugador cubano, sólo después de José Raúl Capablanca, Campeón Mundial 1921-1927.

El mayor rating Elo histórico de Jiménez fue de 2555 en la lista de agosto de 1970, lo que lo convirtió en el jugador 120 del mundo. Tenía entonces 42 años y cuatro meses de edad. Pero su mejor resultado individual Elo fue de 2603 en el Capablanca In Memoriam de 1969, cuando obtuvo 8 de 15 contra una oposición con un rating promedio de 2580.

Ganó el Campeonato de Cuba en cinco ocasiones: 1) La Habana 1957, al vencer en un match a Juan González; 2) La Habana 1960; 3) La Habana 1963; 4) La Habana 1965; y 5) La Habana 1967, cuando quedó empatado en primer lugar con Silvino García, pero ganó el match de desempate.

Jiménez representó a Cuba en siete Olimpiadas. En las cinco primeras: Leipzig 1960; Varna 1962; Tel Aviv, Israel 1964; La Habana, Cuba 1966; y Lugano, Suiza 1968; jugó en el Primer Tablero. En la sexta, en Siegen, República Federal Alemana, jugó en el Segundo Tablero. Y en la séptima, en Niza, Francia, jugó el Cuarto Tablero.

También ganó tres veces el Campeonato Panamericano: 1963, 1966 y 1970. Todos ellos se jugaron en La Habana. En 1969 empató 1ro-2do con el ecuatoriano Olavo Yépez en el Torneo Zonal disputado en Quito, Ecuador, pero ganó el match de desempate, clasificándose para el Interzonal de Palma de Mallorca de 1970, un evento en que se impuso Fischer.

En 1966, Jiménez ganó un torneo disputado en Costa del Sol, provincia de Málaga, comunidad autónoma de Andalucía, España, empatado 1ro-2do con el Gran Maestro belga Albéric O›Kelly. El Maestro Internacional cubano tuvo un desempeño Elo de 2527 en el evento. Ésta fue la primera victoria de un jugador cubano en un torneo celebrado en Europa casi treinta años después de que Capablanca venciera en París, 1938.

Debemos mencionar que Francisco Planas ganó en 1947 un torneo en Yankton, Carolina del Sur; Eldis Cobo se impuso en 1958 en el Abierto de Estados Unidos disputado en Rochester,

Minnesota; y Juan González ganó en 1946 un torneo blitz en Estados Unidos, por lo que se le concedió la portada del número de enero de 1947 de la revista estadounidense *Chess Review*, una gran distinción para cualquier ajedrecista.

Jiménez fue Comisionado Nacional de Ajedrez de 1981 a 1989, y presidente de la Federación Cubana de Ajedrez de 1981 a 1990. En el 2000, se le incluyó en el Libro de Oro de la Federación Internacional de Ajedrez.

Contador de profesión, el Maestro cubano trabajó en esa función hasta finales de 1964, cuando ocupó la cátedra de Profesor de Ajedrez de la Universidad de La Habana hasta 1981. Tenía una mente muy aguda y siempre se encontraba de buen humor. Muchos jóvenes jugadores lo visitaban en la Academia de Ajedrez de la Universidad de la Habana en busca de consejos.

Jiménez murió el 6 de mayo del 2000 en La Habana. Tenía 71 años.

Antes de la próxima partida, Jiménez había empatado con Blancas contra Fischer, en la Olimpiada de Leipzig, 1960.

1. d4 El Maestro Internacional caribeño escribió en la revista cubana de ajedrez *Jaque Mate* (noviembre de 1965) que varios días ante de su encuentro con Fischer, se acercó a su amigo Luděk Pachman y le pidió un consejo sobre cómo debía proceder en tan importante partida. El Gran Maestro checo le respondió: "No importa tanto la apertura, sino que juegues algo sólido". Por ello Jiménez, aunque llevaba tiempo sin jugar 1. d4, se decidió por comenzar la partida de esta forma al saber que casi seguro se enfrentaría a una Defensa Grünfeld o a una India del Rey. **1. ... Cf6 2. c4 g6 3. Cc3 Ag7 4. e4 d6 5. f3** Un aficionado le preguntó a Fischer en *Checkmate*, la columna del estadounidense en *Boy's Life*, sobre la Defensa India del Rey: "¿Hay alguna forma de quebrantarla?" A lo que el Gran Maestro estadounidense respondió que: "... luego de 5. f3!, el plan de Ae3, seguido por Dd2, el enroque largo, un ataque de peones en el flanco rey -g4, h4, h5- y entonces abrir la columna "h" después que las Negras enrocan. Las Blancas tienen un centro muy fuerte y es muy difícil para las Negras romperlo". Según Efim Geller, en *The Application of Chess Theory* (Cadogan Books, plc. Londres 1984. Pág. 240), esta variante resulta una buena elección contra Fischer, porque el Gran Maestro estadounidense "acostumbra a usar varias continuaciones contra ella, y todas sin gran éxito". Varias rondas más tarde, el GM de Odesa emplearía esta variante contra el norteamericano. Al tomar en cuenta lo expresado por Fischer y Geller, tiene mucha lógica la elección de la Variante Sämisch por parte de Jiménez. **5. ... 0–0** Desde 1957 hasta el Torneo de Bled 1961, exceptuando dos encuentros *(contra William Whisler, en el Campeonato Juvenil de EEUU 1955. y contra el chileno Carlos Jáuregui, Santiago de Chile 1959,* la respuesta de Fischer contra la Sämisch fue 5. ... e5. **6. Ae3** Fischer sólo se enfrentó a 6. Ag5 en una ocasión. Fue en el Campeonato Juvenil de los Estados Unidos 1955, cuando tenía doce años y tuvo que combatir la Variante Sämisch por primera vez. El resultado del estadounidense en el torneo fue modesto. Pero al año siguiente, pese a enfrentar rivales de mucha mayor edad, Fischer conquistó el título juvenil de su país *(ver diagrama)*

6. ... b6 Jiménez comentó que esta jugada trajo a su mente el desarrollo de la partida Pachman - Tal, en el segundo Capablanca In Memoriam, La Habana 1963. "Fischer se apartaba de todas las continuaciones antiguas de ataque para jugar posicional. Una duda me preocupó, ¿jugaría hoy tranquilo?" Jiménez. *(Op. Cit.)*. Durante el resto de su carrera, Fischer sólo repitió una vez este movimiento: en Rovinj/ Zagreb 1970, contra el Maestro Internacional rumano Theodor Ghitescu. *(Ver comentario después de la jugada 12 de las Blancas)*. El gran maestro estadounidense empleó diversas jugadas para enfrentar la línea principal de la Variante Sämisch que comienza con 6. Ae3. Por ejemplo, en cuatro oportunidades jugó contra ella 6. ... Cbd7 La importante alternativa 6. ... Cc6 la jugó Fischer contra Spassky en cuatro ocasiones durante el match de Sveti-Stefan/Belgrado 1992 Resulta curioso que el Gran Maestro estadounidense no jugara nunca una continuación sumamente popular como 6. ... e5. ¿Qué habrá visto que le preocupaba emplearla? **7. Ad3 Ab7** La alternativa principal a la jugada del texto es 7. ... a6. **8. Cge2 c5 9. d5** Las Blancas deciden cerrar el centro. Otra posibilidad es 9. 0–0 Nc6 10. Bc2. **9. ... e6 10. 0–0** En la antes mencionada partida Pachman - Tal, II Capablanca In Memoriam, La Habana 1963, el Gran Maestro checo jugó 10. Dd2. **10. ... exd5** Tal como lo hiciera cinco años después contra Ghitescu, el Gran Maestro estadounidense decide aclarar la situación en el centro. Otra posibilidad es 10. ... Cbd7 11. Ag5 Aa6 *(También se ha jugado 11. ... exd5. 12. Da4 Dc8 13. Cg3 Db7 14. f4 Tae8 15. e5 dxe5 16. Cge4 Cxe4 17. Axe4 y las Blancas se apoderan de la iniciativa. Gheorghiu - Stein, Moscú 1967.* **11. exd5** Jiménez opta por la continuación más sólida. "Tentado estuve de 'salirme' de todo lo planeado y jugar activamente. Lo podía conseguir tomando con el otro peón, pues al existir el desnivel de peones, la igualdad es muy difícil de encontrar" (Jiménez). Por su parte Wade *(Op. Cit.* Pág. 245-246) expresa: "Si las Blancas hubieran deseado luchar por la iniciativa, hubieran elegido 11. cxd5. Fischer se enfrenta al típico problema de un jugador altamente calificado que lucha contra un adversario de menor fuerza al que las tablas lo satisfacen y, por lo tanto, no elige líneas agudas". Lo cierto es que luego de la más emprendedora 11. cxd5, con la que aparece una estructura típica de la Indo-Benoni, las Blancas poseen una mayoría de peones en el centro, mientras que su oponente la tiene en el flanco dama. Un ejemplo sería: 11. ... Te8 12. Dd2 Aa6 13. Axa6 Cxa6 14. Tab1 Cd7 15. Ag5 Qb8 16. Cb5 Af8 17. Ah6 con ventaja de las Blancas. Christiansen - Shirazi, Estados Unidos 1985. **11. ... Cbd7 12. Dd2** Jiménez *(Op. Cit.)*

critica esta jugada y recomienda 12. f4. Tres rondas después en este mismo torneo, el Maestro cubano tendría la oportunidad de jugarla frente a Pietzsch (Negras). Pero luego de 12. ... Cg4 13. Ad2 Te8 14. Tf3 f5 15. h3 Ch6 16. Dc2 Cf6 17. Cg3 a6 18. a4 Dc7 las Negras igualaron y poco después se acordó el empate. Es por ello que se considera la mejor opción a 12. Ag5, como jugó Ghitescu contra Fischer en Rovinj/Zagreb 1970. *(Andrew Soltis, en* Bobby Fischer Rediscovered *[Batsford. Londres 2003. Pág. 211]) le coloca un signo de admiración a este movimiento pues "No se permite a las Negras establecer la formación cohesionada de: ...Ce8, ... f5, ... Ce5, ... De7, ...Cf6 y ... Tae8").* 12. ... h6 13. Ah4 Ce5 14. f4 Cxd3 15. Dxd3 Dd7 16. Axf6 Axf6 17. f5 g5 *(En Ghitescu - Antunac, Wijk aan Zee 1973, las Negras siguieron con 17. ... Be5. Luego de 18. Tf3 Tae8 19. Taf1 Ac8 20. fxg6 fxg6 21. Dxg6+ Dg7 22. Txf8+ Txf8 23. Dxg7+ Rxg7 24. Txf8 Rxf8 25. Rf2 la pareja de alfiles brinda cierta compensación por el peón. Pero las Negras jugaron mal el final y perdieron).*18. Dh3 Ae5! *"Un fuerte sacrificio posicional para jugar activamente", escribió Karsten Müller en su libro ya citado (Pág. 326).* 19. Dxh6 f6 20. Tf3 Dh7 21. Dxh7+ Rxh7 y las Negras tienen suficiente compensación por el peón. **12. ... Ce5 13. Tae1 Te8 14. b3 a6 15. a4** *(ver diagrama)*

15. ... Cxd3 Como de costumbre, a Fischer le agrada dejar a su oponente sin su pareja de alfiles. Pero Jiménez pensaba diferente: "La ventaja de la pareja de alfiles es relativa, pues por ejemplo, este alfil con todos los peones en blanco es muy malo". Sin embargo, existía la interesante continuación 15. ... b5!? Luego de 16. axb5 Cxd3 17. Dxd3 axb5 18. Cxb5 Cxd5! 19. cxd5 las Negras recuperan la pieza con buen juego. Por ejemplo: 19. ... Aa6 20. Cec3 Da5 21. Dc4 Tab8. **16. Dxd3 Ch5 17. Cg3** No es posible 17. Cf4??, ya que las Negras ganan una pieza con 17. ... Txe3 18. Dxe3 Cxf4 **17. ... Cxg3 18. hxg3 f5** "Una medida profiláctica que tiene sus inconvenientes, pues crea una debilidad en e6 y deja su alfil de casillas blancas con poca actividad. Esto se verá más en el final de la partida" Jiménez *(Op. Cit.).* No obstante, la jugada tiene a su favor que impide el acceso del caballo blanco a e4, y que las Negras pueden hacer ... Df6, con lo que mejoran la comunicación entre sus torres. **19. Af2 Df6 20. Txe8+ Txe8 21. Te1 Txe1+ 22. Axe1** "El final a que se ha llegado es de completa igualdad; las Blancas tienen la posición a que aspiraban cuando comenzaron la partida, las Negras para ganar tendrán que forzar y allí es donde espero mi oportunidad. La táctica empleada de aquí en adelante veremos si ha sido la correcta" Jiménez (*Op. Cit.*). Lo cierto es que la posición está nivelada, ya que debido a lo cerrado de la misma, a Fischer le resulta imposible hacer valer su pareja de alfiles. **22. ... Ac8** Resulta evidente que Fischer analizó 22. ... Dd4+, pero seguramente consideró que con las damas en el tablero, tendría mayores oportunidades de complicar la partida. **23. Rf2 Ad7 24. Ad2 Rf7 25. Rf1** Las Blancas mantienen su política tranquila, a la espera de que su oponente, al tratar de complicar la partida, se debilite. **25. ... h5 26. Ae1 De5 27. De2 Df6** Otra vez las Negras evitan el cambio de damas, lo cual produciría un fnal totalmente igualado. **28. Dd3 Re7 29. De2+** (*ver diagrama*)

29. ... Rf8 "Sorpresa. Las Negras regresan a casa y realmente tienen razón, pues después de   29. ... Rd8, el sacrificio de peón 30. a5! me daría una espléndida posición. Quizás en este momento las Negras comprendieron que las intenciones de las Blancas no eran tan pacíficas" Jiménez (*Op. Cit.*). **30. Da2 Rg8 31. Dd2** Las Blancas siguen desempeñándose de forma muy sólida, aunque existía la posibilidad de jugar 31. a5. Luego de 31. ... Qd8 32. axb6 (*Si 32. Ce2, entonces las Negras podrían responder con 32. ... b5*). 32. ... Qxb6 la posición se mantiene equilibrada. **31. ... Rh7 32. Dd3 Ah6 33. Ad2 Af8** "El cambio del alfil es siempre favorable a las Blancas por un principio sentado por nuestro José Raúl Capablanca: dama y caballo son más fuertes que dama y alfil". Jiménez (*Op. Cit.*). **34. Ae1 Ag7 35. De2 Df8 36. Dd3 Ae5 37. Ce2 b5 38. axb5 axb5 39. f4 Af6 40. Ac3 bxc4** "Aquí se selló la partida y dejé mi jugada bajo sobre, que era la natural, ya la posición se inclinaba a mi favor. Obsérvese el alegre despertar de mis piezas que durante horas apenas podían moverse" Jiménez (*Op. Cit.*). **41. bxc4 Ad8** Otra vez Fischer elude el cambio de alfiles, aunque en esta ocasión corre el riesgo de ceder el control de la gran diagonal. No obstante, de haber cambiado su alfil de casillas negras, le hubiera cedido a las Blancas el control absoluto de la casilla g5. **42. Aa1! Ac8 43. Dc3** Las Blancas controlan la gran diagonal lo que reduce aún más las posibilidades de contrajuego de su rival. **43. ... Aa6   44. Rf2 Ae7 45. Cg1** El caballo se dirige a f3, donde estará muy bien ubicado (*ver diagrama*)

45. ... g5 "Fischer, con sus intentos de victoria, se va acercando a una posición perdedora" Wade (*Op. Cit.*). **46. Cf3 gxf4** Las Negras continúan arriesgando demasiado y ya su posición es ligeramente inferior. En *Bobby Fischer 2*, Smyslov, Tal, Tukmakov y Yudasin recomiendan   46. ... g4!? 47. Cd2 h4 48. gxh4 Axh4+ 49. g3 Ad8, que sin dudas es una mejor opción. **47. gxf4 h4 48. Dc2 Rg6 49. Da2** (*ver diagrama*)

49. ... Dc8? "Error definitivo, ahora las Blancas pueden forzar el triunfo; las Negras en su afán de querer ganar están perdidas. La oportunidad que he esperado se presenta después de 50 jugadas, en este momento volvía a sellar nuevamente" Jiménez (*Op. Cit.*). (N.A.) El movimiento correcto es 49. ... Ac8 y las Blancas sólo dispondrían de una ligera superioridad. **50. Qb2?** La jugada puesta bajo sobre echó por la borda la oportunidad que el cubano estuvo esperando. Como él mismo mostró: "Ganaba con 50. Rg1!, pues si 50. ... Rh5, entonces 51. Rh2, (*N.A.: Mucho más fuerte es 51. De2!, que decide en el acto*) seguido de 52. De2; y si 50. ... Ab7   51. Db2! y en todos los casos las Negras perderían el Peón de h4. Jiménez aceptó las tablas **(1/2-1/2)** que Fischer le ofreció antes de reanudar la partida pues comprobó que tras 50. ... Dg8! 51. Da2 Ac8! 52. Da7 De8 y ya la maniobra 53. Rg1 puede evitarse con 53. ... Rh5 no tenía oportunidades de victoria.

Después de la presente partida, Jiménez y Fischer jugaron en dos ocasiones más: en la Olimpiada de La Habana 1966, donde se impuso el estadounidense con Blancas; y en el Interzonal de Palma de Mallorca 1970, donde hicieron tablas. Con ello, los encuentros entre ambos terminaron +1=3-0 a favor del norteamericano.

Luego de su empate con Jiménez, Fischer siguió en el tercer puesto con 11 puntos, tras Ivkov y Smyslov que acumulaban 12. A los tres punteros les seguían Geller con 10.5 y Jolmov con 9,5.

En la Ronda 16, el rival de Fischer era el Gran Maestro holandés Jan Hein Donner, al que no le iba bien y comentó a las secretarias de la competencia que se hallaba mal de salud, por lo que deseaba que lo examinara un médico. Ese día Donner utilizo el *Ataque Marshall*, contra el que Fischer no había podido romper hasta entonces la coraza de sus adversarios en el presente torneo.

(24) Fischer – Johannes H. Donner
Ruy López [C89]
Capablanca In Memoriam. Ronda 16. La Habana 16.09.1965

Johannes Donner

Johannes Hendrikus (Hein) Donner nació el 6 de julio de 1927 en La Haya, Países Bajos; fue Maestro Internacional (desde 1952) y un Gran Maestro (desde 1959). Cuando Donner ganó el título de Gran Maestro, sólo había 57 en todo el mundo, veinte de ellos en la Unión Soviética.

El mayor rating Elo de Donner fue 2622 en la lista de agosto de 1966, lo que lo convirtió en el jugador #46 del mundo cuando tenía 39 años y un mes de edad. Pero fue el jugador #45 del mundo en tres diferentes meses entre las listas de noviembre de 1965 y junio de 1966.

Su Mejor Actuación Individual Elo fue de 2717 en Leiden, Países Bajos 1970, cuando obtuvo 6 puntos de 12 (50%) contra una oposición con un rating promedio de 2744. El Gran Maestro holandés terminó en segundo lugar (+1=10-1) en este torneo a cuatro vueltas contra el entonces Campeón Mundial Boris Spassky (1er lugar. +2=10-0. 7 puntos), el ex Campeón Mundial Mijaíl Botvinnik (3ro-4to lugares. 1=9-2. 5.5 puntos) y el cuatro veces Candidato al Campeonato Mundial Bent Larsen (3ro-4to lugares. +2=7-3. 5.5 puntos).

En otras importantes victorias en torneos, Donner ganó en Beverwijk 1963 (12 puntos de 17. 70.6%), por encima de: David Bronstein, Ivkov, Parma, Herman Pilnik, Aleksandar Matanovic, Yuri Averbach, Stahlberg, Robatsch, Petar Trifunovic, O' Kelly y siete jugadores más.

También ganó en Venecia 1967 (11 puntos de 13. 84.6%), por encima de: 2-3 Larry Evans y el entonces Campeón Mundial Tigran Petrosian, 10 puntos; Dagoljub Janosevic, Pachman, Levente Lengyel, Robatsch y siete jugadores más.

Donner fue Campeón de los Países Bajos en 1954, 1957 y 1958. Jugó 11 veces para su país en las Olimpiadas de Ajedrez, en las que ganó dos Medallas de Plata Individuales: Dubrovnik 1950 (Segundo Suplente +3=3-2); y Helsinki 1952 (Tercer Tablero +4=4-1).

Fue también un columnista y escritor de ajedrez, famoso por sus a menudo intensas columnas, en las que no mostraba pelos en la lengua.

El 24 de agosto de 1983, cuando tenía 56 años, Donner sufrió un derrame cerebral. Al sobrevivirlo, no pudo caminar más, pero aprendió a escribir a máquina con un solo dedo.

En 1987, recibió el *Premio Henriëtte Roland-Holst*, uno de los galardones literarios más prestigiosos de los Países Bajos, por su libro *Na mijn dood geschreven* (*Escrito después de mi muerte*), una selección de las mini columnas que produjo para el diario vespertino *NRC Handelsblad*.

El 31 de julio de 1972, durante el Campeonato Mundial entre Boris Spassky y Robert Fischer, cuando después de ocho partidas el encuentro estaba 5-3 a favor del estadounidense, Donner escribió en el diario *De Tijd* (*El Tiempo*), según se cita en el libro *The King. Chess Pieces*. (New in Chess. Alkmaar. Países Bajos, 2006. Pág. 147): "... no se necesita mucho entendimiento de la naturaleza humana para predecir que Fischer no será campeón mundial por mucho tiempo. Sus excentricidades, estados de ánimo y caprichos se volverán contra él cuando haya alcanzado la cima. Golpeará duro, pero contra nada".

Una extraordinaria predicción.

Donner murió el 27 de noviembre de 1988 de una hemorragia gástrica. Tenía 61 años.

A continuación, la cuarta partida entre Fischer y Donner. El Gran Maestro estadounidense ganó la primera (con Negras) en Zúrich 1959; entabló la segunda, (también con Negras), en Bled 1961; y perdió la tercera (con Blancas) en la Olimpiada de Varna 1962.

1. e4 e5 2. Cf3 Cc6 3. Ab5 a6 4. Aa4 Cf6 5. 0–0 Ae7 6. Te1 b5 7. Ab3 0–0 8. c3 d5 Por tercera vez en el torneo Bobby tiene que enfrentar el Ataque Marshall. **9. exd5 Cxd5 10. Cxe5 Cxe5 11. Txe5 c6 12. d4 Ad6 13. Te1 Dh4 14. g3 Dh3 15. Ae3** Fischer repite la continuación principal, que ya había empleado días antes en este torneo contra Wade. **15. ... Ag4 16. Dd3** La única respuesta. La dama blanca tiene que estar lista para ubicarse en f1. No es posible 16. f3?? debido a 16. ... Axg3 ganando (*ver diagrama*)

16. ... Cxe3 La jugada del texto fue introducida por Efim Geller (Negras) en la segunda partida de su match de Candidatos contra Boris Spassky, disputado en Riga 1965. Una alternativa que ha perdido popularidad es 16. ... f5, que Donner empleó contra Euwe en el Campeonato de los Países Bajos, Amsterdam 1950. Pero desde hace años se considera que la mejor opción de las Negras es 16. ... Tae8. **17. Txe3 c5 18. Ad5** Al año siguiente, cuando ambos se enfrentaron en la Segunda Copa Piatigorsky, Santa Mónica, Fischer, tal vez sospechando que su rival traía preparada una mejora, varió aquí con 18. Df1 **18. ... Tad8 19. Cd2** Una jugada natural de desarrollo. Otra posibilidad es 19. Ag2 Dh6 20. Cd2, como se jugó en Penrose - Donner, Copa Clare Benedict, Brunnen 1966. **19. ... Ab8** Sólo una vez se ha jugado 19. ... cxd4. En realidad, la jugada correcta es 19. ... Ac7! que András Adorján empleó en tres oportunidades, alcanzando tres empates. **20. Ag2 Dh6** En el mencionado encuentro Spassky - Geller, Match de Candidatos, Riga 1965, las Negras jugaron 20. ... Dh5 *(ver diagrama)*

21. d5! Una novedad teórica de Fischer. En la partida Ciocâltea - Geller, en una ronda previa de este mismo torneo, las Blancas jugaron 21. Tae1. **21. ... c4?!** Es comprensible que las Negras quieran impedir que las Blancas consoliden su posición con 22. c4. Sin embargo, la jugada de la partida tiene el inconveniente de que ahora la dama blanca se ubicará en una importante casilla central. Como señala Wade *(Op. Cit.)*, es preferible 21. ... f5. Por ejemplo: 22. c4 f4 23. Tee1 fxg3 24. hxg3 Txf2 y luego de 25. Rxf2 Dh2 26. Te3 las Negras pueden forzar el empate con 26. ... Tf8+ 27. Tf3 Dxg3+ 28. Rf1 Axf3 29. Axf3. *(Si 29. Cxf3 entonces 29. ... g5!)* 29. ... Dh3+ 30. Re1 Dg3+ etc. **22. Dd4 Af5** Contra 22. ... Ah3 *(Luego de 22. ... f5? 23. Te6! Dxe6 24. dxe6 Txd4 25. cxd4 f4 26. d5! las Negras tienen un final sin esperanzas. Andrew Soltis en Bobby Fischer Rediscovered [Batsford. Londres 2003. Pág. 147])*. sigue 23. b3 con superioridad. **23. b3!** Con el objetivo de lograr un peón pasado en la columna "c". **23. ...Tc8** En caso de 23. ... cxb3 24. axb3 Tfe8 25. Cf1 la superioridad de las Blancas es enorme. **24. bxc4 Ad6** *(ver diagrama)*

25. Db6 Varios comentaristas han acompañado esta jugada con un signo de admiración. Sin embargo, no es la mejor, ya que permite a las Negras ripostar con un excelente golpe táctico. Es preferible 25. Tf3! *(Elie Agur en* Bobby Fischer: A Study of His Approach to Chess. *[Cadogan Chess. Londres 1992. Pág. 196] critica 25. Tf3, pues según él, ahora las Negras pueden seguir con 25. ... Ac5 26. Df4 Dxf4 27. Txf4 Ad3 28. cxb5 axb5 y las Blancas enfrentan problemas para defender su peón de c3).* Pero lo cierto es que las Blancas pueden obtener una enorme ventaja con 29. a4! Por ejemplo: 29. ... Tfd8 *(Si 29. ... bxa4 entonces 30. Tfxa4 Tfd8 31. c4 Tb8 32. T1a2 conservando los dos peones de más).* 30. axb5 Ad6 31. Tf3 Axb5 32. Tb1 Ae2 *(En caso de 32. ... Aa6 las Blancas pueden ampliar su ventaja con 33. Af1 Axf1 34. Rxf1)* 33. Te3 Ag4 34. c4 con posición ganadora. **25. ... Af4!** Al Gran Maestro holandés le resulta beneficioso cambiar su dama pasiva por la activa de las Blancas. En cambio, habría sido un error 25. ... bxc4? debido naturalmente a 26. Dxa6. **26. Dxh6 Axh6 27. f4 g5** Otra vez Donner encuentra la mejor forma de oponer mayor resistencia. Si 27. ... bxc4? 28. Cf3! *(Menos efectivo es 28. Af1?! por 28...g5!)* lo que impide 28. ... g5 y tiene la idea de llevar el caballo a d4 **28. Te5 Ad3 29. c5** Casi todos los comentaristas de esta partida le añadieron un signo de admiración a esta jugada. No obstante, el programa tiene "otra opinión". Es cierto que resultaba un error 29. fxg5? debido a 29. ... Ag7, y en caso de 29. Ah3, las Negras podrían responder 29. ... f5! Pero según el programa, lo mejor para el Blanco es 29. d6! Después de 29. ... bxc4. *(Si 29. ... Ag7?! 30. Txg5 h6 31. Td5 Axc4 32. Cxc4 Txc4 33. d7 Td8 34. Te1 Rf8 35. Te2 Txc3 36. Td6 b4 37. Ac6 Ad4+ 38. Rg2 Ae3 39. Aa4 Rg7 40. f5 Ag5 [En caso de 40. ... Rf8 las Blancas obtendrían una ventaja material decisiva con 41. f6 a5 42. Tc6 Td3 43. Tc8] 41. Te8 a5 42. f6+! ganando).* 30. d7 Tcd8 31. fxg5 Ag7 32. Td5 Axc3 33. Td1 f5 34. Af1 con gran ventaja para las Blancas en el final. **29. ... Txc5   30. d6 Txc3?** Esta es otra jugada que creó discrepancias entre los comentaristas. Pensamos que Karsten Müller, quien le añadió un signo de interrogación en su obra ampliamente citada con anterioridad, es el que tiene la razón cuando señala: "Se debe cambiar la torre activa de las Blancas con 30. ... Txe5 31. fxe5 g4". Ahora, luego de 32. Cb3 Tc8! *(Mucho más fuerte que 32. ... Ae3+ 33. Rh1 Ac4 34. Td1)* 33. Cd4! Ae3+ *(Si 33. ... Txc3? las Negras pierden una pieza después de 34. e6! fxe6 35. d7 Ag5 36. Cxe6)* 34. Rh1 Axd4 35. cxd4 Rf8 el Negro tiene posibilidades reales de salvación. **31. d7 gxf4 32. Tae1?** Cómo señaló Soltis *(Op. Cit.* Pág 147), la jugada correcta es 32. Te8! Sin embargo, después de 32. ... Ag5, lo mejor es 33. gxf4! y las Blancas ganan de forma forzada. Por ejemplo: 33. ... Af6 *(A 33. ... Ad8 habría seguido 34. Ae4! Axe4 35. Cxe4 Td3*

36. Rh1! [Con la amenaza 37. Tg1+!] *36. ... Ab6 37. Cf6+ Rg7 38. Ch5+ Rh6* [Si 38. ... Rg8 39. Tae1 ganando en el acto] *39. Txf8 con ventaja material decisiva).* 34. Ce4 Axe4 35. Axe4 Tc4 36. Td1 Td4 37. Txd4 Axd4+ 38. Rg2 Ab6 39. Axh7+! ganando. **32. ... Ag7?** Donner pudo haber jugado 32. ... fxg3! Luego de 33. Te8 Ag5 sugerida por Wade (*Op. Cit.*); y Smyslov. Tal, Tukmakov y Yudasin en *Bobby Fischer 2* (Ediciones Eseuve. Madrid 1992. Pág. 189), las Blancas están mejor después de 34. hxg3 Tc2 35. Ce4 pero las Negras mantienen posibilidades de salvar la partida. **33. Te8 Ad4+** Ya no hay defensa posible. Si 33. ... Af6, las Blancas ganan de forma inmediata con 34. Ce4! *(en lugar de 34. gxf4? sugerida por Smyslov. Tal, Tukmakov y Yudasin. Op. Cit. Pág. 189).* **34. Rh1 Af6 35. gxf4!** Abriendo la columna "g", lo que resulta decisivo, ya que las Negras están indefensas ante 36. Tg1. Las Negras abandonaron. **1–0.** Esta fue la única victoria de Fischer contra la Variante 9. ... Cxd5 en el Ataque Marshall en las cinco oportunidades que tuvo que enfrentarla. Aunque ganó en las dos ocasiones que jugó contra 9.... e4.

Posteriormente a este encuentro, Fischer y Donner entablaron la partida de la primera vuelta en la Segunda Copa Piatigorsky, Santa Mónica 1966, en la que Bobby jugó con Blancas, y el norteamericano ganó el encuentro de la segunda vuelta (con Negras). Con esto, el resultado final entre ambos fue de +3=2-1 a favor del estadounidense.

Tras su victoria sobre Donner, Fischer mantuvo su tercer puesto, debajo de Ivkov, quien venció a Lehmann; y Smyslov, quien derrotó a Gilberto García. El yugoslavo y el soviético acumulaban 13 puntos contra los 12 de Fischer.

En la Ronda 17, el estadounidense tuvo que enfrentar a un rival especialmente difícil en el soviético Efim Geller, con quien tenía un marcador igualado.

(25) Efim Geller - Fischer
Defensa India del Rey [E81]
Capablanca In Memoriam. Ronda 17. La Habana, 10.9.1965

Efim Geller

Efim Petrovich Geller nació el 8 de marzo de 1925 en Odesa, Ucrania, fue Maestro Internacional (desde 1951) y Gran Maestro Internacional (desde 1952).

Su Elo histórico más alto fue 2765 en la lista de agosto de 1963, convirtiéndolo en el tercer jugador del mundo. Tenía entonces 38 años y cinco meses de edad. Pero ya había sido el segundo jugador del mundo en las listas de mayo, junio y julio de 1963. De hecho, se estima que Geller estuvo entre los 10 mejores jugadores del mundo por alrededor de 20 años. Su mejor actuación individual Elo fue 2805, en el Torneo de Candidatos de Curazao 1962, cuando obtuvo 20.5 puntos de 27 ante una oposición con un rating promedio de 2733.

Geller compitió en un récord de 23 Campeonatos Soviéticos (igual que Mark Taimanov), ganando dos: en 1955, en Moscú, empatado con Vasily Smyslov, a quien ganó el match de desempate; y en 1979, en Minsk, Bielorrusia, a la edad de 54 años, convirtiéndolo en el Campeón Soviético de más edad en ganar el título.

Jugó en seis Torneos de Candidatos con los siguientes resultados: 6°-7° en Zúrich -Neuhausen, Suiza, 1953; 3°-4° en Ámsterdam, Países Bajos 1956; y 2°-3° en Curazao 1962. En 1965, derrotó a Smyslov en su encuentro de Cuartos de Final de Candidatos jugado en Moscú, pero ese mismo año perdió contra Boris Spassky en su match de Semifinales disputado en Riga, Letonia. En 1968, perdió ante Spassky en su match de Cuartos de Final que se jugó en Sujumi, Abjazia. Y en 1971, perdió ante Víctor Korchnoi en su match de Cuartos de Final disputado en Moscú.

Geller representó siete veces a la URSS en las Olimpiadas. En todas ellas, su equipo ganó la medalla de oro. Pero él también ganó seis medallas individuales, tres de Oro y tres de Plata: Helsinki 1952 (Cuarto Tablero. Plata), Ámsterdam 1954 (Primer Suplente. Oro), Moscú 1956 (Segundo Suplente. Oro), Varna 1962 (Primer Suplente. Oro). Lugano 1968 (Cuarto Tablero. Plata) y La Valeta 1980. (Cuatro Tablero. Plata).

Geller tuvo resultados positivos contra cuatro Campeones del Mundo: Mijaíl Botvinnik (+4-1=7), Smyslov (+11-8=37), Tigran Vartanovich Petrosian (+5-3=22) y Robert Fischer (+5-3=2). El Gran Maestro ucraniano también ganó al menos una partida contra otros cuatro Campeones del Mundo: Max Euwe (+1=1-0), Mijaíl Tal (+6-6=23), Boris Spassky (+6-10=23) y Anatoly Karpov (+1-2=5). Esto hace un total de ocho Campeones del Mundo vencidos en al menos un encuentro, un récord compartido sólo con Botvinnik, Petrosian y Korchnoi. De hecho, Geller tiene un puntaje positivo general contra los Campeones del Mundo (+39-35=32), incluido Garry Kasparov (+0-1=3), el único al que nunca venció.

Participó en el Campeonato Mundial Sénior, empatando con Smyslov en la primera ocasión que participó, en Bad Worishofen, Baviera, Alemania en 1991, pero Smyslov terminó con el titulo por mejor coeficiente de desempate; y terminó solo en primer lugar en el torneo jugado siguiente el año en el mismo lugar. Se mantuvo activo en el ajedrez competitivo de alto nivel hasta los 70 años. Su último evento fue el Campeonato Ruso de 1995 en Elista.

Geller murió el 17 de noviembre de 1998 de complicaciones de una serie de enfermedades que incluían cáncer de próstata y una dolencia del corazón. Tenía 78 años.

Antes de la próxima partida, Geller y Fischer habían disputado seis encuentros. El estadounidense se impuso con Blancas en Bled 1961 y entablaron Fischer (con Negras) en el Interzonal de Estocolmo 1962. Posteriormente, el soviético le ganó a Bobby su match particular en el torneo de Candidatos de Curazao, con el resultado de dos victorias, una derrota y un empate. Con ello, el balance entre ambos marchaba igualado +2-2=2.

1. c4 "El repertorio del Gran Maestro estadounidense es bastante pobre. Con Blancas juega 1. e4. Con Negras, a la jugada del Peón Rey contesta generalmente con una variante de la Defensa Siciliana (la llamada Variante Najdorf), y a 1. d4, Fischer normalmente escoge la Defensa India del Rey. En la presente partida quise probar la maestría del norteamericano precisamente en esa línea de juego. En los últimos tiempos Fischer no ha querido jugar contra el Sistema Sämisch (ésta es mi opinión particular) sino que lleva frecuentemente el juego a la Defensa Grünfeld. Así, por ejemplo, es conocida la partida Botvinnik - Fischer (Varna 1962). La jugada del texto cierra a Fischer esa posibilidad". Geller en la Revista *Jaque Mate* (noviembre 1965. Pág. 332). **1. ... g6 2. Cc3 Ag7** Si Fischer hubiera jugado 2. ... Cf6, Geller podría haber evitado la Defensa Grünfeld con 3. e4. **3. d4 Cf6 4. e4 d6 5. f3 c6** Ésta fue la única vez en su carrera que Fischer hizo esta jugada. En dos ocasiones se decidió por 5. ... c5 y ambos oponentes respondieron con 6. dxc5. Por otra parte, se considera que la respuesta más ambiciosa de las Blancas es 6. d5 0–0 7. Ag5. **6. Ae3 a6** *(ver diagrama)*

La llamada Variante Byrne, ya que el Gran Maestro estadounidense Robert Byrne la empleó en múltiples ocasiones durante tres décadas y aunque sus resultados no fueron muy afortunados, hay que resaltar su victoria contra el Gran Maestro danés Bent Larsen en el Interzonal de Leningrado 1973. Este fue el torneo de su vida para Byrne, pues logró su mejor actuación Elo: 2793; y se clasificó para el Torneo de Candidatos. **7. Ad3** La línea más agresiva es 7. Dd2, seguido de 8. O-O-O y después lanzarse al ataque del flanco rey. Así se impuso Spassky a Larry Evans en un memorable encuentro en la Olimpíada de Varna, Bulgaria realizada en 1962. **7. ... b5** Una imprecisión. Poco tiempo después de esta partida se comenzó a jugar 7. ... Cbd7 o también 7. ... 0–0, y sólo entonces 8. ... b5. Por ejemplo, la Primera Partida del match por el Campeonato del Mundo, entre Karpov y Kasparov, Nueva York/Lyon 1990, continuó 7. ... 0–0 8. Cge2 b5 9. 0–0 Cbd7 10. Tc1 e5 11. a3 exd4 12. Cxd4 Ab7 13. cxb5 y ahora Kasparov sorprendió a todos con 13. ... cxb5! Un concepto realmente interesante. Aunque algo similar, pero en otra variante de la India del Rey, se puede encontrar en el encuentro Donner - Fischer, Santa Mónica 1966 y del encuentro Pietzsch - Fischer de este torneo). En lugar de tomar hacia el centro, (13 ... axb5), el Campeón Mundial lo hace en sentido contrario. ¿Cuál puede ser su objetivo al reducir su influencia en el centro y quedarse con un peón aislado en d6? Pues con esta jugada se deshace de su peón retrasado de c6 que estaba ubicado en una columna abierta. Y el problema del peón en d6 lo solucionará rápidamente Kasparov. La partida siguió con 14. Te1, y ahora como señaló el propio Gran Maestro de Bakú, en vez de 14. ... Ce5, pudo haber jugado 14. ... d5! de inmediato. **8. cxb5** Es muy fuerte 8. e5! Así se jugó en el encuentro Spassky - Kavalek, San Juan 1969. **8. ... axb5** **9. Cge2** En la partida Evans - Tringov, Olimpíada de Siegen 1970, tal vez preocupadas porque las Negras pudieran avanzar su peón "b", las Blancas jugaron 9. b4. **9. ... 0–0 10. b4** "Esta jugada de las Blancas bloquea los peones del contrario y tiene en cuenta, mediante a4, abrir en un futuro la columna a del flanco dama. El debilitamiento del punto c4 no tiene gran importancia" Geller. (*Op. Cit.*). **10. ... Cbd7 11. 0–0 Ab7** Como este alfil no tiene mucho futuro en b7, después de esta partida se llegó a la conclusión de que era preferible 11. ... Cb6. **12. Dd2** En el encuentro Damjanovic - Botvinnik, Palma de Mallorca 1967, en el que se llegó a esta posición por otro orden de jugadas, las Blancas hicieron en este momento 12. Cc1. Después de 12. ... e5 13. Cb3 exd4 14. Cxd4 Ce5 15. Ae2 Cc4 ya las Negras tenían ventaja. **12. ... e5** La idea de Fischer es cambiar peones en d4 y después ubicar su caballo en e5. **13. Tfd1 exd4 14. Cxd4 Ce5 15. Af1 Cfd7 16. a4 Cb6!?** También era posible 16. ... bxa4. Luego de 17. Txa4 *(Menos preciso es   17. Cxa4, debido a 17. ... d5!)* 17. ... Cb6 18. Txa8 Axa8 19. Af2 d5 20. Dc2 las Blancas sólo tienen una ligera ventaja. **17. Dc2** Si 17. axb5 Txa1 18. Txa1 resulta muy interesante 18. ... Cec4!? *(A Geller le preocupaba más 18. ... Cbc4 19. Dc1 Cxe3 20. Dxe3 Db6 ya que las Negras amenazan 21. ... Cxf3+ y 21. ... Cc4. Sin embargo, ambas amenazas se evitan con   21. Td1!)* 19. Dd3 c5 20. Cc2 Cxe3 21. Dxe3 Dc7 22. bxc5 dxc5 y las Negras tienen compensación por el peón de menos *(ver diagrama)*

17. ... bxa4 Con este movimiento, las Negras permiten a su rival obtener una ligera ventaja, y lo que es peor, la posición del segundo jugador será un tanto pasiva. Existía la interesante posibilidad 17. ... Cbc4!? que ha sido poco mencionada. El Maestro Internacional germano-estadounidense Edward Lasker habló de ella en *Jaque Mate* (febrero 1966): "Hacer 17. ... Cbc4 en este momento hubiera sido débil. Habría tenido entonces que cambiar el Peón "b" después de una o dos jugadas, y entonces la posición de su caballo habría sido poco firme". Con Geller ocurrió una cosa curiosa respecto a la mencionada jugada 17. ... Cbc4. Mientras en su excelente libro *The Application of Chess Theory* no la menciona, en sus comentarios en la Revista *Jaque Mate* (noviembre 1965 - Pág 332) señala: "Es difícil comprender el por qué Fischer se negó al rico juego táctico que resultaría después de 17. ... Cbc4". En realidad, de esa forma las Negras obtendrían mucho mayor contrajuego del que ocurrió en la partida. Por ejemplo, después de   18. Af2, las Negras pueden jugar 18. ... Dg5! Si ahora 19. Ta2 *(Otras posibilidades son: 1)   19. a5 Tfd8 20. Dc1 Dxc1 21. Tdxc1 [La captura con la otra torre sería un error, ya que después de 21. Taxc1? Cb2! 22. Td2 Ah6, las Negras ganarían la calidad] 21. ... Ah6 con buen juego. 2)   19. axb5?! Ce3 20. De2 [Única respuesta, ya que tanto 20. Dc1? Txa1, cómo 20. Dd2?! C5c4 permiten a las Negras obtener ventaja material] 20. ... Cxd1 21. Txd1 cxb5 22. Cdxb5 Tfc8   23. Txd6 De7 y aunque aquí las Blancas poseen dos peones a cambio de la calidad, la posición de las Negras es ligeramente favorable).* **18. Nxa4 Nxa4 19. Rxa4 Rxa4 20. Qxa4** Esta es la posición a que nos referíamos en los comentarios después de la jugada 17 de las Negras. Es evidente que Fischer no se sentía a gusto aquí debido a lo pasivo del emplazamiento de sus piezas. Veamos lo que comentan al respecto Geller y Mednis: Geller, en *Jaque Mate* (noviembre de 1965) dice: "El choque de los planes de apertura ha llevado a una posición favorable para las Blancas. Toda la cuestión se reduce a si puede o no explotar la persistente debilidad de los peones colgantes de las Negras". Por su parte Mednis, en *How to Beat Bobby Fischer*. (Dover Publications Inc revised and updated, Canada 1997. P. 193) destaca: "Los múltiples cambios no han aligerado la tarea de las Negras, que están atascadas con un peón "d" crónicamente débil; también el peón "c" es débil y el alfil de b7 no tiene alcance. El resultado neto es que la posición de las Negras es muy incómoda y sin posibilidades de victoria. Se necesitarían esfuerzos hercúleos para lograr un empate". **20. ... De7** Las Negras amenazan 21. ... d5, aislando el peón de e4 de las Blancas, porque en caso de 22. exd5?! seguiría 22. ... Cxf3+! **21. Db3?!** Ante la mencionada amenaza, Geller debe defender su alfil. Sin embargo, había una forma mejor de hacer esto con 21. Da7! Luego de 21. ... Ta8 (*Sería un grave error 21. ... Dc7? recomendada por algunos comentaristas, ya que las Blancas ganarían con 22. Aa6 Tb8 23. Tc1 Af8 24. f4 Cd3 25. Txc6!*) seguiría 22. Db6 con ligera superioridad. **21. ... Ta8 22. Cc2** Geller, quien ya se encontraba apurado por el tiempo, continúa jugando de forma indecisa. Era de considerar 22. Af2, lo que asegura la posición de este alfil. **22. ... Ac8 23. Cd4** (*ver diagrama*)

23. ... Ad7 Entremos en el juego de las especulaciones. Como Geller trataba con seguridad de ganar tiempo en el reloj, Fischer no repite con 23. ... Ab7, ya que probablemente el GM de Odesa hubiera continuado con 24. Af2. Sin embargo, esto es sólo una suposición y Mednis opina lo contrario. Además de señalar que la jugada del texto es un error, agrega que Geller, con sólo 17 minutos para 17 jugadas por hacer para llegar al control de tiempo, habría repetido de nuevo la posición. Por su parte, Edward Lasker (*Op. Cit.*) también le coloca un signo de interrogación a la jugada hecha por Fischer y propone 23. ... c5, que realmente es muy buena. Luego de 24. bxc5 dxc5 25. Cb5 Ae6, Ed. Lasker considera que la posición está nivelada. Y agrega: "23. ... c5 pudo muy bien haber hecho a Fischer el ganador del torneo". Y no le falta razón, ya que el norteamericano finalizó a medio punto de Smyslov. También hay que señalar que desde el punto de vista psicológico, la derrota ante Geller pudo haberle afectado al estadounidense en su siguiente partida. Pero como dijimos, éstas son sólo especulaciones. **24. h3** Amenazando ganar el caballo negro con 25. f4. **24. ... Tb8** De nuevo Ed. Lasker (*Op. Cit.*) propone 24. ... c5. Sin embargo, en este momento las Blancas pueden lograr una pequeña ventaja con 25. bxc5 dxc5 26. Cb5! (*Mejor que 26. Cc2?! propuesta por Ed. Lasker. Op. Cit.*) 26. ... Ae6 27. Dc2 **25. Da3** No era conveniente 25. f4 por 25.

... c5 por lo que las Blancas deben alejar su dama de la columna "b". **25. ... d5** Otra jugada correcta de Fischer. Sin embargo, Mednis *(Op. Cit.)* opina que se trata de una "opción desagradable, que permite un peón "b" pasado y encasilla a las Negras con un peón "d" aislado, pero no había otra forma satisfactoria de contrarrestar la amenaza 26. f4 del Blanco". Sin embargo, nos parece que el comentario de Mednis es demasiado drástico, ya que las Negras siguen estando muy cerca de la igualdad. **26. exd5 cxd5 27. Cc2** *(ver diagrama)*

27. ... Axh3?! Los problemas de Fischer comienzan con esta dudosa jugada. Aunque Geller (*The Application of Chess Theory*. Pág. 243) expresó: "Es difícil dar una evaluación definitiva a la idea de las Negras, pero parece ser su mejor oportunidad práctica. 27. ... Ae6 tropieza con   28. Ac5, cuando los peones pasados de las Blancas, apoyados por el alfil, están listos para avanzar". Sin embargo, las Negras podían responder con 28. ... Dc7! y luego de 29. Cd4 *(No era posible avanzar el peón pasado ya que a 29. b5?? hubiera seguido 29. ... Cd7!, ganando una pieza).* 29. ... Cd7! 30. Cxe6 fxe6 y la posición estaría nivelada. **28. Ac5!** Con buen criterio, Geller no captura el alfil. Si 28. gxh3 Cxf3+ 29. Rf2 Dh4+! 30. Rxf3 Dh5+ 31. Rg2 Dxd1 serían las Blancas las que tendrían que jugar con cuidado para evitar caer en una posición difícil. **28. ... Dg5 29. f4 Dh5 30. Txd5!** "Esto es más sencillo que 30. Td2 Af5 31. fxe5 Axe5, cuando, a pesar de tener una pieza de menos, las Negras pueden crear algunas amenazas durante los problemas de tiempo del oponente. Pero ahora los cambios son inevitables, lo que lleva a un final ganado para el Blanco" Geller en *The Application of Chess Theory*. (P. 242). **30. ... Af5 31. Ce3?** Entre los varios comentaristas que tuvo esta partida, sólo el Gran Maestro alemán Karsten Müller señaló en *Bobby Fischer. The Career and Complete Games of the American World Chess Champion* (Russell Enterprises, Inc. E.U.A. 2009. P. 270.) que esta jugada es un error, ya que deja escapar buena parte de la ventaja. De acuerdo con él, 31. Da7! Tc8 32. De7 Cd7 33. Ae2 es "objetivamente mejor". **31. ... Cg4!** Ahora las Blancas sólo poseen una pequeña ventaja. **32. Cxg4 Dxg4 33. Da7 Te8 34. Dc7** Con la amenaza 35. Td8! **34. ... h5** La mejor respuesta. Ed Lasker *(Op. Cit.)* propone 34. ... Dh4, para después de 35. b5 Ae4?! *(Es mejor 35. ... Ah6)*

36. Td7?? *(Lo correcto es 36. Td1 con gran ventaja)* las Negras pueden forzar el jaque perpetuo con 36. ... Axg2 37. Rxg2 Dg4+ 38. Rh2 *(No es posible 38. Rf2?? debido a 38. ... Af6! ganando).* 35. Td8 Hay que cambiar la torre negra. En caso de 35. b5 hubiera seguido 35. ... Te1! con contrajuego. 35. ... Txd8 36. Dxd8+ Rh7 37. Ae3 *(ver diagrama)*

37. ... Ah6?? Éste es el verdadero error decisivo. Tanto Mednis *(Op. Cit.)* como Ed. Lasker *(Op. Cit.)* propusieron 37 ... h4?! y aunque Geller es un poco categórico al señalar que 38. Dg5 ganaría de inmediato, lo cierto que las Negras habrían tenido que defender un final bien difícil debido al peón pasado de las Blancas. Es Müller *(Op. Cit.* Pág. 260) quien muestra la jugada salvadora: "Después de 37. ... Ad7! 38. b5 Dd1 39. b6 Ad4 las Negras empatan". 38. Qf6 La amenaza es 39. Ad4, ganando en el acto. 38. ... Ag7 Forzado. 39. Dxf7 Con un peón de más, pasado y alejado en el flanco dama, la partida está decidida. 39. ... Dd1 40. Dc4 h4 Algunos comentaristas criticaron esta jugada al señalar que este peón ahora quedará débil. En realidad, el mal ya está hecho y la posición de las Negras es insostenible. 41. De2 Da1 42. Rh2 Geller quiere desclavar su alfil. No obstante, ganaba directamente 42. b5. 42. ... Ad4 43. Af2 Axf2?! Más tenaz era 43. ... h3! y aunque luego de 44. b5 hxg2 45. Axg2 Da7 46. Axd4 Dxd4 47. Rg3 el Blanco dispondría de una gran superioridad, aún tendría que vencer algunas dificultades técnicas. 44. Dxf2 Ahora se hace sentir la debilidad del peón negro de h4. De momento las Negras deben perder un tiempo para impedir su captura con jaque, lo que permite al Peón pasado avanzar impunemente. 44. ... Rg7 45. b5 Ae4 46. b6 Ab7 47. De2 Rf6 48. Dd3 Re7 Impide el jaque en d6. Si 48. ... h3, las Blancas ganan con 49. Dd6+ Rg7 50. De7+ Rh6 51. Ad3 y no hay nada que hacer contra el jaque de la dama blanca en g5. 49. Dc4 Rf6 50. Dd3 Además de ganar tiempo en el reloj, con este procedimiento de "no apresurarse" Geller le muestra a su rival que tiene el control de la posición y puede escoger el momento oportuno para emprender la acción decisiva. 50. ... Re7 51. De3+ Rd6 52. Ae2! "Transponiendo hacia un preciso y bien calculado final de peones" Geller en *The Application of Chess Theory.* (P. 243). 52. ... Db2 53. Af3 Axf3 *(ver diagrama)*

54. De5+! Dxe5 55. fxe5+ Rxe5 En caso de 55. ... Rc6 las Blancas ganan con 56. gxf3 g5 57. e6 lo que promueve un peón. **56. gxf3 Rd6 57. f4** Geller comentó en *The Application of Chess Theory*. P. 243: "'El ajedrez es una tragedia de un tiempo. Siempre se está corto, ya sea para ganar o para empatar', dijo el Gran Maestro Savielly Tartakower. Como para confirmar este aforismo, las Negras abandonaron **(0-1)**, ya que en la variante forzada 57. ... Rc6 50. Rh3 Rxb6 59. Rxh4 Rc6 60. Rg5 Rd7 61. Rxg6 ellas están realmente cortas de un tiempo: 61. ... Re7 62. f5 Rf8 63. Rf6 Re8 (Rg8) 64. Rg7 (Re7)".

Tras esta victoria en La Habana, Geller volvió a vencer dos veces más (y de forma consecutiva) a Fischer: en Montecarlo y Skopje, ambas en 1967, de manera que lo superó en tres partidas seguidas. El otro único jugador que logró tal hazaña, e incluso más, fue Mijaíl Tal, quien derrotó 4-0 al estadounidense en el torneo de Candidatos de Bled/Zagreb/Belgrado de 1959. Pero entonces Fischer era un adolescente de 16 años. Finalmente, Bobby se impuso con Negras en el Interzonal de Palma de Mallorca 1979, para un balance final de +5=2-3 a favor de Geller.

La derrota ante Geller debió haber sido especialmente dolorosa para Fischer, no sólo porque lo alejaba a punto y medio de los líderes, Smyslov e Ivkov, quienes ahora acumulaban 13.5; sino porque empequeñecía en cierta forma sus acusaciones de que los soviéticos, entre ellos Geller, se habían confabulado contra él en Curazao.

En la Ronda 18, Fischer se enfrentaba a Jolmov, un desconocido para él y su último adversario soviético en el torneo.

(26) Fischer - Ratmir D. Jolmov
Ruy López [C98]
Capablanca In Memoriam. Ronda 18. La Habana 20.9.1965

Ratmir Jolmov

Ratmir Dimítrievich Jolmov nació el 13 de mayo de 1925 en la pequeña ciudad de Shenkursk (5,702 habitantes en el Censo de 2010), en la región de Arjanguelsk, en el norte de Rusia (entonces en la Unión Soviética); fue Maestro Internacional (desde 1956) y Gran Maestro (desde 1960).

Su mayor rating Elo fue de 2736 en la lista de marzo de 1961, lo que lo convirtió en el jugador 8 del mundo cuando tenía 35 años y 10 meses de edad. En realidad, fue el jugador 8 del mundo en ocho diferentes listas mensuales entre agosto de 1960 y marzo de 1961. Su mejor resultado según el Elo fue de 2760 en el torneo de Leningrado 1967, cuando hizo 12 puntos de 16 posibles (+8=8-0. 75%) contra una oposición con un rating promedio de 2610.

Jolmov fue campeón de Bielorrusia en 1948, y venció o empató en primer lugar de forma consecutiva en 10 campeonatos de la República Socialista Soviética de Lituania: 1949, 1950, 1951, 1952, 1953, 1955, 1957, 1958, 1959 y 1960.

En 1963, compartió el 1er-3er puesto, junto con Boris Spassky y Leonid Stein, en el 31er Campeonato Soviético que se jugó en Leningrado. Stein ganó el desempate. En consecuencia, Jolmov es uno de los dos jugadores más fuertes (junto con Isaac Boleslavsky) de la época que va desde la década de 1940 hasta la de 1960, que nunca obtuvo el título de Campeón Soviético.

Jolmov ganó el Capablanca in Memorian de 1968, disputado en La Habana, con 12 puntos de 14 (+10=4-0. 85.7%), por encima de sus compatriotas Leonid Stein y Alexei Suetin (2do-3er lugar.11.5 puntos), entre otros.

Jolmov sólo recibió una oportunidad de representar a la URSS en competencias internacionales por equipos, cuando jugó el Décimo Tablero en el Campeonato Europeo por Equipos disputado en Kapfenberg, Austria 1970. Allí ganó la Medalla de Oro Individual con 4.5 puntos de 6 (+3=3=0), con lo que ayudó a su país a ganar la Medalla de Oro por Equipos.

En el 2000, cuando tenía 75 años de edad, jugó en el Campeonato Mundial para mayores de 60 años disputado en Rowry, Polonia, donde obtuvo 8 puntos de 11 (73%) y empató en 1ro-4to lugares con Mark Taimanov, Janis Klovans y Alexander Chernikov. Pero Chernikov ganó el desempate y el título.

En sus resultados con los Campeones Mundiales, superó a Tigran Petrosian (+1=7-0) y a Garry Kasparov (+1=0-0); e igualó con Robert Fischer (+1=0-1) y con Anatoly Karpov (0=1-0). También igualó con importantes Candidatos al Campeonato Mundial como Paul Keres (+1=6-1), David Bronstein (+2=13-2) y Victor Korchnoi (+2=16-2).

Pero obtuvo resultados inferiores con Mijaíl Botvinnik (+0=1-2), Vassily Smyslov (+0=7-3), Mijaíl Tal (+0=16-2) y Boris Spassky (+1=8-5).

Jolmov era conocido en la Unión Soviética como *El Defensa Central*, debido a su gran habilidad en rechazar las agresiones enemigas.

Durante la Segunda Guerra Mundial, fue marino mercante entre 1942 y 1945. En 1943, cuando regresaba de los Estados Unidos y se encontraba cerca de Vladivostok, el viento empujó su barco hacia una mina japonesa y se hundió junto a la costa de este país asiático. Allí fue prisionero durante seis semanas, a pesar de que Japón y la Unión Soviética no estaban en guerra.

Debido a este incidente y como medida de seguridad, el gobierno soviético le revocó, a fines de 1944, los documentos que le permitían viajar al extranjero. "Pero me puse contento, porque a los que eran prisioneros de los alemanes los enviaban directo a los campos (de trabajo forzado)", dijo Jolmov en una entrevista con Genna Sosonko para el libro *Smart Chip from St. Petersburg and Other Tales of a Bygone Chess Era* (New in Chess. Alkmar, Países Bajos 2006).

Después de la guerra fue instructor de ajedrez y se hizo jugador profesional en 1948, cuando le dieron un estipendio mensual de 200 rublos (unos $525 en el 2018).

Jolmov falleció el 18 de febrero del 2006 luego de sufrir un segundo infarto. Tenía 80 años.

A continuación la primera partida jugada entre Fischer y Jolmov.

1. e4 e5 2. Cf3 Cc6 3. Ab5 a6 4. Aa4 Cf6 5. 0-0 Ae7 6. Te1 b5 7. Ab3 0-0 8. c3 d6 9. h3 Ca5 Fischer enfrenta otra vez en este torneo la Variante Chigorin. **10. Ac2 c5 11. d4 Dc7** En la Ronda 10, Ivkov optó por 11. ... Cd7. **12. Cbd2** Esta fue la vigésima ocasión en que a Fischer se le presentó sobre el tablero esta posición en partidas oficiales. En el resto de su carrera sólo la volvería a jugar dos veces, ambas en Buenos Aires 1970, contra Héctor Rossetto y O´Kelly.   **12. ... Cc6** La línea antigua en la Variante Chigorin. En la actualidad, las Negras prefieren jugar primero 12. ... cxd4 Otra posibilidad es 12. ... Ad7 13. Cf1 Tfe8 que Fischer llamaba el *Sistema Yugoslavo*, debido a que lo empleaban con mucha frecuencia jugadores de ese país, en especial Gligorić, Ivkov y Aleksandar Matanović. También existe la continuación 12. ... Te8, para seguir con ... Af8 y presionar el Peón de e4. En esta línea las Negras no definen tan rápido dónde van a ubicar su alfil de casillas blancas. **13. dxc5** La jugada favorita de Fischer para después intentar explotar la debilidad de la casilla d5, aunque el Gran Maestro estadounidense jugó 13. d5 en dos partidas de *blitz* en New York 1971. Esta última continuación, con la que las Blancas ganan espacio para poder maniobrar con mayor facilidad con sus piezas, se considera mejor en la actualidad, gracias principalmente a los esfuerzos de Geller y Anatoly Karpov. **13. ... dxc5 14. Cf1** *(ver diagrama)*

14. ... Ae6 La mejor respuesta. Otra posibilidad es 14. ... Td8 que tiene el inconveniente de debilitar algo el flanco rey. Al Gran Maestro checo Miroslav Filip le agradaba jugar 14. ... Ad6 **15. Ce3 Tad8 16. De2 c4** La mejor opción, ya empleada por Symyslov (Negras) en su partida contra Suetin en el Campeonato de la URSS, Moscú 1963. **17. Cg5** La alternativa es 17. Cf5. **17. ... h6** Esta parece ser la novedad que Smyslov le mostró a Jolmov. En su partida con Suetin antes mencionada, el ex Campeón Mundial hizo 17. ... Ac5 y luego de 18. Cd5 logró igualar Pero las Blancas podían jugar 18. b4 Ab6 19. a4 con ventaja *(ver diagrama)*

19. b4? Un grave error que recibe un castigo inmediato. Lo curioso es que según Edmar Mednis (*Op. Cit.*, página 198), el Gran Maestro norteamericano pensó esta jugada casi media hora y no se percató de la fuerza de la réplica de las Negras. Había que jugar 19. b3. **19. ... Cd4** Muchos años después, en una conversación con Genna Sosonko, éste le preguntó sobre su victoria sobre Fischer. Jolmov le respondió: "¿Cómo le gané a Fischer? Eso fue en el '65 en Cuba, cuando Fischer jugaba por teletipo y transmitían sus movimientos desde Nueva York. Estuve bajo mucha presión durante esa partida, al entender que si perdía, me tirarían todos los perros, recordarían todo y en particular, la noche anterior a ese encuentro. ¿Por qué? El bar del hotel estaba abierto toda la noche y yo estaba bebiendo Bacardí. Este ron es maravilloso en Cuba. Ya era muy tarde cuando Smyslov vino a buscarme. Vamos, Ratmir, me dijo. Te mostraré una variante que puedes jugar mañana contra Fischer. Fuimos a la habitación de Smyslov y él me mostró una nueva idea en la Variante Chigorin de la Española, pero yo estaba tan borracho que Vasili Vasilievich estaba seguro de que no recordaría nada. Al día siguiente me siento a jugar y pienso: ¿Qué hiciste ayer? Tendrás que pagar un infierno por tu comportamiento, y tenía que ser justo antes de la partida contra Fischer. Dirán, hijo de puta, estabas borracho como un zorrillo. Me siento allí, apretando los dientes y apretando los puños, sin levantarme de la silla. Entonces se pueden imaginar, la variante completa que habíamos visto esa noche vino en el tablero. Después del encuentro Fischer me felicitó, pero no discutimos la partida. En ese torneo en La Habana había muchos Grandes Maestros fuertes entre los 22 participantes, pero no perdí ni una sola partida y sólo no gané el primer lugar por medio punto". Como conclusión, la jugada 20. ... Cd4 permite a las Negras obtener una clara ventaja. Pocas veces, y menos con Blancas, se pudo ver a Fischer en una situación tan desventajosa en plena apertura. **20. cxd4 exd4 21. a3** Si 21. e5 d3! *(Pero no 21. ... Dxe5 debido a 22. Cf5!)* 22. exf6 Axf6! 23. Dg4 Axa1 24. Dxe6+ Df7 25. Dxf7+ Rxf7 26. Ad1 d2 27. Axd2 Txd2 28. Ah5+ g6 29. Txa1 gxh5 con un final ganador. **21. ... d3 22. Axd3 Txd3** También es posible 22. ... cxd3, porque luego de 23. Da2 Rh7, las Negras dispondrían de una amplia superioridad. **23. Cg4 Rh7 24. e5?!** Una nueva imprecisión. Es cierto que después de   24. Cxf6+ Txf6 25. e5 Tf5 26. De4 Rh8 las Negras mantendrían una posición superior, pero eso habría sido evidentemente mucho mejor que la jugada del texto. **24. ... Cxg4 25. De4+** Fischer quiere provocar ... g6. Sin embargo, no quedan claros los beneficios que esto le reporta a las Blancas. **25. ... g6 26. Dxg4 Tf5** Las Negras poseen un control absoluto de la posición. Por su parte, las Blancas, además de no tener posibilidades reales de crear contrajuego, tendrán ahora que preocuparse por la defensa de su débil Peón de e5. **27. De4 Dd7 28. Ae3 Dd5 29. Dxd5 Txd5!** Jolmov no da la menor oportunidad a su rival. El movimiento del texto es mucho más seguro que 29. ... exd5, ya que las Blancas podrían responder 30. Ac5! Axc5 31. bxc5 c3 32. c6 Tf8 33. e6, y los peones pasados de las Blancas, aunque se encuentran aislados, habrían brindado un buen contrajuego a Fischer. **30. f4 g5!** Mednis (*Op. Cit.*) señala que es mejor 30. ... Ah4, con la idea de 31. ... Ag3. Sin embargo, no hay nada que objetar a la jugada del texto. **31. g3 gxf4 32. gxf4 Tf8 33. Rg2 Rg6** Las Negras activan su rey. **34. Tg1 Td3 35. Rf3+ Rf5 36. Tg7 Ad8** Amenazando 37. ... Ab6. **37. Tb7** Habría sido un grave error 37. Tag1? debido a 37. ... Txe3+ *(Pero no 37. ... Ab6?? debido a 38. T7g5+ o 38. T1g5+ y mate a la siguiente)* 38. Rxe3 Ab6+ 39. Rf3 Axg1 40. Txg1 Td8 ganando con facilidad el final de torres. **37. ... Tg8** *(ver diagrama)*

38. Tb8? El último error. Más tenaz es 38. Tf7+. Después de 38. ... Rg6 39. Tb7 Rh5 40. Ta2 Tg1 las Negras aún tendrían que vencer algunas dificultades técnicas. **38. ... Tg7!** Ahora en cambio, las Blancas están indefensas. **39. a4 h5!** Las Negras pretenden jugar 40. ... h4 y 41. ...Tg3. Por supuesto, no 39. ... Ah4? debido a 40. Tf8+. **40. axb5 axb5 41. Txb5 Ah4!   42. Re2 Tg2+ 43. Rf1 Th2 44. Rg1 Te2 45. Ab6 c3 46. Rf1 Th2** y las Blancas abandonaron. **0-1.**

La segunda partida entre Fischer y Jolmov, disputada en Skopje 1967, la ganó el Gran Maestro estadounidense con las piezas Negras. Con esto, el balance de ambos terminó igualado +1=0-1.

Tras esa segunda derrota seguida a manos de los soviéticos, probablemente Fischer estimó que sus posibilidades de ganar el torneo eran muy pocas. Ivkov con 14.5 puntos, y Smyslov con 14, lo superaban por dos y medio y dos puntos respectivamente, cuando sólo faltaban tres rondas para finalizar la competencia.

Es cierto que en los últimos tres encuentros del torneo el estadounidense se enfrentaría a tres Maestros Internacionales, pero hasta entonces no le había ido tan bien contra jugadores de esa categoría, ya que tres de ellos (Ciocaltea, Wade y Jiménez) le empataron sus encuentros, e incluso llegó a tener posiciones perdidas contra Ciocaltea y Jiménez.

Su rival de la ronda 19 era el polaco Zbigniew Doda.

(27) Zbigniev Doda - Fischer
Apertura Inglesa [A36]
Capablanca In Memoriam. Ronda 19. La Habana, 22.9.1965

Zbigniew Doda

Zbigniew Doda nació el 22 de febrero de 1931 en Poznań, Polonia; fue un Maestro Internacional (desde 1964). Recibió su título por sus actuaciones en el torneo de Berlín 1962 y en el Primer Tablero de su país en la Olimpiada de Tel Aviv 1964.

Su mayor rating Elo fue de 2558 en la lista de enero de 1976, lo que lo convirtió en el jugador #142 del mundo cuando tenía 44 años y 11 meses de edad. Aunque anteriormente fue el jugador #131 del mundo en las listas de agosto y septiembre de 1969. Su Mejor Actuación según el Elo fue de 2671 en el torneo de Polanica Zdrój (Memorial Rubinstein) 1975, cuando obtuvo 7 puntos de 9 posibles contra una oposición con un rating promedio de 2540.

Doda ganó en dos ocasiones el Campeonato de Polonia, en 1964 y 1967. Y entre 1960 y 1974, jugó en 7 Olimpiadas para su país: Leipzig 1960 (Cuarto Tablero); Varna 1962 (Tercer Tablero); Tel Aviv 1964 (Primer Tablero); La Habana 1966 (Segundo Tablero); Lugano 1968 (Tercer Tablero); Siegen 1970 (Segundo Tablero) y Niza 1974 (Segundo Tablero).

En 1968, el Maestro Internacional polaco ganó el Torneo B en Wijk aan Zee, Países Bajos, lo que le garantizó participar al año siguiente en el Torneo A. De hecho, fue uno de los principales ajedrecistas de su país en las décadas de 1960 y 1970.

Doda murió el 8 de febrero del 2013 en Poznań. Tenía 81 años.

A continuación, la única partida que disputaron Doda y Fischer.

1. Cf3 c5 2. g3 g6 3. Ag2 Ag7 4. 0-0 Smyslov jugó 4. c4 contra Fischer, en Buenos Aires 1970. Luego de 4. ... Cc6 5. Cc3 e6 optó por el doble *fianchetto* con el movimiento 6. b3. **4. ... Cc6 5. c4 e6** La jugada favorita de Fischer, sobre la que el mismo expresó: "Ahora son las Negras las que luchan por espacio en el centro". Según se cita en *El factor tiempo en la iniciativa.* Svetozar Gligorić (Revista *Jaque Mate*. Nro. 4-5 de 1971. Pág. 141). El Gran Maestro rumano Mihail Marin, en su excelente libro sobre la Apertura Inglesa: *Grandmaster Repertoire-The English Opening* (Volume III. P. 80), comenta este movimiento: "Ésta es una de las opciones más flexibles de las Negras, y al mismo tiempo, una de las más ambiciosas. Las Negras dejan la gran diagonal abierta para su alfil y preparan la ganancia de espacio en el centro con el coherente esquema: ... Cge 7, ... 0 -0, ... b6, ... Ab7, ... d5. (El orden de jugadas puede, por supuesto, cambiar). Si se permite llevar a cabo este plan bajo circunstancias favorables, las Negras pueden fácilmente terminar con una ventaja en la apertura. Dicho simplemente, ésta es la variante de más doble filo en el sistema cerrado de la variante simétrica. Era una de las armas favoritas de Fischer y le causó muchos problemas a un renombrado experto en la Inglesa, el igualmente legendario Bent Larsen". Otra valiosa opinión sobre esta línea la dio Tal en su libro *The Life and Games of Mikhail Tal* (Cadogan Books plc, Londres 2000. P.

457), al comentar su partida contra Larsen en el Interzonal de Leningrado 1973: "Uno de los sistemas populares de la Apertura Inglesa. La opinión teórica, el que las Negras obtienen una cómoda posición, se ha confirmado en numerosas ocasiones". **6. Cc3 Cge7 7. e3** Doda elige la continuación más sólida. El año anterior, frente a Reshevsky, en la Olimpíada de Tel Aviv 1964, había empleado 7. d3, como también se jugaría posteriormente en la conocida Segunda Partida del mini match Petrosian - Fischer, URSS-Resto del Mundo, Belgrado 1970, que continuó: 7. ... 0–0 8. Ad2. El objetivo de esta jugada es apoyar al caballo de c3 para poder iniciar acciones en el flanco dama con el avance de los peones "a" y "b". *(También se ha jugado mucho 8. Ag5, con la idea de provocar ... h7-h6.)* 8. ... d5. La respuesta natural. Las Negras ganan espacio en el centro. *(En la mencionada partida Doda - Reshevsky, las Negras jugaron 8. ... h6. Ver Partida Adicional 3).* 9. a3 *(En el también referido encuentro Larsen - Tal, Interzonal de Leningrado 1973, el Gran Maestro danés jugó 9. Dc1 en busca de cambiar los alfiles de casillas negras. 9. ... b6 10. Tb1 Ab7 11. b4. Petrosian - Fischer. Belgrado 1979. Las Blancas también han jugado de forma directa 7. d4.* **7. ... 0–0 8. d4 cxd4 9. Cxd4 Cxd4** Se considera que las Negras también pueden igualar con la directa 9. ... d5. **10. exd4** *(ver diagrama)*

10. ... d6 La jugada que conduce a la igualdad es 10. ... d5, que suele transponer a 9. ... d5, mencionada en el comentario anterior. Es fácil de comprender que Fischer, quien venía de sufrir dos derrotas, evite líneas que permitan una rápida simplificación y se decide por el movimiento del texto, al pensar que de esta forma podría complicar la partida. **11. d5** Una jugada lógica con la que las Blancas ganan espacio. Otras posibilidades son: (1) 11. b3. y (2) 11. Ag5. **11. ... e5 12. b3** En N. Volkov - L. Jojua. Campeonato Georgiano por Equipos. Lagodekhi 2016, las Blancas intentaron tomar la iniciativa en el flanco dama con 12. b4. **12. ... e4?!** Por las razones ya expuestas, Fischer comienza a jugar de forma muy arriesgada. Es mejor 12. ... Cf5. **13. Ab2 f5 14. Dd2 h6?!** Las Negras intentan a toda costa llevar a cabo un ataque en el flanco rey. Sin embargo, este plan es dudoso, ya que la posición no presenta las condiciones reales para ejecutar esto con éxito. Por ello es preferible 14. ... a6, que no sólo impide el acceso del caballo blanco a b5, si no para en caso de 15. Ce2, poder responder 15. ... Axb2 16. Dxb2 b5 con la intención de obtener contrajuego en el flanco dama. **15. Cb5!** Una buena jugada, ya que después del cambio de alfiles, las Blancas podrán instalar este caballo en la importante casilla central d4, desde donde podrá saltar a e6 en un momento determinado. **15. ... Axb2 16. Dxb2 a6 17. Cd4** *(ver diagrama)*

17. ... g5 Fischer continúa de forma demasiado arriesgada. Resultaba preferible 17. ... b5. **18. f3!** Con la idea de eliminar el peón central negro de e4, a la vez que se abre la columna "e". **18. ... exf3** Por supuesto, no es buena 18. ... e3? debido a 19. f4! **19. Axf3 Cg6 20. Ce6!** Esta jugada amplía la ventaja del primer jugador, ya que se abre la gran diagonal y ahora será muy fuerte el alfil blanco. En su libro conjunto *Fischer 2*, Smyslov, Tal, Yudasin y Tukmakov critican esta jugada y proponen en su lugar 20. Ah5, con la que luego de 20. ... Ce5 21. Cf3 Df6 las Blancas tendrían ventaja. Pero en lugar de 21 ... Df6?, las Negras pueden responder 21. ... Db6+! y las Blancas no tienen nada mejor que 22. Df2 *(Si 22. Tf2? entonces 22. ... Cd3; y a 22. Rg2? sigue 22. ... Cxc4 ganando material en ambos casos).* 22. ... Cxf3+ 23. Axf3 Dxf2+ 24. Txf2 Ad7 y la posición está igualada. **20. ... Axe6 21. dxe6 De7 22. Ad5 f4 23. Dg2** Hasta este momento, Doda ha jugado muy bien, pero ahora es mucho más fuerte centralizar la dama con 23. Dd4, con idea de continuar con 24. Tae1 *(ver diagrama).*

23. ... Tf6?! Fischer continúa con su juego a todo o nada. Más seguro es 23. ... Tab8 y si 24. De4 Rg7, y aunque las Blancas mantienen la ventaja, ésta sería menor que en la posición que se alcanza después del movimiento del texto, ya que ahora las Negras no tendrán suficiente compensación por el peón de menos. **24. Axb7 Taf8 25. Ad5 Rh8 26. Rh1** También es de considerar 26. Tad1. **26. ... Ce5 27. gxf4 gxf4 28.**

Dh3 f3 29. Tad1 Dh7 30. Td4 Inicio de un dudoso plan para trasladar la torre a h4. Los análisis digitales señalan que es muy fuerte 30. b4!, con la idea de continuar con 31. c5. Y si 30. ... Da7, entonces 31. b5! con una enorme ventaja. **30. ... f2 31. Th4?** Las Blancas continúan con su errada maniobra con la torre. La jugada correcta era 31. Dg3! y si 31. ... Dg7, entonces mantienen una ventaja decisiva con 32. Dxg7+ Rxg7 33. Te4 Tf5 34. Te2. **31. ... Tg8!** Con la amenaza 32. ... Tg1+!, ya que después de 33. Txg1 fxg1(D)+ 34. Rxg1 Db1+ las Negras tienen un ataque ganador. **32. Be4?** Un gravísimo error que cambia el rumbo de la partida. La jugada correcta es 32. De3! Después de 32. ... Dg6 33. h3 h5 34. e7 Tf3 35. Axf3 Cxf3 36. Dxf2 Cxh4 37. Te1 las Blancas tienen ventaja a pesar de la pieza de menos, según menciona Karsten Müller (*Op. Cit.* Página 261). Por ejemplo, si seguimos el análisis unas jugadas más tenemos: 37. ... a5 38. e8(D) Txe8 39. Dxh4 con amplia superioridad de las Blancas. **32. ... Dg7!** Ahora es el Gran Maestro estadounidense el que tiene una posición ganadora. **33. Ag2** En *Bobby Fischer 2*, Smyslov, Tal, Yudasin y Tukmakov critican esta jugada y proponen 33. Dg3. Sin embargo, Müller (*Op. Cit.*) destaca que este caso las Negras ganarían en el acto con 33. ... Da7! **33. ... Cf3 34. Th5** Si 34. Tg4, las Negras ganan por medio de 34. ... Dxg4 35. Dxg4 Txg4 36. Txf2 Txe6 *(ver diagrama)*

34 ... Cd2? Las Negras cometen un error que les pudo haber costado la partida. En el interesante libro sobre el Gran Maestro norteamericano: *Bobby Fischer: A Study of His Approach to Chess.* (Cadogan Books. Londres 1992. Pág. 197) su autor, Elie Agur, le pone un signo de admiración a la jugada de las Negras. Pero en realidad, es mejor 34. ... Tg6! con la que Fischer pudo mantener una ventaja decisiva. E incluso también es fuerte 34. ... Cg1!, propuesta por Smyslov, Tal, Yudasin y Tukmakov (*Op. Cit.*). **35. Txf2 Tg6** Con la amenaza de un jaque ganador en a1 *(ver diagrama)*

36. Thf5? Doda no se percata de la amenaza de su oponente y comete el último error. Ganaba con 36. De3! para responder a 36. ... Da1+ con 37. Tf1! Luego de 37. ... Cxf1 sigue 38. Txh6+ Rg7 39. Txg6+ Rxg6 40. Ae4+ Rf6 *(Si 40. ... Rg7, las Negras recibirían mate en cuatro jugadas comenzando con 41. Dg5+)* 41. Df4+ Rxe6 42. Ad5+ Re7 43. Df7+ Rd8 44. Dxg8+ Rc7 45. Dg1 Df6 46. Rg2 Cd2 47. Da7+ ganando. **36. ... Da1+** Las Blancas abandonaron. **0–1.** A 37. Tf1 seguiría 37. ... Cxf1 38. Txf1 Dxf1+ y mate a la siguiente jugada. Una dura derrota para Doda, quien después de estar a punto de vencer, cayó por nocaut en el último minuto.

La victoria sirvió a Fischer para descontar un punto completo de Smyslov, quien fue derrotado por el cubano Jiménez; y medio punto de Ivkov, quien en la Ronda 19 trató de hacer valer la pequeña ventaja que significaba un Peón débil en c6 de su compatriota Bruno Parma, pero no consiguió penetrar la coraza de su rival y se firmó el empate en 39 jugadas de una Apertura Catalana

Al comenzar la Ronda 20 y penúltima, la mejor posibilidad de Fischer era que, tras vencer en sus dos últimos encuentros, Smyslov no ganara ninguno e Ivkov perdiera sus dos partidas. Pero esto resultaba casi un milagro, pues Ivkov en esa ronda enfrentaba al jugador al que las cosas le iban peor en la competencia, el cubano Gilberto García.

Por su parte, el rival de Fischer era el Maestro Internacional Francisco J. Pérez, un jugador de correctos conocimientos teóricos.

(28) Fischer- Francisco J. Pérez
Defensa Pirc [B09]
Capablanca In Memoriam, Ronda 20. La Habana, 23.9.1965

Francisco J. Pérez

Francisco José Pérez y Pérez nació el 8 de septiembre de 1920, en Vigo, provincia de Ponteve-dra, Galicia, España; fue un Maestro Internacional (desde 1959) español y cubano.

Su mayor rating Elo histórico fue de 2554, en la lista de septiembre de 1946, lo que lo convir-tió en el jugador #87 en el mundo. Pero su Mejor Actuación Individual según el Elo fue en el II Campeonato Europeo por Equipos celebrado en 1961 en Oberhausen, República Federal Alemana. Al jugar el Primer Tablero de España, Pérez logró un desempeño Elo de 2642, al obtener 4 puntos de 10 posibles contra una oposición con un rating promedio de 2693.

¡Pero contra quiénes fueron esos 4 puntos! Unas tablas y una derrota contra el entonces Cam-peón Mundial, el soviético Mijaíl Botvinnik (Tercer jugador del mundo según el Elo); dos tablas contra el Gran Maestro yugoslavo Svetozar Gligoric (#11 del mundo); una victoria y una derrota contra el Gran Maestro húngaro Lázlo Szabó (#18 del mundo); dos tablas contra el Gran Maestro germano occidental Wolfgang Unzicker (#19 del mundo); y unas tablas y una derrota contra el Gran Maestro checoslovaco Luděk Pachman (#30 del mundo).

Pérez ganó en tres ocasiones el Campeonato de España: 1948, 1954 y 1960. Jugó por este país en las Olimpiadas de Múnich 1958 (Segundo Tablero) y Leipzig 1960 (Primer Tablero). Des-pués de emigrar a Cuba en 1962, jugó el Segundo Tablero de su nuevo país en la Olimpiada de Tel Aviv 1964.

Ganó el Torneo Zonal Centroamericano y del Caribe disputado en La Habana 1963, con lo que clasificó para jugar en el torneo Interzonal de Ámsterdam, 1964. Ese mismo año venció en el Campeonato Nacional Abierto de México, disputado en Saltillo, estado de Coahuila.

Fue un extraordinario jugador a la ciega, al tener en su poder varios récords españoles: 1947 en Vitoria, País Vasco (15 partidas con el resultado de +11=2-2); 1954 en Pobla de Segur, provincia de Lérida, Cataluña (20 partidas, +16=4-0); y en el Círculo de la Unión Mercantil e Industrial, Madrid (25 partidas, +20=4-1).

Pérez murió el 11 de septiembre de 1999 de un paro respiratorio en el Hospital Clínico - Qui-rúrgico de La Habana. Tenía 79 años.

Antes de la siguiente partida, Fischer (con Negras) había vencido en el único encuentro que habían disputado ambos jugadores, en la Olimpiada de Leipzig, 1960.

1. e4 d6 2. d4 Cf6 3. Cc3 g6 4. f4 Esta continuación, que se conoce como el Ataque Austríaco, es la única que empleó Fischer a partir de 1961 para combatir la Defensa Pirc. Su idea es jugar e4-e5 para desplazar al caballo negro de la casilla f6. Anteriormente, el estadounidense jugó 4. Ag5 en las dos ocasiones en que enfrentó esta defensa. **4. ... Ag7 5. Cf3 0-0** Fischer sólo jugó una vez la Defensa Pirc con las Negras en toda su carrera. Fue en la 17ª Partida de su match por el Campeonato Mundial contra

Boris Spassky, Reikiavik 1972. **6. Ad3** La jugada más natural. Las Blancas desarrollan su alfil a una buena casilla y preparan el enroque corto. Sin embargo, en las dos primeras ocasiones en que Fischer utilizó el Ataque Austríaco, jugó 6. Ae2, que según el estado de la teoría a comienzos de la década de 1960, era lo mejor para el Blanco. **6. ... Cc6** En la actualidad, la jugada más popular es 6. ... Ca6. Otras posibilidades se consideran inferiores. **7. e5 dxe5 8. fxe5** La jugada 8. dxe5 no es peligrosa para las Negras. Curiosamente, el primero en recapturar con el Peón "f" fue el propio Fischer, contra Lynch en una sesión de simultáneas disputada en Houston 1964. Ahora hagamos un ejercicio. Vean el siguiente diagrama y contesten una pregunta: ¿Dónde estaría mejor ubicado el caballo negro de f6, en el borde o en el centro del tablero? (*Ver diagrama*)

8. ... Cd5 Puesto que no hay regla sin excepción, en este caso son mejores tanto 8. ... Cg4 introducida por Spassky, como 8. ... Ch5. Veamos: 1) 8. ... Cg4 9. h3 Ch6 10. Ae3 (*Mejor que 10. Ce2 f6 11. exf6 exf6 12. c3 Te8 13. Af4 Cf5 14. Dd2 g5 y las Negras están bien. Kuijpers - Spassky, Beverwijk 1967*). 10. ... Cf5! 11. Axf5 Axf5 12. g4 Ac8 13. Dd2 Cb4 14. 0-0-0 Cd5 15. Ce4 Spassky - Chebanenko, URSS 1974. Y ahora, en lugar de 15. ... Cxe3?!, las Negras deben jugar 15. ... f5! con igualdad. 2) 8. ... Ch5 9. Ae3 Ag4 10. Ae2 f6 11. exf6 exf6 **9. Cxd5 Dxd5 10. c3** Uno de los problemas de la posición de las Negras es que el primer jugador posee un centro fuerte y móvil. **10. ... Ag4** También se ha jugado 10. ... f6. **11. De2** Otra posibilidad es 11. h3. **11. ... Tad8 12. Ae4 Dd7 13. h3** En la partida Karjakin -Van Wely, Wijk aan Zee 2017, el primero jugó de forma muy interesante. **13. ... Ae6 14. 0-0 Ad5?!** Después de este encuentro se recomendó 14. ... f6. **15. Axd5 Dxd5** Ahora, antes de avanzar su centro, Fischer realiza dos jugadas que habrían recibido la total aprobación del letón - danés Aaron Nimzowitsch (1886-1935), al "sobreproteger" los puntos d4 y e5. En realidad, estos movimientos también tienen sus trasfondos tácticos. **16. Af4 b5 17. Tad1 a6** No era conveniente para las negras el intercambio de su peón de b5 por el de a2 de las Blancas, porque luego de 17. ... Dxa2 18. Dxb5 su estructura de peones se habría debilitado considerablemente. **18. b3 Ca5?** Las Negras tratan de prevenir c4, pero este caballo no cumple función alguna en a5. Es necesario impedir el avance del peón "e" de las Blancas con 18. ... e6. Sin embargo, el primer jugador mantiene la ventaja con 19. De3 (*ver diagrama*)

19. e6! Ahora queda clara la idea de 16. Af4. Las Blancas amenazan 20. Axc7 con ataque simultáneo a la torre de d8 y el caballo de a5. A la vez, intentan capturar en f7, con lo que crearían serias debilidades en el enroque enemigo y un punto de penetración en la casilla e6.   **19. ... Tc8?!** Un mal menor es tratar de mejorar la ubicación del caballo con 19. ... Cb7. Pero de todas formas, las Blancas mantendrían una enorme ventaja al poner en movimiento su centro con 20. exf7+ Rxf7 21.c4! (Aquí se ve la idea de 17. Tad1). **20. exf7+ Txf7 21. Cg5 Tf6** Si 21. ... Txf4 22. Txf4 Dxg5 23. De6+ ganando. **22. Tde1!** En vez de capturar un Peón con 22. Dxe7, Fischer prefiere mantener la presión con la amenaza de penetrar con su caballo por e6. **22. ... b4 23. Ce6 bxc3 24. Cxg7 Dxd4+ 25. Rh2!** Las Negras abandonan. **1-0.** La idea del movimiento 25 de las Blancas es que luego de 25. ... Txf4 26. Ce6, las Negras no disponen de la jugada intermedia 26. ... Txf1 (con jaque).

Después de este encuentro, el resultado final de las partidas entre Fischer y Pérez fue de +2=0-0 a favor del estadounidense.

Mientras tanto, en la partida entre Gilberto García e Ivkov (Negras), el yugoslavo alcanzaba una posición abrumadora, con calidad y dos peones de ventaja *(ver diagrama)*

Ivkov

Gilberto García

Pero tras la inconcebible **34. ... d3??** Gilberto respondió **35. Ac3** e Ivkov tuvo que rendirse, pues no puede evitar el jaque mate.

Este error posiblemente puede catalogarse como la segunda peor jugada en la historia del ajedrez en Cuba, un país de amplia tradición ajedrecística y el único en todo el continente americano, fuera de los Estados Unidos, en donde se desarrollaron tres encuentros por el Campeonato Mundial: Steinitz - Chigorin en 1889 y 1893, y Lasker - Capablanca en 1921. El primero de esos errores históricos ocurrió en la 23ra partida entre el entonces Campeón Mundial William Steinitz (Negras) y el retador ruso Mijaíl Ivánovich Chigorin, en el que este último alcanzó una posición que hacía prever la rendición de su rival (*ver diagrama*).

Steinitz

Chigorin

Y ahora, como lo demostró el propio Kasparov en los comentarios de la partida en su libro *My Great Predecessors. Part I* (Londres 2003, Pág. 87) la sencilla   **32. Txb7** hubiera ganado la partida y empatado el match. Pero Chigorin jugó   **32. Ab4??** "El 'blunder' del siglo", lo llamó Kasparov. El retador tuvo que rendirse tras **32. ... Txh2+**.

Volviendo al torneo Capablanca, al iniciarse la última ronda Fischer había disminuido la ventaja de Ivkov a un punto y la de Smyslov a medio punto. A pesar de ello, sus posibilidades de finalizar primero eran muy remotas. Sus mejores esperanzas eran que él ganara, Ivkov volviera a perder (en esta ocasiópn contra Robatsch) y que Smyslov nada más alcanzara medio punto contra Doda.

El último rival de Fischer en la competencia de La Habana fue Wolfgang Pietzsch, el Maestro Internacional de la entonces República Democrática Alemana (RDA), o Alemania Oriental, como la llamaban otros.

(29) Wolfgang Pietzsch – Fischer.
Defensa India del Rey [E67]
Capablanca In Memoriam. Ronda 21. La Habana, 26.9.1965

Wolfgang Pietzsch

Wolfgang Pietzsch nació el 21 de diciembre de 1930 en Wittgenford bei Zittau, República Democrática Alemana (RDA); fue Maestro Internacional (desde 1951) y Gran Maestro (Recibió su título en el Congreso de la FIDE celebrado en La Habana 1966, después de ganar el Torneo Internacional de Leipzig 1965).

Su mayor Rating Elo fue de 2611 en la lista de mayo de 1966, lo que lo convirtió en el jugador 51 del mundo. Tenía entonces 35 años y cinco meses de edad. Pero su mejor actuación Personal Elo fue de 2681 en el anteriormente mencionado torneo de Leipzig 1965, cuando terminó primero con una puntuación de 10.5 de 15 (70%) contra una oposición con un rating promedio de 2552.

Pietzsch fue campeón de la RDA en 1960, 1962 y 1967. Jugó seis veces por su país en las Olimpiadas: Helsinki 1952, Múnich 1958, Leipzig 1960, Varna 1962, La Habana 1966 y Lugano 1968. Ocupó el Segundo Tablero en todas ellas, excepto en Múnich 1958, cuando fue Segundo Suplente. De hecho Pietzsch, quien fue el segundo Gran Maestro de la RDA (Después de Wolfgang Uhlmann), fue uno de los mejores jugadores de su país en las décadas de 1950 y 1960. El Gran Maestro alemán oriental, quien tenía como profesión ser maestro y conferencista de matemáticas y física, se retiró del ajedrez activo a finales de la década de 1960.

Pietzsch murió el 29 de diciembre de 1996 en Leipzig, Tenía 66 años.

A continuación la única partida que jugaron Pietzsch y Fischer.

1. Cf3 Cf6 2. c4 g6 3. g3 Ag7 4. Ag2 0-0 5. 0-0 d6 6. d4 Cbd7 Así jugó Fischer en muchas ocasiones. Con 6 ... c5, se habría llegado, con otro orden de jugadas, al encuentro contra Pachman de este mismo torneo *(Ver Ronda 13)*. En varias oportunidades, el Gran Maestro estadounidense también desarrolló su caballo de b8 por c6: 6. ... Cc6. Una jugada que Fischer empleó cuatro veces **7. d5.** Un movimiento que tiene cierta similitud con el avance 2. e5 en la Defensa Alekhine. Como detalle curioso, el primero que jugó 7. d5 en esta posición, y en dos ocasiones, fue el mismo Alexander Alekhine en sus enfrentamientos contra Sir George A. Thomas, Carlsbad 1923; y Eugene Znosko-Borovsky, París 1925. Pero Alekhine también lo jugó sin enrocar *(1. d4 Cf6 2. c4 g6 3. g3 Ag7 4. Ag2 0-0 5. Cc3 d6 6. Cf3 Cc6 7. d5)* en sus encuentros con Blancas contra F. Yates, Carlsbad 1923; y Richard Réti, Nueva York 1924. Sobre este avance, Alekhine dijo en *Mis mejores partidas, 1908-1923* (G. Bell, Londres 1927, Pág 228): "La continuación más enérgica y también la mejor". **7. ... Ca5.** La respuesta lógica. Todos los rivales de Alekhine jugaron la más pasiva 7. ... Cb8. **8. Cfd2** La continuación más empleada, aunque también se ha jugado 8. Cbd2. **8. ... c5** También se ha empleado 8 ... c6, pero la del texto es la jugada principal. **9. Cc3.** Las Blancas tienen otras dos continuaciones: 1) 9. a3, que Fischer tuvo que enfrentar en dos ocasiones. Volviendo a 9. Cc3, las Negras tienen la posibilidad de 9 ... e5. Luego de la continuación 7. Cc3 *(en lugar de 7. d5)* las Negras tienen dos opciones importantes: 1) 7. ... e5. 2) Después de 6. ... Cc6, Fischer también tuvo que enfrentar 7. Cc3, que es la jugada natural. Las Negras pueden seguir con 7. ... a6, una línea que el estadounidense sólo jugó en tres encuentros, disputados todos en 1956 al comienzo de su carrera. En Reshevsky - Fischer, Torneo Rosenwald, Nueva York 1956, se siguió con 11. Tc1. Fischer respondió 11. ... Ca5 La jugada 7. ... Af5 la introdujo el Campeón Mundial 1969-1972 Boris Spassky Luego de 7. ... Af5, la línea principal es 8. d5 Ca5 y ahora 9. Dd3, que se empleó en la partida del Maestro Internacional colombiano Miguel Cuéllar - Fischer, Interzonal de Estocolmo 1962. *(Una alternativa es 9. Cd2 c5 10. e4.* 9. ... Ad7 10. Dd3 c5 11. Cb3 *(La continuación principal es 11. Cc2, como en P. Nikolic - Sutovsky, Aix-les-Bains.* **7. Cc3 e5** Ahora la jugada principal de las Blancas es 8.e4, que se le presentó a Fischer en ocho ocasiones, incluyendo una de *blitz.* **8. dxe5** Sobre las intenciones pacifistas de esta jugada, Paul Keres expresó en *The Road to the Top* (International Chess Enterprises, Inc. Seattle, Washington 1996. P. 34): "Se liquida la tensión central y se llega a un juego tranquilo y equilibrado". **8. ... dxe5** *(ver diagrama)*

9. Dc2 La jugada más lógica, que tiene la intención de continuar con 10. Td1 para ubicar la torre en la columna abierta. Para otras posibilidades, **9. ...c6 10. Td1** Lo más lógico. También se ha jugado 10. b3. **10. ... De7** Otra posibilidad es 10. ... Dc7. **11. Cg5 Ce8** La idea de esta jugada es poder avanzar el Peón f a f5, y a la vez, trasladar este caballo vía c7 a e6, donde controla la importante casilla d4. Para la alternativa 11. ... Cc5, **12. e4 Cc7**   **13. Ae3 h6** Las Negras expulsan primero al caballo blanco para poder jugar ... Ce6. **14. Cf3 Ce6 15. Tab1 f5 16. Ch4** Aunque Fischer ha realizado su plan, su adversario ha jugado de forma correcta y de momento las Blancas poseen una ligera ventaja. **16. ... Df7 17. exf5 gxf5 18. Ah3** El primer error. Las Blancas debieron impedir el avance del peón "f" negro con 18. f4. **18. ... f4!** Con este avance, Fischer se apodera una vez más de la iniciativa. **19. Dg6?** Un segundo error que resulta decisivo. Era necesario jugar 19. Axe6 Luego de 19. ... Dxe6 20. Ac1 Dxc4 21. Cf5 Df7 22. Cd6 De6 23. De2 Cb6 las Negras tendrían ventaja, pero ésta no sería decisiva *(ver diagrama)*

19. ... Cg5! 20. Axd7 Axd7 Hubiera sido un error 20. ... fxe3? ya que después de 21. Dxf7+ Txf7 22. Axc8 exf2+   23. Rg2 Txc8 24. Td2 el final estaría igualado. **21. Dxf7+** Una respuesta forzada. No era posible 21. gxf4 debido a 21 ... Cf3+! ganando una pieza. En caso de 21. Ac5 las Negras podían obtener una posición ganadora con   21. ... Cf3+ 22. Rh1 Cxh4 23. Dxf7+ Txf7 24. gxh4 Ag4 25. Td2 Af3+ 26. Rg1 e4. **21. ... Txf7 22. gxf4?!** La apertura de la columna g resultará fatal para Pietzsch. Pero en realidad, ya no había defensa. Por ejemplo, si 22. Ac5, entonces las Negras obtienen una ventaja ganadora con 22. ... b6 23. Ad6 fxg3 24. fxg3 Ch3+ 25. Rg2 Tf2+ 26. Rh1 Tc2 27. Tdc1 Td2 28. c5 Cf2+ 29. Rg1 e4. **22 ... exf4 23. Ad4** *(ver diagrama)*

23. ... Ag4! El último detalle, ahora la torre blanca, que está ocupada con la defensa del alfil de casillas negras, debe ubicarse en d2. **24. Td2** Si 24. Axg7 las Negras ganarían con 24. ... Txg7 25. Td3 Te8! **24. ... Td7** La clavada del alfil resulta decisiva, por lo que las Blancas abandonaron. **0-1.**

Ésta fue la última partida de Fischer en el IV Capablanca In Memoriam. La victoria hizo que terminara con 14 puntos de 21 posibles, medio menos que Smyslov, quien venció a Doda y ganó el torneo con 14.5.

Pero el estadounidense terminó empatado con Geller e Ivkov. El yugoslavo perdió con Blancas contra Robatsch en la última ronda, en su segunda derrota sucesiva, con lo que dejó escapar la oportunidad de ganar un torneo en donde había realizado una etraordinaria actuación que incluía victorias tanto sobre Smyslov como Fischer, así como el Premio de Brillantez contra Donner.

A pesar de que los pronósticos matemáticos del Sistema Elo indicaban que Fischer finalizaría con 15.7 puntos, es decir 16, el consenso general fue que tuvo un desempeño extraordinario, pues las estadísticas no tenían en consideración que muchas de sus partidas se prolongaron por espacio de siete horas (sin contar el tiempo adicional de las aplazadas) ni los muchos meses que llevaba sin practicar ajedrez de manera oficial en un torneo.

Antes de sentarse a jugar contra el alemán Heinz Lehmann la noche del 25 de agosto de 1965 (y sin considerar sus exhibiciones de simultáneas, la última de ellas el 21 de mayo de 1965) la anterior partida de Fischer había sido contra Anthony Saidy el 2 de enero de 1964, durante el Campeonato de ajedrez de los Estados Unidos, una ausencia del tablero de más de veinte meses,

Sobre su participación en La Habana, el Gran Maestro holandés Jan Timman escribió en *Timman's Titans* (Alkmaar. The Netherlands 2016. P. 202): "Voluntaria o involuntariamente, este torneo por teletipo contribuyó a la creación de la leyenda de Fischer. Enfatizó el aspecto del solitario; jugó el torneo, pero no estaba en el lugar. Durante todo el año, Fischer no estuvo ni una sola vez sentado a un tablero con un jugador enfrente; aparte del torneo de La Habana, se mantuvo inactivo".

IV Capablanca In Memoriam

		1	2	3	4	5	6	7	8	9	0	1	2	3	4	5	6	7	8	9	0	1	2	
1	Smyslov	*	0	=	0	=	=	=	1	1	=	1	1	1	1	0	1	1	1	1	1	1	1	15.5
=2	Ivkov	1	*	=	1	0	=	0	1	1	=	=	=	1	1	1	=	1	1	1	1	1	0	15.0
=2	Geller	=	=	*	1	=	=	=	=	1	1	=	=	1	=	1	1	=	1	1	1			15.0
=2	Fischer	1	0	0	*	0	=	1	1	1	=	1	1	=	1	=	=	1	1	=	1	1	1	15.0
5	Kholmov	=	1	=	1	*	=	=	=	=	=	=	=	1	1	1	=	=	=	1	1	1		14.5
6	Pachman	=	=	=	=	=	*	0	1	=	=	=	=	=	=	=	1	=	1	1	1	1		13.0
7	Robatsch	=	1	=	0	=	1	*	=	=	=	1	0	=	=	=	=	=	=	1	1	1		12.5
8	Donner	0	0	=	0	=	0	=	*	1	=	1	1	1	=	1	=	=	=	=	1	1		12.0
9	Bilek	0	0	0	0	=	=	=	0	*	=	=	=	=	1	1	1	1	1	1	1			11.5
10	Parma	=	=	0	=	=	=	=	=	=	*	0	1	=	1	=	=	1	=	=	=			11.0
=11	Szabo	0	=	=	0	=	=	0	0	=	1	*	1	=	=	=	1	0	=	1	1	0	1	10.5
=11	Pietzsch	0	=	=	0	=	=	1	0	=	0	0	*	=	1	=	=	=	=	=	1	1	1	10.5
=13	O'Kelly	0	0	=	=	=	=	=	0	=	=	=	=	*	=	=	0	1	=	=	=	1	1	10.0
=13	Tringov	0	0	=	0	0	=	=	=	=	=	0	=	0	*	0	=	1	1	1	1	=	1	10.0
15	Jimenez	1	0	0	=	0	=	=	0	=	0	=	=	1	*	=	=	=	=	=	=	1		9.5
16	Ciocaltea	0	=	=	=	0	=	=	=	0	=	0	=	1	=	=	*	=	0	1	0	=	1	9.0
17	Doda	0	0	0	0	=	0	=	=	0	=	1	=	0	=	=	=	*	1	0	1	=	1	8.0
=18	Lehmann	0	0	0	0	=	=	=	=	0	=	=	1	0	1	0	*	1	=	=	0			7.5
=18	Wade	0	0	=	=	=	0	=	=	0	0	=	=	0	=	0	1	0	*	=	1	1		7.5
20	Cobo Arteaga	0	0	0	0	0	0	=	0	=	0	0	=	0	1	0	=	=	*	1	=			5.5
=21	Perez	0	0	0	0	0	0	0	0	=	1	0	0	=	=	=	=	=	0	0	*	0		4.0
=21	Garcia	0	1	0	0	0	0	0	0	0	=	0	0	0	0	0	0	1	0	=	1	*		4.0

A partir del año 1962 el antiguo hotel Habana Hilton, rebautizado como Habana Libre fue sede de los torneos Capablanca y de la Olimpiada Mundial de Ajedrez en 1966.

1966
Regreso a la tierra de Capablanca

El informante T1 fue directo al grano en su escueto mensaje al agente de campo del *Buró Federal de Investigaciones* de Estados Unidos en la Ciudad de México:

CONFIDENCIAL

"El manifiesto de pasajeros de la compañía de *Cubana de Aviación*, vuelo #465, desde México D.F. a La Habana, Cuba, el 23 de octubre de 1966, revela que entre los pasajeros se encontraba Robert James Fischer, el portador del pasaporte de Estados Unidos #8448349. Tenía una visa de cortesía cubana y estaba destinado al Hotel Habana Libre. Llevaba dos maletas que pesaban 26 kilogramos (N.A.: 57.2 libras)". [1]

Otros dos informantes, identificados como T2 y T3, también comunicaron sus observaciones durante el transcurso del viaje a La Habana y el regreso a México del equipo de los Estados Unidos que participó en la XVII Olimpiada de ajedrez.

El agente de campo en México aprobó la veracidad de los mensajes con su anotación de que "las fuentes T1 a T3 mencionadas en el memorando de referencia han proporcionado información confiable en el pasado".

Es difícil entender la obsesión del FBI con Fischer en ese momento, pues hasta entonces no se conocía ningún exabrupto del ajedrecista contra su país y los pocos comentarios de trasfondo político que había hecho eran contra los soviéticos, a los que catalogó de "comunistas tramposos" tras el Torneo de Candidatos de Curazao 1962. La única explicación lógica posible es que el Gran Maestro estadounidense heredó esa vigilancia debido a su madre, Regina. Otra interpretación, un tanto traída por los pelos, es que había preocupación de que pudiera convertirse en "un Peón de Moscú", algo que ya se encontraba desfasado tras lo ocurrido en Curazao 1962.

Si Fischer era entonces objeto de tales procedimientos y vigilancia en correspondencia con personas de las cuales el FBI tiene sospechas, uno puede entonces imaginar el grueso del expediente del baloncestista Dennis Rodman, debido a su admiración por el dictador norcoreano Kim Jong-un, incluso en el caso poco probable de que este deportista fuese una pieza maestra de la inteligencia de Estados Unidos.

Mientras tanto, otra agencia de inteligencia, la cubana, también mostraba su interés en mantener sus ojos cercanos a Fischer, o como diría un narrador de baloncesto: "un *gardeo* a presión" al norteamericano. Esa tarde, Miguel Ángel Masjuán Salmón,[2] un periodista deportivo que cubría en México las incidencias de una competencia preolímpica de entrenamiento recibió la encomienda de presentarse a sí mismo al equipo estadounidense, de manera especial a Fischer, y viajar con ellos en el mismo vuelo, junto con un grupo de atletas isleños que regresaba a La Habana tras finalizar el evento.

A ninguna de las dos agencias de inteligencia, ni tampoco a Masjuán, pareció interesarles que el equipo de los Estados Unidos estaba compuesto por otros cinco jugadores y un capitán. Para ellos el tema era Fischer y no otro. Ni siquiera el hecho de que la delegación norteamericana incluía a un conocido desertor del comunismo: el Gran Maestro Paul Benko, originalmente de Hungría. Ni que, a otro de sus miembros, Larry Evans, se le podía considerar como un "hombre de Washington", debido a que el Departamento de Estado norteamericano lo designó en 1956 "Embajador de Ajedrez" *(Según su obituario aparecido en el* Reno Gazzete Journal, *el 19 de noviembre del 2010).*

La tarea de Masjuán era sencilla en apariencia: servir como traductor de inglés y anfitrión de Fischer en el aeropuerto y luego en Cuba. Su designación para esa tarea significaba que los organismos deportivos y de seguridad cubanos deseaban tener un estrecho control sobre el ajedrecista norteamericano.

Masjuán era un personaje elusivo y misterioso. Como reportero de la revista deportiva *LPV* (Listos para vencer) viajaba constantemente fuera de Cuba a la mayoría de las competiciones deportivas a las que los atletas isleños asistían. Tal facilidad de ser incluido en viajes al exterior (y de recibir permisos para realizarlos por parte de la policía política) hacía que algunos lo consideraran una persona de confianza para los agentes de inteligencia. Era difícil suponer que Masjuán, como otros en su posición, no acatase cualquier solicitud de información por parte de la seguridad cubana.

El avión de *Cubana de Aviación* aterrizó en La Habana poco después de las 3:45 de la madrugada del lunes 24 de octubre de 1966. Acudió a recibirlo un amplio grupo de periodistas, entre ellos el astro de la narración del béisbol en Cuba, Bobby Salamanca; también Luis Báez, otro reportero del mismo medio de prensa, el diario *Granma*. Asimismo, había camarógrafos, fotógrafos, funcionarios deportivos y del organismo encargado de atender a los visitantes extranjeros, el ICAP *(Instituto Cubano de Amistad con los Pueblos)*, mientras un poco conocido trío musical, Los Monarcas, entonaba como bienvenida la canción cubana *Guantanamera*. José Luis Barreras, también se encontraba allí.

Fischer, como el resto de los viajeros estadounidenses, quedó sorprendido de que a esa inusual hora del amanecer hubiera tal cantidad de personas recibiéndolos. Una imagen suya publicada en el diario *Granma* del 26 de octubre lo mostraba en medio del equipo de su país, todos ellos, menos Evans y él, con vasos del cóctel de la bebida de ron llamada daiquirí en sus manos.

Salamanca o Báez (la información del periódico *Granma* no apareció firmada) se acercó a Fischer y, con la probable ayuda de Masjuán (aunque Fischer aprendió español durante sus estancias en Argentina y Chile en 1959 y 1960)[3] comenzó a entrevistarlo.

> –"La Unión Soviética es el equipo más potente", respondió Fischer a una pregunta. "Nosotros deberíamos obtener el segundo lugar, creo que existe la posibilidad, tenemos una gran chance, de alcanzar el primero".
>
> –¿Qué le parece al ajedrez cubano?
>
> –"Cuba cuenta con más competidores internacionales después de los últimos seis o siete años".[4]

> Motivado por otra pregunta, Fischer hizo un rápido balance del aumento de calidad del ajedrez en la Unión Soviética, lo que el periodista aprovechó para cambiar de reportero a funcionario e informar al visitante del gran incremento del ajedrez entre los escolares cubanos. Tras asentir con un gesto de cabeza Fischer dio a entender que Cuba podía ser en el futuro una potencia de ajedrez, pero se le fue de entre las manos al reportero ya que lo convocaban para una fotografía de grupo.

Esa noche se inauguró oficialmente en el *Coliseo* de la *Ciudad Deportiva* el torneo de ajedrez de las naciones, con una partida con figuras vivientes que reprodujo la victoria de Capablanca sobre Emanuel Lasker en el torneo de Moscú 1936.

El hermoso *Coliseo* circular bajo techo, con capacidad para 15,000 espectadores, se había inaugurado el 26 de febrero de 1958 con un espectáculo pugilístico presenciado por el entonces mandatario Fulgencio Batista y la participación como invitados especiales de Joe Louis, excampeón mundial de boxeo en los pesos completos, y Carmen Basilio, ex monarca del orbe welter y mediano.

Por primera vez los asistentes vieron en una actividad ajedrecística al gobernante Fidel Castro, aunque se le observaba con frecuencia en juegos de béisbol y también en algunas competencias internacionales de baloncesto celebradas en La Habana.

En una ocasión, dos años antes, se le había visto con los participantes del III Capablanca In Memoriam de 1964, pero no en el salón de juego, sino en el principal escenario del béisbol en La Habana: el *Estadio Latinoamericano* (que antes de la Revolución cubana se conocía como *Estadio del Cerro*). En una fotografía de aquel momento se observaba a Castro rodeado de Smyslov, O'Kelly, Evans, Robatsch y otros participantes en el torneo.

Cartel de la Olimpiada de La Habana de 1966, celebrada durante los meses de octubre y noviembre de ese año. La participación de un fuerte equipo de Estados Unidos encabezado por Fischer fue la principal noticia del evento, aunque los organizadores trataron de no darle excesiva relevancia al hecho.

Pero su presencia en el acto inaugural de la Olimpíada tuvo un final inesperado cuando, curioso por ver la sala de juego, Fidel Castro se trasladó hacia el hotel donde se celebraría la competencia. Y tras él fueron todos los jugadores, más los delegados al Congreso de la FIDE, funcionarios, árbitros y periodistas.

La vuelta masiva al *Hotel Habana Libre* significó para Fischer conocer en persona a su adversario epistolar del año anterior, cuando de pronto vio a Castro, quien entre un inmenso gentío, estaba sentado en una de las mesas oficiales de ajedrez de la competencia jugando una partida contra el mexicano Filiberto Terrazas.

Rolando Sánchez fue uno de los jóvenes que trabajó como Juez de Mesa en las partidas de la Olimpiada. Esa noche, en lugar de regresar a su casa, sintió de repente la necesidad de visitar la elegante sala del torneo. De esta forma, fue uno de los pocos cubanos que fue testigo ocular del encuentro Castro-Terrazas.

Rolando recuerda que, después de algunos movimientos, Castro comenzó a contar con la cooperación de Petrosian, tal vez sin que fuera solicitada. Terrazas miró a su alrededor, vio a Fischer y le pidió ayuda, pero el daño ya estaba hecho y el estadounidense no pudo evitar la derrota del mexicano. Terrazas explicó posteriormente que él y Fischer no pudieron detener un peón pasado de sus adversarios. Esto es lo único que se conoce del desarrollo de esa partida, además de que transcurrió bajo el esquema de una Defensa Francesa.

Según el periodista cubano de ajedrez Jesús González Bayolo[5] a Fidel Castro no le gustó todas esas manos metidas en su partida y pidió jugar otra sin participación de las luminarias del ajedrez que en la primera de ellas le robaron el espectáculo, la que volvió a ganar pero no sin reconocer que Terrazas se la había entregado, pues su fuerza de juego no era destacable. Ciertamente, era menor que la de otra figura importante del gobierno, Ernesto "Ché" Guevara, que tenía mayor experiencia y se desenvolvía mejor, incluso contra jugadores más experimentados que él. Terrazas no pudo sacudirse su vanidad ajedrecística y aseguró años después que se dejó ganar: "Entonces maniobré inteligentemente para que [Castro] me diera (jaque) mate".[6]

Cuarenta años más tarde, Terrazas olvidó que se trataron de dos diferentes encuentros y dijo al *Diario* de Ciudad de Juárez (noviembre 26, 2016) que cuando vio que Petrosian había metido la mano por Castro, entonces él pidió ayuda al "gringo", es decir a Fischer. Pero eso ocurrió en la desconocida primera partida, cuando él llevó las piezas Negras, sino en la segunda entre ambos. [7]

Rolando Sánchez también recuerda que mientras conversaba con Castro, Fischer le dio a Larry Evans la llave de su habitación y le pidió que le trajera lo más rápido posible una copia de su libro *Bobby Fischer Teaches Chess* (*Bobby Fischer enseña ajedrez*, publicado en enero de 1966), que le regaló a Castro con una dedicatoria.

Jesús Suárez recuerda que Masjuán le contó una anécdota sobre ese libro que Fischer regaló a Fidel Castro: "Días después de que le diera el libro, durante una cena oficial para los participantes, Fischer le preguntó a Castro si había tenido tiempo para leerlo. El gobernante cubano le respondió: 'Ya lo leí de delante para atrás. Ahora me falta de atrás para delante'".

Masjuán se quedó sin entender absolutamente nada. Sólo tiempo después se enteró que la obra tenía la particularidad de cuando se terminaba de leer el libro de delante para atrás, se le daba vuelta de cabeza y se comenzaba a leer de atrás para delante.

Curiosamente, el primer incidente serio ocurrido en la Olimpiada no vino de parte de Fischer o los estadounidenses, sino que sus actores fueron dos figuras estelares soviéticas: Tal y Korchnoi. El episodio, narrado por el Gran Maestro Víctor Korchnoi en sus memorias *Chess Is My Life* (Olms Edition AC., Suiza 2005. Pág. 56), ocurrió en el club nocturno de La Habana llamado *Los Violines,* en donde Tal fue agredido por una persona nunca identificada cuando bailó, o intentaba hacerlo, con una mujer que estaba acompañada. Según Korchnoi:

"... justo antes de que comenzaran las partidas, ocurrió un extraño incidente. Una noche Tal y yo, por supuesto, sin el conocimiento ni el permiso de las autoridades, decidimos salir en busca de diversión. Junto con unos cubanos que conocíamos, fuimos a un club nocturno, y aquí, en un momento en que Tal bailaba con una joven cubana, ¡lo golpearon en la cabeza con una botella! A Tal sangrando, y a mí nos llevaron al hospital *(N.A.: el Calixto García)*, donde un intérprete llegó allí hacia el amanecer. A Tal le lavaron la herida sobre el ojo y le aplicaron varios puntos de sutura. Todos los que estaban en el bar, 43 personas, fueron llevados a la central de Seguridad de Cuba. Un joven confesó que lo había hecho por un arrebato de celos".

"A la mañana siguiente, ya en el hotel, hubo una reunión del equipo. Tal ya había sufrido lo suficiente por su desobediencia. Pero yo, al salir ileso, fui severamente criticado - el equipo se había debilitado justo antes de algunos encuentros decisivos: en la tarde se jugaba un match contra Mónaco".

"Tal comenzó a jugar en la cuarta ronda. Aún poco repuesto y con gafas de sol, tuvo el mejor resultado absoluto de la Olimpiada: 9.5 de 11 *(N.A.: En realidad fue 12 de 13. +11=2-0)*. Pero ni él ni yo fuimos perdonados por la implacable KGB por este incidente".

Fischer dedica a Fidel Castro su libro "Fischer Teaches Chess". En otro encuentro días más tarde, Fischer le preguntó si lo había leído, a lo que Castro respondió: "De delante para atrás. Ahora me falta de atrás para delante".

A las cuatro de la tarde del 26 de octubre de 1966, sonó el inmenso gong de cobre cuyo estentóreo sonido indicó a los fiscales auxiliares que debían poner a funcionar todos los relojes de las piezas blancas en las mesas de los participantes. Era hasta entonces el mayor espectáculo de ajedrez de la historia, con cincuenta y dos países participantes, dos más que en la ciudad israelita Tel Aviv dos años atrás, en 1964.

Cuba había hecho un gasto monumental, tal vez más allá de lo que sus limitados recursos aconsejaban, pero las ganancias en términos de reconocimiento internacional y propaganda fueron muy por encima de los costos empleados.

Por un mes el país caribeño estuvo en los titulares de los principales medios de prensa del mundo, pero esta vez sin los detalles belicosos de una invasión armada, como cuando Bahía de Cochinos en abril de 1961, o los peligros de una guerra nuclear motivada por los misiles soviéticos instalados en su territorio, como en octubre de 1962.

A fin de garantizar la participación de un mayor número de países, se transportó sin costo alguno a los participantes a La Habana desde Ciudad México y Praga. Una vez en la capital de Cuba, todos los gastos fueron cubiertos de manera espléndida por las autoridades del país.

El principal hotel de la ciudad, una instalación operada anteriormente por la cadena Hilton, se cerró para todo aquello que no tuviera que ver con la competencia ajedrecística. La no participación de la entonces República Federal de Alemania fue la mayor decepción de la cita. Debido a ello, los aficionados cubanos se quedaron sin conocer al principal astro de ese país entonces, el Gran Maestro Wolfang Unzicker, uno de los poquísimos jugadores de primera línea de la segunda mitad del siglo xx que nunca estuvo en Cuba, además de los soviéticos Mijaíl Botvinnik y David Bronstein, puesto que Paul Keres, aunque no en torneos, visitó La Habana en 1960 y allí ofreció exhibiciones de simultáneas.

El equipo de los Estados Unidos integró un grupo al que se catalogó como el más equilibrado de la etapa preliminar de la Olimpiada, pues otros tres países: Israel, Noruega y Polonia, también tenían genuinas posibilidades de clasificar para el grupo principal en las finales. Tal concentración de equipos fuertes en un grupo fue la consecuencia de debilitar al de la nación anfitriona.

La idea de facilitarle a Cuba sus posibilidades de pase al grupo principal de la final como premio a su esfuerzo organizativo no era una práctica justa, pero se aceptaba que la nación sede escogiera el grupo en el que deseaba participar. Al final, Cuba clasificó para el grupo principal, aunque no sin sobresaltos.

La primera partida de Fischer en Cuba tras una ausencia de más de diez años de este país fue contra el campeón de Ecuador, Olavo Yépez.

(30) O. Yépez – Fischer
Defensa India del Rey [E91]
XVII Olimpiada. Preliminares. Ronda 1. La Habana. 26.10.1966.

Olavo Yépez

El Dr. Olavo Yépez Obando nació el 20 de agosto de 1937 en el cantón San Gabriel de la provincia norteña de Carchi, Ecuador; es un Maestro Internacional (desde 1969). Fue el primero de su país en ganar este título.

Su mayor Elo histórico es de 2502 en la lista de agosto de 1976, lo que lo convirtió en el jugador #269 del mundo. Pero anteriormente ocupó el lugar #259 del orbe en la lista de enero de 1969. Su Mejor Actuación Individual Elo fue de 2541 en Quito 1975, cuando logró 4.5 puntos de 6 (75%) contra una oposición con un rating promedio de 2431.

Yépez ganó el Campeonato Ecuatoriano celebrado en 1962 en Pichincha y logró el título en varias ocasiones más. Representó a Ecuador en tres Olimpiadas: Tel Aviv 1964, La Habana 1966 y Niza 1974. En todas ellas jugó en el Primer Tablero.

En 1968, compartió el primer lugar con el Maestro Internacional cubano Eleazar Jiménez en el Torneo Zonal que se disputó en las ciudades ecuatorianas de Quito y Guayaquil. Jiménez ganó el match de desempate.

Yépez es médico de profesión, especializado en Oftalmología, y aún ejerce su profesión en la ciudad ecuatoriana de Ibarra, donde reside.

Jesús Suárez recuerda que unos quince minutos antes de que comenzara la partida, se acercó a las mesas del match Estados Unidos –Ecuador para saludar a su amigo Omar Trujillo que estaba designado como fiscal para ese encuentro. (Jesús realizaba idéntica función en el encuentro Turquía– Yugoslavia, del cual era supervisor Miguel A. Sánchez, árbitro auxiliar a cargo). Mientras Omar y él conversaban se les acercó el Dr. Olavo Yépez, a quien ambos conocíamos, pues unos meses atrás había finalizado en tercer lugar en el torneo Panamericano de Ajedrez que se celebró en La Habana. Medio en serio, medio en broma, Yépez les contó su congoja: "Imagínense, como mi compatriota César Muñoz le ganó con Negras a Fischer en la Olimpiada de Leipzig 1960, ¡ahora mis compañeros de equipo dicen que como yo llevo las Blancas, debo vencerlo más fácilmente!". Los tres rieron.

A continuación, la única partida jugada entre Yépez y Fischer.

1. d4 Cf6 2. c4 g6 3. Cc3 Ag7 4. e4 d6 5. Cf3 0–0 6. Ae2 Cbd7 Fischer elude la jugada principal 6. … e5, probablemente para evitar 7. dxe5 con el posterior cambio de Damas, lo que dificulta considerablemente las opciones de las Negras para jugar a ganar. Esto le ocurrió al Gran Maestro estadounidense en su encuentro contra el entonces Maestro Internacional germano occidental Rudolf Teschner *(la FIDE le otorgó en 1992 el título de Gran Maestro por sus méritos. Fue el primero en la historia en recibir el título de esta forma)* en la Primera Ronda del Interzonal de Estocolmo 1962 Fischer también tuvo que enfrentar 7. d5 en varias oportunidades, a lo que siempre respondió 7. … Cbd7 El primer jugador también puede demorar el avance en el centro con el llamado *Sistema Gligorić* 7. Ae3 Otra posibilidad es 7. 0–0 Cc6, que inicia la línea más importante en la *Variante Clásica.* **7. Ag5** En Donovan – Fischer, Oklahoma City 1956, las Blancas jugaron 7. 0–0. **7. … h6 8. Ah4 g5** De nuevo Bobby evita lo más conocido. De haber jugado 8. … e5, y las Blancas responder 9. d5, se produciría una posición muy importante en el *Sistema Petrosian* a la que Bobby llegó varias veces con otro orden de jugadas. **9. Ag3 Ch5 10. Dd2** Para 10. 0-0, **10. … e6** Amenaza 11. … f5 **11. d5** Las Blancas impiden la mencionada amenaza de las Negras, pero para ello han tenido que abrir la gran diagonal, lo que aumenta el poder del Alfil de g7. Otra posibilidad es 11. h4. **11. … exd5 12. cxd5** También las Blancas han recapturado con 12. exd5. **12. … Te8 13. Cd4 Cxg3 14. hxg3 Cf6 15. f3** *(ver diagrama)*

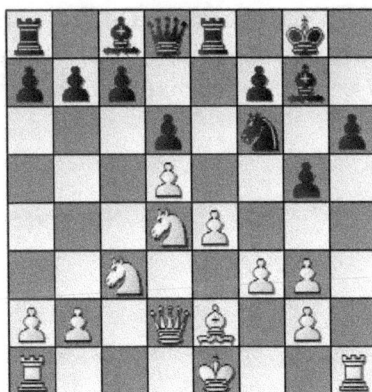

15. ... c6! Como siempre, Fischer intenta apoderarse cuanto antes de la iniciativa. **16. 0-0-0** En caso de 16. dxc6 bxc6 17. Cxc6 Db6 18. Cd4 Cxe4 las Negras estarían mejor. Por ejemplo, ahora no es posible 19. Cxe4? Debido a 19. ... d5! 20. Ab5 dxe4 21. Axe8 Axd4 con ventaja decisiva. **16. ... cxd5 17. exd5 Db6 18. Ab5?!** Es muy probable que las Blancas pensaran que con esta jugada iban a ganar un tiempo, y que luego de 19. The1, tendrían buen juego. Sin embargo, no es así, por lo que resultaba más seguro 18. Rb1. **18. ... Te5 19. The1** *(ver diagrama)*

19. ... Ch5! ¡Este es el detalle! El caballo, a la vez que ataca el peón de g3, abre la gran diagonal a su alfil de g7. **20. g4?!** Una nueva imprecisión. Pero también después de 20. Cde2 a6 21. Aa4 g4 las Negras estarían mejor. **20. ... Txe1 21. Txe1 Axg4** También es posible 21. ...Axd4 porque luego de 22. gxh5 *(Si 22. Te8+? las Negras obtienen ventaja ganadora con 22. ... Rg7 23. gxh5 Af5 24. Ca4 Dc7+ 25. Cc3 Txe8 26. Axe8 Ae5).* 22. ... Af5 con evidente superioridad de las Negras. **22. fxg4** Mayor resistencia ofrece 22. Cde2, aunque luego de 22. ... Ac8 23. g4 a6 24. Aa4 Cf6 25. Cg3 Dc7 26. Rb1 b5 27. Ac2 Ad7 las Negras están mejor. **22. ... Axd4 23. gxh5 Axc3 24. Dxc3 Dxb5** Además del Peón adicional de las Negras, la posición de las Blancas presenta numerosas debilidades. **25. Df3 Te8 26. Tf1** Después de 26. Txe8+ Dxe8 27. a3 *(Habría sido un error 27. Df6? ya que las Negras ganan con 27. ... De1+ 28. Rc2 De4+)* las Negras obtienen un final muy superior con 27. ... De5. **26. ... Dd7** Más preciso es 26. ...Te7 para defender el peón de f7 y poder maniobrar con la dama. **27. Df6?** Esto permite a Fischer obtener una ventaja decisiva. Es mejor 27. Rb1, aunque las Negras mantienen una posición muy dominante con 27. ... Te5 *(ver diagrama)*

27. ... De7 Fischer comprende que el final de torres le será muy favorable. También merece atención 27. ... Te2 **28. Dxe7** No es posible 28. Dxh6? Ya que las Negras dan mate en cuatro jugadas comenzando con 28. ... De3+ 29. Rc2 Tc8+. **28. ... Txe7 29. Tf6** (*ver diagrama*)

29. ... Td7 30. Rd2 Otra vez el Peón de h6 es intocable, pues si 30. Txh6? Las Negras ganan la Torre con 30. ... Rg7. **30. ... Rg7 31. Tf2 Te7** Ocupar esta columna abierta es mucho mejor que ubicarse en la otra. El plan de las Negras es continuar con ... Te5 para poder jugar su peón-f a f5 y después avanzar con el rey a f6. **32. Rd3 Te5 33. Rd4 f5 34. Tc2 Rf6 35. Tc7 Te7** La torre negra regresa a tiempo para defender los peones del flanco dama. **36. Tc8 Te4+** Expulsa al rey blanco para poder centralizar su propio monarca. **37. Rd3 Re5** Con la llegada del rey negro al centro del tablero, la partida está totalmente decidida. **38. Th8 Tg4 39. Txh6 Txg2 40. Rc3 Rxd5 41. Th7 Tg3+.** Las Blancas abandonan. **0–1.**

Ese día Estados Unidos comenzó con buen paso, al lograr un triunfo 3.5 - 0.5 sobre Ecuador.

En la mañana del jueves 27 de octubre, el capitán del equipo estadounidense, Donald Byrne, solicitó a su contraparte de Portugal comenzar la partida de Fischer del día siguiente, viernes, en horas del mediodía, debido a la entonces práctica religiosa de Fischer de observar el *Sabbath*.

Esto no tenía nada que ver con el judaísmo, pero era seguido por la denominación cristiana evangélica a la cual Fischer se unió, la *Worldwide Church of God* (*Iglesia de Dios Universal*) que exigía a sus miembros cesar todo tipo de actividad desde las 6:00 p.m. del viernes hasta las 6:00 p.m. del sábado.

Los lusitanos no pusieron reparo y el encuentro entre Fischer y el Primer Tablero de Portugal, Joaquim Durão comenzó al mediodía, cuatro horas antes del inicio oficial de la jornada.

La revista *Cuba* (desde 1969, *Cuba Internacional*) publicó en su ejemplar de diciembre de 1966 una viñeta de los entretelones de la partida de Fischer contra Durão, escrita por Félix Contreras, uno de sus más ingeniosos reporteros. A continuación algunos fragmentos:

"Entra Fischer. Saluda a Durão, su adversario del equipo de Portugal. Hace sonar un dedo contra otro para llamar al camarero. Saluda a éste y le pide el almuerzo:

Revoltillo de huevos.

Sándwich de queso.

Jugo de naranja.

Pan, mantequilla y lechuga.

Mientras llega el almuerzo, Fischer hace su primer movimiento. Deja a Durão pensando. No camina, Fischer parece que corre por el Salón Embajadores que a esta hora sólo los alberga a ellos dos. Va rápido por entre las mesas. Se agacha. Comprueba la superficie de un tablero. Reflexiona y va a la mesa de Francia. Lee los nombres escritos en la parte inferior del mueble. Corre una mano (huesuda) sobre el pelo casi rubio. Se aprieta la nuca. Mira a Durão desde lejos. Cambia el rumbo hacia la mesa que anuncia el juego de Petrosian para hoy (a las 4 p.m.). Se queda mirando mi libreta y después vuelve casi corriendo para su tablero donde está Durão moviendo las dos piernas simultáneamente de un lado para otro.

Fischer se sienta y en ese momento entra el camarero con el almuerzo sobre una mesita de tijera. Esto distrae a Durão que se queda mirando a Fischer destapando un plato tapado con otro de aluminio. Con el plato sobre la mano a la altura de la cara, Fischer almuerza. El tenedor lanza un sonido fino y Durão vuelve a mirar los ojos de Robert Fischer. Allá, detrás del cordón que demarca la zona de juego, está el público que, en número menor al acostumbrado, (*N.A: debido a que la partida se jugó antes del comienzo oficial de la ronda*) observa a los dos jugadores. Un fanático levanta su mano en saludo a Fischer y obtiene respuesta: un movimiento ladeado de cabeza.

Durão mueve un peón. Fischer coloca el plato detrás de su hombro izquierdo. Hace un ademán, pero la mano se queda abierta sobre el tablero como si estuviera manipulando un muñeco de guiñol. Entonces el norteamericano recurre a su gesto favorito: colocar ambas manos sobre los oídos, como en un intento de perder la cabeza entre las manos. Por fin mueve la pieza, se levanta y sale casi corriendo por el salón. ¿Relax? –le pregunto y me abanica una mano para decir quizás. Iba a llamar de nuevo al camarero, pero cuando va a hacerlo, ya el camarero está recibiendo la orden: "I want some orange juice, please".

Tres menos nueve minutos. Cuando llegan los jugos de naranja, ya Fischer está sentado a la mesa y Durão (pensativo, acodado sobre el abdomen) le dice al camarero que él no ha solicitado nada, que él no quiere nada. De pie, Fischer se mueve en círculos, el vaso en una mano. Termina y coloca el recipiente debajo de la mesa. Los dedos húmedos los seca en el pantalón del traje azul oscuro. Sentado, observa la bandera de su país en miniatura. Levanta la vista hasta el techo tapizado de luces blancas. Después mira la cabeza de Durão. Son las tres y ocho minutos. Fischer se lleva a la boca un pedacito que quedaba del bocadito. Lo último fue la hoja de lechuga que colgaba de la comisura derecha.

Unos jugadores de Mónaco entran hablando en voz alta y Fischer trata de oír lo que dicen. Uno de los jugadores hace un gesto; se dan cuenta que han llamado la atención de Robert Fischer y bajan el tono hasta el susurro. 4 y media p.m. Fischer va por su jugada 29. Le toca a Durão mover. Fischer va a levantarse, pero antes mira el reloj, luego, echando la silla para atrás, camina hasta el tablero de Spassky (URSS) y Kochi (Hong-Kong) y le sonríe a un viejo de barbas blancas. Cuando regresa a su mesa, Durão está encendiendo un cigarro. Fischer (no fuma) esquiva el chorro de humo que lanza su adversario.

Seis de la tarde: Fischer camina menos por el salón que ahora está repleto de ajedrecistas, periodistas, fotógrafos, fiscales, jueces, sirvientes, delegados de la FIDE y público situado en la frontera del salón de juego. Con una pierna sobre la otra, Fischer frota sus dedos sobre la frente. Después baja la mano hasta el mentón y estira hacia abajo su labio inferior. A su lado, observándole, están Johannessen de Noruega, Ceballos de Ecuador, Aloni de Israel, Kostro de Polonia, Rego de Portugal y Wibe también de Noruega. El 7 veces campeón de Estados Unidos pone una mano encima de la otra y mira en derredor al grupo que le observa. Fin de la partida. Resultado: Fischer: 1. Durão: 0. Antes de salir del salón, Fischer merodea alrededor de Evans, Addison y Rossolimo. Va al tablero de la URSS y después se abre paso entre cientos de muchachos caza-autógrafos diseminados por el pasillo que conduce al ascensor. Entra. La puerta se cierra".

(31) Fischer – Joaquim Durão
Ataque Indio del Rey [A04]
XVII Olimpiada. Preliminares. Ronda 3. La Habana. 28.10.1966

Joaquim Durão

Joaquim Manuel Durão nació el 25 de octubre de 1930 en Lisboa, Portugal, fue el primer jugador de su país en ganar el título de Maestro Internacional (en 1975). Fue también Árbitro Internacional.

Su rating Elo más alto fue de 2447 en la lista de junio de 1979, lo que lo convirtió en el jugador #533 del mundo cuando tenía 48 años y 8 meses de edad. Pero su Mejor Clasificación según el Elo fue el lugar #327 en la lista de julio de 1957. Su mejor actuación según el Elo fue de 2486 en la Olimpiada de Lugano de 1968, cuando al jugar el Tercer Tablero de su país, obtuvo 2.5 puntos de 5 posibles contra una oposición con un rating promedio de 2491.

Durão fue en trece ocasiones Campeón de Portugal lo que aún constituye un récord. Representó a su país diez veces en las Olimpiadas: Moscú 1958 (Primer Tablero); Leipzig 1960 (Primer Tablero); Tel Aviv 1964 (Segundo Tablero); La Habana 1966 (Primer Tablero); Lugano 1968 (Tercer Tablero); Siegen 1970 (Segundo Tablero); Skopje 1972 (Segundo Tablero); Niza 1974 (Primer Tablero); La Valeta 1980 (Primer Suplente) y Lucerna 1982 (Primer Suplente).

Fue además presidente de la Federación Portuguesa de Ajedrez en tres períodos (1968-1973, 1988-1997 y 2005-2007).

En el 2006, el presidente portugués Jorge Sampaio le otorgó a Durão la Orden Comendador de Mérito.

Además de ser un conocido periodista, estuvo también ligado al mundo del cine, particularmente al de los cineclubs. Cuando joven fue uno de los promotores en su país del *Club de Amantes del Arte Cinematográfico*. Posteriormente, en busca de una carrera en la gran pantalla, llegó a ser Asistente de Montaje en el filme brasileño-portugués *Vendaval Maravilhoso (Vendaval maravilloso)*. Sin embargo, en 1964, cuando era Jefe de Publicidad de *Sonoro Filmes*, decidió dedicarse por completo al ajedrez, del que ya era Maestro Nacional.

Durão murió el 21 de mayo de 2015 en Lisboa, a los 84 años.

1. e4 e6 2. d3 "Después de jugar poco en los últimos tiempos en los torneos internacionales, llegó Fischer a La Habana con un repertorio de aperturas bastante modificado". Miroslav Filip y Ludek Pachman en el libro del torneo: *XVII Olimpiada de Ajedrez, Cuba/66*. (Ediciones Deportivas. Instituto del Libro. Habana. Cuba. Págs. 141-142). *N.A.:* En realidad, Fischer ya había jugado de esta forma contra el estadounidense Antillo Di Camillo en el Campeonato Abierto del Estado New Jersey, East Orange 1957; y después de la Olimpiada de La Habana, volvió a utilizarla contra el mongol Lhamsure Miagmasuren en el Interzonal de Susa 1967 y contra el israelí Uzi Geller en Netanya 1968. También contra la Defensa Siciliana con 2. … e6, el Gran Maestro norteamericano jugó en varias oportunidades 3. d3, sobresaliendo sus victorias frente al estadounidense Anthony Sherwin, en el Campeonato Abierto del Estado de New Jersey, East Orange 1957; el yugoslavo Borislav Ivkov, en la II Copa Piatigorsky, Santa Mónica 1966; y en especial contra el argentino Oscar Panno, en Buenos Aires 1970. ¿Por qué jugaba Bobby 3. d3 cuando le hacían 1. … e6? La respuesta está en que este sistema es una especie de Defensa India del Rey con los colores invertidos y se conoce que e2-e3 no es, generalmente, una buena jugada para las Blancas cuando enfrentan la India del Rey. Como dato adicional señalamos que, durante 1956 y 1957, Fischer jugó en reiteradas oportunidades 1. Cf3 (A partir de 1957 no jugó más así) para continuar con 2. g3, 3. Ag2, 4. 0–0, 5. d3 y 6. Cbd2 preparando e2-e4, con lo que se puede llegar por transposición a las líneas a que nos referimos anteriormente. Un ejemplo es su partida contra Arthur Feuerstein, en el Campeonato de EE. UU., Nueva York 1957/58. Otro dato interesante es que el Genio de Brooklyn empleó también el mencionado Ataque Indio del Rey en las últimas cuatro ocasiones que enfrentó la Defensa Caro-Kann. Eso fue en 1970. Es cierto que las Negras no han jugado … e6. Pero contra el Ataque Indio del Rey, la jugada … c6 muchas veces puede no serle útil al Negro. Por ejemplo, en el Torneo de Candidatos de Yugoslavia 1959, luego de 1. e4 c6 2. Cc3 d5 3. Cf3 Ag4 4. h3 Axf3 5. Dxf3 Cf6 6. d3 e6, Fischer jugó à la Ataque Indio del Rey con 7. g3 en cinco ocasiones y su resultado fue de +1=1-3. Es uno de sus pocos experimentos en las Aperturas que no le resultó favorable. **2. … c5** Para 2. … d5 3. Cd2 Cf6, **3. Cf3 Cc6** De forma muy original se desarrolló el encuentro Fischer – Popov, Skopje 1967. **4. g3 g6** Las Negras también pueden desarrollar su caballo de g8 por f6. **5. Ag2 Ag7 6. 0–0 Cge7 7. c3** Fischer también optó por otras continuaciones. **7. … 0–0** De acuerdo con Frank Brady en *Endgame. Bobby Fischer's Remarkable Rise and Fall – from America's Brightest Prodigy to the Edge of Madness* (Nueva York 2011), en 1967, después de imponerse en el torneo de Mónaco, el norteamericano fue invitado a Filipinas y allí, aparte de otras actividades, enfrentó en partidas de 40 jugadas en dos horas y media a los mejores jugadores del país asiático. Uno de esos encuentros fue contra el Maestro Internacional Rubén Rodríguez que jugó 7. … d5. El Gran Maestro holandés Jan Timman, en su estelar reciente obra *Timman's Titans* (Alkmaar, Países Bajos 2016. Páginas 216-217), comenta que hoy en día es popular prevenir el avance del peón-d blanco con 7. … e5, pues las Blancas no pueden aprovechar la pérdida de tiempo del segundo jugador *(ver diagrama)*

8. d4 Hasta este momento nadie había jugado así, por lo que se puede considerar esta jugada como una Novedad Teórica de Fischer. Las Blancas disponen de numerosas opciones. Las principales, al momento de jugarse esta partida, eran 8. Cbd2, 8. Ae3 y 8. Te1, aunque posteriormente también se hizo 8. Ca3. **8. … d6** Las Negras no quieren jugar 8. … cxd4 9. cxd4 para que las Blancas no puedan desarrollar su Caballo de b1 por c3. Sin embargo, esto lo hubieran podido conseguir también si continuaban con 9. …d5. **9. dxc5** Las Blancas deciden aclarar la situación en el centro. Otra posibilidad es 9. Ca3. **9. … dxc5 10. De2 b6** Las Negras jugaron posteriormente 10. … Dc7. **11. e5** Las Blancas ganan espacio y a la vez liberan la casilla e4 para su Caballo. Es cierto que para ello ceden el control de d5, pero como decía el propio Fischer: "Para ganar casillas, hay que ceder casillas". Por otra parte, resulta interesante 11. Ca3!? **11. … a5 12. Te1** También ahora merece atención 12. Ca3!? **12. … Aa6 13. De4 Ta7** Resulta muy interesante 13. … Ad3!? Como se jugó en Psajis – Bogdanov, Viena 1995. **14. Cbd2 Ad3 15. Dh4 Cd5** Timman (*Op. Cit.*) considera que es más fuerte 15. … Cf5! Para responder a 16. Dxd8 Txd8 17. a4 con 17. … Td5. **16. Dxd8** "Las Blancas aprovechan la oportunidad de simplificar el juego porque en el final -especialmente después del cambio de alfiles de casillas Blancas – obtendrán el dominio de las casillas c4 y b5" Filip y Pachman (*Op. Cit.*). **16. … Txd8 17. a4!** Las Blancas fijan primero los peones negros del flanco dama para después intentar cambiar el alfil negro de d3. Después de esto, quedarán muy débiles las casillas Blancas del segundo jugador en el flanco dama. La estructura de peones de las negras en el flanco dama tiene la forma de un triángulo y se considera que no es buena, ya que implica serias debilidades para el bando que la posee. Fischer tuvo muy buenos resultados al enfrentar este tipo de conformación de Peones. **17. … Tad7** Las Negras piensan que controlar la columna abierta es su mejor oportunidad. Sin embargo, no es así, ya que su posición seguirá siendo muy pasiva. Al comentar esta partida en *Bobby Fischer Rediscovered* (B.T. Batsford Ltd. Londres. 2003. P. 159-162) Soltis propone 17. … g5! Que es mucho más activa. Luego de la línea mostrada por él: 18. Cxg5 *(Si 18.h3? Cde7 y … Cg6)* 18. … Cxe5 19. f4 Cg4 20. Cde4 Tad7 es indudable que las Negras estarían mucho más activas que en la partida *(ver diagrama)*

18. Af1 "Sorprendentemente, la computadora considera que las Blancas sólo tienen una pequeña ventaja aquí. Sin embargo, Fischer muestra ahora en forma instructiva cómo tal posición se puede convertir en una victoria. Primero, quiere cambiar el fuerte alfil de las Negras", Timman (*Op. Cit.*). **18. … Axf1 19. Rxf1** Fischer ha logrado eliminar el principal defensor de las casillas blancas de su oponente, lo que indudablemente le favorece. Según Filip y Pachman (*Op. Cit.*): "La posición surgida, en que las Negras están condenadas a la pasividad continua, puede apreciarse como completamente ganada por las Blancas. El dominio de la columna abierta no puede compensar los defectos permanentes de la posición Negra: falta de casillas oportunas para los Caballos, la pasividad del Alfil de g7 y un punto débil en b6". **19. … Cde7.** Ahora no es tan importante 19. … g5, ya que las Blancas pueden responder 20. h3 y no es conveniente jugar 20. … h5? Debido a 21. Cc4 g4 22. hxg4 hxg4 23. Ch2 y las Negras pierden el peón-g. **20. Cc4 Cc8** Demasiado pasivo. Había que regresar con el caballo a d5, aunque luego de 20. … Cd5 21. Ta3 (El uso de la torre por la tercera línea. Según Botvinnik, una de las maniobras favoritas de Fischer) 21… h6 22. Tb3 las Blancas tienen ventaja. **21. Ag5 C6e7 22. Cfd2!** Este caballo se dirige a la importante casilla central e4. **22. … h6 23. Axe7!** Otro cambio muy favorable, ya que se elimina un caballo negro que es una pieza defensiva muy importante, mientras que el alfil de las Blancas tiene su movilidad bastante limitada. Esto hace recordar un poco la acertada estrategia posicional de la partida de Capablanca contra Mikenas en la Olimpiada de Buenos Aires de 1939, en la que el cubano se desprendió de su Alfil para sacar de juego a un potencialmente activo caballo de las Negras en f6. **23. … Txe7** *(ver diagrama)*

24. Ta3! Ya mencionamos la predilección que tenía Fischer por ubicar una de sus torres en la tercera fila. Esta maniobra de jugar una torre por a3 (o teniendo las Negras, por a6) para presionar a través de la columna 'b' se ve también en partidas anteriores y posteriores de Bobby. Por ejemplo, en su enfrentamiento contra Stephan Popel en el Abierto de EE. UU. de 1956 y en su conocida victoria contra el Maestro Internacional Anthony Saidy en New York 1969. **24. ... Tc7 25. Tb3 Tc6 26. Ce4 Af8 27. Re2 Ae7 28. f4** Antes de iniciar acciones concretas, Fischer gana espacio. **28. ... Rf8?** Demasiado pasivo. Era necesario 28. ... h5, tanto para impedir el avance del peón-g blanco, como para ubicar mejor este peón. **29. g4** Ahora las Negras tienen que preocuparse por la debilidad que significa su peón de h6. **29. ... Re8 30. Tf1 Td5 31. Tf3 Td8?** Es necesario 31. ... Rf8 para poder defender el peón h con el Rey. **32. Th3!** Ahora las Negras, para no perder un peón, tendrán que defenderlo con su Alfil, que así deja de controlar la casilla f6. **32. ... Af8** *(ver diagrama)*

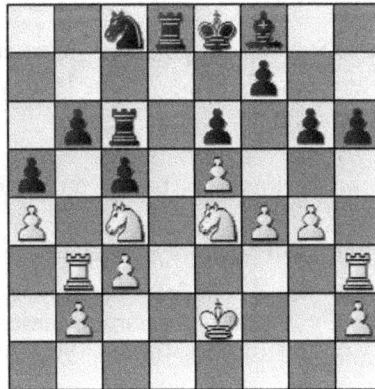

33. Cxa5! "*Une petite combinaison* al estilo de Capablanca con la que las Blancas ganan material. Termina el desarrollo de la partida, caracterizada por la presión ejercida sobre las debilidades negras, que ahora no podrán ser defendidas. El caballo no se puede tomar por el mate: 34. Cf6+ y 35. Tb7+ etc." Filip y

Pachman (*Op. Cit.*). **33. ... Tc7 34. Cc4 Ta7** Si las Negras defienden el peón de b6 con 34. ... Tc6, entonces 35. Cf6+ Re7 36. A5! Ganando. **35. Cxb6** Más directo es 35. a5! Porque si 35. ... bxa5, entonces las Blancas ganan con 36. Cf6+ Re7 37. Cxa5 Tc7 38. Cc6+! **35. ... Cxb6 36. Txb6 Tda8** No es posible 36. ... Txa4? Ya que las Negras reciben mate en tres comenzando con 37. Cf6+ **37. Cf6+ Rd8 38. Tc6!** Otra elegante jugada de Fischer. Las Negras siguen sin poder capturar en a4. **38. ... Tc7** Si 38. ... Txa4? Entonces 39. Td3+ ganando. **39. Td3+ Rc8 40. Txc7+ Rxc7 41. Td7+** Aumenta la ventaja material. **41. ... Rc6 42. Txf7 c4 43. Cd7 Ac5 44. Cxc5 Rxc5 45. Tc7+ Rd5** (*ver diagrama*)

46. b4! El último detalle. Si 46. ... cxb3 entonces 47. Rd3! Con la amenaza mortal 48. c4+. Y si 46. ... Txa4, sigue 47. Re3! Por lo que las Negras abandonaron. **(1-0)**. "Una partida modelo". Timman (*Op. Cit.*).

Al terminar el match, Estados Unidos se había anotado otra victoria, con el mismo resultado de la primera ronda: 3.5 a 0.5 puntos.

Cuenta el Gran Maestro Yugoslavo Svetozar Gligorić, en su artículo *Fischer in His Prime* (*Fischer en su mejor momento, Chess Review*, enero de 1967. Pág. 7), que le preguntó a Larry Evans la razón por la que Fischer viajó a Cuba. Evans le respondió:

"Bobby se sentía aburrido en Nueva York y simplemente quería jugar un poco de ajedrez"

Pero es muy posible que Fischer sintiera nostalgia por La Habana, la primera ciudad del extranjero que conoció en su vida cuando era un niño de doce años y que le causó un gran impacto. El periodista yugoslavo Dmitri Bjelica dice en su libro *Bobby Fischer* que el Gran Maestro norteamericano le confesó que le gustaba pasear, ya bien a pie, o en automóvil, por el serpenteante bulevar que corre por casi 3 millas (4.8 kilómetros) al lado del Atlántico y al que los cubanos llaman "El malecón".

Esta preferencia fue confirmada a Jesús Suárez por el propio chofer asignado a Fischer en La Habana: "Se subía al auto ¡y empezábamos Malecón arriba y Malecón abajo mientras escuchaba música en un radio portátil!"

En la Ronda 4, los norteamericanos se enfrentaron a Polonia.

(32) Fischer - Jacek Bednarski
Defensa Siciliana [B86]
XVII Olimpiada. Preliminares. Ronda 5. La Habana. 28.10.1966.

Jacek Bednarski

Jacek Bogusław Bednarski nació el 12 de marzo de 1939 en Cracovia, Polonia; fue un Maestro Internacional (desde 1964).

Su rating Elo más alto fue de 2544 en la lista de noviembre de 1976, lo que lo convirtió en el jugador #174 del mundo cuando tenía 37 años y 8 meses de edad. Pero su Mejor Clasificación según el Elo fue el lugar #137 en la lista de julio de 1967. Su mejor actuación según el Elo fue de 2628 en el V Capablanca In Memorial disputado en 1967 en La Habana, al obtener 10 puntos de 18 posibles (56%) contra una oposición con un rating promedio de 2628.

Bednarski fue Campeón de su país en 1963. Representó a Polonia en todas las Olimpiadas entre 1964 y 1972: Tel Aviv 1964 (Segundo Tablero); La Habana 1966 (Primer Tablero); Lugano 1968 (Segundo Tablero); Siegen 1970 (Suplente); y Skopje 1972 (Segundo Tablero).

Aunque aprendió ajedrez a los 11 años de edad, no conoció el entrenamiento profesional en el juego ciencia hasta que estudió Física en la Universidad de Moscú. Al regresar a Polonia, se convirtió en uno de los principales jugadores nacionales mientras se graduaba de Filosofía en la Universidad Jaguelónica de Cracovia, considerada la mejor de su país.

Bednarski murió el 19 de octubre del 2008 en Breslavia, Polonia. Tenía 69 años.

A continuación la única partida entre Fischer y Bednarski.

1.e4 c5 "Visitando al lobo en su guarida. Fischer casi siempre juega la Siciliana con Negras y resulta bastante arriesgada tal línea de juego. Un especialista como Najdorf ya ha perdido dos Sicilianas con el joven Campeón de Estados Unidos, una muy famosa en la Olimpíada de Varna 1962 y recientemente en Santa Mónica". A. O´Kelly en la revista cubana de ajedrez *Jaque Mate* (noviembre de 1966. Páginas 318-19). **2. Cf3 d6 3. d4 cxd4 4. Cxd4 Cf6 5. Cc3 a6 6. Ac4** La jugada favorita de Bobby, no sólo para enfrentar la Variante Najdorf, sino también la Clásica *(6. ... Cc6)*. Contra la Najdorf *(Señalemos que algunas veces se llegó por transposición a la Variante Clásica o a un híbrido de ambas)* la empleó en 13 oportunidades en torneos oficiales. La última vez fue precisamente en esta partida. Es de señalar que contra la Najdorf, Fischer empleó 6. h3 tres veces en 1962 y obtuvo tres sonadas victorias. Sin embargo, nunca más hizo esta jugada. También se decidió por 6. Ae2 en tres ocasiones. Y sólo hizo 6. Ag5 una vez, en una partida que perdió en 25 jugadas contra el Gran Maestro soviético Efim Geller en Mónaco 1967. **6. ... e6 7. Ab3** La jugada natural y, por mucho, la que más se emplea. Las Blancas alejan el alfil de las posibles respuestas del Negro ... b5 y ... d5. La popularidad de esta línea se debe a los éxitos que obtuvo Fischer con la misma. Sin embargo, Bobby aún no jugaba así en 1957. Por ejemplo, en su match contra el filipino Rodolfo Tan Cardoso en Nueva York 1957 *(que el estadounidense ganó 6 a 2, +5=2-1),* en las tres primeras partidas con

Blancas jugó 7. 0–0 **7. ... Cbd7** Esta continuación se ha hecho muy popular. El objetivo es llevar el caballo a c5, ya que desde allí atacará el peón de e4 y el alfil de b3.. **8. f4** Aunque también se han empleado 8. 0–0 y 8. De2, durante mucho tiempo la jugada principal de las Blancas ha sido la continuación del texto. Sin embargo, desde hace unos años ha ganado mucho en preferencia el movimiento 8. Ag5, principalmente gracias al Gran Maestro ruso Serguei Rublevsky. **8. ... Cc5** La mejor respuesta. Resultan inferiores tanto 8. ... Ae7, como 8. ... b5 **9. f5** La jugada temática, aunque existen otras posibilidades. Por ejemplo, para 9. e5 y 9. Df3, **9. ... Cfxe4?!** *(ver diagrama)*

Una jugada muy arriesgada, pues las Negras están demasiado atrasadas en el desarrollo. Lo correcto es 9. ... Ae7. **10. fxe6 Dh4+?** Fischer, en *My 60 Memorable Games*. (Partida 55. Fischer - Bednarski. Págs. 379-383) sugiere las dos siguientes posibilidades: a) 10. ... Axe6 y b) 10. ... fxe6! Veamos: a) 10. ... Axe6 11. Cxe4 *(N.A.: En realidad, es mejor 11. Cxe6! fxe6 12. Cxe4 Cxe4 13. Dg4 Cc5 14. 0–0! con ventaja).* 11. ... Cxe4 12. Cxe6 fxe6 *(12. ... Dh4+ es una posibilidad criticada por el norteamericano, quien señala que después de 13. g3 Cxg3 14. Ag5 De4+ 15. Rd2 Cxh1 16. Cc7+ Rd7 17. Cxa8 las Blancas ganan. [N.A.: Sin embargo, las Negras pueden jugar: 17. ... Dg2+! 18. Rc3 Dxg5 19. Df3. Pero no 19. Dxh1? debido a 19. ... De3+ con ventaja para las Negras, ya que el rey blanco debe entrar en una zona sumamente peligrosa]. 19. ... Dc5+ 20. Rd3 Cf2+ con igualdad).* 13. Dg4 Cc5 14. Ae3! con fuerte iniciativa. b) 10. ... fxe6! 11. Cxe4 Cxe4 12. 0–0 De7! *(Los dos signos de admiración de las jugadas de las Negras son de Fischer, quien señala que es más débil 12. ... Cc5 debido a 13. Dg4 Cxb3 14. axb3 e5 15. Df3).* Después de 12. ... De7!, el estadounidense opina que: "Las Blancas tienen un buen juego por el peón, pero no hay una victoria forzada a la vista". N.A.: Sin embargo, el primer jugador puede obtener una gran ventaja con 13. Ae3 Cf6 14. Df3 d5 15. Tae1. **11. g3 Cxg3?** El error decisivo. Las Negras deben jugar 11. ... Cxc3. Luego de 12. exf7+ Rd8 13. gxh4 Cxd1 14. Ag5+ Rc7 *(No 14. ... Ae7? debido a 15. Txd1 con enorme superioridad).* 15. Txd1 Cxb3 16. axb3 h6 17. Af4 Ag4 18. Td3 las Blancas poseen clara ventaja, pero el segundo jugador puede ofrecer mucha mayor resistencia *(ver diagrama)*

12. Cf3 Pero no 12. exf7+? ya que luego de 12. ... Rd8 13. Cf3 las Negras disponen de 13. ... De7+! **12. ... Dh5 13. exf7+ Rd8** "Y así el rey negro inicia su triste peregrinación". O´Kelly *(Op. Cit.).* **14. Tg1 Cf5** La otra retirada del caballo *(14. ... Cge4)* también habría permitido a las Blancas obtener ventaja decisiva con 15. Cxe4 Cxe4 16. Ad5 Df5 17. Dd4 Cc5 18. Ag5+ Rc7 19. 0–0–0 etc. *(ver diagrama)*

15. Cd5! "Con la terrible amenaza Ag5+, seguido de Cf4, ganando la dama". O´Kelly *(Op. Cit.).* **15. ... Dxf7** Cómo dice Fischer en *My 60 Memorable Games:* "El ataque de las Negras se ha revertido en su contra. Ahora su rey se ve atrapado en un inclemente fuego cruzado. Si 15. ... h6 16. Cf4! captura a la dama. No es mejor 15. ... Cxb3 16. Ag5+ Rd7 *(o 16. ... Ae7 17. Cxe7! Cxe718.Dxd6+)* 17. Ce5 +!" *(ver diagrama)*

16. Ag5+ Re8 17. De2+ Como dice Fischer, las Blancas pueden dedicarse a la "mezquina" ganancia de la dama con 17. Cf6+ gxf6 18. Axf7+, pero buscan más. **17. ... Ae6 18. Cf4 Rd7 19. 0–0–0** Mientras las piezas Blancas están muy bien coordinadas y ocupan posiciones muy activas, las Negras aún tienen tres de ellas en su casilla inicial; y lo que es peor, su rey está sumamente expuesto en el centro. La amenaza directa es 20. Ce5+. **19. ... De8** Como muestra el mismo Fischer, en caso de 19. ... Cxb3+ las Blancas ganan con 20. axb3 De8 21. Tge1 Ag8   22. Dd3. **20. Axe6+ Cxe6 21. De4!** "¡Centralización con venganza!" Fischer *(Op. Cit.)*. **21. ... g6 22. Cxe6** Las Negras abandonan. **1-0.** A 22. ... Dxe6, habría seguido 23. Dxb7+.

Al terminar el match, Estados Unidos obtenía una victoria de 3-1 sobre Polonia.

Otras salidas nocturnas de Fischer se relacionaron con una mujer muy bella que el norteamericano conoció en uno de los restaurantes exóticos del Hotel Habana Libre: el *Polinesio,* decorado con temas del sur del Pacífico.

Antes de comenzar la ronda, Fischer se encontraba en el lugar acompañado por Masjuán. Cuando este último vio a una hermosa joven que se encontraba en el restaurante, le dijo al estadounidense:

"Mira Bobby, qué mujer más linda".

Fischer le respondió con una frase suya para tales ocasiones:

"El ajedrez es mejor" [8]

Pero un instante después, Fischer se acercó e invitó a la joven a que fuera a verlo al torneo. A continuación, intercambiaron datos para volverse a ver.

Ella, llamémosla así, además de ser muy hermosa, poseía ese atractivo sensual que resulta un instrumento tan poderoso en mano de las mujeres.

Además, era una figura conocida del cuerpo de baile del Cabaré Tropicana e incluso participaría poco después como bailarina en un filme costumbrista cubano llamado *Aventuras de Juan Quin Quin* (1967).

Los deseos de *Ella* de mantener en secreto su relación con Fischer se truncaron cuando Miguel Ángel Sánchez, que vivía frente a su casa, la vio en compañía del norteamericano.

"Después te cuento", le dijo *Ella* muy zalamera a Miguel Ángel.

En realidad, *Ella* nunca le dijo nada, pues Miguel Ángel no estaba interesado en conocer esos detalles privados de su vida, ni *Ella* tampoco en revelarlos.

Otro habitual del ajedrez capitalino que luego llegó a servir como vicepresidente del Ajedrez Postal en Cuba, Roberto Madrigal, siguió a Fischer en varias ocasiones hasta un club nocturno en La Habana, *"El Escondite de Hernando"*, que tomaba su nombre del famoso tango con música de Jerry Ross y letra de Richard Adler publicado en 1954, y es interpretado en la película musical de Carol Haney de 1957 titulada *The Pajama Game (Juego de pijamas)*.

El escondite de Hernando

"Sé de un lugar oscuro y apartado,
un lugar donde nadie te conoce,
una copa de vino, un rápido abrazo...
Se llama *Hernando's Hideaway*. ¡Olé!

Todo lo que ves son siluetas
y todo lo que oyes, castañuelas.
Y a nadie le importa si se hace tarde,
no en *Hernando's Hideaway*. ¡Olé!

En el Golden Finger Bowl o a cualquier sitio que vayas,
te encontrarás a tu Uncle Max y a todos tus conocidos.
Pero cuando estás junto a mí y haciéndome el amor,
puedes llevarte mi corazón,
puedes llevarte mi alma,
pero no mi llave.

Simplemente, llama tres veces y di bajito
que a ti y a mí nos mandó Joe,
luego, prende un fósforo y sabrás que estás
en *Hernando's Hideaway*. ¡Olé!

Lo que era claro para Madrigal, como para todos aquellos que conocían a *El Escondite de Hernando* (situado a unas seis cuadras del *Hotel Habana Libre*, en la Calle P entre 23 e Infanta) es que nadie acudía a ese muy oscuro lugar, el más oscuro de La Habana, para un trago en solitario.

Madrigal recuerda aquellas persecuciones suyas de Fischer como una especie de conga con una larga cola, pues tras él y el estadounidense, iba otra persona, un agente de la policía de seguridad de Cuba que no hacía nada para pasar inadvertido, como si su interés fuese que los demás conocieran de su presencia.

Pese a la densa oscuridad del lugar, Madrigal descubrió en una ocasión que allí se hallaba nada menos que Mijaíl Tahl, quien, aunque estaba acompañado por una mujer, le pidió a Fischer que fuera a su mesa.

Pero el estadounidense, quizás como precaución ante las experiencias anteriores del reincidente Tal, no aceptó la invitación. Como en el ajedrez, Tal parecía retar siempre al destino.

Madrigal no pudo distinguir el rostro de la acompañante de Tal, ni tampoco el de la de Fischer, que llegó posteriormente, y no supo nada de *Ella* hasta que Miguel Ángel Sánchez le contó al respecto, cuando ya ambos residían en los Estados Unidos.

Mucho después, en el 2017, Miguel Ángel Sánchez volvió por su antiguo barrio habanero, fue a visitarla y allí se enteró que *Ella* había fallecido tras haber vivido varios años en Miami, donde contrajo cáncer, por lo que regresó a Cuba a morir en compañía de su madre y hermano.

Cuando Miguel Ángel le preguntó a *Hermano* por el alcance de la relación entre *Ella* y Fischer, éste le dijo que su hermana le había explicado que había sido "muy por arribita", una expresión cubana que da a entender que resultó algo sin importancia y sin consecuencias.

En la Quinta Ronda Fischer se enfrentó al maestro boliviano Julio García Soruco:

(33) Julio García Soruco - Fischer
Defensa Siciliana [B87]
XVII Olimpiada. Preliminares. Ronda 6. La Habana. 31.10.1966.

Julio García

Julio García Soruco nació en 1930 en Bolivia.

Su mejor Elo fue de 2319 en la lista de marzo de 1968, lo que lo llevo a ocupar el puesto 570 en el mundo. Pero su mejor colocación fue el lugar 565 en la lista de febrero de 1968.

Jugó en dos Olimpiadas por su país: Leipzig 1960 (Suplente) y La Habana 1966 (Primer Tablero).

A continuación la única partida jugada entre García Soruco y Fischer.

1. e4 c5 2. Cf3 d6 3. d4 cxd4 4. Cxd4 Nf6 5. Cc3 a6 6. Ac4 e6 La respuesta natural, elegida por Fischer en otras cuatro veces que le jugaron el Sistema con 6. Ac4. Sin embargo, contra Benko, en el Torneo de Candidatos de Yugoslavia 1959, optó por 6. ... Cbd7. **7. Ab3** *(ver diagrama)*

La respuesta principal. Resulta curioso que Fischer sólo haya tenido que enfrentar la misma dos veces en toda su carrera. La otra fue en su conocida victoria contra Robert Byrne en el Interzonal de Susa 1967. *(Ver comentarios después de la jugada 8 de las Blancas).* Al estadounidense también le jugaron en dos ocasiones 7. a3. *(Ver Partida 16. Robatsch - Fischer, en el Capítulo 1965).* **7. ... b5 8. a3** La mencionada partida R. Byrne - Fischer, Interzonal de Susa 1967, continuó 8. f4 **8. ... Ae7** También es posible 8. ... Ab7 **9. Ae3** Para 9. 0–0 0–0 10. Rh1 **9. ... 0–0 10. 0–0** Las Blancas también han optado por el enroque largo Otra posibilidad es 10. f3 **10. ... Ab7 11. f3 Cbd7** *(ver diagrama)*

Como típico jugador de la Variante Najdorf, Fischer desarrolla este caballo por d7. Sin embargo, resulta muy interesante 11. ... Cc6. **12. Dd2** Fischer dice que 12. Axe6!? lleva a un aproximado equilibrio. Ciertamente, tras 12. ... fxe6 13. Cxe6 Dc8   14. Cxf8 Dxf8 las posibilidades de ambos bandos serían equivalentes. Otra alternativa es 12. De2. **12. ... Ce5 13. Df2** En *Bobby Fischer 2*, Smyslov, Tal, Yudasin y Tukmakov recomiendan 13. Tae1!? seguido de Cd1–f2 y c2-c3 con sólo ligera ventaja de las Negras. **13. ... Dc7 14. Tac1** Las Blancas han elegido un esquema sólido, pero donde es difícil realizar jugadas activas. Fischer calificó la posición del primer jugador de "estática" *(ver diagrama)*

14. ... Rh8!? Un plan muy original. **15. Cce2 Tg8** Ante el pasivo juego de las Blancas, Fischer se prepara para iniciar un ataque a través de la columna-g. **16. Rh1 g5!** La torre de g8 irá a g6, la otra se moverá a g8 y todo estará listo para la ruptura ... g4 **17. h3 Tg6! 18. Cg3 Tag8! 19. Cxe6?** El maestro boliviano decide no esperar lo que se le avecina y realiza este erróneo sacrificio. Lo correcto es 19. Cde2, porque luego de

19. ... h5 20. Cc3 g4 21. hxg4 hxg4 22. f4 Cc4 la posición de las Blancas se mantiene bastante sólida. **19. ... fxe6 20. Axe6?** Tal vez García Soruco pensó que los dos peones y el control de la casilla f5 le brindaban cierta compensación por la pieza. Sin embargo, le espera una sorpresa *(ver diagrama)*

20. ... Cxe4! Un contragolpe demoledor. **21. Cxe4 Txe6** Las Blancas abandonan. **0–1.**

Apéndice **a la Partida 33. J. García Soruco – Fischer**

Fischer repitió de forma exitosa su idea contra el sueco Ulf Andersson *(Maestro Internacional desde 1970. Gran Maestro desde 1972)*, en una Partida de Exhibición disputada inmediatamente después de la Olimpiada de Siegen 1970.

Fischer - U. Andersson [A01]. Partida de exhibición. Siegen 1970. 1. b3 e5 2. Ab2 Cc6 3. c4 Cf6 4. e3 Ae7 5. a3 0-0 6. Dc2 Te8 7. d3 Af8 8. Cf3 a5! 9. Ae2 d5 10. cxd5 Cxd5 11. Cbd2 f6 "Apoya el peón de e5, pero debilita las casillas blancas. (Soltis sugiere 11. ... g6 y ... Ag7; y Shipov 11. ... Df6!?" Kasparov en *Mis Grandes Predecesores. Parte IV.* (Pág. 352) **12. 0-0 Ae6 13. Rh1!?** "Esta misteriosa jugada **es** el comienzo de un audaz, innovador y nada obvio plan". Kasparov *(Op. Cit.)* **13. ... Dd7 14. Tg1! Tad8 15. Ce4! Df7 16. g4! g6?!** "¡Un debilitamiento no forzado! La mejor 16. ... Cb6 17. Cfd2 Ae7 (Shipov), o 17. ... Ad5, habrían conducido a un juego complicado". Kasparov. (Op. Cit.) **17. Tg3! Ag7 18. Tag1!** "Una destacada construcción de ataque! La fuente original, con colores invertidos, fue la partida (García) Soruco - Fischer (Olimpiada de La Habana 1966). Kasparov *(Op. Cit.)* **18. ... Cb6 19. Cc5 Ac8 20. Ch4 Cd7?** "El error decisivo". Kasparov *(Op. Cit.).* **21. Ce4 Cf8 22. Cf5 Ae6 23. Cc5! Ce7?! 24. Cxg7! Rxg7 25. g5! Cf5 26. Tf3! b6 27. gxf6+ Rh8 28. Cxe6 Txe6 29. d4! exd4 30. Ac4 d3 31. Axd3 Txd3 32. Dxd3 Td6 33. Dc4 Ce6 34. Ae5 Td8 35. h4 Cd6 36. Dg4 Cf8 37. h5 Ce8 38. e4 Td2 39. Th3 Rg8 40. hxg6 Nxg6 41. f4 Rf8 42. Dg5 Cd6 43. Axd6+ 1-0**
No es de extrañar que un plan tan interesante haya tenido sus seguidores. Por ejemplo:

En la Apertura Inglesa:
M. Taimanov - A. Yusupov [A31]. Kislovodsk, 1982.

1. d4 Cf6 2. c4 c5 3. Cf3 cxd4 4. Cxd4 b6 5. Cc3 Ab7 6. f3 e6 7. e4 d6 8. Ae2 a6 9. Ae3 Cbd7   10. 0-0 Ae7 11. Dd2 0-0 12.Tfd1 Tc8 13.Tac1 Dc7 14. Af1 Tfe8 15. Rh1 Db8 16. Df2 Ad8   17. Cb3 Ac7 18. Dg1 Rh8! 19. Tc2 Tg8! 20. Tcd2 g5! 21. Ad4 Tg6! 22. Cc1 Tcg8! 23. Cd3 Df8 23. ... g4!? Kasparov *(Op. Cit.)* 24. Te1?! 24. Cf2! Kasparov *(Op. Cit.)* 24. ... g4! 25. fxg4 e5!? 26. Ae3 Cxg4 27. Cd5 Ad8! 28. Cf2 Ah4 29. Tee2 Cxe3 30. Cxe3 Axf2 31. Dxf2 Axe4 32. Cf5 Cc5 33. Cg3 Aa8 34. Td1 Ce6 35. Dxb6 Cf4 36. Tf2 Dh6 37. Rg1 Dh4 38. Db3 Th6 39. Txf4 exf4 40. Dc3+ f6 41. Cf5 Txg2+ 42. Axg2 Dxh2+ 0-1

En el Ruy López:

Decía el Campeón Mundial 1935-36, el holandés Max Euwe, en su artículo *Sicilian Defense. The Taimanov System,* publicado en su columna *Spotlight on Openings (Defensa Siciliana. Sistema Taimanov,* en la columna *Luz sobre las Aperturas. Chess Review.* Marzo de 1962. Pág. 80): "Hasta cierto punto, la teoría de las aperturas recuerda al sistema de rotación solar. Ambos regresan a los mismos puntos, o casi a los mismos puntos".

Por ejemplo, en la conocida variante del Ruy López: **1. e4 e5 2. Cf3 Cc6 3. Ab5 a6 4. Aa4 Cf6 5. 0-0 Ae7 6. Te1 b5 7. Ab3 d6 8. c3 0–0 9. h3 Ca5 10. Ac2 c5 11. d4 Dc7 12. Cbd2 Cc6   13. d5 Cd8 14. Cf1 Ce8 15. g4 g6 16. Cg3 Cg7 17. Rh2 f6 18. Tg1 Cf7** las Blancas generalmente jugaban a realizar la ruptura con g5. Pero después del plan de Fischer con Andersson de llevar su caballo a f5, tenemos las siguientes partidas:

B. Vladimirov - T. Riskin [C98]. Unión Soviética 1974.

1. e4 e5 2. Cf3 Cc6 3. Ab5 a6 4. Aa4 Cf6 5. 0-0 Ae7 6. Te1 b5 7. Ab3 d6 8. c3 0–0 9. h3 Ca5 10. Ac2 c5 11. d4 Dc7 12. Cbd2 Cc6 13. d5 Cd8 14. Cf1 Ce8 15. g4 g6 16. Cg3 Cg7 17. Rh2 f6 18. Tg1 Cf7 19. Ad2 Rh8 20. De2 Ad7 21. Tg2 Cg5 22. Tag1 Cxf3+ 23. Dxf3 Tf7 24. h4 Taf8 25. Cf5 gxf5 26. gxf5 Tg8 27. h5 Af8 28. h6 Ae8 29. Dh3 Td7 30. Ad1 Dd8 31. Ah5 De7 32. Axe8 Dxe8 33. Tg4 Df7 34. T1g3 De8 35. Rh1 Tc7 36. Rg2 a5 37. Dh4 Dd8 38. Rf3 b4   39. Tg6 Tf7 40. Re2 De8 41. hxg7+ Tgxg7 42. Ah6 bxc3 43. Txg7 Axg7 44. Axg7+ Txg7   45. Dxf6 1–0

Y en un encuentro más reciente:

Leinier Domínguez Pérez - Evgeny Postny [C84] Netanya, Israel 2019.
    1.e4 e5 2.Cf3 Cc6 3.Ab5 a6 4.Aa4 Cf6 5.0-0 Ae7 6.Te1 b5 7.Ab3 d6 8.a4 Ag4 9.c3 0–0 10.h3 Ah5 11.d3 Ca5 12.Aa2 c5 13.Ag5 b4 14.cxb4 cxb4 15.Cbd2 Tb8 16.Axf6 Axf6 17.Ad5 Dd7 18.g4 Ag6 19.Cf1 Ad8 20.Ce3 Ab6 21.Cc4 Cxc4 22.dxc4 Rh8 23.b3 f6 24.Dd2 Ae8 *(ver diagrama)*

25.Rh2 Leinier mueve su rey fuera de la columna-g para poder doblar sus torres en ella.   **25. ... Ac5**
26. Tg1 g6 27.Tg3 De7 28.Tag1 Las Blancas han finalizado la primera parte de su plan. **28.... Ad7 29.**
T1g2 Tbe8 30. Ch4! Con idea de llevar el caballo a f5, tal como hiciera Fischer contra Andersson. **30. ...**
Ac8 Postny se aferra a conservar su pareja de alfiles. Sin embargo, era preferible 30. ... Ae6. **31.Cf5!** Esta
fuerte jugada permite a las Blancas ampliar su ventaja. **31. ... Da7** El caballo es intocable. Si 31...gxf5??
las Blancas ganan con 32. gxf5, seguido de 33. Dh6; También después de 31. ... Axf5 32. gxf5 g5 33. h4!
las Blancas tienen un ataque decisivo. **32.Rh1** Resultaba interesante 32. h4!? **32. ... Te7?** El error decisivo.
Otra vez era mejor 32. ... Ae6, aunque luego de 33. Ce3 Axe3 34. Txe3 Db6 35. Axe6 Txe6 36. Td3 las
Blancas tienen ventaja debido al débil peón negro de d6. **33. Dh6!** No hay necesidad de capturar la calidad. La jugada del texto es mucho más fuerte, ya que ahora las Blancas ganan con un ataque directo. **33.**
... Tg7 34.g5! Leinier ha combinado de forma excelente los dos temas de este plan. Primero el sacrificio
del caballo en f5 y luego la ruptura g4–g5. **34. ... fxg5 35. Txg5!** Amenaza ganar en el acto con 36. Txg6!
35. ... Tf6 Si 35. ... Axf5, las blancas ganan mediante 36. exf5 Txf5 37. Txf5 gxf5 38. Df6 De7 39. Dxe7.
36.Txg6 Tfxg6 37. Txg6 Axf5 38. exf5 Dd7 39.f6! Y ante el mate inevitable, Postny abandonó. ¡Una
excelente realización del plan ideado por Fischer! **1–0**

Mientras tanto, todos los compañeros de equipo de Fischer lograban victorias, con lo que Estados
Unidos obtuvo un resultado 4-0.

Roberto Madrigal recuerda otra salida nocturna de Fischer:

> "Mi padrastro, Sergio Macías, era jefe de la Sección de Arquitectura de la Junta Central de
> Ejecución e Inspección (*Jucei*). En los días finales de la XVII Olimpiada de Ajedrez de La
> Habana, la *Jucei* organizó, no recuerdo bien por cuál razón, una fiesta (o como se decía en ese
> momento en Cuba, 'una actividad', para mantener el tono austero impuesto en esos días), a la
> que se invitó a un grupo de participantes en la Olimpiada, que se desarrolló en el Palacio de
> los Capitanes Generales".

> (N.A.: el Palacio de los Capitanes Generales está situado en la Habana Vieja y se llama así
> porque allí vivieron 65 de los capitanes generales que envió España a gobernar a Cuba. Allí
> también residió el administrador de Estados Unidos durante la ocupación norteamericana de
> la isla (1898-1902) después de la guerra hispanoamericana. Y finalmente, fue el Palacio Presi-
> dencial de Cuba de 1902 a 1920, cuando el presidente Mario García Menocal lo trasladó a un

nuevo edificio, donde residieron y gobernaron los presidentes cubanos hasta 1959. El Palacio de los Capitanes Generales, situado en Tacón No. 1 entre Obispo y O'Reilly, tiene una serie de corredores exteriores con techo en el segundo piso, los cuales están abiertos a un Patio Central donde se encuentra una estatua de mármol de Cristóbal Colón, que data de 1862).

"En un momento dado, yo estaba de pie en uno de los pasillos cerca de Fischer, quien también estaba de pie y ya se había tomado algunos cocteles, cuando veo que, desde el pasillo de enfrente, (el lugar tenía un balcón a todo lo largo del patio central) comienza a acercarse Spassky, con un caminar parecido al paso de ganso y una copa de champán en alto. Así, de esta forma Spassky, a quien se le notaban algunos tragos, recorre tres de los cuatro pasillos del segundo piso del edificio, se aproxima a Fischer, le habla unas palabras (que no pude oír bien) ¡y le da un abrazo al estadounidense!"

En la última ronda de la etapa clasificatoria Fischer enfrentó con piezas Blancas al fuerte Maestro Internacional noruego Svein Johannessen.

(34) Fischer - Svein Johannessen
Ruy López [C70]
XVII Olimpiada. Preliminares. Ronda 7. La Habana. 3.11.1966.

Svein Johannessen

Svein Johannessen nació el 17 de octubre de 1937 en la municipalidad de Nedre Eiker, en el condado Buskerud, Noruega; fue el segundo jugador de su país en ganar el título de Maestro Internacional (en 1961), después de Olaf Barda (en 1952).

Su rating Elo más alto fue de 2555 en la lista de febrero de 1969, cuando tenía 31 años y 4 meses de edad, lo que lo convirtió en el jugador #107 del mundo. Ocupó también esta posición en la lista de junio del mismo año. Su mejor actuación según el Elo fue de 2611, en el Zonal de Mariánské Lázně, Checoslovaquia (hoy día República Checa), al lograr 8 puntos de 13 posibles (62%) contra una oposición con un rating promedio de 2541.

Fue campeón de Noruega en cuatro ocasiones: 1959, 1962, 1970 y 1973. Representó a su país en diez Olimpiadas, ocupando el Primer Tablero en seis de ellas: Leipzig 1960, Varna 1962, Tel Aviv 1964, La Habana 1966, Lugano 1968 y Siegen 1970. Segundo Tablero en una: Niza 1974. Tercer Tablero en una: Lugano 1968, donde ganó la Medalla de Bronce Individual (+8=4-1. 76.9%). Cuarto Tablero en una: Moscú 1956. Y Suplente en una: Buenos Aires, 1978.

Johannessen murió el 27 de noviembre del 2007. Tenía 70 años.

A continuación la primera partida jugada entre Fischer y Johannessen.

1. e4 e5 2. Cf3 Cc6 3. Ab5 a6 4. Aa4 b5 5. Ab3 Ca5 A esta variante se le llamó durante mucho tiempo *Taimanov-Furman*, ya que estos dos Grandes Maestros soviéticos la emplearon con frecuencia en la década de 1950. Sin embargo, también le llaman la *Variante Noruega*, debido a que varios jugadores de ese país escandinavo la han jugado con regularidad, como el mismo Johannessen, Arne Zwaig *(Maestro Internacional desde 1975)* y Simen Agdestein *(Gran Maestro desde 1985)*. Su objetivo es resolver de forma radical el problema del Alfil Español en el Ruy López. Su inconveniente es que, a cambio de ganar la ventaja de la pareja de alfiles, las Negras demoran su desarrollo. Para Fischer no debe haber resultado una sorpresa la elección de su rival, ya que previo a este encuentro Johannessen la había jugado en más de ¡20 ocasiones! Incluso una contra el boliviano Julio García Soruco en una ronda previa de las Preliminares de esta XVII Olimpíada. **6. 0–0** La mejor jugada de las Blancas. "Esta variante, considerada durante mucho tiempo como inferior por la teoría, cuya preferencia era entonces: 6. Axf7+ Rxf7   7. Cxe5+, se vio reintroducida por Taimanov hace poco más de diez años. Ya desde entonces era utilizada por el noruego con las Negras. Ha sido demostrado que el sacrificio del alfil es insuficiente por la respuesta 7. ... Re7, y con una buena defensa, el Negro debe ganar. Por eso, el Blanco busca nuevos caminos. Posteriormente, Fischer declaró que tal línea de juego (la *Variante Taimanov-Furman*) era la refutación de la Apertura Española; él mismo la jugó también con éxito", Albéric O´Kelly en la revista *Jaque Mate* (diciembre de 1966. Págs. 349-350). Aunque el polaco Kazimierz Makarczyk *(Maestro Internacional desde 1950)* ya había jugado 7. ... Re7 contra el rumano Emanoil-George Reicher en Bucarest 1951, fueron Semion Furman y Mark Taimanov los que demostraron en el ajedrez del primer nivel que la posición de las Negras es incluso favorable. Por otra parte, la continuación 6. d4 no es tan efectiva. Finalmente, aunque se ha jugado en muchas ocasiones, 6. Cxe5 no ocasiona problemas a las Negras. **6. ... d6 7. d4 Cxb3** La línea principal. **8. axb3** "El Negro cambió el peligroso alfil, pero a costa de un pobre desarrollo. Si el segundo jugador puede llegar a consolidar su posición, al final los dos alfiles le asegurarán la iniciativa", O´Kelly *(Op. Cit.)*. **8. ... f6** *(ver diagrama)*

9. c4 Fischer elige una sólida continuación. La otra oportunidad en que enfrentó esta variante fue contra Robert W. Walker, en el Campeonato Juvenil de EE. UU., San Francisco 1957 *(donde retuvo el título que conquistó el año anterior con sólo 13 años de edad)*. En aquella ocasión jugó 9. Ch4. Por otra parte, una jugada muy popular es 9. Cc3. **9. ... Ab7** Esta continuación, que sólo se había empleado una vez, tiene que haber sido analizada por los maestros noruegos para utilizarla en esta XVII Olimpíada, ya que además de Johannessen, también la jugaron Zwaig y Ragnar Hoen. La respuesta principal de las Negras es 9. ... b4 para impedir que el caballo blanco de b1 se pueda desarrollar por c3. **10. Cc3** La jugada natural. En una ronda posterior de esta Olimpíada se jugó 10. De2 **10. ... Ce7 11. De2 c6 12. Td1 Dc7 13. Ae3 Cg6 14. Tac1** Merece atención 14. h4!? **14. ... b4 15. Ca4 c5 16. dxc5** "El Blanco tiene que tomar, si no el caballo se queda el resto de la partida fuera de juego", O´Kelly *(Op. Cit.).* **16. ... dxc5** *(ver diagrama)*

17. Dd3 Una jugada muy lógica, a la que no hay nada que objetar, ya que amenaza tanto 18. Cb6!, como 18. Axc5 Axc5 19. Cxc5 Dxc5 20. Dd7+. Sin embargo, la computadora señala que 17. Ce1 es aún mejor, porque luego de 17. ... Axe4 18. Cxc5 Axc5 19. Axc5 Ac6 20. De3 las Blancas tienen ventaja. **17. ... Tb8 18. Cb6** El caballo se dirige a d5. **18. ... Ae7** Con seguridad, a las Negras no les agradó que su rival tuviera un peón pasado luego de 18. ... Axe4 19. Cd5 Axd5 *(Pero no 19. ... Axd3? debido a 20. Cxc7+ Rd7 21. Cxa6 Ta8 22. Ta1 e4 23. Ce1 con gran ventaja.)* 20. cxd5 Ad6 21. Cd2 0–0 22. Ce4. No obstante, aunque es obvio que las Blancas tienen ventaja, es una opción que considerar, pues ahora la posición del primer jugador es muy superior. **19. Cd5** "Es un gran éxito para un caballo ocupar una casilla tan importante. Además, no puede ser capturado porque las Negras quedarían con su alfil malo y una posición completamente perdida". O´Kelly *(Op. Cit).* **19. ... Dc6 20. De2 Ad6** Una jugada necesaria. Habría sido un error 20. ... 0–0? debido a 21. Ch4! y luego de 21. ... Tfe8 22. Cf5 Af8 23. Dg4 la ventaja de las Blancas aumentaría considerablemente *(ver diagrama)*

21. Td3 Fischer fue un virtuoso en muchas facetas del ajedrez. Entre ellas sobresalía en que a cada momento trataba de aumentar la actividad de sus piezas. Ahora, antes de iniciar acciones concretas, primero dobla sus torres en la columna abierta y luego lleva su caballo de f3 a g3 *(vía d2-f1)* desde donde podrá ubicarse en f5 o en h5 en dependencia de las circunstancias. **21. ... Tc8 22. Tcd1 Ab8 23. Cd2 De6 24. Cf1 0–0 25. Cg3 Cf4** No hay nada mejor. Las Negras intentan activarse a cambio de debilitar su estructura de peones. **26. Axf4 exf4** *(ver diagrama)*

27. Ch5! Otra importante jugada. Con muy buen concepto posicional, Fischer está dispuesto a cambiar su peón de e4 por el de f4 de las Negras, ya que de esa forma podrá explotar las debilidades existentes en la posición enemiga. **27. ... Tce8** También el llevar la otra torre a e8 permite a las Blancas obtener una clara superioridad. Por ejemplo: 27. ... Tfe8 28. Chxf4 Axf4 29. Cxf4 Dxe4 30. Te3 Dc6 31. Tdd3 con amplia ventaja. Sin embargo, es muy de considerar la sugerencia de O'Kelly *(Op. Cit.)*: "Apurado por el tiempo, Johannessen no encuentra la mejor continuación. Había que jugar 27. ... g5 seguido de Ae5, con buena defensa". **28. Chxf4 Axf4** Las Negras se desprenden de su pareja de alfiles. En caso de 28. ... De5 29. g3 g5 30. Cg2 De6 *(Si 30. ... f5? habría seguido 31. f4! Dg7 32. e5 ganando)*. 31. Te1 con ventaja decisiva. Una posibilidad que considerar es 28. ... Dc6. Después de 29. Ch5 De6 *(Sería un error 29. ... f5?*

por 30. e5 Axe5 31. Te3 Ac7 32. f3 con enorme ventaja). 30. Te3 Ae5 31. Cg3 y aunque la superioridad de las Blancas es incuestionable, de esta forma las Negras habrían brindado una mayor resistencia. **29. Cxf4 Dxe4 30. Te3** Esta es la idea de Fischer. Al abrirse la columna-e puede explotar la debilidad de la casilla e6. Además, con la posición abierta, las Negras deben preocuparse también por su peón débil de c5. **30. ... Dc6** *(ver diagrama)*

31. Te6! Obligando a retroceder a la dama negra, tras lo cual las Blancas no tendrán que preocuparse más por la presión que ejerce el segundo jugador a través de la gran diagonal blanca. **31. ... Dc8** Si 31. ... Txe6? 32. Dxe6+ Dxe6 *(Si 32... Rh8, las Blancas ganan con facilidad con 33. De7 Tg8 34.f3)* 33. Cxe6 Tc8 34. f3 el final sería muy desfavorable para el Negro. También en caso de 31. ... g5 las Blancas tienen una gran ventaja. Por ejemplo, 32. h4 h6 *(Por supuesto, no 32. ...gxf4??, debido a 33. Dg4+)* 33. hxg5 hxg5 34. Td8! **32. h4 g6** Después de 32. ... Txe6 33. Dxe6+ Dxe6 34. Cxe6 Tc8 35. Td7 las Blancas no tendrían muchas dificultades para imponerse. **33. Te7 Txe7** Ya no hay problema si la dama negra se ubica en c6 *(33 ... Dc6)* pues las Blancas ganan con 34. Cd5! **34. Dxe7 Tf7** Las Negras pueden prolongar la partida con 34. ... Te8 35. Dxf6 Df5 36. Dxf5 gxf5 37. f3. Sin embargo, no existe la menor oportunidad de salvación en ese final. **35. Td8+ Rg7 36. Ce6+** Las Negras abandonaron. **1–0.** Las Blancas dan mate cuando más en 15 jugadas.

Con este resultado en la ronda final de la etapa preliminar, Fischer finalizó con cinco victorias en cinco partidas.

Pero ese día su equipo perdió por 1.5-2.5 su encuentro contra Noruega. Tras el triunfo de Fischer, Estados Unidos no logró más que un empate, el de Robert Byrne contra Harne Zweig; mientras Nicolas Rossolimo caía derrotado ante Terje Wibe y tras una larga lucha, William Addison rindió su rey en la jugada 81 contra Ragnar H. Hoen.

Addison abandonó al considerar que tenía una torre atrapada. Sin embargo, el estadounidense podía haber recuperado la pieza mayor de menos y el final hubiera sido tablas. Debido a ello el capitán del equipo de Polonia presentó una acusación de que la partida se había "entregado" para facilitar la clasificación de Noruega al grupo A de la final, y evitar así la de Polonia.

El veredicto emitido por el Comité de Apelación, encabezado por el Árbitro Principal, el checoeslovaco Jaroslav Sajtar, manifestó que no existían pruebas de tal confabulación y que, en esencia, se trataba de la palabra de un equipo contra la del otro, de manera que el resultado se mantenía como Noruega 2.5 - Estados Unidos 1.5.

Con ello, el país escandinavo consiguió su pase al grupo superior de la etapa final de la Olimpiada, por encima de Polonia, pues a pesar de terminar empatados, el sistema de desempate favoreció a los noruegos. El asunto no fue de conocimiento del público.

A pesar de esa derrota en la última ronda de la rueda preliminar, Estados Unidos clasificó sin problemas para la final, lo mismo que otros favoritos en sus respectivos grupos, como la Unión Soviética, Yugoslavia, Hungría, Argentina, Bulgaria, Checoeslovaquia, la República Democrática Alemana (también conocida como Alemania Oriental), Rumanía, España, Islandia, Dinamarca y el país anfitrión, Cuba, que lo consiguió gracias una victoria de Rogelio Ortega sobre el belga Josef Martin Boey, a último minuto de la jornada final eliminatoria.

La noche del martes 2 de noviembre se invitó a todos los participantes a una suntuosa recepción en el Palacio Presidencial de Cuba con la presencia del gobernante Fidel Castro y de los más importantes funcionarios del país. Fischer, que para entonces había cambiado su actitud hacia el gobernante cubano de animosidad hacia admiración, se acercó a la mesa de éste, tras convencer a Barreras y hasta al propio Gran Maestro soviético Leonid Stein, de ir juntos hasta allí y le propuso celebrar un encuentro amistoso entre él y Stein, entonces campeón de la Unión Soviética. Castro, tomado por sorpresa, respondió que apoyaría tal encuentro en "bien del ajedrez". Stein, también sorprendido, dijo que no se opondría.

Pero a la mañana siguiente, cuando Fischer llamó a Stein a su habitación para conversar sobre los detalles del encuentro, éste dio marcha atrás, seguramente por ser desautorizado por parte del jefe de la delegación soviética, Alexei Serov. En la agencia noticiosa cubana Prensa Latina, en donde no conocían los últimos acontecimientos, enviaron al reportero Reinaldo Peñalver a entrevistar a Fischer sobre el encuentro. En ella, Fischer reveló que Stein no estaba interesado.[8]

Reportero: Hace unos días [la noche del 2 de noviembre] usted le dijo al primer ministro, comandante Fidel Castro, que estaba interesado en celebrar un encuentro con el gran maestro soviético Stein. ¿Qué puede decirnos sobre eso?

Fischer: "Yo estoy dispuesto a jugar con el Gran Maestro Stein o cualquier otro Maestro soviético; sin embargo, yo hablé ayer con Stein sobre el asunto, pero él parece que no está muy de acuerdo. Me dijo que yo lo que estaba buscando es publicidad. Yo le había hecho la pregunta a Stein en el agasajo que se nos ofreció en el Palacio de la Revolución. Le propuse concretamente que jugaríamos diez partidas sin contar los empates. Al principio pareció interesado y se lo dijimos a Barreras, quien mostró su conformidad. Luego hablamos del asunto con el primer ministro y nos respondió que por él no había problemas y que le gustaría presenciar el encuentro. La realidad es que después de eso volví entusiasmado a hablar con Stein al día siguiente, y fue cuando me dijo que yo estaba tratando de ganar publicidad a costa de este encuentro. Por eso es por lo que pienso que el maestro soviético se está arrepintiendo de celebrar el encuentro. Por mi parte, yo sigo dispuesto a celebrarlo". [10]

Una improvisada partida se formó cuando Manuel Terrazas de México retó a Fidel Castro a un juego, pero de inmediato Tigran Petrosian comenzó a ayudar al gobernante cubano y Terraza acudió a la ayuda de Fischer.

Tras esa explicación, la entrevista se dirigió a detalles organizativos. Fischer fue sumamente elogioso con todo lo que había visto en La Habana:

"El equipo norteamericano ha recibido un buen trato aquí (…) La iluminación es excelente. No me ha gustado la gran cantidad de fotógrafos que han trabajado aquí. Hay un poco de ruido. Pero en general las condiciones son muy buenas. Todo ha estado muy bien organizado. Me llamó poderosamente la atención el tablero eléctrico que han colocado por fuera. Se ve que se ha trabajado intensamente. Es un magnífico evento. La innovación que presenta el circuito cerrado de televisión es muy buena y creo que aquí se le está dando al ajedrez la importancia que merece como juego o deporte internacional".

Fischer se mostró especialmente complacido por las mesas de ajedrez utilizadas y dijo que cuando se les pasaba la mano a los tableros se notaba una gran suavidad.

"Son magníficas las mesas, los tableros y las piezas. Otra cosa buena de estos tableros de mármol es que no dan reflejos molestos a la vista. Esto es muy importante para los jugadores".

Cuando Peñalver le preguntó si había notado algún cambio entre su visita a La Habana en 1956 y la actual, Fischer respondió de una manera salomónica:

"Sí, ahora es más tranquila". [11]

Fischer estaba correcto en que en 1966 La Habana era más tranquila que diez años antes, pero era una suerte de tranquilidad en unas aguas que de súbito podían volverse muy tormentosas. En apenas un lustro Cuba se había convertido en parte del llamado campo socialista y su incansable máximo líder, como antes Stalin en Rusia con su programa de colectivización agrícola, o Mao Zedong con la idea de construir en cada casa un horno de fabricar acero, tenía poca paciencia con los avances económicos.

Y como esos líderes comunistas antes que él, lo animaban ideas grandiosas. Una de ellas fue la intervención masiva de todas las empresas pequeñas, realizada en marzo de 1968, a lo que siguió al año siguiente la militarización de la economía a fin de lograr una meta productiva de diez millones de toneladas de azúcar. Ambos experimentos terminaron mal. Para Fidel Castro la economía de mercado era un monstruo que era necesario exterminar. Uno podía imaginarlo con la lanza sagrada de San Jorge enfrentando al maldito dragón del dinero, como lo interpretó la revista británica *The Economist* en un artículo sobre el mandatario cubano que tituló *"Maldito dinero"*.

La Habana en 1966 era ciertamente la capital de una nación firmemente encajada en el llamado campo socialista, pero todavía una muy atípica y de enormes paradojas. Su enorme red de cinematógrafos de más de ciento cincuenta teatros exhibía los más atrevidos filmes de los directores europeos Bernardo Bertolucci, Federico Fellini, Jean-Luc Godard y François Truffaut, con lo cual el público cubano descubría a Alain Delon, Marcelo Mastroianni y Hugo Tognazzi, mientras que viejas películas estadounidenses de Marlon Brandon, James Cagney, Tony Curtis, Doris Day, Burt Lancaster, Marilyn Monroe, Jimmy Stewart y John Wayne seguían siendo la fuente principal de alimento de esas salas de exhibiciones. Incluso hasta filmes de sentimientos anti totalitarios, como *Cenizas y Diamantes*, del polaco Andrzej Wajda, ocupaban espacio en sus funciones.

Los cabarés de La Habana seguían ofreciendo su grandes espectáculos musicales, pero únicamente con artistas nacionales; y las imprentas del estado publicaban en tiradas gigantescas a Franz Kafka, Carson McCullers, Will Cuppy, Franz Fanon y hasta a Aleksander Solzhenitsyn, como si sus dirigentes intelectuales se esforzaran en demostrar que el cálido socialismo caribeño tenía poco que ver con sus fríos parientes europeos o asiáticos.

En medio de ese clima que a Fischer pareció más tranquilo que diez años antes, comenzó el viernes 4 de noviembre la primera ronda de la fase final. Esa tarde, en lugar de Fischer en el primer tablero de los Estados Unidos estuvo Robert Byrne, quien venció a Bent Larsen.

Larry Evans escribió en su relato *Chess Fever in Havana (Fiebre de ajedrez en La Habana)*, publicado en *Chess Life* (diciembre 1966. Pág. 299-300), que el director ejecutivo de la *Federación de Ajedrez de los Estados Unidos*, Edmund Edmondson, había mencionado a los funcionarios cubanos antes del viaje del equipo norteamericano a La Habana las características religiosas especiales de Fischer (de no jugar desde las caída del sol del viernes hasta las 6:00 p.m. del sábado) y que éstas se habían aceptado.

Tal vez Evans no lo explica en su relato y Fischer sencillamente se tomó ese viernes de descanso, de ahí que Estados Unidos acudió sin él a la sala de juego a la hora reglamentaria, las cuatro de la tarde. Sin embargo, el jefe de la delegación soviética, Alexei Serov, asegura en su informe que Estados Unidos hizo la petición a los daneses y que ellos no aceptaron. [12]

"Nuestros hombres en La Habana", título Chess Life en su portada de diciembre el arribo de los miembros del equipo de Estados Unidos. Fueron recibidos con bebidas y música en la sala de protocolos de la terminal aérea cubana. Todos ellos. menos Fischer y Evans, con vasos del cocktail Daiquirí, uno de los favoritos de Ernest Hemingway en Cuba.

Al día siguiente, sábado, los integrantes del equipo norteamericano no se presentaron a su encuentro contra la Unión Soviética a las cuatro de la tarde y una hora después, todas las cuatro partidas se adjudicaron a favor de sus adversarios por no presentación. Jesús Suárez recuerda que Poco después de las cinco de la tarde, ante la sorpresa de los jugadores y el murmullo del público, Benko se apareció en la sala de juego. Cuando uno de los participantes se le acercó y le preguntó qué pasaba, Benko le dijo que los estadounidenses no habían bajado a jugar en solidaridad con Fischer. Unos minutos después se dirigió de regreso a los elevadores.

Esto provocó una crisis de carácter político, más que deportivo, pues amenazaba con estropear la total brillantez del evento hasta ese instante.

El informante del FBI identificado como T3, que presentamos al comienzo de este capítulo, llegó a especular que el incidente había sido provocado por los estadounidenses con el objetivo de "avergonzar al gobierno cubano para evitar cualquier campeonato mundial futuro (en la isla)", pero ningún indicio posterior evidenció tan malvada intención por parte de los directivos norteamericanos del ajedrez.

Conforme al relato de Evans *(Op. Cit.)*, en la mañana del viernes 5 de noviembre la solicitud de posponer el comienzo de las partidas desde las cuatro a las seis de la tarde se le presentó a Serov, quien no sólo la rechazó, sino que además, según Evans, "sometió al capitán del equipo estadounidense Donald Byrne a una larga e irrelevante arenga antiestadounidense".

Este relato tiene un elemento crucial, y es que no existía en el reglamento de la Olimpiada ninguna cláusula que específicamente autorizara tal posposición por motivos religiosos, de manera que cualquier acuerdo tendría que ser sobre la base de un consenso mutuo. Esto parece probado por la solicitud a Serov, ya que de otra manera hubiera sido una decisión automática por parte del colegio de árbitros del evento.

La contraparte de Evans es el relato de Serov:

"Todo había ido bien hasta la mañana del 4 de noviembre. De repente - ése era el día fijado para el match con los daneses - los estadounidenses anunciaron que Fischer no jugaría entre la salida de la primera estrella vespertina del viernes hasta el sábado a la misma hora, y habían pedido que la partida con Larsen comenzara dos horas antes. Larsen se negó, y los estadounidenses pusieron a un suplente. Nos enviaron una solicitud similar y aceptaron nuestra negativa con aparente calma".

"Al día siguiente, los estadounidenses no presentaron ninguna solicitud para el match. De acuerdo con las reglas de la Olimpiada de Ajedrez, esto significaba que los cuatro jugadores principales estarían en el match: Fischer, (Robert) Byrne, Benko y Evans". "Nosotros también decidimos desplegar a nuestros Cuatro Grandes: (N.A.: Petrosian, Spassky, Tal y Stein). De repente, el capitán del equipo estadounidense, (Donald) Byrne, nos llamó y exigió que la partida de Fischer y Petrosian se pospusiera por dos horas. Creo que estábamos totalmente justificados para responder que la solicitud era contraria a las regulaciones del torneo, aprobadas por su comité de organización, que no se había mencionado ninguna excepción a causa de Fischer en la apertura de la Olimpiada y que, después de todo, ¿por qué no podíamos hacer lo que los daneses habían hecho sólo el día anterior?"

"Entonces, en un acto de desafío sin precedentes en las Olimpiadas de Ajedrez, el equipo estadounidense amenazó con retirarse. Mi respuesta (N.A.: a Donald Byrne) fue: "váyanse, lárguense si quieren. Pero creo que es un bluf: su salida sería condenada por la comunidad internacional del ajedrez y por su propia Federación de Ajedrez".

"En el día señalado (nadie sabía que el match no tendría lugar [*N.A.: Es probable que la organización del torneo supiera algo, pues se nombró a un cubano con experiencia diplomática, Camilo Domenech, como Árbitro Principal del encuentro.*]) los cubanos nos dieron una bandera y una bienvenida de héroes fuera del hotel. Nuestros jugadores tomaron sus asientos, los árbitros pusieron en marcha los relojes y, una hora más tarde, los estadounidenses recibieron lo merecido: derrotas en todos los cuatro tableros".

"Desalentados por este fracaso de la 'política de posición fuerte', los estadounidenses entraron en acción. El 6 de noviembre, (Donald) Byrne y Rossolimo me abordaron. Trataron de convencerme de jugar el malogrado match. Atribuyeron la ausencia del equipo estadounidense a las excentricidades de Fischer, se disculparon y se esforzaron por suavizar el incidente. Haciendo la historia corta, le dije a Rossolimo: es tu capitán quien los metió en este lío. Ahora es él quien debe sacarlos. En cuanto a las excusas, no debes hacerlo aquí ante mí, sino públicamente, delante de todos los Grandes Maestros soviéticos a quienes ofendieron con su conducta".

"El 7 de noviembre, (Donald) Byrne solicitó otra reunión. Estuve de acuerdo y, con la ayuda de dos intérpretes cubanos, tuvimos una conversación de dos horas con Byrne y Rossolimo en nuestra *suite*. Le dije lo que pensaba sobre la postura del equipo de Estados Unidos en éste y otros problemas. Parecían haberse dado cuenta de que las maniobras entre bastidores no les servirían de nada, y un día después, Byrne presentó sus disculpas escritas al comité de arbitraje. El match tuvo lugar el 14 de noviembre".

"Esta vez, sin embargo, decidimos no presentar a Petrosian. Sentimos que su título de Campeón Mundial justificaba nuestra renuencia a dejar que Fischer se saliera con su falta de respeto. Así que tenía que ser Spassky o Tal. Ambos dijeron que jugarían, pero Tal advirtió que, en su caso, el resultado sería 'o - o', *(N.A.: o victoria o derrota)* mientras que lo que necesitábamos era un empate garantizado para las Negras..."

El informe de Serov, que sólo se publicó casi treinta años después en el libro *Russians Versus Fischer* de Dmitry Plisetsky y Sergey Voronkov (Chess World. Moscú 1994), muestra que su actitud en La Habana estuvo a punto de malograr una extraordinaria victoria organizativa y publicitaria del gobierno de Cuba. La isla caribeña había recibió entonces a todo un equipo deportivo de primera línea de los Estados Unidos cuando el año anterior ese país ni siquiera dejó viajar a Fischer a Cuba, en lo que se convirtió en una penosa derrota política y de relaciones públicas para el Departamento de Estado norteamericano.

Al menos un miembro del equipo soviético, Victor Korchnoi, estuvo en desacuerdo con no aceptar la proposición de Estados Unidos de comenzar dos horas más tarde, lo cual era curioso, pues él había ingresado el año anterior al Partido Comunista y era el único de los jugadores soviéticos en La Habana con tal aval político.

Según Korchnoi en *Chess Is My Life* (Páginas 56-57):

"Se convocó a una reunión especial de nuestro equipo. El jefe del equipo era Alexei Serov, un funcionario del Partido Comunista. Como era la primera vez que trataba con jugadores de ajedrez, sólo tenía poca idea de los asuntos del ajedrez. Su asistente y consejero principal fue el capitán del equipo Igor Bondarevsky. Un hombre de fuerte carácter que había asimilado firmemente el principio de la escuela Molotov-Vyshinsky en las negociaciones con los extranjeros:"

"'Ya que nosotros, es decir, la Unión Soviética, somos más fuertes que cualquier otro en el mundo, no aceptamos condiciones. ¡Las imponemos!'"

"Yo manifesté: 'Como somos claramente superiores a todos en el ajedrez, podemos y debemos aceptar las propuestas de compromiso de los extranjeros sin perjudicarnos a nosotros mismos'".

"Entonces, en la reunión, Bondarevsky fue el orador principal, mientras yo me le oponía. El resto permaneció en silencio. El orgullo del pueblo soviético (Petrosian, Spassky, Tal, Stein, Polugaievsky, Boleslavsky) se sentaron uno al lado del otro con la vista puesta en el suelo. ¡No quisieron opinar sobre este tema! ¡No les importaba! Serov apoyó a Bondarevsky, pero nadie me apoyó a mí. Los estalinistas ganaron sin dificultad".

"A la hora señalada, el equipo soviético llegó al match y los estadounidenses no aparecieron. Los periódicos proclamaron brillante victoria de la Unión Soviética con una puntuación de 4-0".

Sin embargo, Evans escribió *(Op. Cit.)* que las autoridades deportivas cubanas (es decir, Barreras) le habían asegurado a Edmondson que se respetaría tal requerimiento. Hasta el propio Korchnoi *(Op. Cit.)* parece sugerir que hubo tal solicitud previa de los Estados Unidos antes de viajar a Cuba y que se concedió. Pero lo cierto es que tal garantía nunca se brindó por escrito.

Barreras jamás comentó el asunto, a pesar de su tendencia a jactarse de su astucia y aciertos.

Es difícil pensar que algo potencialmente tan conflictivo Barreras no lo haya presentado a sus superiores en busca de aprobación. Sin embargo, Jesús Suárez, que era un conocido cercano de Barreras, es de la opinión que Barreras tomó la decisión sin consultarla. Suárez recuerda que Barreras perdió su cargo como Comisionado de Ajedrez de Cuba cuando en una reunión de la FIDE en 1971 apoyó al puertorriqueño Narciso Rabell en contra del checoeslovaco Jaroslav Sajtar por el puesto de vicepresidente de la federación internacional.

Rabell le prometió a Barreras su apoyo por la presidencia de la Zona 7 (Centroamérica y el Caribe). De otra manera él (Rabell) buscaría esa nominación zonal, que parecía muy posible que obtuviera], pues había ganado créditos cuando organizó en 1969 el torneo internacional de San Juan con la participación del entonces Campeón Mundial, Boris Spassky, así como Larsen, los estadounidenses Walter Browne y

Lubomir Kavalek, Parma y otras figuras de primer orden. Cuando la queja de los países socialistas sobre la votación de Cuba llegó a la dirección del organismo deportivo de la isla, Barreras fue sustituido. [13]

Evans *(Op.Cit.)* brindó otros datos adicionales, como la urgente llamada de Donald Byrne desde La Habana a Edmondson en Nueva York, quien entonces envió a Suecia el siguiente mensaje urgente al presidente de la FIDE, Folke Rogard:

URSS SE NEGÓ JUGAR MATCH [CONTRA] EEUU BAJO ACUERDO DE COMITE ORGANIZADOR [DE] RETRASAR [EL] COMIENZO DEL JUEGO DE FISCHER. SE SOLICITA SU INTERVENCIÓN URGENTEMENTE PARA EL CUMPLIMIENTO SOVIÉTICO, SI CONTINÚAN SU NEGATIVA, RECLAMAMOS (UN) FORFEIT 4-0.

De acuerdo con Evans, las recomendaciones de Rogard llegaron a La Habana el día siguiente, domingo, y él pedía por encima de todo que:

"a friendly agreement be obtained"

En su relato, Evans agregó:

"En consecuencia, el 9 de noviembre, un Consejo de Arbitraje, con miembros de Argentina, Austria, Bélgica, Canadá, Cuba y Checoslovaquia, teniendo en cuenta el hecho de que antes del 5 de noviembre todos los demás equipos acordaron acomodar las reservas de Fischer, instaron a los rusos a acordar una reprogramación del encuentro. En este momento Igor Bondarevsky, capitán de la selección rusa, había reemplazado repentinamente a Serov como portavoz soviético. Bondarevsky explicó que, dado que el incidente había tenido 'repercusiones internacionales', la decisión debía ser tomada por su federación de origen. Añadió que la misma se podría esperar en unos días. Pero al día siguiente, Jesús Betancourt, director del *Instituto Nacional del Deporte, Educación Física y Recreación* (INDER) anunció que, para no decepcionar a su público cubano, los rusos (sic) acordaron que se reprogramara el encuentro para el 14 de noviembre".

El domingo 6 de noviembre, con todo el ambiente revuelto por el incidente del día anterior, más las conversaciones tras bambalinas y la espera de la respuesta al pedido de Rogard, un aparentemente tranquilo Fischer se apareció apenas un minuto tarde a la sala de juego y respondió de inmediato con 1. ... Cf6 a la primera jugada de su rival de esa jornada, el Gran Maestro español Arturo Pomar.

(35) Arturo Pomar - Fischer
Defensa Indobenoni [A69]
XVII Olimpiada. Final. Ronda 3. La Habana. 6.11.1966.

Arturo Pomar

Arturo Pomar Salamanca nació el 1 de septiembre de 1931 en Palma de Mallorca, España; fue Maestro Internacional (desde 1950) y el primer Gran Maestro de su país (desde 1962).

Su rating Elo más alto fue de 2655 en la lista de marzo de 1962, cuando tenía 30 años y 6 meses de edad, lo que lo convirtió en el jugador #23 del mundo. Ocupó también esta posición en la lista de junio del mismo año. Su mejor actuación según el Elo fue de 2699, en el torneo internacional de Palma de Mallorca 1966, al obtener 10 puntos de 14 posibles (71%) contra una oposición con un rating promedio de 2574.

Al igual que el Maestro Internacional Antonio Medina (1919-2003), fue campeón de España por un récord de siete ocasiones: 1946 (cuando tenía 14 años de edad), 1950, 1957, 1958, 1959, 1962 y 1966. Esta marca duró hasta 2010, en que la superó el Gran Maestro Miguel Illescas.

Representó a su país en 12 Olimpiadas, ocupando el Primer Tablero en nueves de ellas: Múnich 1958, Varna 1962, Tel Aviv 1964, La Habana 1966, Lugano 1968, Siegen 1970, Skopje 1972, Niza 1974 y Haifa 1976. Segundo Tablero en dos de ellas: Leipzig 1960, donde ganó la Medalla de Bronce Individual con 8.5 puntos de 12 (+5 =7-0); y Buenos Aires, 1978. Y Tercer Tablero en una de ellas: La Valeta 1980.

En 1960 compartió el primer lugar en el Torneo Zonal de Madrid con el yugoslavo Svetozar Gligorić (Gran Maestro desde 1951), el húngaro Lajos Portisch (Gran Maestro desde 1961) y el holandés Jan Hein Donner (Gran Maestro desde 1959). Como sólo clasificaban tres jugadores al próximo Interzonal, se aplicó el sistema Sonneborn - Berger y el español quedó primero, seguido de Portisch y Gligoric.

Pomar fue un niño prodigio que se hizo célebre mundialmente a los trece años cuando entabló con el entonces Campeón Mundial, Alexander Alekhine, en una partida que duró 71 jugadas y más de ocho horas, disputada en julio de 1944 en el Torneo Internacional de Gijón, España. De esta forma se convirtió en el jugador más joven en entablar con un Campeón Mundial vigente en una partida mano a mano con un control de tiempo normal. Este récord se mantiene hoy día.

Alekhine, quien posteriormente le dio clases al niño prodigio, alabó su juego al decir: "Pomar tiene unas dotes excepcionales de intuición para llegar a ser un gran jugador de ajedrez". El soviético Alexander Kótov (Gran Maestro desde 1951 y dos veces Candidato al Campeonato Mundial) comentó posteriormente en una ocasión que si Pomar hubiera nacido en la Unión Soviética, habría sido un serio aspirante al título mundial.

Obtuvo una plaza de funcionario de Correos en el municipio de Ciempozuelos, en la Comunidad de Madrid, pero tenía que pedir licencia sin sueldo para participar en los torneos internacionales, a los que marchaba sin ayuda económica ni técnica.

En 2016, la FIDE reconoció su contribución a la historia del ajedrez con un premio especial, propuesto por la Asociación de Ajedrecistas Profesionales.

Pomar murió el 26 de mayo de 2016 en Barcelona, España. Tenía 84 años.

Antes de la siguiente partida, Fischer y Pomar sólo habían jugado en una ocasión: en el Interzonal de Estocolmo 1962, en la que el estadounidense jugó con Blancas y terminó en tablas.

1. d4 Cf6 2. c4 c5! Por primera vez Bobby emplea la Defensa Indobenoni en esta partida. Con esta aguda propuesta lograría después importantes victorias. **3. d5 e6 4. Cc3 exd5 5. cxd5** En su partida contra Rosendo Bandal, en Manila 1967, donde Fischer enfrentó a la selección nacional filipina en partidas con ritmo de tiempo convencional, las Blancas jugaron 5. Cxd5 **5. ... g6** En la partida Miguel Cuéllar

- Fischer del Interzonal de Susa 1967, luego de 5. ... d6 6. Cf3 g6 7. e4 Ag7, el maestro colombiano optó por 8. Ag5. Estos mismos rivales se habían enfrentado cinco años antes en el Interzonal de Estocolmo 1962 y aunque allí Fischer empleó la Defensa India del Rey y Cuéllar respondió con el fianchetto de su alfil de casillas blancas, en ambas se llegó a una posición que tenía algunas características del Gambito Benko **6. e4 d6 7. Ae2** Uhlmann jugó 7. Af4 contra Fischer en el Interzonal de Palma de Mallorca 1970. Esta línea la empleó varias veces Victor Korchnoi y no está desprovista de veneno. **7. ... Ag7 8. f4 0-0** Aunque comenzó como una Indobenoni, hemos llegado a una posición del Ataque de los Cuatro Peones de la Defensa India del Rey en la que las Blancas tienen mayoría de peones en el flanco rey, mientras las Negras la poseen en el flanco dama. **9. Cf3 Te8** Unos días después de finalizada la Olimpíada de La Habana, varios de los maestros participantes se trasladaron a Palma de Mallorca, España, para jugar un importante torneo internacional. Un aspecto interesante es que al Gran Maestro español se le presentó dos veces esta posición y en ambas resultó vencedor. La primera de ellas fue contra Pfleger, quien optó por 9. ... Ag4 *(Una muestra de cómo se sigue jugando la idea de Fischer en este encuentro es: 9. ... Cbd7 10. Cd2 Te8 11.0-0 c4!* 10. 0-0 Cbd7 11. h3 Axf3 12. Axf3 a6 *(El moldavo Victor Bologan [Gran Maestro desde 1991] recomienda en la segunda edición de su libro sobre la India del Rey Bologan's King's Indian [New in Chess, Alkmaar. The Netherlands 2017] la continuación 12. ... Te8 13. Dc2 c4 14. Ae3 a6 15. Tae1 Tc8 16. Df2 b5 17. a3 Dc7 18. g4 Cc5 19. Axc5 Dxc5 20. Dxc5 Txc5 21. e5 Cd7 con juego excelente para las Negras).* 13. a4 Tc8 *(Ésta fue la primera vez que se jugó la presente posición y la jugada hecha por las Negras no es la mejor. Una buena opción es 13. ... Tb8, aunque también es posible 13. ... c4)* 14.a5 c4 15. Ta4 Te8 y ahora las Blancas pueden obtener una clara ventaja con 16. Ae3. "Muchas complicaciones se derivan de la jugada 9. ... b5!? 10. e5 dxe5 11. fxe5 Ng4 12. Af4 que se jugó en la última partida del match de Candidatos Keres-Spassky, Riga 1965 La jugada hecha por Fischer es más sólida". Filip y Pachman en *XVII Olimpiada de Ajedrez, Cuba/66* (Págs. 223-226). **10. Cd2** *(ver diagrama)*

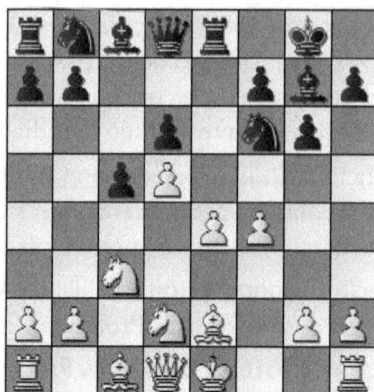

10. ... c4!? Una importante Novedad Teórica que demuestra una vez más el excelente trabajo de Fischer en las aperturas. Las Negras también disponen de otras jugadas: 10. ...a6; 10. ... b6 y   10. ... Cg4. Bologan *(Op. Cit.)* recomienda tanto 10. ... Ca6 como "la interesante idea 10. ... Ad7!?" **11. Af3** Por supuesto, no 11. Axc4?, debido a 11. ... Cxe4. Sin embargo, todavía había tiempo para avanzar el peón-a dos pasos. Por ejemplo, en Palma de Mallorca 1966, en la segunda ocasión que se le presentó esta variante en este torneo, Pomar jugó 11. a4 contra su compatriota Román Torán *(Maestro Internacional desde 1954)*. Luego de 11. ... Cbd7 12. 0-0 Cc5 se decidió por 13. e5 *(El rumano Víctor Ciocâltea jugó contra el búlgaro Nikola Padevsky, en una ronda posterior a la partida de Pomar - Fischer en la misma Olimpíada de La Habana, 13. Af3 Ah6* [Más natural es *13. ... Ad7.*] *14. Dc2 Cd3?!* 13. ... dxe5 14. Cxc4 e4 **11. ... Cbd7 12. 0-0?!** Esto permite a las Negras apoderarse de la iniciativa. Todavía las Blancas pueden jugar 12. a4, con lo que se pasa a la línea analizada en el comentario anterior. **12. ... b5!** Fischer toma el mando de las acciones. Ya la mayoría de las Negras en el flanco dama posee mucho mayor dinamismo que la de su rival en el centro y el flanco rey. **13. Rh1** "Ahora las Blancas no pueden hacer 13. Cxb5? debido a 13. ... Db6+, y así las Negras pueden fortificar su cadena de peones: mientras tanto las piezas blancas quedan pasivamente colocadas". Filip y Pachman *(Op. Cit.)*. **13. ... a6 14. a4** *(ver diagrama)*

14. ... Tb8! Una jugada que tiene la "marca registrada Fischer". Mientras diversos comentaristas opinan que 14. ... b4 merecía atención, e incluso podía ser mejor, el estadounidense se decide por la jugada del texto. ¿Por qué razón? Sencillamente, porque sólo en contadas excepciones, y eso cuando a su entender la posición lo exigía, el norteamericano debilitaba su estructura de peones. En este caso específico, al saber que tiene ventaja estratégica debido a la mejor posición de sus piezas y a la mayoría de peones en el flanco dama, considera que no tiene por qué ir a pescar en aguas revueltas. **15. axb5 axb5** "El Negro ha logrado lo que generalmente se consigue con mucha dificultad en esta apertura: peones móviles". Albéric O´Kelly. Revista *Jaque Mate* (diciembre 1966. Págs. 341-342). **16. e5** Al comprender que una actitud pasiva está condenada al fracaso, el Gran Maestro español trata de complicar la partida al poner en movimiento su mayoría de peones, aunque para ello tenga que sacrificar uno de ellos. **16. ... dxe5 17. Cde4 Cxe4 18. Cxe4 Cf6 19. d6** "Este peón es la única esperanza de las Blancas". O´Kelly *(Op. Cit.)*. **19. ... Ae6** Como recomienda Elie Agur en *Bobby Fischer: a Study of His Approach to Chess* (Cadogan. Gran Bretaña 1992. Págs. 233-234) resulta más lógico 19. ... Af5!, ya que de esta forma el Alfil no interfiere a la Torre de e8. **20. Cc5** Por supuesto, luego de 20. fxe5? Cxe4   21. Axe4 Axe5 las Negras tienen una ventaja ganadora *(ver diagrama)*

20. ... e4! Una excelente respuesta típica del estilo de Fischer, quien con gusto devuelve el peón de más para obtener la iniciativa y hacer valer la fuerza de su pareja de alfiles, así como de su mayoría de peones en el flanco dama. En cambio, hubiera sido una inexactitud 20. ... exf4?! porque luego de 21. Axf4 las Blancas, a pesar del peón de menos, estarían muy activas. Después de la jugada del texto, Pomar tiene limitada la movilidad de su alfil de casillas negras por su propio peón de f4. **21. Cxe4 Cxe4 22. Axe4 Db6** "Ahora la posición se ha simplificado y el peón dama blanco se muestra objeto de preocupaciones, mientras aumenta el potencial de los peones negros del ala de la dama". O´Kelly (*Op. Cit.*). **23. f5!?** Aunque insuficiente, esta jugada es la mejor opción de las Blancas, ya que el peón de d6 estaba en peligro. **23. ... gxf5 24. Ac2** Por supuesto, no es posible 24. Axf5?? debido a 24. ... Axf5 25. Txf5 Dxd6! ganando. **24. ... Dd4!** Con muy buen concepto, Fischer busca el cambio de damas, con lo que las posibilidades de contrajuego de las Blancas se ven muy limitadas. **25. Dh5 Dg4!** Completa la idea iniciada en la jugada anterior. En cambio, habría sido un error 25. ... Dxd6? porque después de 26. Af4 Ae5 27. Tad1 las Blancas tendrían ventaja. **26. Dxg4 fxg4 27. Ag5?!** "Pomar confió en esta jugada con la amenaza Td1, pero Fischer sacrifica la calidad que estará más que compensada con los peones pasados del flanco dama". Filip y Pachman (*Op. Cit.*). N.A.: Más tenaz es 27. Td1, aunque luego de 27. ... Tbd8, la ventaja de las Negras sería enorme. **27. ... Axb2! 28. Tad1 b4 29. d7 Ted8 30. Aa4 b3 31. Tfe1** (*ver diagrama*)

31. ... Rg7! Otra elegante jugada de Fischer. En cambio, sería un error 31. ... c3? debido a   32. Axd8 Txd8 *(si 32. ... c2? entonces 33. Ac7!)* 33. Axb3! y las Blancas se salvan. **32. Axd8 Txd8 33. Td6 Af6 34. Ted1 Ag5** Otra vez Fischer no le brinda la menor oportunidad a su rival. En cambio, como señala O´Kelly *(Op. Cit.)*: "34. ... c3 35. Txe6 fxe6 36. Axb3 no es claro". N.A.: En ese caso las Blancas habrían tenido posibilidades de tablas. **35. Tb6** "Apremiado por el tiempo, Pomar comete un error y pierde rápidamente; pero contra la amenaza ... Ta8 no tenía ya una defensa suficiente. Por ejemplo, 35. Ta6 Tb8". Filip y Pachman *(Op. Cit.)*. **35. ... h6 36. Tc6?!** Precipita el desenlace. Aunque también después de 36. g3 Af6 las Negras ganarían con facilidad. **36. ... Ta8 37. Ab5 Axd7** Otra vez las Negras explotan la debilidad de las Blancas en su primera fila. **38. h4 Axc6 39. Axc6 c3!** *(ver diagrama)*

Las Blancas pueden tomar las dos piezas que le quedan a las Negras. Sin embargo, los peones pasados del segundo jugador deciden la partida. **40. hxg5 c2 41. gxh6+ Rh8** Las Blancas abandonaron. **0-1.** Este encuentro podría tener varios títulos: a) Una idea interesante en la apertura. b) Cómo hacer valer una mayoría de peones. c) Los peones pasados. d) El sacrificio de la calidad. Sin embargo, nos quedamos con éste: "El extraordinario sentido de la iniciativa de Fischer".

Esa tarde el equipo de los Estados Unidos no pareció angustiado en absoluto por todo el enredo que sucedía alrededor, pues venció 4-0 a los españoles. Fue la segunda y última vez en el torneo que logró esta puntuación.

El domingo 7 de noviembre se realizó la tercera ronda de la etapa final del evento con una enorme asistencia del público.

(36) Fischer - Fridrik Olafsson
Ruy López [C83]
XVII Olimpiada. Final. Ronda 4. La Habana. 6.11.1966.

Fridrik Olafsson

Fridrik Olafsson nació el 26 de enero de 1935 en Reikiavik, Islandia; es un Maestro Internacional (desde 1956), el primer Gran Maestro de su país (desde 1958) y un Candidato al Campeonato Mundial (1959). Fue también presidente de la Federación Internacional de Ajedrez (FIDE) de 1978 a 1982.

Su título de Gran Maestro lo ganó de forma automática, junto con Robert Fischer, al clasificar para el Torneo de Candidatos, cuando ambos terminaron en 5to/6to lugares en el Interzonal de Portoroz, Yugoslavia, de 1958. Para conmemorar el 50 aniversario del título de Gran Maestro de Olafsson, el Correo de Islandia emitió el 18 de septiembre del 2008, una estampilla con un valor facial de 80 coronas islandesas (unos 0.57 dólares en el 2019), mostrando la posición final de la partida entre Olafsson y Fischer en Portoroz 1958, ganada por el maestro europeo.

El rating Elo más alto de Olafsson fue de 2692 en la lista de octubre de 1958, lo que lo convirtió en el jugador #13 del mundo cuando tenía 23 años y 9 meses de edad. También ocupó el #13 del mundo en las listas de noviembre de 1958 y diciembre de 1958. En realidad, se mantuvo entre los primeros 50 del mundo desde mediados de la década de 1950 hasta principios de la de 1980.

Su mejor actuación según el Elo fue de 2743 cuando venció 5-1 a Herman Pílnik (Gran Maestro desde 1952) en un match disputado en 1955 en Reikiavik. El germano-argentino tenía entonces un rating de 2650. Olafsson jugó para 2730 en el Torneo Zonal de Wageningen, Países Bajos, cuando obtuvo 12.5 puntos de 16 (78%) contra una oposición con un rating promedio de 2554.

Fue seis veces Campeón de su país: 1952 *(cuando tenía 17 años de edad)*, 1953 *(ese año terminó tercero en el Campeonato Mundial Juvenil, después del argentino Oscar Panno y el alemán occidental Klaus Darga, quienes finalizaron empatados invictos, pero el sudamericano se impuso al aplicarse el sistema Sonneborn - Berger)*, 1957, 1961, 1962 y 1969. Obtuvo dos veces el Campeonato Escandinavo de Ajedrez: en Esbjerg, Dinamarca 1953; y en Reikiavik 1971.

Representó a Islandia en ocho Olimpiadas: ocupó el Segundo Tablero en Helsinki 1952, y el Primer Tablero en las siete restantes: Ámsterdam 1954; Moscú 1956 *(Medalla de Bronce Individual)*; Moscú 1956; Varna 1962 *(Medalla de Oro Individual)*; La Habana 1966; Niza 1974; Buenos Aires 1978 y La Valeta 1980.

Ha vencido a varios Campeones Mundiales: Mijaíl Tal (dos veces), Tigran Vartanovich Petrosian (dos veces), Robert Fischer (dos veces) y Anatoly Karpov, en 1980, cuando éste era el titular vigente.

Abogado de profesión, trabajó, poco después de graduarse, en el Ministerio de Justicia de Islandia. Fue También Secretario del Parlamento de su país.

El Torneo Abierto de Reikiavik del 2015 se dedicó a la memoria de Olafsson para celebrar su 80 cumpleaños. El del 2018 se dedicó a la memoria de Fischer.

Antes de la siguiente partida, Fischer y Olafsson se habían enfrentado en diez ocasiones, con un balance 7-3 (+6=2-2) a favor del estadounidense.

1. e4 e5 2. Cf3 Cc6 3. Ab5 a6 4. Aa4 Cf6 5. 0–0 Cxe4 6. d4 b5 7. Ab3 d5 En el torneo de Bled 1961, el yugoslavo Petar Trifunovic (Gran Maestro desde 1953) trató de sorprender a Bobby con 7. ... exd4?! ¡Pero el que resultó sorprendido fue él! **8. dxe5** Es probable que Fischer, al no sentirse satisfecho de cómo salió en la apertura en sus encuentros contra Larsen y Unzicker en la II Copa Piatigorsky, Santa Mónica 1966, así como en la presente partida, en la próxima oportunidad en que enfrentó esta variante *(contra William Adisson [Maestro Internacional desde 1970], en el Campeonato de EEUU, Nueva York 1966/67),* optó por única vez en su carrera por 8. Cxe5 **8. ... Ae6** *(ver diagrama)*

9. c3 La última ocasión en que el estadounidense tuvo que combatir la Variante Abierta fue contra el holandés Hans Ree *(Gran Maestro desde 1980),* en Netanya 1968. Allí,) Bobby jugó   9. De2 **9. ... Ae7** Otra posibilidad es 9. ... Ac5. **10. Ac2** En marzo de 1957, Fischer y el ex Campeón Mundial Max Euwe jugaron dos partidas en Nueva York. Después de ser derrotado en la primera, Bobby trató de tomar re-vancha en la segunda con 10. Cbd2 contra la Variante Abierta planteada por el holandés. **10. ... Ag4** Otra línea que enfrentó Fischer fue: 10. ... 0–0 **11. h3 Ah5** También es posible 11. ... Axf3 **12. g4 Ag6 13. Ab3** *(ver diagrama)*

Esta posición no se jugó más hasta 37 años después, cuando el ucraniano Mijaíl Kozakov (Gran Maestro desde el 2000) repitió la jugada hecha por Fischer, en una partida contra el bosnio Atif Dumpor, en Varaždin Croacia 2003. Pero la verdadera mejora fue 13. Cd4!? que vino 13 años más tarde, o sea ¡cinco décadas después que se jugó la partida de La Habana 1966! **13. ... Ca5** Olafsson realiza un interesante sacrificio de peón. A cambio de ello obtendrá contra juego y obligará a su rival a desprenderse de su pareja de alfiles. **14. Axd5 c6 15. Axe4 Axe4 16. Dxd8+ Txd8 17. Cbd2 Ad5** "Por el peón sacrificado el Negro ha obtenido bastante juego". Albéric O'Kelly en la Revista *Jaque Mate* (Diciembre 1966. Pág. 345). **18. Te1 h5** Para abrir la columna-h y activar la torre de h8. **19. Ce4 hxg4 20. hxg4 Cc4?!** "Había que jugar enseguida 20. ... Ae6 y el Negro tiene por lo menos igualdad". O´Kelly *(Op. Cit.).* N.A.: El Gran Maestro belga tiene razón, pues el movimiento hecho por Olafsson es el que lo conduce a una posición claramente inferior. Y aunque los analistas trataron de mejorar sus elecciones en otros momentos de la partida, esta jugada fue la causa principal de su derrota. Después de la sugerencia de O´Kelly se puede seguir con: 21. Cfg5 Axg4 22. Cd6+ Axd6 23. exd6+ Rf8 24. Af4 f6 25. Ce6+ Axe6 26. Txe6 Th5 y las Blancas sólo tendrían una ventaja mínima *(ver diagrama)*

21. Rg2! "Para llevar su rey a g3 y liberar a los caballos para una acción futura". Filip y Pachman en *XVII Olimpiada de Ajedrez, Cuba/66* (Pág. 239-241). **21. ... Ae6** El Gran Maestro soviético Isaac Boleslavsky, en el CD *Robert Huebner: World Chess Champion Fischer.* (Hamburgo, Alemania 2003), le añade un signo de interrogación a esta jugada y señala que después de 21. ... Axe4 22. Txe4 Td1 las Negras se apoderan de la iniciativa. N.A.: Boleslavsky prosigue su análisis con varias alternativas. Sin embargo, hay una continuación que no menciona y brinda a las Blancas una enorme superioridad: 23. a4! Después de esto, la posición de las Negras se vuelve muy difícil. Por ejemplo, si 23. ...Thh1 sigue 24. axb5 Txc1 25. Txa6 cxb5 *(Contra 25. ... Ta1 la respuesta sería 26. Txa1 Txa1 27. Txc4 ganando).* 26. Ta8+ Rd7 27. Ta7+ Re6 *(Si 27. ... Re8 las Blancas ganan en el acto con 28. e6!)* 28. Ta6+ Rd7 29. Td4+ Rc8 30. Tc6+ Rb7 31.Txc4! bxc4 32.Td7+ Rc6 33.Txe7 con gran ventaja en el final. **22. b3 Cb6 23. Ae3 Cd5 24. Rg3** "Aquí estriba la diferencia. El rey puede defender el peón". O´Kelly *(Op. Cit.).* **24. ... f6** "Es muy arriesgado abrir el juego mientras el rey está en el centro, y el peligro ha aumentado debido a que Olafsson está fuertemente apremiado por el tiempo. Después de la continuación correcta 24. ... Cxe3 25. Txe3 0-0 no sería fácil aprovechar la ventaja de un peón contra los alfiles negros." Filip y Pachman *(Op. Cit.).* N.A.: Sin embargo, opinamos que después de 26. Cd4 Ad5 27. Cf5 la ventaja de las Blancas sería notoria *(ver diagrama)*

25. Ac5! "Ahora los caballos blancos entran en acción y las Negras quedan en posición desesperada". Filip y Pachman *(Op.Cit.)* **25. ... f5 26. Cd6+! Axd6?!** Con esta jugada las Negras no sólo abren la columna-e, sino que también permiten el acceso a e5 del caballo blanco. Mayor resistencia ofrece 26. ... Rd7, aunque luego de 27. gxf5 Axf5 28. Cxf5 Axc5 29. Tad1 Tdf8 *(Si 29. ... Rc7? las Blancas ganan con 30. Cg5).* 30. c4 Txf5 31. cxd5 las Blancas tienen evidente superioridad en el final. **27. exd6** Ahora en cambio, las Negras están indefensas. **27. ... Rd7 28. Ce5+ Rc8 29. Cxc6 f4+ 30. Rg2 Ce3+** Según Filip y Pachman *(Op. Cit.):* "Tampoco este intento de salvar la partida tendrá éxito. Habría perdido también 30. ... Axg4 31. c4" *(ver diagrama)*

31. Rg1 Lo más sencillo. Si 31. fxe3, habría seguido 31. ... Ad5+, aunque también en ese caso las Blancas mantendrían una superioridad enorme después de 32. Rf1 Axc6 33. exf4. Pero no había necesidad de brindarle ese tipo de oportunidades al oponente. **31. ... Ad5 32. Ce7+ Rd7 33. fxe3** "Dando el aire necesario al rey blanco". O´Kelly *(Op. Cit.)* **33. ...Th1+ 34. Rf2 Th2+ 35. Rf1 Af3 36. Cg6!** ¡El último detalle! **36. ... Ae4 37. Ce5+** Las Negras abandonan. **1–0.**

Al final, los Estados Unidos derrotaron ampliamente a Islandia 3.5 a 0.5. Con su victoria de ese día sobre Olafsson, Fischer alcanzó su séptimo triunfo sucesivo en la competencia.

El martes 8, los Estados Unidos se enfrentaron a la República Democrática Alemana.

(37) Wolfgang Uhlmann - Fischer
India del Rey [E90]
XVII Olimpiada. Final. Ronda 5. La Habana 8.11.1966.

Wolfgang Uhlmann

Wolfgang Uhlmann nació el 29 de marzo de 1935 en Dresde, Alemania; es Maestro Internacional (desde 1956) y un Gran Maestro (desde 1959). En 1971 fue Candidato al Campeonato Mundial. Durante las décadas de 1950, 1960 y 1970 fue sin discusión el principal jugador de la República Democrática Alemana (RDA). En la década de 1980 compitió por este puesto con el también Gran Maestro Reiner Knaak.

Su rating Elo más alto fue de 2696 en la lista de diciembre de 1970, cuando tenía 35 años y 9 meses de edad, lo que lo convirtió en el jugador #20 del mundo. Pero ocupó la posición #17 en la lista de julio de 1971. Su mejor actuación según el Elo fue de 2750, en Zagreb 1965, al obtener 13.5 puntos de 19 posibles (71%) contra una oposición con un rating promedio de 2612.

Fue campeón de la RDA en 11 ocasiones: 1954,1955, 1958, 1964, 1968, 1975, 1976, 1981, 1983, 1985 y 1986. Representó a su país en 11 Olimpiadas, en las que ocupó el Primer Tablero en 10 de ellas: Moscú 1956, Múnich 1958, Leipzig 1960, Varna 1962, Tel Aviv 1964 *(Medalla de Oro Individual. +13=4-1 - 83%)*, La Habana 1966 *(Medalla de Bronce Individual. +9=8-1 - 72%)*, Lugano 1968, Siegen 1970, Skopje 1972 y Salónica 1988. Y el Tercer Tablero en una, Novi Sad 1990.

Durante toda su carrera, Uhlmann ha sido un especialista en la Defensa Francesa, la cual ha jugado casi exclusivamente contra 1. e4. En 1995 escribió el libro *Winning with the French (Ganando con la Francesa)*. En el 2018, se publicó la 4ta. Edición de este libro en alemán: *Französische Verteidigung – richtig gespielt. (Defensa Francesa - jugada correctamente)*.

Antes de la siguiente partida Uhlmann y Fischer se habían enfrentado en cuatro ocasiones, con una victoria para cada uno con las piezas Negras y dos empates.

1. d4 Cf6 2. c4 g6 3. Cc3 Ag7 4. e4 d6 5. Cf3 El siguiente enfrentamiento entre estos mismos rivales ocurrió en la Olimpíada de Siegen 1970. Para esa fecha, ya Uhlmann no jugaba la variante que utiliza en esta partida, pues a partir de 1969 comenzó a enfrentar la Defensa India del Rey con el Sistema Averbaj, que se produce luego de 5. Ae2 0-0 6. Ag5. Pero como veremos más adelante, en ocasiones se puede transponer a la línea de la partida del texto. En tres de las cinco ocasiones en que le jugaron el Sistema Abervaj, Bobby respondió 6. … h6 **5. ... 0-0 6. Ag5** Esta forma de oponerse a la Defensa India del Rey se empleó por primera vez en el encuentro Alekhine - Reti, Londres 1922. Su elección por parte de Uhlmann no debe haber resultado una sorpresa para Fischer, pues el Gran Maestro alemán la había jugado con Blancas en muchas ocasiones, entre ellas contra el yugoslavo Svetozar Gligorić en una ronda previa de la Olimpíada de La Habana1966. Incluso la enfrentó con Negras contra Najdorf en una fecha posterior de esta misma competencia. **6. ... h6** Se considera que esta es la respuesta principal de las Negras. Luego de 6. ... c5 7. d5 e6 8. Ae2 h6 9. Ah4 se llega a la posición de los encuentros de Najdorf y Larsen contra Fischer en la II Copa Piatigorsky, Santa Mónica 1966. **7. Ah4 g5** Además de la temática 7. ... c5, que se ha utilizado aquí en muchas ocasiones, también se ha jugado 7. ... Ag4. **8. Ag3 Ch5 9. Ae2** Bronstein empleó sin mucho éxito 9. d5?! contra Boleslavsky en Pärnu, Estonia 1947. **9. ... e6** Fischer prepara el avance de su peón-f a f5. Otra posibilidad es 9. ... Cd7 10. 0-0 e6 **10. d5** El enfrentamiento Malich - Rodríguez Céspedes, Halle 1976, siguió con 10. 0-0 Cc6 11. d5 **10. ... f5 11. Cd4 Cxg3 12. hxg3** *(ver diagrama)*

12 .... fxe4! Una mejora de Fischer a la partida Kavalek - Pavlov, Bucarest 1966, en la que las Negras jugaron 12. ... exd5. **13. Cxe6 Axe6 14. dxe6 Axc3+** Fischer comienza a jugar de forma emprendedora. Por ejemplo, Uhlmann señala, en el CD *Robert Huebner: World Chess Champion Fischer*. (ChessBase. Hamburgo 2003), que luego de 14. ... Df6 15. Cxe4 *(Si 15. 0-0 Dxe6 16. Cd5 Ca6 17. c5 con posición dudosa.* [N.A.: Los programas dicen que las Negras están mejor luego de 17. .... Tad8]*)*. 15. ... Dxe6 16. Dd5 17. cxd5 Te8   18. f3 y aunque el Gran Maestro alemán oriental no menciona su evaluación, los programas consideran la posición como igual. **15. bxc3 Df6 16. e7!?** Uhlmann juega de forma resoluta. En caso de 16. 0-0 Dxe6 las Blancas deben demostrar si tienen suficiente compensación por el peón de menos. **16. ... Te8** Fischer elige la continuación más sólida. En caso de 16. ... Dxf2+ 17. Rd2 Te8 18. Txh6 la posición sería muy aguda, con posibilidades equivalentes para ambos bandos. **17. Tb1!** Uhlmann sigue jugando de forma muy activa. **17. ... Ca6** Fischer, como de costumbre, prioriza el desarrollo de sus piezas. Merece atención 17. ... Dxc3+, porque luego de 18. Dd2 Dxd2+ 19. Rxd2 Rg7 20. Txb7 Txe7 21. c5 d5 22. Ab5 a6 23. Aa4 a5 24. Ab5 Ca6 las Negras tienen ligera ventaja. **18. Dd4 Rg7** Por supuesto, no 18. ... Dxd4? ya que luego de 19. cxd4 no sólo habrían desaparecido los peones doblados de las Blancas, sino que también su caballo quedaría muy mal colocado en a6, imposibilitado de ubicarse en c5. **19. Txb7 Txe7 20. Dxf6+ Rxf6 21. Txh6+ Rg7 22. Th5 Rg6 23. g4** Uhlmann *(Op. Cit.)* señala que luego de 23. Tb1 Cc5 24. Rd2!? e3+ 25. fxe3 Ce4+ 26. Rd3 Cxg3 *(N.A.: Mejor es 26. ... Tae8 con igualdad)* las Negras están mejor. Pero, en realidad, las Blancas pueden activar su alfil con 27. Af3 Tae8 28. Th3 Txe3+ 29. Rc2 y sería el primer jugador el que tendría una ligera ventaja. **23. ... Cc5 24. Tb1 Tf8 25. Rf1 Tef7 26. f3 exf3** Fischer tiene pensado sacrificar la calidad. Sin embargo, este plan es demasiado optimista. Aunque el caballo negro parezca más poderoso que el alfil blanco, no es así, ya que éste puede entrar en juego vía d1-c2. Por ejemplo, si 26. ... Ce6 continuaría 27. Ad1 Cf4 28. Th2 exf3 29. gxf3 Rg7 30. Ac2 y el alfil tiene acceso a e4, donde estaría muy bien ubicado. **27. gxf3** *(ver diagrama)*

27. ...Txf3+ El intento de ganar un peón con 27. ... Ce4?! 28. Rg2 Cxc3? 29. Ad3+ Rf6 conduciría a la derrota tras 30. Te1. Por otra parte, Fischer continúa con su plan, aunque sus posibilidades de victoria son mínimas. Otro jugador se habría conformado con el empate tras   27. ... Te7 con la amenaza 28. ... Te3 28. Rf2 Ne4+ 29. Rg2 Cc5 etc. *(Pero no 29. ... Cxc3?! debido a 30. Ad3+ Rf6 31. Th6+ Rf7 32. Th7+ Rf6 33. Txe7 Rxe7 34. Tb7 y serían las Blancas las que tendrían ventaja).* **28. Axf3 Txf3+ 29. Re2 Tg3** Las Negras quieren capturar el peón de g4. Otra posibilidad era 29. ... Txc3 30. Tbh1 Txc4 31. Th6+ Rf7 y el resultado lógico de este final es el empate. **30. Th8 Txg4 31. Tc8 Te4+** Esta jugada no es la más precisa. Más sencillo es 31. ... Tg2+ 32. Rf3 Txa2 33. Txc7 Tc2. **32.Rd2 Te7** No es conveniente 32. ... Txc4?! porque luego de 33. Tb4 Th4 34. Txh4 gxh4 35. Re3 serían las Negras las que tendrían que buscar el empate. **33. Te1 Th7 34. Te2 Rf5 35. Tf8+ Rg4 36. Rc2 Cd7 37. Tf1 Tg7 38. Te4+ Rh3 39. Te3+ Rg4 40. Te4+** *(ver diagrama)*

40. ... Rh5 Otro intento de jugar a ganar de Fischer. Pero lo más lógico es conformarse con el empate luego de 40. ... Rh3 41. Te3+. **41. Th1+ Rg6 42. The1 Ce5 43. c5 Rf5 44. cxd6 cxd6 45. Td4 Tg6** Uhlmann *(Op. Cit.)* señala que si 45. ... g4 46. Txd6 g3 *(46. ... Cf3 47. Tf1 con ventaja decisiva.* [N.A.: En realidad, las Blancas sólo tienen una pequeña ventaja. Sin embargo, luego de 47. Te3! su posición sí sería casi ganadora.]*).* 47. Td5 Te7 48. Te2 Rf4 49. Rd1 las Blancas tienen una ventaja decisiva. **46. Tf1+ Re6 47. Tfd1 Rd7 48. Ta4 Cc6 49. Tg1 Re6 50. Ta6 Rd7 51. Rd3** Las Blancas activan su rey y amenazan Re4-f5. **51. ... d5** Las Negras le cortan el paso al rey blanco, a la vez que amenazan ganar la torre de a6 con 52. ... Ce5+ **52. Re3 Rd6** Las Negras dirigen también su rey hacia el centro del tablero. **53. Ta4 Re5 54. Rf3 Rf5   55. Rg3** Tal como recomiendan los libros de finales, las Blancas ubican su rey frente al peón pasado enemigo. La torre de g1 podrá ahora moverse con mayor libertad. **55. ... a5!** Limita la movilidad de la torre blanca de a4. **56. Td1 Re6 57. Ta3** Única vía para poner en juego a esta torre. **57. ... Rd6 58. Tb3 Rc5 59. a4 Rc4 60. Tb5 Td6 61. Tc1 Te6 62. Rg4 Te2!** Fischer va tras la captura del peón de a4. Como es sabido, al bando que tiene desventaja material le favorecen los cambios de peones. **63. Td1 Ta2 64. Tdxd5 Txa4 65. Tdc5+ Rd3+ 66. Rxg5 Tc4 67. Txc4 Rxc4 68. Tb6** *(ver diagrama)*

68. ... Ce7! En *Best Endings of Capablanca and Fischer* (Belgrado 1978), el Gran Maestro yugoslavo Aleksandar Matanović le añade un signo de admiración a la jugada hecha por el estadounidense, al señalar que las Negras perderían luego de 68. ... Ca7 69. Ta6 Rxc3 *(69. ... Cb5 70. Tc6+ Rd5 71. Tc8 Cd6 72. Td8 Rc5?* [El signo de interrogación es de Matanović, quien dice que luego de 72. ... a4 73. Rf4 las Blancas ganan. Sin embargo, no es así, ya que las Negras pueden salvarse con 73. ... a3 74. Re3 Rc4 75. Txd6 - *Si 75. Rd2 a2 76. Ta8 Ce4+ y tablas -* 75. ... Rxc3 y las Negras pueden alcanzar el empate]. *73. Rf4 Cb5 74. Tc8+ Rb6 75. Re3 Rb7   76. Tc4! ganando)* 70. Txa7 Rb4 71. Rf4 a4 72. Re3 y las Blancas ganan. **69. Te6 Rxc3** Aunque también se alcanzaba el empate con 69. ...a4 y 69. ... Cd5, la jugada hecha por las Negras es más directa. **70. Txe7 a4 71. Ta7 Rb3 72. Rf4 a3 73. Re3 a2 74. Rd2 Rb2 75. Tb7+ Ra1!** Tablas. **1/2-1/2.** Una partida que debió exigir una incalculable energía, tanto a ambos jugadores, así como a los que la analizaron en su momento. Lo complejo de la misma se puede ver en que sólo después de más de medio siglo de jugada, los actuales programas de computación comienzan a dejar ver mejor lo realmente ocurrido en este encuentro. Esto en ningún modo es una crítica para sus protagonistas. Al contrario, demuestra los grandes esfuerzos que tuvieron que invertir en su época tanto Fischer y Uhlmann como jugadores, así como Matanović y Uhlmann como comentaristas.

Después de esta partida, Fischer y Uhlmann se enfrentaron en tres ocasiones más, con dos victorias para el estadounidense (una con Blancas y otra con Negras) y un empate. Luego de esto, el resultado final entre ambos fue de +3-1=4 a favor de Fischer Gran Maestro de Brooklyn.

Este fue el primer empate de Fischer en la competencia tras siete victorias. Mientras tanto, su equipo vencía 3-1 a los alemanes del este.

El jueves 10 de noviembre, Fischer se enfrentó a su más fuerte rival hasta entonces, el Gran Maestro húngaro Lajos Portisch, quien en varias ocasiones estuvo entre los diez primeros del mundo. Fue asimismo el debut de las innovaciones que Fischer tenía en la Variante del Cambio de la Apertura Española.

(38) Fischer - Lajos Portisch
Ruy López [C69]
XVII Olimpiada. Final. Ronda 6. La Habana 10.11.1966.

Lajos Portisch

Lajos Portisch nació el 4 de abril de 1937 en el pequeño distrito de Zalaegerszeg (unos 62,000 habitantes en 2011), Hungría; es Maestro Internacional (desde 1958) y Gran Maestro (desde 1961). En el 2004 fue galardonado con el título de Deportista de la Nación, el premio más alto del país en esta actividad. Fue uno de los jugadores no soviéticos más fuertes del mundo en las décadas de los 1960, 1970 y 1980.

Su rating Elo más alto fue de 2757 en la lista de diciembre de 1980, lo que lo convirtió en el jugador #3 del mundo cuando tenía 43 años y 8 meses de edad. Pero también ocupó este lugar en ocho diferentes meses entre febrero de 1980 y febrero de 1984. Su mejor actuación según el Elo fue de 2793 en el Interzonal de Szirák, Hungría 1987, al obtener 15 puntos de 21 (71%) contra una oposición con un rating promedio de 2651.

Portisch fue ocho veces Campeón de su país: 1958 (después de ganar un desempate contra los Grandes Maestros Gedeón Barcza y Lázlo Szabó); 1961 (después de derrotar a Szabó en un desempate); 1962, 1964, 1965, 1971, 1975 y 1981 (luego de imponerse en un desempate contra el Gran Maestro Iván Faragó).

Entre 1956 y 1990, participó en un récord de 20 Olimpiadas (13 de ellas en el Primer Tablero), en las que jugó una marca de 260 partidas. En estas competencias ganó 11 Medallas durante cinco décadas.

Fue el Primer Tablero del equipo húngaro que conquistó la Medalla de Oro en la Olimpiada de Buenos Aires 1978 (la única no ganada por los soviéticos entre 1952 y 1990; descontando la de Haifa, Israel 1976, en la que no participaron). También encabezó los equipos húngaros que ganaron la Medalla de Plata en Siegen 1970, Skopje 1972 y La Valeta 1980; y la Medalla de Bronce en La Habana 1966 y Salónica 1988. Además, participó como Segundo Tablero en el equipo que ganó la Medalla de Bronce en Moscú 1994 y Segunda Reserva en el equipo que ganó la Medalla de Bronce en Moscú 1956. De forma individual, ganó la Medalla de Plata en Salónica 1988 (Primer Tablero) y Moscú 1994 (Segundo Tablero); y la Medalla de Bronce en Tel Aviv 1964 (Primer Tablero).

Representó a su país en ocho Campeonatos de Europa por Equipos, en los que ganó nueve Medallas: siete de ellas por Equipos. Las preseas individuales, ambas de Oro, fueron en: Oberhausen 1961 (Segundo Tablero) y Plovdiv 1983 (Primer Tablero). Entre las Medallas por equipo, cuatro fueron de Plata: Oberhausen 1961 (Segundo Tablero); Kapfenberg 1970 (Primer Tablero); Moscú 1977 (Primer Tablero); y Skara 1980 (Primer Tablero). Y tres de Bronce: Hamburgo 1965 (Primer Tablero); Bath 1973 (Primer Tablero) y Plovdiv 1983 (Primer Tablero).

Jugó el Primer Tablero en el Campeonato Mundial por Equipos disputado en Lucerna 1985, donde conquistó la Medalla de Plata por Equipos.

Portisch también participó en cuatro Campeonatos Mundiales Estudiantiles, ganando la Medalla de Oro Individual y la Medalla de Bronce por Equipos en Budapest 1959 (Primer Tablero) y la Medalla de Plata por Equipos en Uppsala 1956 (Segundo Tablero).

Jugó en doce Interzonales consecutivos entre 1962 y 1993, en los que clasificó ocho veces para el Torneo de Candidatos: 1965, 1968, 1974, 1977, 1980, 1983, 1985 y 1988. En tres de ellos, que se jugaban entonces por el sistema de match, venció en los cuartos de final al Gran Maestro danés Bent Larsen, por 6.5 - 3.5, en Rotterdam, Países Bajos 1977, con lo que pasó por primera vez a las semifinales; al ex Campeón Mundial Boris Spassky en Ciudad México 1980. Ambos igualaron 7 - 7, pero el Gran Maestro húngaro ganó el desempate al aplicarse un sistema que daba la victoria al que hubiera ganado más partidas con Negras; y en octavos de final al Gran Maestro armenio Rafael Vaganian 3.5 - 2.5 en Saint John, New Brunswick, Canadá en 1988.

Su hermano menor Ferenc (nacido en 1939) es Maestro Internacional (desde 1975).

Portisch posee una bella voz de barítono, por lo que no es de extrañar que su afición principal sea cantar arias operáticas.

Fue el analista de Anatoly Karpov en su quinto match y final contra Garry Kasparov por el Campeonato Mundial, disputado en Nueva York/Lyon, Francia 1990. Fischer dijo posteriormente que la totalidad de las partidas de los encuentros entre Karpov y Kasparov estaban construidas de antemano, a lo que Portisch preguntó: "(En ese caso) ¿qué hacía yo allí?"

Antes de comenzar la siguiente partida, Fischer había vencido en tres ocasiones a Portisch (dos de ellas con Negras) y había entablado dos encuentros con el húngaro para un balance de +3-0=2 a favor del estadounidense.

1. e4 e5 2. Cf3 Cc6 3. Ab5 a6 4. Axc6 "La Variante del Cambio, que ahora se encuentra en pocas oportunidades, pues según la práctica conduce normalmente al empate. En el pasado fue el (ex Campeón Mundial) doctor (Emanuel) Lasker quien practicó esta variante, ganando una famosa partida a (José Raúl) Capablanca en San Petersburgo 1914. En el mismo torneo le ganó también, pero esta vez con

Negras, a (Alexander) Alekhine". Albéric O´Kelly, en el diario cubano *Granma* (noviembre de 1965). "Una de las novedades preparadas por Fischer para su actuación en la XVII Olimpíada". Miroslav Filip y Luděk Pachman en *XVII Olimpiada mundial de ajedrez. Cuba/66.* (Págs. 272-274). N.A: No es difícil imaginar la sorpresa experimentada por el Gran Maestro húngaro al ver la jugada de Fischer. ¿Cuántas cosas habrán pasado por su mente? ¿Qué línea elegir ante un rival que con seguridad venía muy bien preparado? Por supuesto, la jugada principal sigue siendo 4. Aa4, pero el hecho de que 4. Axc6 la hayan empleado (y la sigan empleando) jugadores del nivel de Anand, Ivanchuk, Kamsky, Karjakin, Radjabov, So, Svidler, Timman, por solo citar algunos, es una prueba fehaciente del enorme aporte que el Gran Maestro estadounidense hizo con esta variante a la Teoría de las Aperturas, así como al ajedrez en general. **4. ... dxc6 5. 0–0** "Después de 5. d4 exd4 6. Dxd4 Dxd4 7. Cxd4 las Negras no tienen problemas. La jugada del texto la empleó durante muchos años el (Gran Maestro ruso-francés) doctor Ossip Bernstein. Hace cinco años que el Maestro (Internacional holandés Johan Teunis) Barendregt la juega en todas las ocasiones". O´Kelly *(Op. Cit.).* **5. ... f6** La respuesta más agresiva de las Negras es 5. ... Ag4 *(Ver Partidas Adicionales 1-7).* **6. d4 exd4 7. Cxd4** *(ver diagrama)*

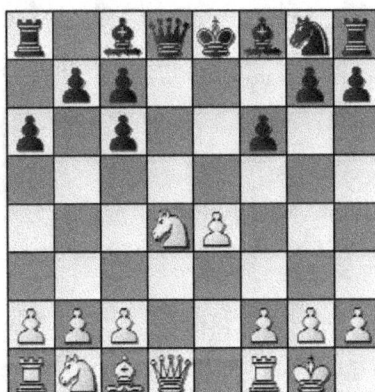

"La diferencia con el comentario de la jugada 5 del Blanco es que la dama está defendida por la torre, de manera que el Blanco no tiene que retomar con la dama". O´Kelly *(Op. Cit.).* N.A.: Esta estructura de peones es característica de muchas líneas de la Variante del Cambio. Las Blancas poseen una mayoría de cuatro contra tres en el flanco rey, por lo que pueden crear allí un peón pasado, mientras que las Negras, al tener los peones doblados en la columna-c, no podrán hacer lo mismo en el flanco dama. Por ello, es como si las Blancas tuvieran un peón de más. Sin embargo, las Negras poseen la pareja de alfiles como compensación. **7. ... c5** Después de la presente partida, las Negras emplearon en algunas ocasiones la jugada 7. ... Ce7. **8. Cb3** En la Partida 27 del match Fischer - Spassky, Sveti Stefan/Belgrado 1992, Bobby optó por 8. Ce2. **8. ... Dxd1** No es posible 8. ... Ad6? debido a 9. Cxc5! ganando un peón, ya que a 9. ... Axc5 sigue 10. Dh5+. **9. Txd1 Ad6** En el presente, este movimiento apenas se emplea entre jugadores del primer nivel, al preferirse la importante intermedia 9. ... Ag4, que tiene como objetivo debilitar la diagonal g1–a7 para poder utilizar este detalle en un momento determinado. Además, se le quita el sostén al alfil blanco que generalmente se ubica en e3. **10. Ca5** Una buena jugada que tiene como objetivo debilitar el flanco dama de las Negras. "Esto es mucho mejor que 10. Cc3 Ae6 11. Ae3, que jugó Ciocâltea contra Gligorić en el Campeonato Europeo por Equipos, Hamburgo 1965. Ahora el Negro tiene dificultades para desarrollarse y se amenaza Cc4 con gran ventaja posicional". O´Kelly *(Op. Cit.).* **10. ... b5** El Gran Maestro húngaro evita que el caballo blanco de a5 pueda ubicarse en c4, pero para ello ha tenido que debilitar sus peones del flanco dama. Sin embargo, otras respuestas son inferiores. **11. c4!** "Las Blancas fijan la debilidad negra en c5 y previenen su avance, después de lo cual el caballo de a5 quedaría fuera de juego". Filip y Pachman *(Op. Cit.).* N.A.: En un encuentro anterior, las Blancas jugaron 11.a4 pero no consiguieron ventaja. **11. ... Ce7** Resulta inferior bloquear el flanco dama con 11. ... b4?! pues el peón de c5 será aún más débil *(ver diagrama)*

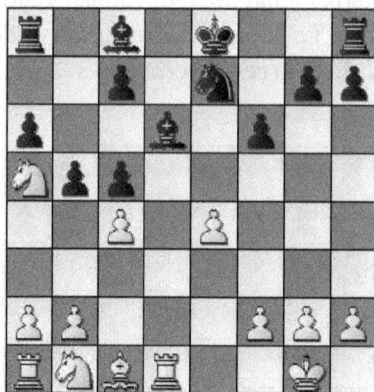

12. Ae3 Esta es la mejora de Fischer. En la partida Barendregt - Littlewood, Neuhausen 1961, el holandés jugó 12. Cc3. **12. ... f5** "Hay que hacer algo en vista de la presión que se prepara contra el peón de c5". O´Kelly *(Op. Cit.).* Para otras opciones de las Negras, **13. Cc3 f4 14. e5!** "Fuerza el juego abierto, después de lo cual se manifestará el retraso en desarrollo del Negro y la colocación insegura de su rey". Filip y Pachman *(Op. Cit.)* **14. ... Axe5** A 14. ... fxe3 sigue 15. exd6 exf2+ 16. Rxf2 0–0+ 17. Rg1 cxd6 18. Txd6 Af5 19. Te1 con ligera ventaja de las Blancas. **15. Axc5** Ésta es la idea de Fischer. Aunque se abre la posición y las Negras poseen la pareja de alfiles, las Blancas están mejor debido a su ventaja en desarrollo. Por el momento, la amenaza es 16. Te1. **15. ... Axc3** Dieciocho años después, en Teterev - Novitzkij, Campeonato de Bielorrusia, Minsk 2004, las Negras jugaron 15. ... Cg6. **16. bxc3 Cg6** La interesante posibilidad 16. ... Rf7!? se hizo en la partida por correspondencia Grodzensky - Nazarevskiy, 1973. Luego de 17. Axe7 Rxe7 18. Td4 g5 19. Td5 Rf6 20. Tc5 Ae6 las Blancas sólo tienen una mínima ventaja. **17. Cc6** Este es el momento crítico de la partida *(ver diagrama)*

17. ... Ae6?! "Pierde un peón. Más posibilidades de defensa ofrecía 17. ... Ad7". Filip y Pachman (*Op. Cit.*). N.A.: Por ejemplo, si 18. cxb5 axb5 19. Ca7 la computadora recomienda 19. ... Tf8. Después de 20. Td5 (*Si 20. Axf8, las Negras pueden salvar el final con 20. ... Cxf8 21. Txd7 Rxd7 22. Td1+ Re7 23. Cxb5 c6 24. Cd4 c5 25. Cf5+ Rf6 26. Cd6 Txa2 27. Ce4+ Re5 28. Cxc5 Tc2*) 20. ... Tf6 21.h3 las Blancas mantienen ligera ventaja, aunque las Negras conservan buenas opciones de alcanzar el empate. **18. cxb5 axb5 19. Ca7!** Fischer va por el peón de b5. **19. ... Tb8?!** Si 19. ... Ac4, las Blancas pueden responder 20. Td4 con la amenaza 21. Te1+. La mejor respuesta de las Negras sería 20. ... Td8. Luego de 21. a4 Txd4 22. Axd4 bxa4 23. Txa4 Ad3 24. Axg7, las Blancas tienen ventaja, pero el segundo jugador tendría algunas oportunidades de salvación. **20. Tdb1! Rf7** Ahora no era conveniente 20. ... Ac4? debido a 21. a4! con amplia ventaja. **21. Cxb5 Thd8 22. Tb4!** También es posible 22. a4, pero Fischer no tiene inconveniente en cambiar su peón de a2 por el negro de c7. **22. ... Axa2 23. Cxc7 Tbc8** Es obvio que las Negras deben evitar el cambio de torres, ya que luego de 23. ... Txb4 24. cxb4 el peón pasado decide (*ver diagrama*)

24. h4! "Una jugada universal. Amenaza por una parte 25. Txa2 y por otra 25. h5, y al mismo tiempo defiende el caballo, ya que de ser tomado éste, seguiría 26. Ab6". Filip y Pachman *(Op. Cit.).* **24. ... Td2 25. Ab6 f3?!** Una nueva imprecisión que resulta fatal. Las Negras ofrecen mayor resistencia con 25. ... h5. No obstante, las Blancas obtienen una clara ventaja con 26. Ta4 Tb8 27. Ad4 Tb1+ 28. Txb1 Axb1 29. Ta7. **26. Ae3** "El Blanco maniobra muy bien y provoca la dispersión de las fuerzas negras". O´Kelly *(Op. Cit.)* **26. ... Te2 27. Cb5 Ta8 28. h5 Ce5   29. Tf4+ Re7?!** "Portisch, evidentemente, no quiso alejar su rey del peón pasado blanco, pero en el centro del tablero su rey será víctima del ataque concentrado de las piezas blancas. El retroceso 29. ... Rg8 podía naturalmente demorar, pero no evitar la derrota". Filip y Pachman *(Op. Cit.).* **30. Td1** Amenaza mate en dos comenzando con 31. Ac5+. **30. ... Tc8 31. Te4 Rf6 32. Td6+ Rf5 33. Tf4+ Rg5 34. Txf3+** Las Negras abandonan. **1-0.**

Luego de este encuentro, Fischer y Portisch se enfrentaron tres veces más, terminando todas las partidas en tablas, con lo que finalizaron con un balance de +4=5-0 a favor del norteamericano. Portisch cuenta, en una entrevista con *ChessNews,* el sitio de Internet de ChessBase, que, al terminar la penúltima partida entre ambos, disputada en la Olimpiada de Siegen 1970, Bobby le preguntó: "Dime. ¿Es verdad que analizas ocho horas al día?" El maestro húngaro le respondió: "¿Por qué preguntas? La gente dice que tú también analizas ocho horas al día". "Sí", respondió el norteamericano. "Pero la gente piensa que yo estoy loco".

Tras este triunfo, Fischer conseguía su octava victoria del torneo con solo un empate. Pero los estadounidenses sólo lograban un empate 2-2 con los magiares.

El viernes 11 de noviembre, Fischer volvió a enfrentar al Maestro noruego Svein Johannessen.

(39) Svein Johannessen - Fischer
Gambito Benko [A57]
XVII Olimpiada. Final. Ronda 7. La Habana. 11.11.1966

Svein Johannessen

(Para los datos biográficos de Svein Johannessen ver Partida 34.)

1. d4 Cf6 2. Cf3 c5 3. d5 b5 "Una continuación muy aguda, llevada a la práctica por el Gran Maestro soviético Paul Keres". Miroslav Filip y Luděk Pachman en *XVII Olimpiada de Ajedrez, Cuba/66.* (Pág. 281-284). N.A.: En esta agresiva línea, típica del estilo de Fischer, las Negras tratan desde el mismo comienzo de ganar espacio en el flanco dama. **4. c4** Con esta jugada se llega por transposición de jugadas a una importante línea del Gambito Benko. **4. ... Ab7** "La mejor respuesta. Después de 4. ... e6 se produciría el conocido Gambito Blumenfeld, considerado incorrecto por la teoría". Filip y Pachman *(Op. Cit.).* N.A.: En la actualidad, la respuesta principal de las Negras es 4. ... g6. **5. g3** Esta continuación, a la que el ucraniano Isaac Boleslavsky (Gran Maestro desde 1950) le añade el signo de 'dudosa' (?!) en el CD *Robert Huebner: World Champion Fischer.* (ChessBase. Hamburgo 2003), no ocasiona el menor problema a las Negras. En la actualidad el segundo jugador llega igualmente a ella con otro orden de jugadas y un tiempo de menos. O sea, tocándole jugar a las Blancas. Por ejemplo: 1. d4 Cf6 2. c4 b6 3. g3 Ab7 4. Cf3 c5 5. d5 b5. Por supuesto, las Blancas tienen mejores opciones. 5. a4, es la más popular. También se ha empleado 5. Dc2. **5. ... g6** También es posible 5. ... bxc4 6. Cc3 d6 7. Ag2 Cbd7 8. 0-0 g6 9. e4 Ag7 10. Cd2 0-0 11. Tb1 Ce5 12. f4 Cd3 con buen juego para las Negras. Agaragimov - Popov, Plovdiv 2012. **6. Ag2 bxc4** En el Campeonato de la URSS, Moscú 1957, Keres *(Negras)* jugó 6. ... Ag7 contra Kostantin A. Klaman. **7. Cc3 Ag7 8. 0-0 0-0 9. Ce5 d6 10. Cxc4 Cbd7** Luego de 10. ... Aa6 11. Ce3 Cbd7 12. Da4 Ab7 13. Dc2 Cb6 14. Td1 Tb8 15. Tb1 Dd7 la posición está nivelada. Romanishin - Eingorn, Lvov 1984. **11. Te1** Se ha jugado 11. a4 Tb8 12. Te1 Ce8 13. Dc2 Aa6 14. Ca3 Cc7 15. Tb1 Cb6 16. e4 e6 17. b3 exd5 18. exd5 Ac8 19. Ab2 Af5 con buen juego para las Negras. Nikolic - Chytilek, Leiden 2011. **11. ... Aa6** "Ahora las Negras están bien desarrolladas y tienen abierta la columna-b, lo que en muchos sistemas hay que preparar incluso al precio del sacrificio de un peón. Todo esto demuestra que el Sistema Keres brinda buenas perspectivas a las Negras". Filip y Pachman *(Op. Cit.).* **12. Da4** *(ver diagrama)*

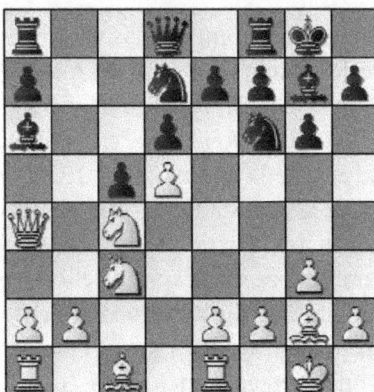

12... Dc8?! "La continuación 12. ... Axc4 13. Dxc4 Tb8 ofrece a las Negras un buen juego; pero parece que Fischer no quiere seguir una línea tan simple y prefiere dejar que el caballo blanco llegue hasta c6, calculando, con buen juicio, que la ubicación de esa pieza no será amenazadora, y que podrá ser eventualmente eliminada de esa posición". Filip y Pachman *(Op. Cit.).* N.A.: Sin embargo, luego de 14. Tb1 Da5 15. Da4 Dxa4 16. Cxa4 en la partida Huebner - Heinemann, Bundesliga 1997, el segundo jugador decidió eliminar el caballo blanco de a4 con 16. ... Cb6 para que éste no pudiera instalarse en c6. *(Ver Partida Adicional 7).* **13. Ca5 Cb6 14. Dh4** La dama blanca no tiene nada que hacer en c6. Es más, luego de 14. Dc6? Db8 el primer jugador está en serios problemas. **14. ... Te8** "Las Negras, naturalmente, tienen que prevenir el cambio de alfiles de casillas negras". Filip y Pachman *(Op. Cit.).* **15. Ag5** "Johannessen sigue sin temor un plan activo: con la maniobra Cc6, e4, f4 y e5 quiere ejercer presión sobre el punto e7". Filip y Pachman *(Op. Cit.).* **15. ... Dc7 16. Cc6** "Quemando las naves como Hernán Cortés. Ahora las Blancas tienen que seguir su plan de ataque porque su caballo no puede retroceder, ya que hay que contar con la pérdida eventual de un peón". Filip y Pachman *(Op. Cit.).* **16. ... Ab7 17. e4** Las Blancas amenazan jugar 18. f4 y 19. e5, por lo que Fischer debe tomar medidas preventivas. **17. ... Cbd7** "Pero no 17. ... Axc6? 18. dxc6 Dxc6? 19. e5 Cfd5 20. Cxd5 Cxd5 21. e6! y las Negras no pueden liberar su caballo de la clavada". Filip y Pachman *(Op. Cit.).* **18. f4** *(ver diagrama)*

18. ... Rh8! "Como se verá en las siguientes y complicadas variantes, es muy importante que las Negras no se vean amenazadas con un jaque de caballo en e7 o f6. Al mismo tiempo, las Negras amenazan ganar ahora una pieza con 19. ... Cg8 20. Cxe7 Cxe7 21. Axe7 f6 22. Cb5 Db6 etc." Filip y Pachman, *(Op. Cit.).* "Una jugada defensiva muy astuta, cuyo objetivo al parecer no fue descubierto a tiempo por el Blanco. Está claro que hay que tomar medidas ante la amenaza   19. e5, y la retirada del rey constituye una profilaxis muy sutil. La continuación de la partida nos revela en pocas jugadas lo que el Negro pretende con esto. Durante el análisis posterior de una partida todo puede parecer muy sencillo y se puede tener la impresión de que cualquier jugador hubiera sido capaz de ello. Pero en realidad, encontrar una jugada defensiva así durante la partida es sumamente difícil y normalmente sólo son capaces de ello los ajedrecistas del más alto nivel". Keres en *4x25* (Pág. 36-39). **19. e5** El maestro noruego prosigue con su agresivo plan. Sin embargo, hay otra jugada que merece atención: 19. Tad1 con la amenaza 20. e5. Una posible continuación es: 19. ... Cg8 20. e5 f6 21. exf6 exf6 22. Txe8 Txe8 23. Cb5 Db6 24. Cxd6 Tf8 25. Dh3 c4+ 26. Rh1 Cc5 27. Ah4 Dxb2 con posición compleja. Huebner señala en el CD *Robert Huebner: World Champion Fischer.* (ChessBase. Hamburgo 2003), que en caso de 19. f5, las Negras pueden continuar con 19. ... Axc6 20. dxc6 Ce5 21. Axf6 *(Luego de 21. Cd5 Cxd5   22. exd5 gxf5 "la posición no estaría clara". Huebner).* 21. ... exf6 22. fxg6 Cxg6 23. Dg4 Ce5 24. Cd5 Dxc6 25. Df5 Te6 y el Gran Maestro alemán evalúa esta posición como igual. **19. ... dxe5 20. fxe5?!** En realidad, esta no es la causa de la derrota de las Blancas. El signo de jugada dudosa es porque hay un movimiento superior: 20. Cxe5! Entre los múltiples comentaristas que ha tenido esta partida, uno de los primeros en proponer la captura con caballo en e5 fue Boleslavsky *(Op. Cit.),* quien señaló que después de 20. ... Rg8 *(Si 20. ... Cxe5 21. fxe5 Cd7   22. e6 fxe6 23. Txe6 Cf6 24. Tae1 las Blancas tienen clara ventaja)* 21. Cc6! las Blancas tienen mejor posición. Ahora Huebner *(Op. Cit.)* prosigue el análisis con: 21. ... e6 22. f5 gxf5 23. Tad1 y "las Blancas tendrían una peligrosa iniciativa". **20. ... Cxd5! 21. Cxd5** "Si 21. Axd5, entonces 21. ... Axc6 22. Axf7? *(N.A.: Es mejor 22. Af4, aunque luego de 22. ... Db6 la posición de las Negras es superior).* 22. ... Cxe5 23. Txe5 Dxe5 24. Axg6 Dd4+ ganando". Boleslavsky *(Op. Cit.).* **21. ... Dxc6 22. e6** En caso de 22. Axe7 Cxe5 23. Af6 Tab8! las Negras tienen ventaja.   **22. ... Ce5!** Por supuesto, no 22. ... fxe6? debido a 23. Cf4 *(ver diagrama)*

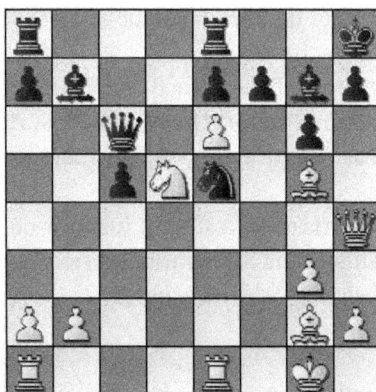

23. Txe5? "Este sacrificio de calidad fracasa por un pequeño detalle; el cual Fischer tuvo que prever varias jugadas antes". Filip y Pachman *(Op. Cit.)*. N.A.: Si 23. exf7, varios comentaristas recomiendan 23. ... Tf8. Sin embargo, las Blancas pueden obtener ventaja con 24. Tad1! Txf7 25. Af4. Por ello, la jugada correcta es 23. ... Cxf7! pues luego de 24. Ae3 Ce5 las Negras conservan un peón de ventaja. Huebner *(Op. Cit.)* señala que luego de 23. Bh6 f6 "Las Blancas no tienen compensación suficiente por el peón sacrificado". Sin embargo, su compatriota Karsten Müller *(Bobby Fischer. The Career and Complete Games of the American World Champion.* Pág. 281-282) va más allá en este análisis y asegura que después de 24. Txe5 fxe5 25. Tf1 Dxe6 26. Cc7 Dd7 27. Cxe8 Txe8 28. Axb7 Dxb7 29. Tf7 Dd5 la posición está igualada. La computadora le da la razón a Müller, porque después de 30. Axg7+ Rg8 31. Txe7 las Negras pueden forzar el empate con 31. ... Dd1+ 32. Rf2 *(pero no 32. Rg2?? ya que las Negras ganan con 32. ... De2+ 33. Rg1 [si 33. Rh3 entonces 33. ... Df1+ y mate a la siguiente] 33. ... Td8!)* 32. ... Qd2+ y tablas. **23. ... Axe5 24. exf7 Tf8** *(ver diagrama)*

25. h3? "El detalle aludido es que después de 25. Cf4, sigue 25. ... Ad4+! 26. Rh1 Db6 27. Axb7 y la dama recapturaría el alfil con jaque". Filip y Pachman *(Op. Cit.)*. N.A.: En realidad, la mejor jugada es 25. Te1, aunque luego de 25. ... Ad4+ 26. Ae3 Af6 27. Dc4 Tac8 las Negras tienen una clara superioridad. **25. ... Txf7 26. Cf4 Txf4** "Después de 27. Axc6 la victoria llega con 27. ... Ad4+ 28. Rh2 Tf2+ 29. Rg1 Axc6 etc.". Filip y Pachman *(Op.Cit.)*. Las Blancas abandonan. **0-1** ¡Una partida sumamente complicada!

El sábado 12 de noviembre, Fischer tuvo frente a sí a un jugador con el que hasta entonces solía perder más que ganar, el Gran Maestro de Yugoslavia Svetozar Gligorić. De hecho, dos de esas derrotas las había sufrido en Olimpiadas de Ajedrez: Leipzig 1960 y Varna 1962.

(40) Fischer - Svetozar Gligorić
Ruy López [C69]
XVII Olimpiada. Final. Ronda 8. La Habana. 12.11.1966.

Svetozar Gligorić

Svetozar Gligorić nació el 2 de febrero de 1923 en Belgrado, entonces capital del Reino de los Serbios, Croatas y Eslovenos (hoy en día capital de Serbia); fue Maestro Internacional (desde 1950) y Gran Maestro (desde 1951). En 1958 recibió el galardón de Mejor Deportista de Yugoslavia.

Su rating Elo más alto fue de 2743 en la lista de noviembre de 1958, lo que lo convirtió en el jugador #6 del mundo cuando tenía 35 años y 9 meses de edad. Pero ocupó este mismo lugar en 13 meses diferentes entre octubre de 1958 y abril de 1960. Su mejor actuación según el Elo fue de 2774 en el Match Yugoslavia - Unión Soviética que se jugó en 1957 en la entonces ciudad de Leningrado (hoy San Petersburgo), donde alcanzó 6 puntos de 8 posibles (75%) contra una oposición con un rating promedio de 2697.

Gligorić ganó un récord de doce campeonatos yugoslavos: 1947 (empatado con Petar Trifunović), 1948 (empatado con Vasja Pirc), 1949, 1950, 1956, 1957, 1958 (empatado con Borislav Ivkov), 1959, 1960, 1962, 1965 y 1971. Se le considera el mejor jugador serbio de todos los tiempos y uno de los mejores del mundo en las décadas de 1950 y 1960.

Representó a su país en quince Olimpiadas desde 1950 hasta 1982. En 13 de ellas jugó el Primer Tablero, incluyendo la primera después de la Segunda Guerra Mundial, disputada en Dubrovnik, Croacia, donde Yugoslavia obtuvo la Medalla de Oro por equipos. En las otras dos, jugó el Segundo Tablero: Ámsterdam 1954 (después de Pirc); y Lucerna 1982 (después de Liubómir Liubóyevich).

Gligorić obtuvo un total de catorce Medallas Olímpicas: una segunda de Oro, en este caso individual, en la Olimpiada de Múnich, República Federal Alemana, 1958, al lograr 12 puntos de 15 posibles (80%). El resto de las Medallas fueron por Equipos: Seis de Plata: Moscú 1956, Múnich 1958, Varna 1962, Tel Aviv 1964, Lugano 1968 y Niza 1974. Y otras seis de Bronce: Helsinki 1952, Ámsterdam 1954, Leipzig 1960, Siegen 1970, Skopje 1972 y La Valeta 1980.

Jugó en siete Torneos Interzonales y en tres de ellos (Saltsjobaden, Suecia 1952; Portoroz, Yugoslavia 1958; y Susa, Túnez 1967) clasificó para el torneo de Candidatos.

Durante la Segunda Guerra Mundial, Gligorić fue guerrillero contra los fascistas italianos entre 1943 y 1945, y ganó dos medallas al valor. Pero quedó negativamente impresionado con el conflicto armado. "Descubrí que la vida humana no vale nada y que nadie se preocupa por nadie", dijo en *The Chess of Gligoric* (David N. L. Levy. The World Publishing Company. Gran Bretaña 1972. Pág. 16). Después de la guerra, Gligorić trabajó como periodista político y organizador de torneos de ajedrez. Como jugador no se hizo por completo profesional sino hasta mediados de 1959.

Gligorić murió el 14 de agosto de 2012 de un derrame cerebral. Tenía 89 años.

Antes de la siguiente partida, Gligoric y Fischer se habían enfrentado en 11 ocasiones con un marcador de +4 =6 -1 favorable al Gran Maestro yugoslavo.

1. e4 e5 2. Cf3 Cc6 3. Ab5 a6 4. Axc6 dxc6 5. 0–0 f6 6. d4 Ag4 Fischer consideraba que ésta era la mejor jugada y el tiempo le ha dado la razón *(ver diagrama)*

7. c3 La continuación más agresiva, con la cual las Blancas están dispuestas a sacrificar un peón. Un plan totalmente diferente es: 7. dxe5. **7. ... exd4** Otra posibilidad es sostener el centro con 7. ... Ad6. **8. cxd4 Dd7** Las Negras, en caso de capturar el peón con 8. ... Axf3 9. Dxf3 Dxd4, quedan con mucho atraso en el desarrollo. **9. h3** Fischer comenta en *My 60 Memorable Games.* (Página 347): "Cuestionando al alfil". Nimzowitsch, Steinitz, Evans y otros teóricos han señalado el enorme valor de hacer retroceder a este alfil antes de que la clavada se vuelva realmente molesta. Aquí, las Blancas deben tener cuidado ya que su peón-h podría convertirse fácilmente en un objetivo potencial de ataque". N.A.: La alternativa es: 9. Ae3. **9. ... Ae6** En la última ronda de la Olimpiada de La Habana 1966, el Maestro Internacional cubano Eleazar Jiménez optó por 9. ... Ah5, que Fischer considera lo mejor. *(Ver esta partida más adelante en este capítulo).* **10. Cc3 0–0–0 11. Af4** Las Blancas han empleado otras dos continuaciones: a) 11. Da4. Y b) 11. Ae3. **11. ... Ce7** Fischer señala *(Op. Cit.)* que: "Es más sólido 11. ... Ad6!" y agrega que "La línea crítica es 11. ... g5!?". **12. Tc1 Cg6 13. Ag3 Ad6** *(ver diagrama)*

14. Ca4! "Esta jugada muy fuerte, amenazando 15. d5 y si 15. ... cxd5 16. Cb6+, provoca un golpe psicológico que impresionó a Gligorić". O´Kelly en el diario cubano *Granma* (noviembre de 1966). **14. ... Axg3?!** Un error. Este alfil había que conservarlo, ya que controla la importante casilla c5. Como señala Fischer *(Op. Cit.)* es mejor 14. ... Rb8. **15. fxg3 Rb8 16. Cc5** "Fatal consecuencia de la desaparición del alfil". O´Kelly *(Op. Cit.)*. **16. ... Dd6 17. Da4** Las Blancas preparan las condiciones para iniciar el ataque contra el rey enemigo. **17. ... Ra7?** Como sugiere Fischer *(Op. Cit.)*, es necesario 17. ... Ac8 para responder a 18. Tc3 con 18. ... Cf8! y "Las Negras podrían haber resistido". N.A.: Por ejemplo, luego de 19. e5 Dd5 20. Db4 b6 las Blancas están mejor, pero la posición de las Negras es sólida *(ver diagrama)*

18. Cxa6 Axh3 "Un contra sacrificio de pieza desesperado, que será fácilmente rechazado". Filip y Pachman. *XVII Olimpíada de Ajedrez. Cuba/66.* (Pág. 292). N.A.: Por supuesto, a 18. ... bxa6 sigue 19. Txc6 y gana la Dama negra. **19. e5! Cxe5** Como dice Fischer *(Op. Cit.)*, si 19. ... fxe5 las Blancas ganan con 20. Cc5+ Rb8 21. Tc3! seguido de Ta3. **20. dxe5 fxe5 21. Cc5+ Rb8   22. gxh3** *(ver diagrama)*

"Un episodio interesante. En este momento varios Grandes Maestros que estaban observando la partida, opinaron que las Negras tenían ciertas posibilidades de salvarse. Parece increíble, pero calcularon que las Blancas tenían dos caballos contra una torre, en vez de tener dos piezas de más como fue en realidad. El error de todos puede explicarse por no parecer verosímil que un jugador de tan alto nivel como Gligorić pudiera quedar en una partida, tan rápidamente, con dos piezas de menos". Filip y Pachman *(Op. Cit.)* **22. ... e4 23. Cxe4 De7 24. Tc3 b5 25. Dc2** Las Negras abandonaron. **1-0.** Después de esta partida, Fischer y Gligorić se enfrentaron en cuatro ocasiones más, en las que el estadounidense se impuso en todas., para un balance final entre ambos de +6=6-4 a favor de Bobby.

Con esta rápida victoria sobre Gligoric, Fischer consiguió su noveno triunfo de la competencia, cediendo sólo unas tablas. Además, los estadounidenses conseguían una importante victoria 2.5-1.5 contra los yugoslavos.

En la siguiente ronda, la novena, Fischer consiguió tras una lucha intensa anotarse otro punto importante, y otra vez contra otro rival difícil, Miguel Najdorf. Con este triunfo Fischer consiguió su novena victoria de la competencia, cediendo sólo unas tablas.

Pese a todas las luminarias concentradas en La Habana la figura del Gran Maestro argentino Miguel Najdorf fue una de las más populares. Su encuentro con Fischer mantuvo a ambos al filo del abismo y el final, tras ser reanudada, provocó emotivas exclamaciones.

(41) Miguel Najdorf - Fischer
Benoni Moderna [A79]
XVII Olimpiada. Final. Ronda 9. La Habana 13.11.66

Miguel Najdorf

Mojsze Mendel Najdorf nació el 15 de abril de 1910 en Grodzisk Mazowiecki, Reino de Polonia, cuando éste pertenecía al Imperio Ruso; fue Gran Maestro (está en el grupo inicial de 27 a los que la FIDE confirió este título en 1950) y uno de los mejores jugadores del mundo en las décadas de 1940 y 1950.

En 1939, Najdorf se encontraba en Argentina jugando el Segundo Tablero de Polonia en la VIII Olimpiada cuando estalló la Segunda Guerra Mundial y, al ser judío, decidió no arriesgarse a viajar a su país ocupado por los nazis.

Después supo que su esposa, su hija, sus padres, sus cuatro hermanos y casi todos sus otros familiares murieron en el Holocausto.

Najdorf recibió en 1944 la nacionalidad argentina y cambió oficialmente su nombre a Moisés Mendel, aunque públicamente usaba el de Miguel. Luego contrajo matrimonio dos veces en el país sudamericano y tuvo dos hijas.

Su rating Elo más alto fue de 2797 en la lista de febrero de 1948, lo que lo convirtió en el jugador #2 del mundo cuando tenía 37 años y 10 meses de edad. Pero ocupó este mismo lugar en 33 meses diferentes entre julio de 1946 y junio de 1949.

Su mejor actuación según el Elo fue de 2769 en el Torneo de Mar del Plata de 1965, cuando obtuvo 12.5 puntos de 15 posibles (83%) contra una oposición con un rating promedio de 2769. En esta competencia, en que Najdorf tenía 55 años de edad, superó por punto y medio al Gran Maestro soviético Leonid Stein; por dos puntos al también Gran Maestro soviético Yuri Averbach; por tres puntos a sus compatriotas Oscar Panno y Julio Bolbochán, y al estadounidense Pal Benko (todos Grandes Maestros); y por tres puntos y medio al Gran Maestro rumano Florín Gheorghiu, entre otros.

Najdorf ganó 8 Campeonatos Argentinos: 1949, 1951, 1952, 1955, 1960, 1964. 1967 y 1975. Jugó su último Campeonato Argentino en 1991, cuando tenía 81 años de edad. Sobre su longevidad ajedrecística hay que añadir aquí que, en 1979, cuando tenía 69 años de edad, terminó invicto en segundo lugar en el Segundo Torneo Clarín, sólo después del ganador, el danés Bent Larsen, pero empatado con el ex Campeón Mundial Boris Spassky, el inglés Anthony Miles y el sueco Ulf Andersson; y con dos puntos más que el ex monarca mundial Tigran Petrosian.

Y en Buenos Aires 1988, cuando tenía 78 años de edad, terminó en cuarto lugar, sólo superado por tres Grandes Maestros: el brasileño Gilberto Milos, el paraguayo Zenón Franco y el peruano Julio Granda, pero por encima de otros poseedores de este título, como su compatriota Oscar Panno, el chileno Roberto Cifuentes, y los también argentinos Alejandro Hoffman, Pablo Ricardi y Sergio Slipak.

Jugó 14 Olimpiadas oficiales, en las que ganó 11 Medallas: siete por Equipos y cuatro Individuales.

Najdorf representó a Polonia en cuatro Olimpiadas antes de la guerra: Varsovia 1936 (Tercer Tablero) Medalla de Bronce por Equipos. Múnich 1936, actualmente considerada no oficial (Segundo Tablero). Estocolmo 1937 (Segundo Tablero) Bronce por Equipos. Y Buenos Aires 1939 (Segundo Tablero) Plata por Equipos y Medalla de Oro Individual (+12=4-2; 77.8%).

Posteriormente, jugó 11 Olimpiadas por Argentina: Dubrovnik 1950 (Primer Tablero); Plata por Equipos y Oro Individual (+8=6-0; 78.6%). Helsinki (Primer Tablero); Plata por Equipos y Oro Individual (+11=3-2; 78.1%). Ámsterdam 1954 (Primer Tablero); Plata por Equipos. Moscú 1956 (Primer Tablero). Leipzig 1960 (Primer Tablero). Varna 1962 (Primer Tablero); Bronce por Equipos y Plata Individual. La Habana 1966 (Primer Tablero). Lugano 1968 (Primer Tablero), Siegen 1970 (Primer Tablero). Niza 1974 (Tercer Tablero). Y Haifa 1976 (Primer Tablero).

Najdorf jugó en dos Torneos de Candidatos: Budapest 1950, donde terminó en quinto lugar; y Zúrich 1953, donde finalizó sexto.

Fue el ganador del I Capablanca In Memoriam disputado en La Habana 1962, por delante de los Grandes Maestros soviéticos Boris Spassky, Vasily Smyslov y Lev Polugaievsy; los yugoslavos Svetozar Gligoric, Borislav Ivkov y Aleksandar Matanović, su compatriota Carlos Guimard y el checoslovaco Luděk Pachman, entre otros. Najdorf comenzó el torneo con dos derrotas e hizo tablas en la tercera ronda.

El 25 y 26 de enero de 1947 jugó en Sao Paulo, Brasil, un entonces récord de 45 partidas a la ciega con el resultado de +39=4-2.

La secuencia de jugadas: *1. e4 c5 2. Cf3 d6 3. d4 cxd4 4. Cxd4 Cf6 5. Cc3 **a6*** en la Defensa Siciliana se conoce como la Variante Najdorf. Aunque sus creadores fueron algunos jugadores checoslovacos, sobre todo Karel Opočenský (Maestro Internacional desde 1950), el Gran Maestro polaco-argentino fue su gran propulsor con las Negras.

Todos estos logros los alcanzó sin ser nunca un jugador profesional, pues fue representante de compañías financieras y de seguros, un trabajo con el que se convirtió en uno de los ajedrecistas más ricos de su época.

Najdorf consideraba que los mejores jugadores de todos los tiempos eran José Raúl Capablanca y Robert Fischer.

En 1980 la Fundación Konex le confirió el Premio Konex Platino, al considerarle el mejor ajedrecista de la historia argentina (luego de compartir la nominación con el seis veces Campeón Nacional Roberto Grau; y los Grandes Maestros Oscar Panno, Miguel Ángel Quinteros y Raúl Sanguinetti). El Ejército Argentino lo condecoró en 1994 como Comendador. En 1997, la Ciudad de Buenos Aires lo decretó Ciudadano Ilustre.

En 1996, durante la Olimpiada de Ereván, la FIDE lo declaró Miembro de Honor de esta entidad.

Najdorf murió el 4 de julio de 1997 en el Hospital de la Universidad de Málaga, España, luego de sufrir un infarto al miocardio y, durante la intervención quirúrgica posterior, se le aplicara un edema pulmonar que derivó en complicaciones renales. Tenía 87 años.

El entonces Presidente argentino, Carlos Saúl Menem, decretó que el entierro de Najdorf se realizara con el protocolo correspondiente a los honores de Jefe de Estado.

Antes de la siguiente partida, Fischer y Najdorf se habían enfrentado en seis ocasiones con un marcador +2=3-1 favorable al Gran Maestro estadounidense.

1.d4 Cf6 2.c4 c5 También se puede entrar en la Benoni Moderna por otro orden de jugadas: 2. ... e6 3. Cf3 c5 4. d5 exd5 5. cxd5 g6 6. Cc3 Ag7 7. Af4 d6 8. Da4+ Ad7 9. Db3 Dc7. **3. d5 g6 4. Cc3 Ag7 5. e4 d6 6. Cf3** En lugar de este movimiento, que es el más popular, en el match con Fischer en Sveti Stefan/ Belgrado 1992, Spassky optó por otras dos continuaciones: a) 6. Ag5 y 6. Ad3 **6. ... 0–0 7. Ae2 e6 8.0–0 exd5 9. cxd5 Te8 10. Cd2 Ca6** La alternativa es desarrollar el caballo por d7. **11. f3** Una jugada lógica. Las Blancas apoyan el peón de e4, lo que posibilita que su caballo de d2 pueda ir a c4. **11. ... Cc7 12.a4 b6** *(ver diagrama)*

13. Rh1 "Najdorf estaba muy orgulloso de esta jugada, que tiene la idea de provocar cierto 'Zugzwang'; si las Negras continúan según su plan original 13. ... Aa6, el cambio de alfiles, seguido de Cc4. es ventajoso para las Blancas. Las Negras no tienen buenas jugadas de espera y su única continuación razonable ofrece a las Blancas la posibilidad de continuar con Cc4 ganando un tiempo". Filip y Pachman, *XVII Olimpiada de ajedrez, Cuba/66*. (Ob. Cit. Págs. 236-239). N.A.: En caso de 13. Cc4 las Negras obtienen buen juego mediante 13. ... Aa6 14. Ag5 h6 15. Ad2 Axc4 16. Axc4 a6 17. De2 Cd7 18. Rh1 f5! *(Ver Partida Adicional 25)*. **13. ... Cd7 14. Cc4** En la actualidad, las Blancas emplean otras dos continuaciones: a) 14. Ta3 y b 14. Cb5 **14. ... Ce5 15. Ce3** Además de evitar el cambio de caballos, con el que se ayudaría a las Negras, las Blancas amenazan ahora 16. f4. **15. ... f5** "Naturalmente, no era posible asegurar la posición de su caballo con 15. ... g5, debido a la maniobra 16. Te1, seguido de Af1, Ce2-Cg3-Cf5. El contrajuego elegido por Fischer en la partida es muy arriesgado". Filip y Pachman *(Op. Cit.)*. N.A.: La jugada hecha por las Negras posibilita que el caballo pueda ir a f7. Su inconveniente es que el peón de f5 puede quedar débil, aunque el segundo jugador posee suficientes recursos para hacer frente a esta situación. Por otra parte, se ha jugado 15. ... Tb8, sin temer al avance del peón-f blanco. **16. f4 Cf7 17. exf5 gxf5 18. Ad3 Df6** También es posible 18. ... Ch6. **19. Ce2 Ch6** "Las Negras tienen dificultades para defender su peón de f5 y además de esto, sus piezas menores no están bien colocadas". Filip y Pachman *(Op. Cit.)*. N.A.: En Tatai - Primavera, Roma 1971, las Negras sacrificaron la calidad con 19. ... Txe3?! **20. Cg3 Dg6** Impide 21. Ch5. **21. Dc2** No es posible 21. Ch5? debido a 21. ... Txe3 22. Axe3 Cg4! **21. ... Tf8 22. Ad2 Ad7** *(ver diagrama)*

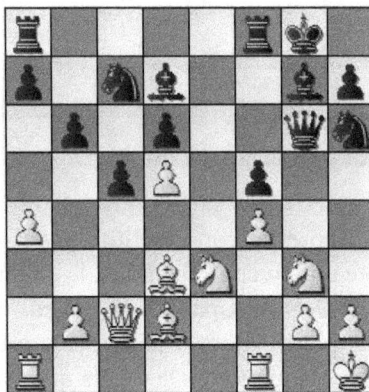

Se presenta ahora el primer momento crítico de la partida. Las Blancas ejercen una fuerte presión sobre el peón de f5 y, para completar la total movilización de sus piezas, sólo les falta poner en juego su torre de a1. Surge la pregunta: ¿Dónde ubicarla? El Gran Maestro argentino opta por la continuación natural (colocar la torre en la columna abierta). Sin embargo, no es la mejor. **23. Tae1** "Posiciones de este tipo no pueden ser jugadas esquemáticamente; las Blancas, en la partida, permiten el cambio de las torres, después de lo cual se hará patente la debilidad de su peón-d. Muy fuerte era 23. Tf3! con las amenaza Ce2 y Tg3. Parece que con 23. Tf3! las Blancas podían obtener una ventaja decisiva". Filip y Pachman. *(Op. Cit.)*. N.A.: Por supuesto que 23. Tf3 es una importante opción. Más tarde, como vimos en el comentario después de la jugada 18 de las Negras, Kramnik empleó esta idea en una posición muy parecida en una partida contra Topalov. La torre de f3, después que se mueva el caballo de g3, podría ubicarse tanto en h3 como, principalmente, en g3, desde donde podría crear serias amenazas a las Negras. Otra posibilidad muy interesante es 23. Ae2, que impide que la torre negra de a8 se pueda ubicar en la columna abierta, ya que no es conveniente 23. ... Cg4?! debido a 24. Cxg4 fxg4 25. f5 Df7 26. Axg4 Cxd5 27. Ah5 Df6 28. Db3 con clara ventaja. **23. ...Tae8 24. Ae2** Ahora esta continuación no es tan efectiva como en el turno anterior, ya que las Negras pueden mantener la torre en la columna abierta. Merece consideración 24. Ac3. **24. ... Te7 25. Ad3?!** El regreso del alfil a d3 equivale a la pérdida de dos tiempos. Es mejor 25. Ah5. Después de 25. ... Df6 26. Ac3 Dh4 27. Axg7 Txg7 28. Ad1 Tg6 *(Es obvio que no es posible 28. ... Txg3? debido a 29. Df2)*. 29. Rg1 Ce8 30. Dc3 las Blancas tienen una mínima ventaja. **25. ... Ad4 26. b4** *(ver diagrama)*

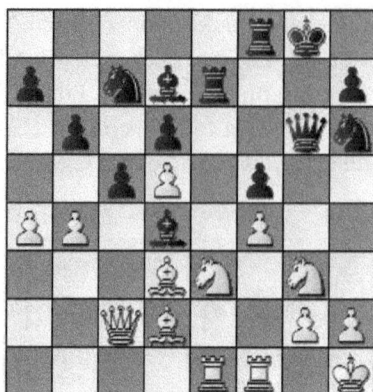

26. ... Axe3! "Naturalmente, tuvo que apreciar con exactitud que la posición expuesta del rey negro no será peligrosa. Fischer vio claramente que su contrajuego en la columna-e fuerza a las Blancas a simplificar el juego". Filip y Pachman *(Op. Cit.)*. N.A.: Una valiente jugada de Fischer, ya que cambia su importante alfil de casillas negras y su rival podrá ahora colocar peligrosamente el suyo en la gran diagonal. **27. Axe3 Tfe8 28. bxc5 bxc5** La mejor respuesta y, a la vez, la que mantiene complicada la posición. En cambio, luego de 28. ... Txe3 se produciría una línea prácticamente forzada en la cual las Negras no pueden obtener más que el empate: 29. Txe3 Txe3 30. cxb6 axb6 31. Dxc7 De8 32. Ab5 Axb5 33. axb5 Txg3 34. hxg3 Cg4 35. Tc1 Dh5+ 36. Rg1 Dh2+ 37. Rf1 Dh1+ 38. Re2 Dxg2+ 39. Rd3 Dxg3+ 40. Rc2 Dxf4 41. Rb3 Df3+ 42. Tc3 Dxd5+ 43. Dc4 etc. **29. Ad2 Txe1 30. Txe1 Txe1+ 31. Axe1** *(ver diagrama)*

31. ... Cxd5! "Sin temer a la clavada del caballo negro y la dominación de la gran diagonal por las piezas blancas". Filip y Pachman *(Op. Cit.)*. **32. Ac4 De6** Otra vez la jugada correcta. Como señalan Smyslov, Tal, Yudasin y Tukmakov en *Bobby Fischer 2* (Partida 561. Págs. 244-245), en caso de 32. ... Ae6 las Blancas seguirían con 33. Db3, con buena compensación por el peón. **33. Ac3 Ac6 34. Db3 Rf7 35. Db8 Cg8!** Fischer trata de poner en juego su caballo ubicado en el borde del tablero, a la vez que mejora la coordinación entre sus piezas. **36. h3!** Con muy buen juicio, Najdorf no se deja tentar por la captura del peón de a7, ya que luego de 36. Dxa7+? Cge7 37. Ad2 Df6! las Negras disponen de una peligrosa iniciativa. **36. ... Cge7 37. Dh8 Dh6 38. Ce2 Axa4 39. Da8?** Las Blancas se equivocan, ya que su dama estaba muy bien ubicada en h8. Era mejor 39. Cg1! con idea de llevar este caballo a f3. Luego de 39. ... Ad1 40. Ab2 las Blancas tendrían compensación por los dos peones de menos. **39. ... Ac6 40. Dxa7 De6** "Aquí la partida quedó suspendida y al ser reanudada se presentaron varias sorpresas". Filip y Pachman (*Op. Cit.*). **41. Da2?** La jugada sellada. También en caso de 41. Ad2 habría seguido 41. ... De4. **41. ... De4.** Filip y Pachman (*Op. Cit.*) le ponen un signo de interrogación a esta jugada y proponen   41. ... Re8?! Sin embargo, esta valoración es incorrecta y la jugada hecha por las Negras es la más fuerte. **42. Ad2 Re8?!** Una imprecisión. Es mejor 42. ... Rf8. **43. Cg3 Dd4 44. Rh2 Ce3?** Un error que deja escapar casi toda la ventaja. Se podía jugar 44. ... Cxf4, porque luego de 45. Af7+ Rf8 46. Ce2! las Negras disponen de 46. ... Dg7! (*Por supuesto, no 46. ... Cxe2?? debido a 47. Ah6+*). Luego de 47. Cxf4 Dxf7 48. Ce6+ Rg8 las Negras mantienen grandes posibilidades de obtener la victoria. **45. Axe3** Esta jugada es posible, pero aún mejor es 45. Af7+ Rf8 (*Es un grave error 45. ... Rd8?? debido a 46. Aa5+ ganando*). 46. Axe3 Dxe3 47. Ah5 Ae8 48. Axe8 Rxe8 49. Ch5! y las Blancas pueden conseguir el empate. **45. ... Dxe3 46. Ag8?** Pierde definitivamente, mientras que se salvaba con 46. Ch5! (*ver diagrama*)

46. ... Dxf4 Ahora la partida está totalmente decidida. **47. Df7+ Rd7 48. Axh7 Ae4 49. Ag6 De5** Las Negras reagrupan sus piezas en preparación del asalto final. **50. Ah5 Ad5 51. De8+ Rc7 52. Rg1?** Otro error, aunque ya la posición de las Blancas no tiene salvación. **52. ... Dg7** También gana 52. ... f4, pero la jugada de las Negras es aún más fuerte. **53. Ad1 Ac6** Las Blancas abandonan. **0–1.**

Fischer y Najdorf se enfrentaron en dos ocasiones más, con un empate (Najdorf con Blancas) y una victoria de Bobby (con Blancas). Después de esto el resultado final entre ambos fue de +4=4-1 a favor del Genio de Brooklyn.

Ahora Fischer acumulaba el impresionante balance de diez victorias y un empate. Mientras tanto, los estadounidenses vencían 3-1 al fuerte equipo sudamericano.

Cuando terminó la partida entre Najdorf y Fischer, se produjeron unos pocos aplausos por parte de los aficionados que la seguían, pero uno de ellos, Roberto Viñas, al que Miguel Ángel Sánchez llamaba *Bobby* debido a su afición por Robert Fischer, comenzó a gritar emocionado: "¡Bravo, Bobby; Bravo Bobby!" Contento de que su ídolo había ganado tan tensa partida,

Viñas salió del salón de juego muy emocionado cuando de pronto sintió un apretón en su brazo izquierdo y un hombre de gesto adusto le dijo "Acompáñame" y lo introdujo a través de una puerta a pocos metros de distancia. Allí se le unió otro individuo con el mismo rostro autoritario. Ni siquiera dijeron quiénes eran, pero Viñas comprendió que se trataba de agentes de la Seguridad del Estado de Cuba. Le preguntaron quién era y requirieron de él sus identificaciones. Cuando comprobaron que era una persona a la que no se podía acusar de nada indebido, sino que se trataba de un estudiante con todos sus papeles en regla, uno de los agentes le preguntó por qué se había puesto a gritar a favor de Fischer. Viñas le explicó que él era así, intenso en expresar sus emociones. "La próxima vez no seas tan intenso", le advirtió con sequedad el agente.

Con el tiempo Viñas llegó a ser asistente de dirección de la industria cubana de cine, y trabajó muy de cerca con importantes directores cubanos como Tomás (Titón) Gutiérrez Alea y Juan Carlos Tabío. Viñas apareció fugazmente (como siempre) desde *Fresa y Chocolate* y *Guantanamera*, hasta *Papa: Hemingway in Cuba*, la producción del estadounidense nacido en Irán Bob Yari. En esta última, Viñas pide a la multitud que le abra paso al escritor hasta el restaurante *Floridita*.

Su sello de participación en todas ellas, como en *Papa*, fue su paso por esas cintas como un Alfred Hitchcock sonoro, ya que en lugar del enmudecimiento voluntario del grande británico del cine cuando aparecía en sus películas, Viñas, Viñitas, Robertico o Bobby, siempre largaba un bocadillo pequeño pero intenso como su propia naturaleza. "El rostro masculino más visible del cine cubano" lo catalogó un medio de prensa de la isla.

Y aunque Viñas tenía muchos recuerdos en su vida, ninguno como aquél en el *Habana Libre* en 1966 por manifestar de manera estentórea su admiración por Fischer. Viñas falleció en La Habana el 3 de junio de 2019, pero antes había dado su permiso para que la anécdota se incluyera en este libro.

Otros incidentes semejantes ocurrieron durante la Olimpiada, pero no fueron del conocimiento público. La seguridad cubana desplegó en el hotel a numerosos de sus agentes, tal vez por motivos comprensibles en un evento internacional de tal magnitud, pero también para evitar cualquier demostración de disidencia o apoyo a un país extranjero, especialmente Estados Unidos.

Miguel Ángel Sánchez, coautor de este libro, fue también objeto de ese celo, pues apenas comenzada la Olimpiada se le pidió que acudiera a la oficina de que disponía la policía política en el hotel, situada detrás del mostrador de registro. Allí un agente le preguntó quién le había autorizado a trabajar con el Gran Maestro belga Albéric O'Kelly en las crónicas que este último escribía diariamente para el órgano de prensa del Partido Comunista de Cuba, el periódico *Granma*.

Miguel Ángel le explicó que tal petición había provenido del subdirector de ese periódico, Elio Constantín, quien antes había sido uno de los más destacados cronistas deportivos de la isla. Como Miguel ya había pasado al español una crónica dictada por O'Kelly para la revista *Jaque Mate*, Bobby Salamanca sugirió a Constantín que sería buena idea contar con las crónicas de O'Kelly, por lo que se le acercó en nombre del periódico, para que le hiciera la proposición al Gran Maestro belga, que aceptó de buen grado. De inmediato, un automóvil llevó a ambos hasta la oficina del periódico, en donde O'Kelly fue presentado al director de este, Isidoro Malmierca, una figura de muy alto rango que posteriormente fue Ministro de Relaciones Exteriores de Cuba.

Cuando el agente no pudo objetar nada a tal decisión que, evidentemente, se iba muy por encima de su rango, advirtió a Miguel Ángel que debía informar de cualquier comentario o actitud sospechosa de O'Kelly. Asombrado de que le pidieran que espiara a un hombre de tanto prestigio en el mundo del ajedrez, Miguel Ángel le explicó que se trataba de una figura muy respetada, árbitro del Campeonato Mundial de 1966 en Moscú. "Esos son los más peligrosos", le respondió el agente.

Miguel Ángel salió de allí convencido de que el tipo era un idiota. Pero con los años, y la lectura de muchos sucesos de espionaje, cambió de opinión. El hombre no estaba tan despistado; a veces los más famosos o innocuos resultaron los que mejores cumplieron esas tareas.

El lunes 14 de noviembre se celebró finalmente el encuentro entre Estados Unidos y la Unión Soviética, correspondiente a la segunda ronda de la etapa final.

La disputa se resolvió sin lugar a duda ante la presión del gobierno de Cuba, más que a las quejas de los norteamericanos. La explicación oficial tras ese radical cambio de actitud fue que la delegación soviética no deseaba privar al pueblo cubano de tal encuentro. "Un generoso gesto deportivo", lo calificó *Granma*.

El fuerte equipo soviético desciende del avión en La Habana aunque no en el orden de ubicación de sus tableros: Petrosian, Spassky, Korchnoi y Polugaievsy, mientras que Tal y Stein todavía no asoman sus rostros.

(42) Fischer - Boris Spassky
Ruy López [C93]
XVII Olimpiada. Final. Ronda 2. La Habana, noviembre 14 de 1966.

Boris Spassky

Boris Vasilievich Spassky nació el 30 de enero de 1937 en la ciudad de Leningrado (hoy día San Petersburgo), en la entonces Unión Soviética (hoy día Rusia); fue el décimo Campeón Mundial de ajedrez en la historia (1969-1972). Fue también Campeón Mundial Juvenil en el torneo celebrado en Amberes, Bélgica 1955. Además, llegó a Maestro Internacional en 1953 y a Gran Maestro en 1955.

Se coronó Campeón Mundial al vencer 12½–10½ (+6-4=13) a Tigran Petrosian en Moscú 1969. Anteriormente, Spassky había perdido su primer match por el campeonato del orbe 11½-12½ (+3-4=17) ante el mismo Petrosian en Moscú 1966. Cedió el título ante Robert Fischer, al caer 8½-12½ (+3-7=11, incluyendo un *forfeit* a favor de Spassky) en Reikiavik 1972.

Participó en siete Torneos de Candidatos: 1956 *(cuando tenía 19 años)*, 1965, 1968, 1974, 1977/78, 1980 y 1985. Ganó dos de ellos: 1965, al vencer a Mijaíl Tal 7-4 (+4−1=6) en el match final celebrado en Tiflis, Georgia; y 1968, al derrotar a Víctor Korchnoi 6½ -3½ (+4-1=5) en la final celebrada en Kiev, Ucrania. Disputó la final de un tercero, en que perdió con Korchnoi 7½-10½ (+4−7=7) en Belgrado en 1977/78.

Su mayor rating Elo fue de 2773 en la lista de julio de 1969, cuando tenía 32 años y seis meses de edad, lo que lo convirtió en el jugador #3 del mundo. Pero fue el #1 del mundo en seis diferentes meses entre enero de 1966 y agosto de 1966. Su mejor actuación individual según el Elo fue de 2814 en su primera final del Torneo de Candidatos contra Korchnoi (disputada en 1968), al acumular 6½ puntos de 10 contra una oposición con un rating promedio de 2781.

Spassky ganó dos Campeonatos Soviéticos: el de 1961, celebrado en Bakú, donde superó por medio punto a Lev Polugaievsky. Y el de 1973, jugado en Moscú, donde superó por 1.5 puntos a Anatoly Karpov, Korchnoi, Petrosian y Polugaievsky, quienes terminaron empatados en segundo puesto. Igualó en el primer lugar con Mark Taimanov y Yuri Averbach en el campeonato de 1956 que se jugó en Leningrado, pero Taimanov ganó el desempate. En el Campeonato que se celebró en 1963 en Leningrado, Spassky terminó empatado en primer lugar con Leonid Stein y Ratmir Jolmov, pero Stein ganó el desempate que se jugó en 1964.

Representó a la Unión Soviética en siete Olimpiadas, en las que ganó doce medallas: nueve de oro, una de plata y dos de bronce: Varna 1962. (Tercer Tablero). Oro por equipos y Oro individual. Tel Aviv 1964 (Segundo Suplente) Oro por equipos y Bronce individual. La Habana 1966. (Segundo Tablero) Oro por equipos. Lugano 1968 (Segundo Tablero) Oro por equipos y bronce individual. Siegen 1970 (Primer Tablero) Oro por equipos y Oro individual. Niza 1974. (Tercer Tablero) Oro por equipos y Oro individual. Y Buenos Aires 1978 (Primer Tablero) Plata por equipos y Plata individual.

En 1976, Spassky emigró a Francia, donde se asentó posteriormente en Medoun, en la periferia sudoeste de París. En 1978 recibió la ciudadanía gala. Representó a su nuevo país en tres olimpiadas, todas en el Primer Tablero. 1) Salónica 1984. 2) Dubái 1986 y 3) Salónica 1988.

En 1992, Fischer reapareció luego de una ausencia del ajedrez de veinte años, y jugó un encuentro contra Spassky en Sveti Stefan, Montenegro y Belgrado, titulado "Campeonato Mundial de Ajedrez", pactado al primero que alcanzara diez victorias. Spassky perdió el match 12½-17½ (+5-10=15), pero ganó un millón 650,000 dólares por su participación.

El 1 de octubre del 2006, Spassky sufrió un infarto menor durante una conferencia en San Francisco, California. El 27 de marzo del 2010, con 73 años, se convirtió en el ex Campeón Mundial de mayor edad vivo tras la muerte de Vasili Smyslov, quien tenía 89 años.

Cuatro años después, el 23 de septiembre del 2010, Spassky sufrió en Moscú un infarto más serio que lo dejó paralizado de su lado izquierdo. Viajó a Francia para un largo programa de rehabilitación y el 16 de agosto del 2012, regresó a Moscú, donde vive actualmente.

Spassky y Fischer se conocieron en 1960 en Argentina, cuando Bronstein los presentó: "Cuando llegamos a Buenos Aires, descubrimos el nombre de Bobby Fischer en la lista de participantes. A la mañana siguiente, cuando fuimos a la estación para viajar a Mar del Plata, Bobby me hizo señas desde el tren y tuve el placer de presentarle a Boris Spassky al gran jugador estadounidense. Se hicieron amigos de inmediato y han permanecido así hasta hoy día". David Bronstein en *The Sorcerer Apprentice*. (Cadogan Books plc. Londres 1995. Pág. 139).

El momento cumbre de la Olimpíada de La Habana de 1966 fue el match entre la Unión Soviética y Estados Unidos, que tuvo como protagonistas principales a Fischer y a Spassky, encuentro que finalizó empatado tras tensa lucha.

Antes de la siguiente partida, Fischer y Spassky se habían enfrentado en tres oportunidades, con dos victorias con Blancas para el segundo y unas tablas en que el estadounidense llevaba las Blancas, para un balance de +2=1-0 a favor del Gran Maestro soviético.

1. e4 e5 2. Cf3 Cc6 3. Ab5 a6 4. Aa4 Sobre el por qué Bobby no jugó 4. Axc6, Albéric O´Kelly comentó en el diario cubano *Granma* (noviembre 17 de 1966): "Cuando se va de caza con una escopeta, muy pocas veces ocurre que con un solo disparo se tumben dos pájaros. No se puede esperar, sin embargo, cazar un tercero, pues con el ruido del disparo todos huyen en desbandada. Es lo que Fischer entendió al no repetir la misma variante contra Spassky". N.A.: El Gran Maestro belga se refiere a que en las dos ocasiones anteriores a este encuentro en que Fischer planteó la Apertura Española en esta Olimpíada: contra Portisch y contra Gligorić, eligió la Variante del Cambio y derrotó de forma contundente a estos dos fuertes rivales. Sin embargo, en la última ronda de la competencia, el Gran Maestro estadounidense repitió la Variante del Cambio. **4. ... Cf6 5. 0–0 Ae7 6. Te1 b5 7. Ab3 0–0 8. c3** Seguramente, Fischer viene muy bien preparado para enfrentar el Ataque Marshall *(8. ... d5)*, con el que tres meses antes Spassky le igualó con relativa facilidad en la II Copa Piatigorsky, Santa Mónica 1966. **8. ... d6 9. h3 h6** Pero el Gran Maestro soviético se decide por la Variante Smyslov, que ya había empleado en varias oportunidades. Además, ésta era la primera ocasión en que Fischer tenía que enfrentarse a esta jugada. Sin embargo, esta opción se considera algo pasiva en la actualidad y desde que se introdujo la Variante Zaitsev *(9. ... Ab7 10. d4 Te8 11. Cbd2 Af8)*, donde la presión sobre el peón blanco de e4 hace imposible que el primer jugador pueda seguir con 12. Cf1, la Variante Smyslov ha pasado a un segundo plano. **10. d4 Te8 11. Cbd2** Contra Ivkov, en el Interzonal de Palma de Mallorca 1970, Fischer se decidió por 11. Ae3. **11. ... Af8 12. Cf1 Ad7** No es conveniente 12. ... exd4, ya que luego de 13. cxd4 no es posible 13. ... Cxe4? debido a 14. Ad5. La jugada del texto era la favorita de Spassky en este momento, aunque en dos oportunidades se decidió por la más popular 12. ... Ab7, que se considera más activa. Por ejemplo, así jugó Gligorić contra Fischer en Rovinj/Zagreb 1970. **13. Cg3 Ca5 14. Ac2 c5 15. b3** Las Blancas se preparan para desarrollar su alfil por b2, a la vez que impiden que el caballo negro se pueda ubicar en c4. **15. ... cxd4** La alternativa es 15. ... Cc6, que se le presentó a Fischer en dos ocasiones. **16. cxd4 Cc6 17. Ab2 g6** Una maniobra característica en el Ruy López. Las Negras ubican su alfil de casillas negras en g7, donde está más activo al presionar el centro blanco. Otra posibilidad es 17. ... Tc8. **18. Dd2 Ag7 19. Tad1 Db6** *(ver diagrama)*

20. Cf1! Una importante novedad teórica de Fischer. El caballo regresa a f1 para dirigirse a d5. Aquí podemos ver, como ya hemos señalado anteriormente, la predilección de Fischer por ubicar un caballo en d5 en diversas variantes del Ruy López. Lo conocido era 20. Ab1. **20. ... Tad8 21. Ce3 Db8** La justificación táctica de la última jugada hecha por las Blancas consiste en que después de 21. ... exd4 22. Cxd4 sería un grave error 22. ... Cxe4?, ya que luego de 23. Axe4 Txe4 24. Cxc6 Axc6 25. Axg7 Rxg7 26. Cg4 las Blancas tendrían ventaja decisiva. **22. Ab1 Db7 23. Tc1 Rh7** Ahora tampoco es posible capturar el peón central. Luego de 23. ... exd4?! 24. Cxd4 Cxe4?, las Blancas ganan una pieza con 25. Axe4 Txe4 26. Cxc6 Axc6 27. Axg7 Rxg7 28. Dc3+. **24. a3 Ac8 25. Ac3 Ad7** Las Negras, incapaces de encontrar un plan activo, se dedican a esperar, mientras su adversario refuerza de forma paulatina su posición.   **26. Db2** Un plan muy interesante es 26. d5 Ce7 27. Ab4 Db8 28. a4 con ventaja. **26. ... Db8** El peón de e4 sigue siendo intocable. Por ejemplo: 26. ... exd4?! 27. Cxd4 Cxe4? 28. Axe4 Txe4 29. Cxc6 Axc3 30. Dxc3 Tc8 31. Ca5 ganando. **27. b4! Rg8 28. Tcd1 Ch7!?** Spassky se decide a no esperar más e intenta aliviar un poco la presión con el cambio de un caballo, aunque para ello tenga que deteriorar un tanto su estructura de peones. **29. Aa2 Cg5 30. Cxg5 hxg5 31. dxe5 dxe5** El propio Spassky considera, en el CD *Robert Huebner: World Chess Champion Fischer.* (Hamburgo 2003), que es inferior 31. ... Cxe5?! debido a 32. Cd5. **32. Cd5 Ce7** El Gran Maestro soviético quiere eliminar cuanto antes el centralizado caballo blanco. Como el mismo señala *(Op. Cit.)*, no es conveniente 32. ... Cd4 por 33. Dd2 Ce6 34. g3 con la idea de Rg2, Th1 y h4, con ataque. Y si 32. ... g4?! las Blancas amplían su ventaja con 33. Db3. **33. Cxe7+ Txe7   34. Dd2!** Con el ataque al peón de g5, las Blancas ganan un tiempo para poder llevar su dama a d6. **34. ... Af6 35. Dd6 Rg7** Después de 35. ... Dxd6?! 36. Txd6 Rg7 37. Txa6, a las Negras les espera un difícil final. Ahora llega el momento crítico de la partida *(ver diagrama)*

36. Dxa6? Las Blancas se equivocan y pasan por alto la respuesta de las Negras en su jugada   38. Spassky señala *(Op. Cit.)* que Fischer tiene aquí dos continuaciones mejores: a) 36. Axe5 que gana un peón de forma forzada. Aunque luego de 36. ... Txe5 37. Dxb8 Txb8 38. Txd7 Te7   39. Txe7 *(Si 39. Ted1 las Negras podrían responder con 39. ... Tb7).* 39. ... Axe7 40. Tc1 Tb7 las Negras tendrían grandes posibilidades de tablas. b) 36. Te3! que amenaza ganar con 37. Tf3. Las Negras están forzadas a 36. ... Dxd6 37. Txd6 Tc8! *(Lo mejor. A cambio de un peón, las Negras consiguen cierta actividad).* 38. Txa6 g4 39. Ad5 Ag5 40. Td3 gxh3 41. Ta7 hxg2 42. Axe5+ Txe5 43. Txd7 Te7 y aquí también Spassky hubiera tenido posibilidades reales de salvación.   **36. ... Tc8! 37. Td6?!** Bobby prosigue con su idea, pero esto es otra inexactitud. Debió haber jugado 37. Aa1. Luego de 37. ... Ae6 *(Resulta interesante 37. ... Ac6!? con la amenaza 38. ... Ta7, pero las Blancas pueden jugar 38. Tc1, porque luego de 38. ... Ta7 39. Dxc6 Txc6 40. Txc6 Txa3 41. Ad5 las Negras no estarían en condiciones de hacer valer su ventaja material).* 38. Td6 *(Pero no 38. Axe6? debido a 38. ... Txe6 39. Da5 Ad8 ganando).* 38. ... Ta7 39. Txe6 Txa6   40. Txa6 y también aquí el resultado lógico sería el empate. **37. ... Txc3 38. Txf6** *(ver diagrama)*

38. ... Ae6! Fischer sólo había calculado 38. ... Ac8. Ahora las Blancas se ven forzadas a sacrificar la calidad. **39. Txe6** El detalle es que luego de 39. Axe6 Rxf6 las Blancas no disponen de ningún jaque a la descubierta efectivo. Por ejemplo, 40. Ac4+ Rg7 41. Dxb5 Da7 42. Ad5 Tec7 con gran ventaja de las Negras. **39. ... fxe6 40. Td1** *(ver diagrama)*

40. ... Db7? Ahora es Spassky quien, apurado por el tiempo, se equivoca y permite escapar a su adversario. Como él mismo señala *(Op. Cit.)*, la jugada sugerida por Petrosian 40. ... Df8! le hubiera permitido obtener una gran ventaja. Por ejemplo: 41. Tf1 *(Si 41. f3? las Negras obtienen una enorme superioridad con 41. ... Df4 42. Dxb5 Tc2 43. Ab1 Tc1 44. Dd3 Tec7!)* 41. ... Df4 42. Dxb5 Tec7. Aquí quedó aplazada la partida. Esa noche cuando Jesús Suárez salía del hotel vio que en la puerta se encontraba el periodista yugoslavo Dmitri Bjelica, quien preguntó a alguien detrás de él: *'How is the game?'* ("¿Cómo está la partida?") Cuando se viró para ver con quién hablaba Bjelica, vio a Fischer que salía para una fiesta que había esa noche. El estadounidense respondió con seguridad: *'It's a draw'* *("Es tablas")*. A Suárez le sorprendió que Fischer saliera a divertirse con una partida aplazada tan importante". **41. Dxb7** La jugada sellada, que es la correcta y conduce al empate. En cambio, habría sido un error 41. Dd6? debido a 41. ... Dc7! y despúes del cambio forzado de damas con 42. Dxc7 Texc7, las Negras tienen ventaja, ya que sus torres están ahora dobladas de forma algo diferente a lo que sucedió en la partida, donde una torre tiene que ir a b7, lo que permite a las Blancas defenderse. **41. ... Txb7 42. Axe6 Txa3** Ahora no es efectiva 42. ... Tbc7, ya que las Blancas, al no estar el peón negro en e6, pueden responder 43. Td5! **43. Rh2 Ta4 44. Tb1 Tc7 45. f3 Ta6 46. Ab3 Ta3 47. Tb2** Parece que Fischer piensa defenderse de forma pasiva. Pero no es así. Su objetivo de ubicar la torre en b2 es tener defendido el peón de g2 y así poder activar su rey con Rg3 y Rg4. **47. ... Ta1 48. Rg3 Rf6 49. Rg4 Tc3!? 50. Ad5 Taa3 51. h4.** Aunque con 51. Td2 las Blancas se mantenían muy sólidas, la jugada hecha por Fischer no compromete en lo absoluto la posición. **51. ... gxh4 52. Rxh4 Ta1 53. Td2** *(ver diagrama)*

53. ... Taa3 Resulta interesante el comentario de Karsten Müller *(Op. Cit. Pág. 280)*. "Si Spassky deseaba seguir jugando, probablemente habría elegido 53. ... Ta4. Pero unas tablas eran suficientes para que el equipo soviético derrotara 2½ - 1½ al estadounidense". Sin embargo, incluso jugando de esa forma, le habría sido muy difícil a las Negras imponerse, ya que, a pesar de la calidad de menos, la posición de las Blancas es bien sólida. **54. Rg4 Td3 55. Te2** El empate ya podía haberse acordado en este momento. **55. ... Tac3 56. Ta2 Ta3 57. Tb2** Tablas. ½–½.

Después de la presente partida, Fischer y Spassky se enfrentaron en cincuenta y dos oportunidades más, con diecisiete victorias para el estadounidense, nueve para el soviético-francés (incluyendo una victoria a su favor por no aparición de su rival) y dieciséis tablas, para un balance final en sus encuentros de +17-11=18 a favor de Bobby.

Ahora Fischer marchaba con diez ganadas y dos tablas. Pero con la victoria de Tal sobre Robert Byrne, los soviéticos se impusieron 2.5 a 1.5 a los norteamericanos.

En la ronda 15, Estados Unidos se enfrentó a Bulgaria.

(43) Fischer - Nikolai Minev
Defensa Francesa [C13]
XVII Olimpiada. Final. Ronda 10. 15.11.66

Nikolai Minev

Nikolai Nikolaev Minev nació el 8 de noviembre de 1931 en Ruse, Bulgaria, fue Maestro Internacional (desde 1960).

Su rating Elo más alto fue de 2576 en la lista de octubre de 1966, lo que lo convirtió en el jugador #83 del mundo cuando tenía 35 años y nueve meses de edad. Su mejor actuación según el Elo fue de 2608 en Varna 1960, cuando obtuvo 5.5 puntos de 9 posibles (61%) contra una oposición con un rating promedio de 2561.

Minev ganó tres campeonatos búlgaros: 1953, 1965 y 1966. Representó a su país en seis Olimpiadas. Dos de ellas en el Primer Tablero: Ámsterdam 1954 y La Habana 1966. Una en el Segundo Tablero: Moscú 1956. Dos en el Tercer Tablero: Múnich 1958 y Varna 1962. Y una como Suplente: Leipzig 1960.

Uno de los ajedrecistas búlgaros más fuertes en las décadas de 1950 y 1960, no fue un jugador profesional durante esta época, pues se dedicó a su carrera como médico. Fue uno de los fundadores del laboratorio nacional de toxicología, con sede en la capital del país, Sofía.

En 1972, cuando era director del laboratorio nacional de toxicología, se le ofreció ser subdirector de la revista búlgara de ajedrez *Shakmatna Misl*, cargo que ocupó hasta 1978. En 1979 aceptó ser el entrenador del equipo nacional griego. En 1983, Minev y su esposa emigraron desde Grecia, primero a Viena, y finalmente a Seattle, Estados Unidos, donde se asentaron.

Es un conocido escritor de libros de ajedrez, autor de más de 25, solo o en colaboración. También escribió durante 10 años en la revista estadounidense *Inside Chess*.

Minev murió el 10 de marzo del 2017 en Seattle. Tenía 86 años.

A continuación, la única partida disputada entre Fischer y Minev.

1. e4 e6 2. d4 d5 3. Cc3 Cf6 4. Ag5 dxe4 5. Cxe4 Ae7 Para 5. ... Cbd7, ver Partida 19. Fischer- Bilek en capítulo *1965). **6. Axf6 gxf6** Una continuación más aguda que 6. ... Axf6 *(Ver comentarios en la Partida Fischer - Bilek).* Al recapturar de peón, las Negras debilitan su estructura en el flanco rey, pero a la vez que controlan más casillas en el centro, disponen de la columna-g para buscar contrajuego. **7. g3** Se considera que esta jugada no crea muchos problemas a las Negras. Kasparov en: *My Great Predecessors, Part IV.* (Gloucester Publishers plc. Londres 2004. Págs. 418-422), incluso, le añade el signo de "una jugada dudosa" (?!) al comentar la partida Fischer – Petrosian, tercera del match final de candidatos, Buenos Aires 1971. *(Ver comentario después de la jugada 7 de las Negras).* Pero en las tres ocasiones en que le jugaron 6. ... gxf6, Fischer respondió de la misma forma. La continuación principal de las Blancas es 7.

Cf3. **7. ... Ad7** El maestro búlgaro elige una línea muy pasiva. La mejor respuesta de las Negras es 7. ... f5. Por ejemplo, la referida partida Fischer - Petrosian continuó: 8. Cc3 Af6 *(La otra oportunidad en que Bobby enfrentó esta línea fue contra William Bills en una sesión de simultáneas en Houston 1964, donde éste siguió con la pasiva 8. ... c6. 9. Cge2 Cc6 10. d5 exd5 (También resulta una buena opción 10. ... Cb4. 11. Cxd5 (La alternativa es 11. Ag2. 11. ... Axb2 12. Ag2 0–0 (Resulta evidente que capturar la calidad es muy comprometedor. Por ejemplo: 12. ... Axa1? 13. Dxa1 f6 14. Cxf6+ Rf7 15. Ch5 Tg8 16. 0–0 Ae6 17. Cef4 con enorme ventaja). 13. 0–0 Ah8 (Kasparov critica la jugada hecha por Petrosian y recomienda 13. ... Ag7! porque luego de 14. Cef4 Ce5 15. Ch5 Ah8 es mejor que el alfil vaya a h8 cuando el caballo blanco esté en h5, pues de esta forma la dama blanca no puede ir a esa casilla. Así se jugó en B. Stein - Haag. Budapest 1989. 14. Cef4 Ce5 15. Dh5* **8. Cf3** En G. Kuzmin - V. Hort, Reikiavik 1978, las Blancas reaccionaron directamente en el centro con 8. d5 **8. ... Ac6 9. De2** Las Blancas también han llevado su dama a d3. **9. ... f5** "Nimzowitch en su tiempo enseñó que, en posiciones parecidas con peones doblados, este avance aumenta siempre su debilidad; pero en la situación actual, tal avance es necesario para terminar el desarrollo. La dama no dispone de mejor casilla que e7 y por eso el alfil tiene que desplazarse a f6". Filip y Pachman. *XVII Olimpiada mundial de ajedrez. Cuba/66* (Págs. 315-316). **N.A.:** En Smyslov - Boleslavsky, Campeonato Absoluto de la URSS, Leningrado/Moscú 1941, las Negras jugaron 9. ... Dd5. Luego de 10. Ced2 Ca6?! 11. a3 0–0–0 12. Ag2 Cb8 13. 0–0 Dd7 14. Tfe1 Af8 15. c4 h5 16. b4 las Blancas tienen una evidente ventaja. **10. Ced2** Una retirada estándar en esta variante: Desde d2 el caballo podrá ubicarse en c4, y de aquí trasladarse a la importante casilla e5. **10. ... Af6 11. c3 De7 12. Ag2 Cd7 13. 0–0 0–0 14. Tfe1 Tfe8?!** Una jugada mecánica. Es mejor 14. ... Rh8 **15. b4!** *(ver diagrama)*

Después de completar el desarrollo de su flanco rey, Fischer comienza a ganar espacio en el flanco dama. **15. ... a6 16. a4 b6 17. Cc4 Ae4** "Naturalmente, no 17. ... Axa4? 18. Txa4 b5 19. Ta5 bxc4 20. Dxc4 y el peón de a6 tiene que caer". Filip y Pachman *(Op. Cit.)*. **N.A.:** Las Negras probablemente pensaron que al no hallarse el caballo blanco en d2, su alfil estaría muy bien ubicado en e4. Sin embargo, Fischer va a demostrar que no es así. **18. Tad1 Ted8** *(ver diagrama)*

19. g4! "Así las Blancas abren el juego y al mismo tiempo despojan a su oponente de su única carta de triunfo: la pareja de alfiles". Filip y Pachman *(Op. Cit.)*. N.A.: Con seguridad, este movimiento fue muy fácil de realizar para Fischer, ya que el estadounidense sentía una especial preferencia por jugar g4 con Blancas o g5 con Negras. En los comentarios a la Partida 31 contra García Soruco, mencionamos el novedoso plan ideado por Fischer, que luego repitiera con Blancas contra Andersson en Siegen 1970. Además de esto, hay muchas partidas en las que Bobby hace el mencionado avance de su peón-g desde ambos lados del tablero. Algunos ejemplos son: con Negras: a) Berliner - Fischer. Abierto Occidental. Bay City, Michigan 1963. b) Troianescu Fischer, Netanya 1968. Con Blancas: a) Fischer - Benko, Campeonato de EEUU. Nueva York 1965-66. b) Fischer - Kagan, Netanya 1968. b) Fischer - Bertok, Rovinj-Zagreb 1970. c) Fischer - Panno, Buenos Aires 1970. d) Fischer - Spassky. Match (1). Sveti Stefan/Belgrado 1992 **19. ... Rh8** En caso de 19. ... fxg4 20. Dxe4 gxf3 21. Axf3 Tab8 22.Rh1 las Blancas tienen una manifiesta superioridad. **20. Ccd2!** Fuerza el cambio del alfil de e4, después de lo cual las casillas blancas de Minev quedarán sumamente debilitadas. **20. ... fxg4 21. Cxe4 gxf3 22. Axf3 Tg8+ 23. Rh1 c6?** Es difícil entender por qué las Negras sacrifican un peón. Había que jugar 23. ... Ag7, aunque las Blancas mantendrían ventaja con 24. a5. **24. Cxf6** La jugada de las Blancas gana un peón y Fischer debió considerar que esto le bastaba. Además, de esta forma conserva su favorito alfil de casillas blancas. No obstante, la computadora señala que aún mejor es 24. b5. Luego de 24. ... axb5 25. axb5 no es posible 25. ... cxb5 pues las Blancas ganan la calidad con 26. Cxf6 Dxf6 27. Axa8. **24. ... Cxf6 25. Axc6 Tac8 26. b5** La partida está totalmente decidida. **26. ... axb5 27. axb5 Tg5** Las Negras pueden evitar el avance del peón-d blanco con 27. ... Dd6. Pero en ese caso, las Blancas forzarían un final ganador con 28. De5 Dxe5 29. Txe5 *(ver diagrama)*

28. d5! Dc5 29. dxe6 Txc6 Desesperación. Pero también en caso de 29. ... fxe6 30. Dxe6 Tf8 31. f3 Dxc3 32. De3 las Blancas ganan con facilidad. **30. bxc6 Cg4** La continuación 30. ... Dxc6+ 31.f3 tampoco cambia el resultado de la partida. **31. Td4 Dxc6+ 32. f3 Td5 33. exf7 Df6 34. Txg4** Las Negras abandonan. **1-0.**

A pesar de este resultado, con el cual Fischer acumulaba once victorias y dos tablas, el equipo de los Estados Unidos sólo consiguió empatar 2-2 su match contra Bulgaria. En esa jornada los soviéticos apabullaron 4-0 a Noruega, con lo que aumentaron su ventaja en el primer lugar a tres puntos y medio. Por ello, las esperanzas de los norteamericanos de obtener la Medalla de Oro comenzaron a desvanecerse.

El miércoles 16 de noviembre se produjeron dos importantes encuentros: la Unión Soviética contra Yugoslavia y los Estados Unidos contra Checoeslovaquia.

(44) Luděk Pachman - Fischer
Semi-Tarrasch [D40]
XVII Olimpiada. Final. Ronda 11. La Habana. 16.11.1966.

Luděk Pachman
Para los datos biográficos de Luděk Pachman, ver Partida 20.

1. d4 Cf6 2. Cf3 c5 Por segunda vez en esta Olimpíada, Fischer emplea este movimiento. Así también se inició su encuentro contra Johannessen en la Ronda 7 de la Final *(Ver Partida 37).* **3. c4** El noruego optó por 3. d5. **3. ... cxd4 4. Cxd4 e6** En Buenos Aires 1970, Fischer jugó 4. ... Cc6 5. Cc3 g6 contra Damjanovic **5.e3** De nuevo Pachman muestra sus claras intenciones de no permitir que Fischer pueda jugar de forma activa. *(Ver comentario después de la jugada 15 de las Blancas).* En el Interzonal de Palma de Mallorca 1970, Reshevsky jugó contra Fischer 5. Cc3 a lo que Bobby respondió 5. ... Ab4. En la actualidad, la continuación más empleada es 5. g3 Ab4+. **5. ... Cc6 6. Ae2 d5** Contra el croata Mario Bertok (Maestro Internacional desde 1957), en Vinkovci 1968, Fischer jugó 6. ... Ab4+!? **7. Cc3** También se ha empleado 7. 0-0 **7. ... Ac5** La continuación más utilizada es 7. ... Ad6 **8.0-0 Axd4** Así ya jugó Suetin contra Taimanov en Copenhagen 1965 **9. exd4 dxc4 10. Ae3** En la partida antes mencionada, Taimanov siguió con 10. Axc4. **10. ... Ca5** Fischer quiere obligar a su rival a ceder el Alfil de casillas blancas. **11. Axc4** Para aspirar a alguna ventaja hay que jugar 11. Ag5. **11. ... Cxc4 12. Da4+ Ad7 13. Dxc4 Ac6 14. Ag5** *(ver diagrama)*

14. ... Da5!? Las Negras pueden alcanzar una cómoda igualdad con 14. ... 0–0, pero como es característico en su estilo, Fischer trata de complicar la partida. **15. Dc5** Pachman, como hizo contra el norteamericano en su encuentro del año anterior en el IV Capablanca In Memoriam *(Ver Capítulo 1965)*, mantiene su política de no arriesgar y jugar lo más sólido posible. Por ejemplo, ahora las Blancas pudieron jugar 15. Axf6 y luego de 15. ... gxf6 16. Tfe1 *(Si 16. d5 Axd5 17. Cxd5* [En caso de 17. Dd4 Ac6 18. Dxf6 Tg8 19. f3 Dg5 se llegaría a un final bastante nivelado, debido a que la estructura de Peones es casi simétrica. Sin embargo, el mismo habría sido del agrado del estadounidense debido a su conocida preferencia por los Alfiles]. *17. ... Dxd5 18. Dxd5 exd5 19. Tac1 0–0 y el final debe resultar tablas.)* 16. ... 0–0–0 17. b4 Db6 18. Ted1 con ligera superioridad de las Blancas. **15. ... Dxc5 16. dxc5** Lo más probable es que el Gran Maestro checo pensara que este final no lo podía perder debido a la presencia de los Alfiles de diferente color *(ver diagrama)*

16. ... a5! Impide el avance de la mayoría de Peones del Blanco en el flanco dama. **17. Tfd1 h5!** Ahora Bobby juega en el otro flanco. La idea de su última jugada es continuar con 18. ... h4 para desarrollar la torre de h8 por h5. También busca provocar que las Blancas jueguen h3, lo que debilitaría seriamente su flanco rey al tener las Negras un Alfil muy fuerte en c6. Por todo ello, es obvia la respuesta del primer jugador. **18. h4 Cd7 19. Ae3 Ce5** Fischer busca llevar su Caballo a g6, pero su oponente le obligará a retroceder. **20. Ad4 Cd7** Resulta evidente que es un error 20. ... Cg6?! debido a que luego de 21. Axg7 Tg8 22. Af6 las Negras no tienen suficiente compensación por el Peón. **21. b3 Tg8** Con la amenaza de 22. ... g5. **22. Ae3** Otra vez la respuesta más segura. El Alfil regresa a e3 para impedir el mencionado avance del Peón-g de las Negras. **22. ... Ce5 23. f3** Para poder defender el Peón de h4 con el Alfil desde f2. Menos preciso es 23. Ad4 Cg6 24. g3 0–0–0 y las Negras están más activas. **23. ... Cg6 24. Af2 Cf4** Con el objetivo de trasladar el Caballo a d5 para intentar cambiarlo por su homólogo de las Blancas. **25. Ae3 Cd5 26. Cxd5 Axd5** *(ver diagrama)*

Ahora, sin Caballos en el tablero, pudiera parecer que la partida se encamina hacia las tablas Es cierto que si juegan de forma correcta, las Blancas pueden igualar. Pero este final tiene sus peculiaridades. Lo primero que hay que tener en cuenta es que Aron Nimzowitsch le ganó uno muy similar a Hermann von Gottschall en el torneo de Hannover 1926 que comenta en su libro de 1929 *La práctica de Mi Sistema (Chess Praxis.* Quality Chess. Estonia 2007), aunque también presenta un fragmento de este en su obra de 1925 *Mi Sistema (My Sistem.* David McKay Company. Nueva York 1975). En dicho final existían dos Torres por bando y Alfiles de distinto color. Además, la estructura de Peones tenía similitud y Nimzowitsch, que jugaba con Negras, tenía su Alfil de casillas blancas ubicado en la misma diagonal. Al entrar en este final, Nimzowitsch comentó en *La práctica de Mi Sistema.* (Pág. 140): "¿Una posición totalmente tablas? ¿Concluyó todo? No, todavía hay muchas cosas por venir". En el final Pachman - Fischer, la distribución de los Peones es asimétrica, por lo que cada bando dispone de una mayoría. Pero mientras que la de las Blancas está estática, la de las Negras se puede poner en movimiento. Además, las casillas blancas cercanas al Peón avanzado de c5 son débiles y las Negras pueden ubicar sus piezas en ellas. Ya el Alfil está en d5, por lo que el próximo paso es llevar el Rey a c6. Años más tarde, Karpov ganaría en más de una ocasión finales de este tipo con una estructura similar de Peones, aunque en ambos casos su Alfil era el de casillas negras. **27.Td4 Rd7 28. Tc1 Rc6.** Luego de llevar su Rey a c6, el siguiente paso de las Negras es poner en movimiento su mayoría de Peones. **29. Tc3 f6 30. f4** Las Blancas impiden el avance del Peón-e de las Negras, pero a un alto precio, ya que debilitan la casilla g4 y, además, el poder del Alfil de d5 aumenta considerablemente. **30. ... Tgd8** Ahora el plan de las Negras es realizar una ruptura en el flanco dama, pero antes de ello, Fischer mejora la ubicación de su pieza menos activa. **31. Rf2 a4! 32. Txa4?!** Las Blancas piensan que el cambio de una Torre es favorable, pero no es así. Mejor es 32. bxa4 Axa2 33. Tb4 Ad5 y aunque las Negras tienen ventaja, les habría sido mucho más difícil imponerla. **32. ... Txa4 33. bxa4 Axa2** Ahora se pueda apreciar la diferencia: el Peón blanco de a4 es muy débil. **34. Tc2 Ad5 35. Tb2 Ta8** Fischer reagrupa sus piezas de forma excelente. Primero va a ubicar su Torre en a5 y a continuación retroceder su Rey a c7 para ceder la casilla c6 al Alfil, tras lo cual ganará el Peón blanco de a4. **36. Tb4 Ta5 37. g3.** A Fischer le agradaba mucho que su oponente ubicara sus Peones en forma de una V como lo tienen en este momento las Blancas en el flanco rey, ya que el complejo de casillas que los rodea es muy débil, así como el Peón atrasado de la misma. Hay varias partidas en que se impuso contra esa estructura. Por ejemplo, ya vimos su triunfo frente a Durao en esta misma Olimpíada *(Ver Partida 29).* Pero también obtuvo victorias contra esa formación de Peones frente a Tal en el Torneo de Candidatos de Curazao 1962 y en especial contra Taimanov en el cuarto encuentro del Match de Candidatos de Vancouver 1971 En esta última, ¡su adversario tenía esa deficiente estructura de peones en los dos flancos! **37. ... Rc7 38. Ad4 Ac6 39. Ae3 Axa4** Por supuesto, no 39. ... Txa4? debido a 40. Txa4 Axa4 y el final sería tablas. **40. Td4 Ad7 41. Td2 Ta8 42. Tb2 Tb8 43. Td2** *(ver diagrama)*

En este momento se selló la partida y de forma un tanto sorprendente, el Gran Maestro checo se rindió sin reanudar. **0-1.** Según cita Elie Agur en *Fischer, His Approach to Chess* (Págs. 31-32), Pachman publicó en la revista alemana *Schach-Echo* lo siguiente: "Se puede alegar que abandoné demasiado pronto. Sin embargo, mis análisis me convencieron de que la posición estaba totalmente perdida. El Rey negro va a g4, vía d8-e8-f7-g6 y f5; el Alfil se posiciona en c6; y la Torre se infiltra a través de la columna-a o la columna-d; y contra todo esto, las Blancas no tienen ningún contrajuego o defensa".

La forma en que condujo Bobby la partida no sólo es del más alto nivel, sino también sumamente didáctica. No sólo es un modelo de cómo jugar un final cuando están presentes los Alfiles de distinto color, sino que también lo es del tema "El cambio de piezas". Percatarse de que con una sola Torre por bando en el tablero tendría mayores oportunidades de victoria es hasta cierto punto normal, pero el comprender que le era favorable el cambio de Caballos está al alcance de muy pocos. También es evidente que Fischer conocía la mencionada partida Gottschal - Nimzowitsch, lo que demuestra una vez más el minucioso estudio que hizo el estadounidense de los llamados Maestros del Pasado. Para finalizar, vale la pena destacar que la forma en que el estadounidense condujo toda la partida recuerda mucho a Capablanca, al ir mejorando su posición de manera apenas imperceptible hasta llegar a un final ventajoso. El presente resultó el último enfrentamiento entre estos dos Grandes Maestros. Con su victoria, Fischer logró igualar el resultado entre ambos: +2=4-2.

Fischer tenía ahora doce victorias y dos empates, mientras Estados Unidos se imponía 2.5 -1.5 a Checoslovaquia. Pero los soviéticos derrotaron con la misma ventaja a los yugoslavos con una buena victoria de Spassky sobre el sólido Bruno Parma, con lo que mantuvieron su ventaja en el primer lugar de 3.5 puntos sobre los norteamericanos.

En la penúltima ronda, los estadounidenses parecían tener buenas oportunidades de acercarse al enfrentar a Rumania, mientras que los soviéticos jugaban contra Argentina.

(45) Florín Gheorghiu - Fischer
Defensa Nimzoindia [E27]
XVII Olimpiada. Final. Ronda 12. La Habana 17.11.1966.

Florín Gheorghiu

Florín Gheorghiu nació el 6 de abril de 1944, en Ploieşti, Rumania; es un Maestro Internacional (desde 1963) y el primer Gran Maestro de su país (desde 1965). Fue Campeón Mundial Juvenil en Vrnjacka Banja, Yugoslavia 1963 y el mejor jugador rumano en las décadas de 1960, 1970 y 1980.

Su mayor rating Elo fue de 2688 en la lista de mayo de 1981, lo que lo convirtió en el jugador #22 del mundo cuando tenía 37 años y un mes de edad. Pero fue el jugador #20 del mundo en dos ocasiones: en las listas de diciembre de 1979 y mayo de 1980. Su mejor resultado según el Elo fue de 2715 en Bucarest 1967, cuando obtuvo 5.5 puntos de 6 (92%) contra una oposición con un rating promedio de 2572.

Gheorghiu fue campeón de Rumania en nueve ocasiones (la primera a los 16 años). Representó a su país en 14 Olimpiadas, ocupando en Primer Tablero en 10 ocasiones.

Trabajó como profesor de francés en la Universidad de Bucarest. También habla alemán, español, inglés y ruso.

A continuación, la primera partida entre Gheorghiu y Fischer.

1. d4 Cf6 2. c4 e6 3. Cc3 Ab4 4.f3 Mientras que ya desde hacía dos años el Gran Maestro rumano empleaba con éxito esta agresiva línea contra la Defensa Nimzoindia, que Gligoric llegó incluso a bautizar como *La Variante Gheorghiu*, Fischer la enfrenta en esta partida por primera y única vez en su carrera. El objetivo de las Blancas es apoderarse del centro con e2-e4. Una pequeña diferencia con la Variante Saemisch, es que, en ocasiones, las Blancas no tienen necesidad de jugar a2-a3 o, en todo caso, hacen este avance de Peón en el momento en que lo consideran más oportuno. Las Negras, por su parte, deben jugar de forma activa para impedir que el Blanco pueda adueñarse de las casillas centrales. **4. ... d5** La respuesta natural, aunque también son posibles 4. ... 0-0 y 4. ... c5. **5. a3** Obliga al Alfil de las Negras a declarar sus intenciones. **5. ... Axc3+** La toma en c3 no preocupa mucho a las Blancas, porque pueden deshacerse de los Peones doblados con cxd5. Por ello, una posibilidad muy interesante es 5. ... Ae7 **6. bxc3 0-0** Con la jugada del texto, las Negras priorizan el desarrollo, aunque ceden un tanto el control del centro. La respuesta principal es 6. ... c5 **7. cxd5 exd5** El letón-estadounidense Edmar Mednis *(Gran Maestro desde 1980)* comenta en *How to Beat Bobby Fischer* (Dover Publications, Inc. Nueva York 1997. Páginas 228-231): "Desde un punto de vista estratégico, ésta es la jugada perdedora". Y agrega posteriormente que: "Correcto era 7. ... Cxd5 con una formación de Peones totalmente sana". ¡Pero la práctica ha mostrado todo lo contrario! Por ejemplo, si las Negras capturan con Caballo en d5, las Blancas obtienen ventaja con 8. e4 **8. e3 Ch5** Después de la presente partida, esta continuación pasó a un segundo plano.

La teoría actual considera que las tres opciones principales de las Negras son: a) 8. ... c5 b) 8. ... Af5 y c) 8. ...b6. **9. Dc2!** El primero en jugar así fue Gligorić contra Averbach en el Interzonal de Saltsjobaden 1952. Otra posibilidad es 9. g3, que empleó el propio Gheorghiu contra Averbach en Mar del Plata 1965 **9. ... Te8** La idea de la novena jugada de las Blancas se puede ver en caso de jugar las Negras 9. ... Dh4+. Luego de 10. Df2 Dxf2+ 11. Rxf2 las Blancas tienen ventaja debido a su centro móvil y a su pareja de Alfiles. **10. g4** Menos preciso es 10. Ad3 **10. ... Cf4 11. h4 c5 12. Rf2 Cg6 13. Ad3** Esta es la novedad de Gheorghiu. El referido encuentro Gligorić - Averbach continuó con 13. h5. **13. ... Cc6** Una interesante jugada profiláctica es 13. ... Cf8, que se anticipa a la avalancha de Peones de las Blancas en el flanco rey **14. Ce2 Ae6 15. g5!** *(ver diagrama)*

"Antes de efectuar esta jugada, Gheorghiu propuso tablas; sin preguntar al capitán del equipo, Fischer rehusó, probablemente porque una oferta así en una posición tan complicada le hizo el efecto de una banderilla en el lomo de un toro. Rehusar las tablas en esta posición es ser demasiado optimista porque el Negro tiene una posición bastante inferior". Albéric O´Kelly en la Revista *Jaque Mate* (Ob. Cit. Págs. 348-349). Sobre esta oferta de tablas de Gheorghiu, Larsen dice en su libro *Todas las piezas atacan* (Pág. 214) que el propio Gran Maestro rumano le comentó al respecto: "Yo sabía que mi posición era mejor cuando ofrecí tablas, pero me agradaba que Bobby ganara el premio por el mejor resultado en el primer tablero".

Jesús Suárez recuerda: En este momento yo regresaba a la Sala de Juego después de una pequeña salida y pasé por el encuentro de Rumania vs. Estados Unidos, donde trabajaba como árbitro auxiliar mi amigo Omar Trujillo. Lo primero que veo es a Fischer con un vaso de jugo de naranja en su mano derecha, que la tiene a la altura de su cabeza. Omar me dijo: "Gheorghiu le pidió tablas. Fischer le dijo que no y pidió un jugo de naranja, que lo tiene así para que su contrario vea que no está nervioso".

15. ... Tc8?! Había que jugar 15. ... c4! para interferir en los planes de las Blancas. Luego de 16. Af5 *(Si 16. Axg6 fxg6! 17.Cf4 Bf5 o 17... Na5 y las Negras están bien).* 16. ... Axf5 17. Dxf5 Cge7 la posición de las Negras es sólida. Ahora, en cambio, las Blancas pueden iniciar de inmediato un ataque en el flanco rey, con lo que crean debilidades en la posición enemiga. **16. h5 Cf8 17. g6 fxg6 18. hxg6 h6 19. Db1!** Las Blancas evitan la amenaza 19. ... cxd4 y ahora intentan jugar 20. Cf4 **19. ... Ca5 20. Cf4** *(ver diagrama)*

20. ... c4?! "El cambio 20. ... cxd4 no sería ventajoso porque cualquier apertura del juego debe ser favorable a las Blancas, que disponen de dos alfiles poderosos". Miroslav Filip y Ludek Pachman en *XVII Olimpiada Mundial. Cuba/66.* (Págs. 347-350). *(N.A.:)* Sin embargo, la jugada del texto tiene el inconveniente de que reduce la tensión en el centro, con lo que las Blancas quedan con las manos libres para realizar la importante ruptura e3-e4. Un movimiento por considerar era 20. ... Dd6, aunque luego de 21. a4 Cd7 22. Aa3 Tf8 23. Da2 Tce8 24. Tae1 la posición de las Blancas es superior. **21. Ac2 Tc6 22. Ta2** *(ver diagrama)*

22. ... Cd7 "Un serio error estratégico de las Negras en esta partida es no haber aprovechado la oportunidad de cambiar una Torre - Después de 22. ... Tb6, las Blancas no tendrían nada mejor que 23. Tb2". Filip y Pachman *(Op. Cit.).* N.A.: No obstante, pensamos que el que tiene la razón es Mednis, quien dice

(Op. Cit.) que luego de 23. ... Txb2 24. Dxb2 "Las Blancas tendrían mano libre en el centro". **23. a4** Ha llegado el momento de activar el Alfil de casillas negras. **23. ... Cf6 24. Aa3 Dd7** "Aquí se dio la última oportunidad de forzar el cambio de las Torres. Más tarde será exactamente la Torre blanca que se dejó con vida la que entrará en juego con efecto decisivo". Filip y Pachman *(Op. Cit.)*. **25. Tb2** La situación de las Negras se hace más difícil, ya que las Blancas también toman la iniciativa en el flanco dama. **25. ... b6 26. Tb5 Cb7?** Definitivamente Fischer no está en su día. Preferible es 26. ... Tcc8, que mejora la coordinación de sus piezas. También es muy interesante el sacrificio de Peón 26. ... Nb3, propuesto por el rumano Mihail Marin (Gran Maestro desde 1993) en su artículo *The Central Pawns Attack (El ataque de los peones centrales)*, aparecido en el *Informador Ajedrecístico 120* (Belgrado 2014. Págs. 114-131). Marin da las siguientes variantes: 27. e4 *(Si 27. Axb3 cxb3 28. Dxb3 Dc7 las Negras tienen compensación por el Peón, igual que después de 27. Dd1 Af5 y 27. Tg1 De7)* 27. ... Ag4 28. Dd1 *(Si 28. fxg4 Dxg4 29. Cg2 Cxe4+ con ventaja ganadora. Si 28. e5 Axf3 29. Af5 Dc7 30. Te1 Ce4+ 31. Axe4 dxe4 con ventaja)*. 28. ... Ce4+ 29. Axe4 Txe4 30. Td5 Dc8 31. fxg4 Tf4+ 32. Rg3 Tff6 33. Te5 Tg6 34. The1 Rh7 y las Negras están bien. **27. e4!** "Al estar el Rey blanco en f2 la apertura del juego es bastante audaz; pero Gheorghiu apreció bien la situación. Las piezas negras carecen de cooperación para poder organizar un contrajuego activo". Filip y Pachman. *(Op. Cit.)*. N.A.: En realidad, esta importante ruptura central resulta decisiva. **27. ... dxe4 28. Axe4!** Un grave error es 28. fxe4? que debilita considerablemente la seguridad del Rey blanco luego de 28. ... Cc5! *(Pero no 28. ... Tcc8 29. e5 Cd5, recomendado por Filip y Pachman [Op. Cit.], pues las Blancas obtienen una posición ganadora por medio de 30. Txd5 Axd5 31. Af5 Dc6 32. Cxd5 Dxd5 33. Axc8 Txc8 34. Df5 Td8 35. Tf1)*. El inconveniente principal de recapturar con peón es que se debilita considerablemente la seguridad del rey. **28. ... Tcc8** Tras 28. ... Cxe4+ 29. Dxe4 Ag4 30. Te5 Txe5 31. Dxe5 Af5 32. Cd5 las Negras están indefensas contra 33. Ce7+. **29. Te5!** Ahora las Blancas amenazan ganar una pieza de tres formas diferentes: 30. Axb7, 30. Cxe6 y 30.d5 *(ver diagrama)*

29. ... Ag4 En una posición totalmente perdida Fischer realiza esta jugada, que no cumple ningún objetivo. Como es natural, Gheorghiu no captura este "presente". Pero también en caso de 29. ... Cd6, las

Blancas obtienen una ventaja material decisiva con 30. Axd6 Dxd6 31. Cxe6 Txe6 32. Txe6 Dxe6 33. Af5 etc. **30. Cd5! Txe5 31. Cxf6+ gxf6 32. dxe5** "La posición de las Negras se tornó desesperada, su Alfil no puede salvarse debido a la amenaza 33. exf6". Filip y Pachman *(Op. Cit.)*. **32. ... Cc5** Después de 32. ... Dd2+ 33. Rg3 tanto el Alfil como el Caballo negros estarían amenazados. Si 33. ... Cc5 *(En caso de 33. ... Ae6, habría seguido 34. Axb7 Dg5+ 35. Rf2 Td8 36. Ac1! ganando)* las Blancas ganan con facilidad después de 34. exf6. **33. Axc5 Dd2+ 34. Rg3 Axf3** Un recurso desesperado para complicar la partida. Si 34. ... Txc5 las Blancas disponen de varias continuaciones ganadoras. Una de ellas es 35. Dd1 Dxd1 36. Txd1 Ah5 37. Td8+ Rg7 38. Td7+ Rg8 39. exf6 Axg6 40. Tg7+ etc. **35. Axf3 Txc5 36. Dc1** Fuerza el cambio de Damas. **36. ... Dxc1 37. Txc1 Txe5 38. Rf4 Rg7 39. Ae4** "Los dos contendientes están jugando rápido y falta todavía mucho antes del control de tiempo, por eso llega la partida hasta la movida 50 en menos de cinco horas. La posición del Negro es desesperada y podía tranquilamente abandonar". O´Kelly *(Op. Cit.)*. **39. ... h5 40. Td1 Te7 41. Td5 Rh6 42. Td6 Rg7 43. Tc6 h4 44. Txc4 h3 45. Rg3 Rh6 46. Ab1 Te3+ 47. Rh2 Te1 48. Ad3 Te3 49. Th4+ Rg5 50. g7.** Las Negras abandonan. **1-0.** Esta derrota, la única de Fischer contra un jugador más joven, le privó por un estrecho margen de ganar la Medalla de Oro para el Primer Tablero.

Después de esta partida, Fischer y Gheorghiu se enfrentaron en tres ocasiones más, con una victoria para el estadounidense con Blancas y dos empates. Con esto, el resultado final entre ambos terminó igualado +1-1=2.

Con esta derrota, Fischer marchaba ahora con doce victorias, una derrota y dos empates. Además, los Estados Unidos sólo lograron un empate 2-2 contra los rumanos. Esto lo aprovecharon los soviéticos, quienes con una victoria 3-1 ante Argentina, se aseguraron el primer lugar de la Olimpiada, al superar por 4.5 puntos a los estadounidenses cuando quedaba una sola ronda por jugar.

En la última jornada, Fischer tuvo que enfrentar a un rival al que nunca había vencido, a pesar de que su título era sólo de Maestro Internacional.

(46) Fischer - Eleazar Jiménez
Ruy López [C69]
XVII Olimpiada. Final. Ronda 13. La Habana 20.11.1966.

Para los Datos Biográficos de Eleazar Jiménez, ver Partida 23.

1. e4 e5 2. Cf3 Cc6 3. Ab5 a6 4. Axc6 Después de jugar 4. Aa4 contra Spassky *(ver Partida 42)*, Fischer adopta la Variante del Cambio por tercera vez en esta Olimpiada. **4. ... dxc6   5. 0–0 f6 6. d4 Ag4** En la primera ocasión, Portisch respondió 6. ... exd4 *(ver Partida 38)*. **7. c3 exd4 8. cxd4 Dd7 9. h3 Ah5** En los comentarios de su partida contra Gligorić en *My 60 Memorable Games*, *(Pág. 343 - 350)*, Fischer dice que la jugada del texto es mejor que 9. ... Ae6 *(ver Partida 40)*, empleada por el Gran Maestro yugoslavo *(ver diagrama)*

10. Ce5! Las Blancas eliminan la pareja de alfiles de las Negras, con lo que obtienen una ligera ventaja debido a su estructura superior de peones. También se ha jugado 10. Ae3   0–0–0 11. Cbd2 Ab4 12. Db3 Axd2 13. Cxd2 g5? *(Es mejor 13. ... Af7)* 14. Tac1 Af7? *(Demasiado tarde).* 15. d5! Ce7 *(Ahora las Negras no pueden jugar 15. ... cxd5? debido a 16. Ab6 y si 16. ... dxe4?, entonces 17. Dg3!)* 16. Cc4 con ventaja decisiva. Guseinov - Mustafaev, Bakú 2001. **10. ... Axd1** "Es malo 10. ... Dxh3? 11. gxh3 Axd1 12. Txd1 fxe5   13. dxe5 Ac5 14. Rg2 con una peligrosa preponderancia de Peones centrales". Fischer en *Mis 60 partidas memorables (Nueva York 1969. P.347).* **11. Cxd7 Rxd7 12. Txd1** "Las Negras deben sostener este final". Fischer *(Op. Cit.).*   **12. ... Te8 13.f3** "13. Cc3 es más exacto". Fischer en *XVII Olimpiada. Cuba/66.* **13. ... Ce7   14. Cc3 Rc8** Jiménez quiere jugar ... f6-f5, pero merece atención lo propuesto por Keres en *4x25* (Págs. 36-38): "14. ... Cg6 seguido de 15. ... Ad6, con cierto contrajuego en las casillas negras del flanco rey". **15. Ae3 f5 16. Tac1** Las Blancas completan la movilización de sus piezas al ubicar esta torre en la columna semiabierta donde se encuentra el rey enemigo. **16. ... fxe4 17. fxe4 g6?** "Debieron jugar 17. ... Cg6 18. a3 Ad6 y no creo que las Negras deban perder. La jugada del texto da a las Blancas la posibilidad de jugar Af4, lo que seguido de d5, les brinda un fuerte ataque en el final, incluso cuando se han cambiado las damas". Fischer en *XVII Olimpíada de Ajedrez. Cuba/1966* (Pág 364-367). **18. Af4 Ag7 19. d5 Td8?** "Si 19. ... cxd5 20. exd5 Cf5 *(20. ... Thf8 21. d6)* 21. Ca4 Ae5 22. Cb6+ Td8 23. Ag5+ Ce7 24. d6 Axd6 25. Txd6+ cxd6   26. Tc8 jaque mate. Mejor debe ser 19. ... Thf8 20. d6 cxd6 21. Axd6 Tf7 etc.". Fischer *(Op. Cit.) (ver diagrama)*

20. Ca4! Con la idea de trasladar este Caballo a c5. También tiene en mente jugar d5-d6, dando al caballo acceso a b6. **20. ... Thf8 21. g3** Las Blancas amenazan 22. d6, porque luego de 22. ... cxd6 23. Axd6, las Negras se ven forzadas a entregar la calidad con 23. ... Txd6, ya que no hay otra forma de hacer frente a las amenazas 24. Axe7 y 24. Cb6 jaque mate. **21. ... g5?!** Jiménez decide entregar un Peón, pero mejor era 21. ... Tf7. Luego de 22. Cc5 las Negras podrían responder 22. ... cxd5 *(Mejor que 22. ... Axb2? mencionado por Fischer, ya que, como él mismo señala, luego de 23. Tb1 Aa3 24. Cxb7 Td7 25. Td3 las Blancas ganan.)* Y, aunque luego de   23. Ce6 Td7 24. Cxc7 dxe4 25. Cxa6+ Cc6 26. Txd7 Txd7 27. Cb8 Ad4+ 28. Rg2 Td5 29. Cxc6 bxc6 30. Txc6+ Td7 31. Tc2 las Blancas mantienen amplia ventaja, las Negras opondrían mayor resistencia. **22. Axg5 Tf7** *(ver diagrama)*

23. Rg2! "El rey está mejor ubicado en g2 porque en caso de que las Blancas hagan dxc6, se evita ... Txd1+ y también está la posibilidad de poder hacer Te1 sin que exista ... Ad4+ seguido por ... Tg7". Fischer *(Op. Cit.)* **23. ... cxd5** "Es arriesgado abrir la columna-c semiabierta, pero las Negras buscaban contrajuego". Fischer. *(Op. Cit.)* **24. exd5 Rb8** Más tenaz es 24. ... Ae5, aunque después de 25. Te1 Ad6 26. Cb6+ Rb8 27. Cc4 Td7 28. Cxd6 cxd6 29. Tcd1 Rc7 30. Td2, las Blancas tienen un final muy favorable. **25. Te1 Af8 26.**

Tf1 Tg7 27. Af6 Tg8 No es posible 27. ... Tf7?, debido a 28. Ae5 ganando. **28. Tce1 Td7** Algunas fuentes dan 28. ... Te8 como el movimiento realizado por Jiménez. Pero tanto Fischer en *My Sixty Memorable Games*; Smyslov, Tal, Yudasin y Tukmakov en *Bobby Fischer 2*; como Keres en *4x25* dan la del texto como la correcta *(ver diagrama)*

29. d6! Mucho más fuerte que la posibilidad sugerida por Keres en *4x25*: 29. Cc5 Txd5   30. Txe7? *(N.A.:* Mejor es *30. Axe7*, pues luego de *30. ... Axe7 31. Txe7 Txc5 32. Txh7* las Blancas tendrían gran ventaja en el final), porque las Negras se salvan con 30. ... Axe7 31. Axe7 Te8! La jugada del texto también tiene a su favor que bloquea la diagonal a3-f8 al alfil negro. Por ejemplo, si las Blancas jugaran directamente 29. Axe7, después de 29. ... Axe7 30. Tf7 las Negras dispondrían de 30. ... Ab4! **29. ... cxd6 30. Axe7 Axe7** Por supuesto, si 30. ... Txe7, entonces 31. Txf8+ ganando. **31. Tf7** Las Negras abandonan. **1-0.**

Esta fue la única victoria de Bobby contra el Maestro Internacional cubano. En las otras tres ocasiones que se enfrentaron, hicieron tablas: primero en la Olimpíada de Leipzig 1960, después en el IV Capablanca in Memoriam, La Habana 1965 y la última en el Interzonal de Palma de Mallorca 1970, cuando Fischer estaba en el pináculo de su carrera. Con esto el resultado final entre ambos fue de +1=3-0 a favor de Fischer.

Miguel Ángel Sánchez recuerda que Fischer llevó los papeles con sus análisis de esta última partida a la oficina del torneo, ubicada en el piso principal del hotel, cuando ya el evento había finalizado, tras haber recibido por parte de Pachman y Filip la solicitud de que contribuyera al libro del evento con comentarios sobre su mejor partida. Pero en el instante en que Fischer entró al lugar ninguna de las secretarias estaba presente, pues se habían ausentado para una merienda en la cafetería del hotel.

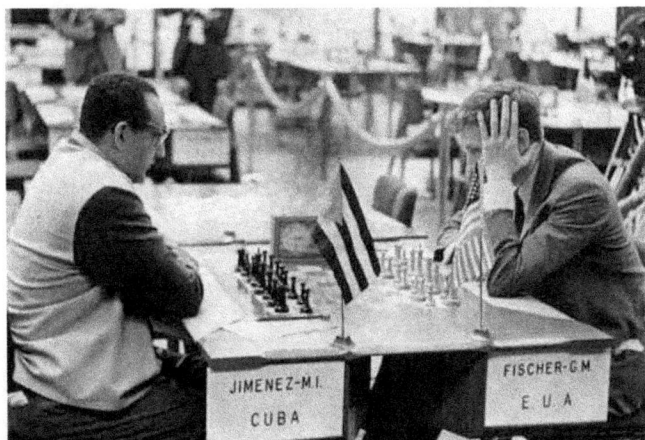

Dos empates había logrado el Maestro Internacional cubano Eleazar Jiménez contra Fischer, que consiguió en La Habana su única victoria contra el cubano. En la última partida entre ellos en el Interzonal de Palma de Mallorca, Jiménez volvió a lograr la división del punto.

Entonces muy joven el coautor del libro, Miguel Ángel Sánchez, de pie, observa al equipo cubano. Era miembro del equipo de redacción de la revista cubana de ajedrez *Jaque Mate* y árbitro auxiliar de la Olimpiada.

Una de ellas era Bárbara Sánchez, hermana de Miguel Ángel, que trabajaba como asistente de redacción en la revista *Jaque Mate*. Otra de ellas era Sila Martínez, que poco antes había ganado el campeonato femenino de ajedrez de Cuba. Miguel Ángel le dijo a Fischer que podía dejar sus análisis con él y Fischer accedió, pues recordaba su rostro de entre los árbitros del evento y porque Larry Evans se lo presentó en una de las actividades festivas. Sin embargo, Fischer regresó poco después de una hora para comprobar si sus análisis habían llegado a las manos debidas.

Al final, Fischer consiguió 15 puntos de 17 posibles, para un porcentaje de 88.2, contra los 88.4 que logró Petrosian con sus 11.5 puntos de 13 posibles.

Pero en su ya mencionado artículo *Fischer in His Prime* (*Fischer en su mejor momento. Chess Review*, enero de 1967. Pág. 7), Gligorić expresó algunos interesantes comentarios sobre la actuación del estadounidense:

Aunque se trataba nada más de un triunfo sobre un Maestro Internacional, como era Eleazar Jiménez, la victoria hizo muy feliz a Fischer. El coautor del libro, Jesús Suárez, también parece saborear el momento. Suárez es el cuarto, riendo, a la derecha de Fischer.

"Aunque Petrosian ganó el premio al mejor resultado, es la puntuación de Fischer en el primer tablero lo que se recordará mucho más de la Olimpiada de Ajedrez en La Habana".

"No son sólo sus puntos contra los nombres más importantes del mundo del ajedrez lo que queremos dar a entender con esta admiración, sino también la frescura de sus ideas y la clásica simplicidad de sus partidas".

"... nunca antes había parecido estar tan listo para luchar por los más altos honores".

La Unión Soviética ganó la Medalla de Oro con una puntuación de 39.5 puntos, cinco más que Estados Unidos. Hungría y Yugoslavia finalizaron empatados en tercer lugar con 33.5 puntos, pero el desempate favoreció a Hungría, única nación que logró empatarle el match al fuerte equipo soviético, que tuvo en Tal su mejor jugador.

Estados Unidos, a pesar de su impresionante desempeño, que contó con los invictos de Larry Evans y Paul Benko, tuvo un serio hándicap en la actuación de William Addison, quien perdió cuatro partidas.

El acto público por el fin del evento se realizó en el mismo salón en donde se jugaron las partidas, con la participación de Fidel Castro.

Pero en una mansión en las afueras de la ciudad, que había sido la casa del antiguo magnate de los medios cubanos de comunicación, Goal Mestre, llamada *Finca Los Ocujes*, se realizó una gran fiesta de despedida con la actuación de varios conjuntos de bailes y danzas.

Allí, Miguel Ángel vio a Fischer concentrado en su ajedrez de bolsillo, mientras, a su lado, Nicolas Rossolimo tenía su mirada fija en las piernas de las bailarinas. Fue como un recordatorio de que en la vida real muchas situaciones de las grandes figuras del ajedrez se repiten, pues un hecho similar ocurrió en Londres, 1922, cuando Alekhine seguía en su ajedrez de bolsillo unos análisis y Capablanca no apartaba sus ojos de las coristas.

Fischer permaneció en Cuba algunos días más y visitó las ciudades de Santa Clara y Cienfuegos.[14]

En esta última su anfitrión fue Gaspar González-Lanuza, un antiguo guerrillero urbano que el día primero de enero de 1959 se presentó en la fortaleza de La Cabaña y consiguió la rendición de los efectivos del ejército que se encontraban en el lugar. Dos días después González-Lanusa entregaría La Cabaña a las fuerzas rebeldes de Ché Guevara.[15]

Lanuza recibió a Fischer en la entrada del Hotel Jagua de Cienfuegos, a donde viajó desde La Habana en una limosina que pertenecía a la flota del Instituto Cubano de Amistad con los Pueblos.

Esa tarde Fischer no quiso ir a comer al restaurant del hotel, en donde había una mesa reservada a su nombre, sino que optó por la menos ostentosa cafetería, en donde los empleados no estaban instruidos de conseguir para el visitante cualquier plato que se le ocurriera, aunque no estuviera en el menú del lugar. Un dúo de guitarra especialmente enviado por el delegado de cultura en la ciudad quedó esperando por Fischer en el restaurante.

La impresión que Hernández-Lanuza tuvo de Fischer fue agradable, pues no le pareció un hombre vanidoso. El estadounidense no hablaba sobre él mismo y escuchó en silencio las explicaciones sobre la ciudad. En el segundo día, Lanuza llevó a su invitado a recorrer Cienfuegos y le explicó los detalles de la fortaleza colonial que guardaba la amplia entrada de la bahía, el Castillo de Jagua, que Felipe II hizo construir en la década de 1740.

Pero por la noche Lanuza tuvo menos suerte, pues el espectáculo que escogió para Fischer en el *Teatro Terry* de la ciudad, una presentación de danzones cubanos aburrió a su invitado, que abandonó el local para recorrer una exposición de armamento del ejército que se exhibía en una plaza adyacente como parte del llamado "Mes de las FAR" (Fuerzas Armadas Revolucionarias) que se desarrollaba en las principales ciudades de Cuba.

Fischer visitó las ciudades de Cienfuegos y Santa Clara como parte de una minigira para conocer Cuba. Luego se especuló que había pedido a Fidel Castro permiso para quedarse a residir en Cuba, rumores que nunca fueron corroborados. En Santa Clara visitó la sede de la Universidad donde fue recibido por el Rector. Un alto funcionario del organismo deportivo, Fabio Ruíz, viajó desde La Habana para asegurarse de que todo marcharía bien. Sentado al lado de Fischer, Miguel Angel Masjuán, su anfitrión en Cuba.

Cuando Lanuza comprobó la extensa ausencia de Fischer lo encontró montado en un tanque soviético de guerra T-34 ante la mirada asombrada de los custodios del lugar que no conseguían que aquel extranjero cumpliera de inmediato las instrucciones de no hacerlo. Cuando al fin se bajó del tanque, Fischer fue a ocupar su puesto como artillero de una ametralladora antiaérea de cuatro bocas ZPU-4, a la que se permitía el acceso del público, e incluso se le autorizaba a maniobrarla, siguiendo las instrucciones de los miembros de la dotación. ¡Qué extraordinaria fotografía de Fischer manejando una ametralladora antiaérea se perdió aquella noche![16] Fischer también había viajado anteriormente a la ciudad central de Santa Clara acompañado de Masjuán, en donde fue recibido por Sidroc Ramos, rector del Centro Universitario de esta ciudad, así como funcionarios nacionales del organismo deportivo cubano, el Instituto Nacional de Deportes, Educación Física y Recreación (INDER), entre ellos Fabio Ruíz, jefe del departamento de Relaciones Internacionales de instituto de deportes, quien se trasladó expresamente a Santa Clara para supervisar que nada quedara mal en la visita del norteamericano.

"¡No sabes cuánto pagaría mucha gente para que yo le enseñara ajedrez!" le decía Fischer a Masjuán, al que tenía a su lado en el asiento trasero de un *Cadillac Fleetwood* limosina 1959 que los llevaba desde La Habana a Santa Clara en un viaje organizado por el Instituto Cubano de Amistad con los Pueblos (ICAP).

A Masjuán el argumento lo tenía sin cuidado. Sencillamente, no le interesaba aprender el juego y le daba igual si el que quería introducirlo en sus misterios era su vecino o el mismísimo Bobby Fischer.

Tal vez por ello, antes de partir de Cuba, Fischer le regaló a Masjuán el pequeño ajedrez de bolsillo que utilizó en su viaje a la isla, con la dedicatoria:

"To my dear freind Mike Masjuan. With all the best wishes from Bobby Fischer Havana Nov 1966" ("A mi querido amigo Mike Masjuán. Con todos los mejores deseos de Bobby Fischer. La Habana. Nov. 1966").

Como se puede apreciar en el texto de Fischer, la palabra inglesa *friend* (amigo) tiene invertidas las vocales.

Fischer regaló a Masjuan su pequeño ajedrez de bolsillo con la dedicatoria: "To my dear freind Mike Masjuan With all the best wishes from Bobby Fischer Havana Nov 1966" ("A mi querido amigo Mike Masjuán. Con todos los mejores deseos de Bobby Fischer. La Habana. Nov. 1966"). Como se puede apreciar en el texto de Fischer, la palabra inglesa friend (amigo) tiene invertidas las vocales.

El 29 de noviembre, Fischer abordó en La Habana el vuelo 464 de *Cubana de Aviación* con destino a Ciudad México.

Al arribar a México su regreso fue debidamente anotado. El informante del FBI identificado como 'T1' dio parte a su oficial de campo con la aclaración de que el sujeto había reservado habitación en el *Hotel Insurgentes*.

El 10 de marzo de 1967, el FBI elaboró un documento final de la estancia de Fischer en Cuba, con el resumen de que su solicitud de 10 de octubre de 1966, con motivo de que su pasaporte fuera validado para viajar a Cuba, había sido respondida favorablemente diez días más tarde por la oficina de seguridad consular y que se le había otorgado el permiso de viajar por una vez a Cuba.

Las anotaciones de carácter "confidencial" fueron entonces de bajo nivel. Debido a su carácter irrelevante, ninguna de esas informaciones llegó al despacho del director del FBI, Edward J. Hoover. Por esta vez, en su última visita a Cuba todo salió bien. Fischer jamás volvió a la isla, pero no por decisión propia.

Según el gran maestro cubano Jesús Nogueiras, cuando estaba en Buenos Aires en 1995, el gran maestro argentino Miguel Ángel Quinteros lo sorprendió al poner a Fischer en el teléfono en una llamada de larga distancia.

El Gran Maestro cubano recordó que lo primero que le llamó la atención fue lo bien que Bobby hablaba español. Fischer, que estaba en California, le dijo que en 1966 visitó Santa Clara (la ciudad natal de Nogueiras) y que era una ciudad muy hermosa. Finalmente, el estadounidense le contó sobre su tema favorito de esa época: que el ajedrez estaba agotado y que la posición inicial de las piezas tenía que cambiarse y que debían usarse nuevos controles de tiempo.

Cuando terminó la conversación, Quinteros le pidió a Nogueiras que explorara en Cuba la posibilidad de jugar un partido entre el cubano y el estadounidense, allí, con la nueva variante del ajedrez de Bobby, el llamado Fischerandom, pero hoy conocido como Chess960.

"La idea nunca se materializó", explicó Nogueiras. "Lo intentamos pero no fue a ninguna parte".

Y en 2004, desde su celda en el centro de detención de Ushiku, Japón, Fischer le pidió al gobierno de La Habana que lo recibiera como refugiado político. Esta solicitud también quedó sin respuesta.

RELACION INDIVIDUAL DE LOS EQUIPOS

1. UNION SOVIETICA	J.	G.	T.	P.	Puntos
1. T. Petrosian	13	10	3	0	11,5
2. B. Spassky	15	5	10	0	10,
3. M. Tal	13	11	2	0	12,
4. L. Stein	12	7	4	1	9,
5. V. Korchnoi	13	10	2	1	11,
6. L. Polugaievsky	14	8	6	0	11,
Totales	80	51	27	2	64,5

2. ESTADOS UNIDOS	J.	G.	T.	P.	Puntos
1. R. Fischer	17	14	2	1	15,
2. R. Byrne	13	3	7	3	6,5
3. P. Benko	12	4	8	0	8,
4. L. Evans	15	6	9	0	10,5
5. W. Addison	9	5	0	4	5,
6. N. Rossolimo	10	5	4	1	7,
Totales	76	37	30	9	52,

3. HUNGRIA	J.	G.	T.	P.	Puntos
1. L. Portisch	16	8	7	1	11,5
2. L. Szabo	15	7	8	0	11,
3. I. Bilek	15	8	7	0	11,5
4. L. Lengyel	10	2	4	4	4,
5. G. Forintos	12	7	2	3	8,
6. L. Barczay	12	10	2	0	11,
Totales	80	42	30	10	57,

RESULTADO DE LOS PRIMEROS TABLEROS DEL GRUPO 1.

Jugador		Puntos Acumulados			Partidas	%
		T. Prelim.	Final	Total	Jugadas	
1. Petrosian	URSS	4½	7	11½	13	88.4
2. Fischer	EUA	5	10	15	17	88.2
3. Uhlmann	RDA	5	8	13	18	72.2
4. Portisch	Hungria	3	8½	11½	16	72.0
5. Gheorghiu	Rumania	5	7½	12½	19	66.0
6. Pachman	Checoslov.	4½	6½	11	17	64.7
7. Olafsson	Islandia	5½	6	11½	18	64.0
8. Larsen	Dinamarca	4½	6½	11	18	61.1
9. Gligoric	Yugoslavia	3½	5	8½	15	57.0
10. Pomar	España	5	3½	8½	16	53.1
11. Najdorf	Argentina	3	6½	9½	17	52.9
12. Minev	Bulgaria	3½	4	7½	17	44.1
13. Johannessen	Noruega	4	3	7	16	44.0
14. Jiménez	Cuba	5½	1	6½	15	43.3

Epílogo

Muy pocas figuras históricas conquistan de forma irresistible la atención del gran público, incluso de personas que saben muy poco (o nada) del medio en que éstas se destacaron.

Fischer fue una de esas excepciones.

Su breve paso por Cuba dejó una huella que aún perdura, a pesar de que su equipo no venció en el match que disputó en el primer viaje de Fischer a La Habana, ni él ganó el único torneo en la isla caribeña en que jugó (a distancia), ni obtuvo la medalla de oro en la Olimpiada que se celebró en la capital cubana. Sin embargo, sus partidas en esas competencias no sólo fueron extraordinarias, sino que las marcaron para siempre.

En 1956, por llegar a La Habana precedido de su fama como un niño prodigio del ajedrez, en una excursión de un grupo de aficionados al juego ciencia que, de no haber estado él presente, no habría provocado siquiera una mínima gacetilla de prensa.

En 1965, porque su participación en el *IV Capablanca In Memoriam* no sólo significó su regreso al ajedrez, sino también por el tremendo impacto que tuvo su participación a larga distancia desde Nueva York. Esto también fue un hecho histórico, pues se trató de la primera vez que un participante en un torneo de ajedrez se enfrentaba a rivales que estaban a más de mil millas de distancia. Además, su polémica epistolar con el gobernante cubano Fidel Castro fue la primera de tú a tú de un maestro de ajedrez con el gobernante de un país.

En 1966, porque resultó la figura más descollante de la Olimpiada, a pesar de no conquistar el mejor resultado en el primer tablero, ni su equipo finalizar en el primer puesto.

En las tres veces que participó en eventos de ajedrez en Cuba, ya bien presente o a larga distancia, sus resultados fueron de +27=8-4, para un destacado promedio del 79.4%.

Este libro recoge las partidas oficiales de Fischer relacionadas con Cuba y brinda a los lectores numerosos detalles desconocidos de esas etapas en su carrera ajedrecística.

La relativa brevedad de sus estancias en Cuba no resta a esas visitas la enorme importancia que tuvieron para la historia del ajedrez y de la propia Cuba.

El objetivo de este libro ha sido poner en mano de los lectores una documentación y una narrativa usualmente no expuesta en los medios de prensa y tampoco recogida en libros.

Esperamos que esto se haya cumplido.

Epílogo

Notas:

Capítulo 1.

[1] La excursión ajedrecística del *Log Cabin Chess Club* se mencionó en la página 26 del *The New York Times*, marzo 5, 1956, cuando el diario informó que la gira de tres semanas por varios estados había finalizado tras haber celebrado encuentros en las ciudades de Miami, Tampa, St. Petersburg y Hollywood, todas en la Florida; La Habana; y Clinton, Carolina del Norte, con el resultado de 23.5 puntos ganados contra 26.5 perdidos. En la nota se destacó que Norman T. Whitaker jugó en el primer tablero, en el que alcanzó cinco victorias, una derrota y un empate; y que Fischer había obtenido exactamente el mismo resultado en el segundo tablero.

[2] En 1947, el maestro cubano Gilberto García ganó el Torneo Internacional de Ciudad de La Habana, en el que participaron los estadounidenses Donald Byrne (2do. lugar) y Edward Lasker (3er. lugar), quien compitió en el legendario Torneo Internacional de Nueva York 1924, fue autor de muchos libros famosos y campeón de las ciudades de Berlín y Nueva York. Luego de ellos quedaron José Ramón Florido (4to. lugar); Juan Quesada (5to. lugar); el Dr. Rosendo Romero, otro de los personajes históricos del ajedrez cubano, (6to. lugar); y en los dos últimos lugares finalizaron Carlos Calero y el Dr. Juan Carlos González, quien, aunque quedó mal en el torneo, venció a Edward Lasker.

Gilberto García le ganó una corta partida a Donald Byrne en este torneo:

G. García - D. Byrne. Defensa Siciliana (B32).
La Habana 1947.

1. e4 c5 2. Cf3 Cc6 3. d4 cxd4 4. Cxd4 e5 5. Cf3 Cf6 6. Ag5 Da5+ 7. Ad2 Db6 8. Ac4 Dxb2 9. Cc3 Db6 10. 0-0 Ae7 11. Cd5 Dd8 12. Cg5 0-0 13. Cxf6+ Axf6 14. Dh5 Axg5 15. Axg5 De8 16. Tad1 Ca5? 17. Af6! h6 Si 17... gxf6 18. Td3 ganando. **18. Dg6 (1-0).**

[3] **J. R. Capablanca - N. T. Whitaker. Ruy López [C84].**
Exhibición de Simultáneas. Filadelfia 1909.

1. e4 e5 2. Cf3 Cc6 3. Ab5 a6 4. Aa4 Cf6 5. 0-0 Ae7 6. d3 d6 7. c3 0-0 8. Cbd2 Ae6 9. Te1 Ce8 Actualmente se prefiere 9... Cd7 **10. d4 Ag4 11.h3 Ah5 12.g4 Ag6 13.Cf1 exd4 14. Axc6 bxc6 15. Cxd4 Ah4 16. Af4 Cc5 17. Cf5 d5 18. exd5 Axf5 19. gxf5**

½–½ J. Nunn - S. Polgar, San Francisco 1995. **10. Cf1 f5? 11. exf5** Más fuerte es 11. Ab3! **11 ... Axf5 12. Ce3 Ag6   13. Db3+ Rh8 14. Dxb7 Ca5 15. Db4 c5 16. Dg4 Cf6** Es mejor 16. ... Axd3 directamente.   **17. Dh3 Axd3 18. Cg5 Ch5 19. Ce6 Cf4 20. Cxf4** *(ver diagrama)*

20. ... exf4? Más fuerte es 20. ... Txf4 21. b3 Df8. **21. Cd5** Ahora las Blancas están mejor de nuevo. **21. ... Af5 22. Df3 Ag5 23. Axf4** 23. b3! da a las Blancas una posición ganadora. **23. ... Tb8?** Mejor es 23. ... Axf4 24. Cxf4 Cc4 **24. b4?** Mejor es 24. b3. **24. ... Axf4 25. Dxf4 Ac2** Si 25. ... Ad7 26. Dg3 Axa4 27. Te7 Tg8 28. bxa5 Ac6 29. Cf4 y las Blancas están mejor. **26. Dg3 Axa4 27. bxa5** Mejor es 27. Te7, como en el comentario anterior. **27 ... Tf5 28. Te7?** Pero ahora esto no es tan bueno. Mejor es 28. Cb6 Ac6 29. Tad1 Tf6 30. Cc4 Axg2 31. Txd6! con posición ganadora. **28. ... Df8 29. Ce3 Tf6?!** Si 29. ... Txf2, entonces 30. Ta7 y las Blancas están mejor. **30.Ta7 Tb2? 31.Cg4?** Es más fuerte 31. Txa6 **31... Db8 32. Te7 Tb1+ 33.Te1 Txa1   34.Txa1 Db2?** Es mejor 34... Te6. **35.Te1?** Un gran error. 35. Tf1! es la jugada correcta *(ver diagrama)*.

35 ... Te6! Las Negras aprovechan la debilidad de las Blancas en la primera fila para defenderse contra la amenaza del primer jugador y ganar un importante tiempo. **36. f4?!** De nuevo, 36. Tf1 es mejor. **36. ... Dxa2 37. f5 Te2 38. h3 Ac6** La jugada correcta es 38. ... Txe1+ 39. Dxe1 Dc2 con mejor posición. **39. Txe2 Dxe2 40. Rh2** 40. f6! iguala. **40 ... De4 41. Df2 Rg8 42. f6 g6 43. f7+ Rf8 44. Cf6 Df5 45. Cxh7+ Rxf7 46. Dd2 De5+ 47. Rg1 d5 48. Df2+** Más fuerte es 48. Dh6 con una partida igualada. **48. ... Rg7 49. Dxc5 Ae8 50. Da7+** 50. Cf8! es mejor. **50. ... Af7 51. Df2?** Más fuerte era 51. Dxa6 Rxh7 *(Si 51. ... Dxc3 52. Df1)* 52. Db7! **51 ... Dxc3?** 51 ... De7! **52. h4?** El error decisivo. 52. Df4! es tablas *(ver diagrama)*

52 ... Dc1+ 53. Rh2 Dc7+ Las Blancas abandonan. **0–1**

J.R. Capablanca - N. T. Whitaker. Peón Dama [D06].
Exhibición de simultáneas, Washington DC, 1915.

1. c4 d5 2. cxd5 Cf6 3. d4 Si 3. e4, las Negras pueden seguir con 3... c6. *(Pero no 3... Cxe4??   4. Da4+).***3... Dxd5 4. Cc3 Da5 5. Cf3 Ag4?! 6. Ce5 Cbd7? 7. Cxg4 Cxg4 8. e4** Las Blancas ya están mejor. **8. ... Cgf6 9. e5** Más fuerte parece 9.Ad2! c6 10.e5 Cd5 11. Ac4 con gran ventaja. **9. ... Cd5 10. Ad2 e6 11. Ad3 Cxc3?!** Mejor es 11... 0-0-0. **12.bxc3 Ae7 13. Dg4** Mejor es   13. 0-0, sin definir la posición de la dama. **13. ... g6 14.0-0 h5?! 15.Qe4 c6 16.a4 Qd5   17. Qe2?!** *(ver diagrama)*

17. ... Cxe5! 18. Ae4 Dc4 19. Axc6+ Dxc6 20. Dxe5 Las Blancas **sólo tienen una pequeña ventaja. 20. ... 0-0-0 21. Tfb1 h4 22. Db5** Mejor es 22. h3, para detener el ataque de las negras en el flanco Rey. **22 ... Dc7?!** Más fuerte es 22. ... Th5! con una partida igualada. **23. a5** De nuevo, es mejor 23. h3. **23. ... Th5 24. Da4 Ag5 25. Tb4 Dd7 26. Dc2 h3 27. a6?!** La idea correcta es 27. Tab1. **27 ... b6 28. Axg5 Txg5 29. g3 Dc6 30. f4 Ta5** Es mejor 30. ... Tb5! **31. Txa5 bxa5 32. Tb2 a4** El plan correcto es 32. ... Rd7! buscando escapar con el Rey. **33. Tb4?** Más sencillo es 33. Ta2. **33 ... a3 34. Ta4? Rc7?!** Era mejor 34. ... Td5! **35. Txa3 Txd4 36. Ta2 Tc4 37. De2 Txc3 38. De5+ Rd7 39. Dd4+** *(ver diagrama)*

39. ... Rc8?! Las negras pueden jugar 39. ... Qd5, y si 40. Dxd5+ *(Si 40. Dxa7+? Tc7)*40. .. exd5 con un final ganador.**40. Dh8+ Rc7 41. De5+ Rd7 42. Dd4+ Re8** Otra vez, es más fuerte 42. ... Dd5! **43. Dh8+ Re7 44. Dh4+ Rf8 45. Dh8+ Re7 46. Dh4+ Rf8 47. Dh8+ Re7 48. Dh4+ f6   49. Dh7+ Rf8 50. Dh8+ Rf7 51. Dh7+ Rf8 52. Dh8+ Re7 53. Dg7+ Rd6?** Era necesario 53... Re8. **54. Td2+ Rc5 55. Dxa7+ Rc4 56. Td4+** Las Negras abandonan. **(1-0).**

[4] De una entrevista con Ralph Ginzburg. *Harper's Magazine*. Enero de 1962. Posteriormente se criticó a Ginzburg por aprovecharse de la inexperiencia juvenil de Fischer al publicar los comentarios que éste hizo sobre su madre.

[5] Dos días después de que Marlon Brando arribara a La Habana, Guillermo Cabrera Infante, cronista de espectáculos de la revista *Carteles,* lo entrevistó en el *Hotel Packard*. Tras un comienzo frío, pues el actor quería permanecer incógnito bajo el nombre de Barker, Brando aceptó la invitación de conocer los lugares de música más populares de La Habana, como en la playa de Marianao, donde tocaba el famoso percusionista Silvano Shueg Hechevarría, más conocido por sus nombres artísticos de "El Chori" o "La Choricera".

[6] La información sobre la única derrota de Fischer la publicó el propio Donaldson en *Mechanic's Institute* (#845) del 5 de octubre del 2018, en donde copiaba un suelto aparecido en el periódico *Tampa Daily Times* del viernes 2 de marzo de 1956.

Sobre el desconocido cubano que venció a Fischer, al menos aparece su nombre en varias crónicas. Una de ellas databa tan lejos como en el *American Chess Bulletin* de septiembre-octubre de 1915, en que Hernández aparecía en el resultado de un torneo local. Luego, en el *Brooklyn Daily Eagle* (9.19.1918) apareció una derrota suya en una partida por correspondencia. Otros encuentros suyos, también por correspondencia, aparecieron de manera intermitente a lo largo de los años.

Hernández era conocido como "el campeón cubano de Tampa", quien incluso había participado en al menos uno de los Torneos Abiertos de los Estados Unidos, el que se desarrolló en 1952 en la propia Tampa, donde con 6.5 puntos de 12, finalizó en los puestos del 26 al 36 (de 76).

En Tampa (y también en Cayo Hueso) existía una amplia colonia de trabajadores cubanos del tabaco que se vieron empujados hacia esos lugares cuando España dictó leyes monopólicas más estrictas sobre el comercio de ese producto. Los emigrantes fundaron importantes fábricas de tabacos e instituciones culturales, incluso hasta una ciudad en Tampa, llamada Ybor City, en honor a un español que residía en Cuba, Vicente Martínez Ybor, quien tuvo que salir huyendo de la Isla por su vinculación con los independentistas cubanos.

La pasión por el ajedrez fue tal allí que cuando José Raúl Capablanca la visitó en mayo de 1915, una multitud de más de mil personas fue a esperarlo a la terminal de trenes junto a una banda municipal que estuvo tocando hasta que llegó a su hotel. Capablanca escribió que jamás un ajedrecista había recibido tal homenaje fuera de su tierra, de manera que no es de extrañar que la única victoria sobre Fischer en el recorrido del *Log Cabin Club* haya sido a manos de un cubano de Tampa. Un ejemplo del estilo emprendedor de Hernández es la siguiente partida, también por correspondencia, extraída del *Brooklyn Daily Eagle* del 19 de septiembre de 1918:

Néstor Hernández - D.R. Wyeth. Apertura Escocesa [C47]
Campeonato de Estados Unidos por Correspondencia

1.e4 e5 2. Cf3 Cc6 3. d4 exd4 4.Cxd4 Cf6 5.Cxc6 bxc6 6.Cc3 Ab4 7.Dd4 De7 8.f3 d5 9.Ag5 c5 10.Ab5+ Rf8 11.Dd3 dxe4 12.fxe4 Axc3+ 13.Axc3 Ab7 14.0-0 Dxe4 15.Dh3 Dg4 16.Dxg4 Cxg4 17.Tae1 Cf6 *(ver diagrama)*

18.Txf6! h6 Si 18... gxf6 19. Ah6+ Rg8 20. Te3 y es mate pronto (Herman Helms). **19.Tc6 hxg5 20. Txc7 Ad5 21. Txa7 g6 22. Txa8+ Axa8 23. Te5 Rg7 24.Txc5 Td8 25.Ad3 Td5 26.Txd5 Axd5 27.a4 f5 28.a5 Rf6 29.Ae2 Re5 30.a6 Rd6 31.c4 Ac6 32.Af3 g4 33.Axc6 Rxc6 34.c5 1-0**

[7] El *Log Cabin Chess Club* regresó una vez más a Cuba en diciembre de 1958, pero en esa ocasión su jugador estrella fue William Lombardy, entonces Campeón Mundial Juvenil. En la primera vuelta del encuentro, jugada el 13 de diciembre, los visitantes ganaron con resultado de 3 a 2, cuando Lombardy venció a Eleazar Jiménez en el Primer Tablero y Edward Thomas McCormick a José Ramón Florido en el Quinto. La única derrota del *Log Cabin* en esta vuelta fue de Saul Wanetick contra Rogelio Ortega en el Segundo Tablero, mientras que empataron Weaver Adams con el Dr. Juan González (Tercer Tablero) y Norman T. Whitaker, relegado al Cuarto Tablero, con Carlos Calero.

En la segunda vuelta, disputada el 14 de diciembre, los visitantes se impusieron 3.5 a 1.5 cuando Wanetick derrotó a Marcelino Siero en el Quinto Tablero. Las otras tres partidas resultaron tablas: Jiménez con Lombardy en el Primer Tablero, González - Adams en el Tercero y el Dr. José Alfredo Broderman con Whitaker en el Cuarto. Esto llevó a los jugadores del *Log Cabin Chess Club* a una victoria 6.5 a 3.5 sobre los representantes del *Club Capablanca*.

Previamente se jugó el 12 de diciembre un encuentro de partidas rápidas (blitz) en donde cada jugador del *Log Cabin* se enfrentaba dos veces (alternando Blancas y Negras) a un representante del *Club Capablanca*. Los locales se impusieron por 47 - 25. Por los cubanos, el mejor fue el Dr. González con 11 - 1, seguido por Jiménez con 8.5 - 3.5, Ortega 8 - 4, Jesús Rodríguez 7.5 - 4.5, Palacio 7 - 5 y Florido 5 - 7.

Lombardy obtuvo el mejor resultado entre los visitantes, con 9.5 - 2.5, seguido por Adams con 6.5 - 5.5, McCormick 5.5 - 6.5, Wanetick 2.5 - 9.5, Whitaker 1 - 11 y Forry Laucks 0 -12. (*Chess Review*, febrero de 1959. Página 36).

Capítulo 2

[1] José Luis Barreras Meriño fue nombrado en 1959 responsable de ajedrez, tiro al arco y aeromodelismo en el organismo deportivo cubano, hasta que en 1961 se le encargó únicamente de ajedrez, pese a que sólo hay contadas referencias sobre él en el libro clásico de Carlos A. Palacio, *Ajedrez en Cuba: cien años de historia*. Durante sus 13 años en el cargo (hasta 1972) fue el creador de los torneos Capablanca In Memoriam, en homenaje al campeón mundial cubano (1921-1927) José Raúl Capablanca. Organizó la Olimpiada Mundial de Ajedrez de 1966 y por más de una década fue el VicePresidente para el Caribe y Centro América de la Federación Internacional de Ajedrez (FIDE), que reconoció su aporte inscribiéndolo en su "Libro de oro". En su tarea por promover la práctica masiva del ajedrez se vio ayudado por el apasionamiento de Ernesto "Ché" Guevara por el juego, aunque otras figuras menos conocidas, pero con importantes puestos en Cuba también contribuyeron como Alberto Bayo, Jorge Serguera, Giraldo Mazola y Luis Más Martín, que prestaron el prestigio de sus nombres y el poder de sus cargos. Barreras falleció en La Habana, el 31 de julio del 2005 a los 87 años.

[2] Zenón Franco aclaró en un mensaje a los autores que la cita sobre Donner provenía del Gran Maestro Victor Korchnoi en su libro *Chess Is My Life* Edition Olms 2005, página 152. Como complemento añadió lo siguiente: "También está en castellano en la edición de Chessy, página 177, se lo reproduzco: "Era una persona bastante peculiar, este Donner. En una ocasión Bent Larsen hizo el siguiente comentario ingenioso sobre él: "Donner debió haber sido una víctima en una novela de Agatha Christie. En la escena final todos los presentes, sin excepción, habrían tenido algún motivo para cargárselo". En inglés lo de "cargárselo" es "doing away with him" cargárselo es muy hispano, "matarlo" o "asesinarlo "es más español latinoamericano creo. http://soloscacchi.altervista.org/?p=44019. Ésta es la frase en italiano: Il GM olandese Jan Hein Donner era secondo Bent Larsen un perfetto personaggio da Agatha Christie: come in un romanzo giallo tutti i protagonisti avrebbero avuto un valido motivo per ucciderlo. http://www.zeit.de/2006/51/Spielen-Schach-51. Y ésta es la frase en alemán: "Noch mal Larsen (der ihn übrigens schätzte):» Donner hätte das Opfer in einer Agatha-Christie-Novelle sein sollen. In der abschließenden Szene hätten alle ein Motiv, ihn umgebracht zu haben."

[3] Aunque no hay dudas de que la figura de mayor prestigio en el gobierno cubano que apoyó al ajedrez entre 1959 y 1964 fue Guevara, otros personajes con importantes cargos también lo hicieron, como el comandante Alberto Bayo, un ex coronel del ejército republicano español que entrenó a los hombres de Fidel Castro en México y a quien, por su edad, se le encargó dirigir el ajedrez en el ejército de la Isla, en lugar de darle el mando de tropas.

El comandante Jorge Serguera fue el fiscal de importantes juicios sumarios realizados en la fortaleza de La Cabaña en 1959, que provocaron grandes críticas en el exterior, pues no gozaban de derechos para los procesados. Posteriormente ocupó, entre otros cargos, los de embajador de Cuba en Argelia y director del Instituto Cubano de la Radio y Televisión de Cuba.

Giraldo Mazola, desde su puesto como presidente del Instituto Cubano de Amistad con los Pueblos (ICAP) garantizaba en gran parte la logística de los torneos, tal como los viajes, el alojamiento y la diversión de los participantes.

El capitán Luis Más Martín, uno de los primeros mentores comunistas del joven Raúl Castro, fue subdirector de las granjas agrícolas de las Fuerzas Armadas y finalmente director de Radio Rebelde, emisora para la que organizó torneos internacionales de ajedrez anuales de cierta envergadura. Todos ellos eran grandes aficionados al juego ciencia.

[4] El 1 de abril de 1965, Ernesto "Ché" Guevara abandonó La Habana rumbo a Mozambique, vía Moscú-El Cairo-Dar es-Salam, Tanzania. Tras el fracaso de su plan guerrillero en el Congo Leópoldville, regresó a La Habana sin que se le informara al público. Guevara volvió a salir nuevamente de Cuba, también en secreto y esta vez con su rostro cambiado, y reapareció en Bolivia el 3 de noviembre de 1966 bajo el nombre ficticio del uruguayo Alberto Mena González. Guevara escogió para que lo acompañaran en su nuevo intento guerrillero a un grupo de altos oficiales cubanos que se entrenaron en la Sierra de los Órganos, Pinar del Río.

[5] De acuerdo a Frank Brady (*Endgame*. Crown Publishers. Nueva York 2011. Pág. 157), Fischer recibió tres mil dólares por participar en el torneo en La Habana. En otros textos se dice que esa cifra representaba el premio principal del evento, lo cual

no es cierto. El premio era independiente de los honorarios que recibían algunos maestros de países occidentales. El Gran Maestro belga Albéric O'Kelly, por ejemplo, con quien Miguel A. Sánchez colaboró en 1966 en sus transcripciones al español de partidas de la Olimpiada para el diario *Granma* de La Habana, le confesó que a él le daban 200 dólares ($1,940.00 en el 2018) de honorarios y dinero suelto por aceptar la invitación de jugar en los torneos Capablanca. Respecto a los pagos a los maestros de los países socialistas, éstos los recibían en billetes cubanos con pocas posibilidades de cambiarlos a sus respectivas monedas nacionales, tal como contó el Gran Maestro checoslovaco-alemán Vlastimil Hort en *Chessbase.com.* el 7 de enero del 2017. Pero Jesús Suárez, quien tuvo amistad con el Gran Maestro soviético Eduard Gufeld, asegura que éste logró cambiar en su embajada los pesos cubanos por los llamados 'rublos convertibles', que ofrecían la posibilidad de comprar en tiendas especiales en la Unión Soviética. Aunque Suárez agrega que es necesario mencionar que en ese momento Gufeld ocupaba un cargo importante en la "nomenclatura soviética", pues era el entrenador personal de la entonces campeona mundial de ajedrez, Maya Chiburdanidze.

[6] Las victorias contra todos los participantes en esos tres torneos se produjeron así:

En 1893, Emanuel Lasker venció a Adolf Albin, Eugene Delmar, Francis Lee, Jackson Showalter, James Hanham, Harry Nelson Pillsbury, Jean Tabenhaus, William Pollock. John Ryan, Louis Schmidt, Nicolai Jasnogrodsky, Edward Olly y Geroge Gossip.

Capablanca en 1913, se impuso a Oldrich Duras, R.T. Black, Oscar Chajes, A. Kupchik, Albert Marder, Ernest Teenenwurzel, G. F. Adair, Joseph Bernstein, H.M. Phillip, Frank Beynon y Jacques Grommer.

Fischer en 1963-1964, derrotó a Larry Evans, Paul Benko, Anthony Saidy, Samuel Reshevsky, Robert Byrne, Raymond Weinstein, Arthur Bisguier, William Addison, Edmar Mednis, Robert Steinmeyer y Donald Byrne.

[7] Los resultados individuales del encuentro fueron:

1er. Tablero.	Samuel Reshevsky	1/2 - Gilberto García	1/2
2do. Tablero.	Milton Hanauer	1/2 - José A. Broderman	1/2
3er. Tablero.	Edward Lasker	1/2 - Carlos Calero	1/2
4to. Tablero.	Herbert Seidman	1/2 - José R. Florido	1/2
5to. Tablero.	Anthony Santasiere	1/2 - Rosendo Romero	1/2
6to. Tablero.	Larry Evans	1 - Juan Quesada	0
7mo. Tablero.	Carl Pilnick	1 - Alejandro Meylán	0
8vo.Tablero.	Jeremy Donovan	1/2 - Rafael Blanco	1/2
9no. Tablero.	William.Mengarini	0 - Juan González	1
10mo. Tablero.	Alex Rehberg	1 - Alfredo López	0
11mo. Tablero.	Thomas Halper	1/2 - Armando Cabrera	1/2
12mo.Tablero.	Mary Bain	1 - María Teresa Mora	0

Mary Bain se encontraba casualmente en La Habana, por lo que su partida frente a María Teresa Mora se jugó frente a frente sobre el tablero.

[8] En la versión de Donner (*Op. Cit.* P.62) sobre el incidente de Ulhmann, el Gran Maestro holandés dice que el gobierno de Alemania Oriental no le garantizó una visa de salida a su jugador y debido a esto, el gobierno holandés no aceptó que entrara en su país.

Como el resto de los jugadores de los países socialistas se retiró del torneo, la FIDE tomó la decisión que se jugaría en 1961 un Zonal Europeo adicional en Checoslovaquia.

Donner, por otra parte, amplió el tema de las referencias anteriores sobre ajedrez telegráfico y escribió que las "federaciones de Mongolia, Hong Kong, Japón, Indonesia y Filipinas solicitaron permiso a la FIDE para jugar por radio sus encuentros de las eliminatorias por el Campeonato Mundial, pero que tales permisos siempre se denegaron" (Op. Cit., pág. 62).

Lo que hacía diferente el caso de Fischer es que, aunque se trataba de un torneo "auspiciado" por la FIDE, no un torneo clasificatorio oficial de la Federación Internacional. Pese a esta diferencia, Rogard escribió que la FIDE no se entrometería en el asunto a menos que existiera una equidad en la forma en que todos los jugadores celebrarían sus partidas, o que el resto de los participantes en el torneo aprobaran de forma unánime las diferentes condiciones de juego de Fischer.

Capítulo 3

[1] Expediente del FBI sobre Fischer. Ciudad de México, enero 17, 1967.

[2] Entrevista a Miguel Ángel Masjuán Salmón en la revista *Jit,* mayo 25, 2012. También, comentarios de Jesús G. Bayolo a Miguel A. Sánchez, en La Habana 2016, sobre las experiencias de Masjuán con Fischer, basado en una entrevista que Bayolo le hizo para su programa de televisión sobre ajedrez.

[3] Conforme a los relatos de Luciano W. Cámara y Herman Pilnick, en el libro *Bobby, el triunfo de una obsesión*, (Editorial Gambito Doble, Buenos Aires, 1972), Fischer progresó fabulosamente en español, por lo que pudo conversar con jóvenes y hasta reír de los chistes que escuchaba en ese lenguaje.

[4] Diario *Granma*, 25 de octubre de 1966.

[5] Durante el acto de clausura de la Olimpiada, Fidel Castro tuvo palabras elogiosas para las virtudes del ajedrez que fueron recogidas por el periodista Eddy Martin en la edición del 21 de noviembre de 1966 del periódico *Juventud Rebelde*. Eddy Martin, jefe de la sección deportiva, y Bobby Salamanca, eran los más famosos cronistas deportivos cubanos (curiosamente, en medio del ambiente hostil hacia Estados Unidos, ambos usaban sus apodos Eddy y Bobby, en lugar de sus nombres, Eduardo y Juan Antonio). Esa noche Castro expresó: "Creo que la idea de Capablanca de que el ajedrez se dé en las escuelas como asignatura es una gran idea. Hay ciertos aspectos muy importantes en el ajedrez, como son: analizar, reflexionar y ejercitar la mente. Hay incluso un aspecto moral, porque al revés de los juegos de azar, que hacen esperar siempre por la suerte, el ajedrez enseña al individuo a resolver sus propios problemas sin esperar nada del azar. Creo que el mejor antídoto que puede haber del juego como vicio es el ajedrez".

[6] Entrevista a Terrazas en el *Diario* de Ciudad Juárez, noviembre 26, 2016. Más tarde y antes alejarse de las tareas de gobierno debido a su enfermedad, Fidel Castro fue más activo en participar en actividades de ajedrez y en apoyar su difusión.

[7] A continuación, las únicas partidas conocidas de Fidel Castro:

Filiberto Terrazas – Fidel Castro. Gambito de Rey Aceptado (C34). La Habana 1966. 1. e4 e5 2. f4 exf4 3. Cf3 Ad6 4. d4 h6 5. e5 Ab4+ 6. c3 Aa5 7. Axf4 g5 8. Ag3 De7 9. Ae2 d6 10. exd6 cxd6 11. Da4+ Cc6 12. d5 Ad8 13. dxc6 b5 14. Dxb5 a6 15. Da4 g4 16. c7+ Ad7 17. cxd8:D+ Txd8 18. Dd4 gxf3 19. Dxh8 Dxe2 jaque mate. Desde luego, Terrazas era más fuerte de lo que mostró de manera diplomática en esta partida. Además de la partida contra Terrazas, Fidel Castro jugó otra contra Joaquín Camarena, también de la delegación de México, la noche del acto de clausura de la Olimpiada, el 20 de noviembre:

Joaquín Camarena – Fidel Castro. Escocesa (C47) La Habana, 11.20, 1966. 1. e4 e5 2. Cf3 Cc6 3. Cc3 Cf6 4. d4 Ab4 5. Ac4 d6 6. 0-0 0-0 7. Te1 Cxd4 8. Cxd4 exd4 9. Dxd4 Ac5 10. Dd1 Ag4 11. Ae2 Camarena ofreció un empate que fue aceptado por su rival. (Fuente: Jesús G. Bayolo, *Cubadebate*, julio 16, 2016).

La partida individual entre Fidel Castro y Terrazas tiene un valor histórico, como las de otras figuras como Napoleón, Benjamin Franklin, José Martí, Vladimir Lenin para citar unos pocos. Algunos eran más avezados en el juego como Carlos Manuel de Céspedes, iniciador de las luchas de independencia de Cuba en 1868, que incluso jugaba a la ciega contra sus rivales y tradujo del francés al español la obra de Louis-Charles Mahé de la Bourdonnais: *Nouveau Traité du jeu des Échecs*.

Respecto al nivel de conocimientos ajedrecísticos de Fidel Castro y una evaluación de su fuerza de juego respecto a la de Ché Guevara, el propio Castro dijo al periodista italiano Gianni Mina (*Encuentro con Fidel*, Ocean Press, abril 1996) lo siguiente: "Che sabía más que yo, porque realmente Che había estudiado algo el ajedrez y yo jugaba más bien por intuición. Era un poco guerrillero y algunos partidos se los gané, pero él ganaba la mayor parte de las veces porque sabía más ajedrez que yo. Y realmente le gustaba el ajedrez. Aun después de la Revolución él siguió estudiando el ajedrez".

La siguiente partida jugada en una exhibición de simultáneas del maestro cubano Rogelio Ortega en el Ministerio de Industrias de Cuba en 1961, puede acercar a los lectores a una idea sobre la fuerza de juego de Ché Guevara:

R. Ortega – Ernesto 'Che' Guevara. Ministerio de Industrias, La Habana 1961

1. Cf3 d5 2. e3 e6 3. d4 Cf6 4. Ad3 g6 5. 0-0 Ag7 6. b3 0-0 7. Ab2 b6 8. Cbd2 Ca6   9. Aa3 c5 10. Ce5 Dc7 11. Tc1 Cd7 12. f4 Cb4 13. Axb4 cxb4 14. e4 Dc3 15. Cdf3 *(ver diagrama)*

15. ... dxe4 16. Axe4 De3+ 17. Rh1 Dxe4 18. Cg5 Dd5 19. c4 bxc3 20. Txc3 Ab7   21. Cgf3 Tac8 22. Td3 Aa6 0-1

---

[8] Masjuán a Jesús González Bayolo en entrevista durante el programa de Bayolo de Ajedrez por televisión. Fecha no identificada.

[9] Periódico *Granma*, noviembre 6, 1966, portada de la Sección de Deportes.

[10] El reportero Peñalver regresó a la sede de la Olimpiada para entrevistar a Leonid Stein y mejorar la imagen de él como consecuencia de las declaraciones de Fischer. Stein afirmó que estaba dispuesto a enfrentar al norteamericano en cualquier momento del siguiente año, 1967. Aclaró que tanto él como cualquiera de los miembros del equipo soviético estarían encantados de celebrar tal encuentro. (*Granma*. Noviembre 8, 1966. Portada de la Sección de Deportes).

[11] En 1921 otro campeón mundial de ajedrez, Emanuel Lasker, enfrentado a la misma pregunta de qué le parecía La Habana tras varios años de ausencia, fue mucho más amplio y explícito: "(Estuve en La Habana) en 1893 y 1906, y puedo decirle que la encuentro muy cambiada, muy mejorada, con los magníficos ensanches, que nada tiene que envidiar a ninguna otra gran ciudad. Sus calles asfaltadas y limpias, todo esto siempre invadido por la luz fuerte, la intensa claridad de este bello país durante el día, al que suple la electricidad durante la noche; yo a La Habana la llamaría la ciudad de la luz. (Periódico *El Mundo*. La Habana, marzo 10, 1921).

[12] Evans, sin embargo, tal vez no es exacto en su comentario de que antes del 5 de noviembre todos los equipos accedieron a la solicitud de los Estados Unidos, pues según Serov, Dinamarca se negó. A menos que Serov no haya dicho la verdad y que Estados Unidos nunca pidió postergar el encuentro Fischer - Larsen, lo que parece poco probable.

[13] El sustituto de Barreras fue otra figura conocida: Oscar Cuesta, quien además de un jugador de ajedrez y periodista notable, era un hombre prometedor en las filas de la organización de jóvenes comunistas cubanos de la cual fue un cuadro profesional como miembro del Comité Nacional de la organización, además de subdirector de su periódico vespertino *Juventud Rebelde*. Posteriormente fue miembro del Buró Ejecutivo del Comité Provincial del Partido Comunista de Cuba en la provincia de Matanzas y vicepresidente del Instituto Cubano de Radio y Televisión. Sin embargo, la etapa de Cuesta al frente del ajedrez cubano fue tan corta que algunos en sorna le comenzaron a llamar *Oscar el Breve*.

Su cargo entonces lo ocupó, por más de una década, un antiguo guerrillero cubano, el ex capitán Jorge Vega que hasta sirvió en el campo rebelde en funciones cercanas a Fidel Castro en la Sierra Maestra en 1958; luego con Ché Guevara, en la Sierra de los Órganos, Pinar del Río, cuando la crisis de los proyectiles en 1962. En el momento de escribir este libro (otoño del año 2019) Vega es el presidente continental para América de la FIDE, aunque ya no reside en Cuba, sino en México. Oscar Cuesta falleció el 22 de marzo del año 2016, retirado y totalmente alejado de cargos de poder. Miguel A. Sánchez, que estuvo en Cuba en el 2014, tras una ausencia de treinta y cuatro años, lo visitó en su apartamento del Vedado, La Habana. Pese a sus diferentes puntos de vista políticos, tuvieron un amigable encuentro de varias horas. Miguel Ángel fue compañero de habitación de Cuesta durante el Torneo de los Ejércitos Amigos celebrado en el Hotel Nacional de La Habana en 1967, en el cual ambos compitieron.

[11] Fischer no fue el único invitado a recorrer Cuba después de la Olimpiada. También se quedaron algunos maestros de países de América Central y América del Sur. Incluso el entonces Campeón Mundial, Tigran Petrosian, permaneció varios días en la Isla y fue otro de los que visitó la ciudad de Santa Clara.

[15] El general cubano Oscar Fernández Mell relataría posteriormente la llegada de la tropa de Ché Guevara a La Habana de la siguiente manera: "Cuando llegamos allí (La Cabaña, el 3 de enero de 1959) estaban esperándonos las Milicias del 26 de Julio en La Habana, mandadas por Gaspar González Lanuza". (Juventud Rebelde, enero 3, 2017.) Gaspar González-Lanuza falleció en su apartamento en las cercanías de la Avenida 41, Marianao, La Habana, el 25 de mayo del año 2017, dos meses después que accediera a ser entrevistado sobre sus recuerdos de Fischer. La noticia de su fallecimiento fue publicada en diversos medios cubanos de prensa.

[16] Otra anécdota sobre la estancia de Fischer en Cienfuegos (periódico "5 de Septiembre", Cienfuegos, julio21, 2017) le pareció dudosa a los autores. De acuerdo con esa historia, mientras Fischer recorría el centro de la ciudad vio unos zapatos en una peletería y entró a comprarlos. El empleado le dijo que no podía hacerlo si no tenía el cupón correspondiente por ser un producto normado. Fischer no entendió la explicación y siguió insistiendo. El asunto se resolvió cuando el empleado llamó a la delegación provincial del Ministerio de Comercio Interior que autorizó la venta.

Bibliografía

(Otras diferentes fuentes bibliográficas han sido citadas frecuentemente también en el texto y en las notas.)

AGUR, ELIE: *Bobby Fischer: A Study of His Approach to Chess.* Cadogan Chess. Gran Bretaña 1992.

ALBURT, LEV AND CHERNIN, ALEXANDER: *Pirc Alert! A Complete Defense against 1.e4.* Chess Information Research Institute. EEUU 2001.

ANAND, VISHY: *Vishy Anand: World Chess Champion.* Gambit Publications Ltd. Gran Bretaña 2012.

BARRERAS, JOSÉ LUIS: *El Ajedrez en Cuba.* Editorial Deportes. La Habana 2002.

BENÍTEZ ROJO, ANTONIO: *La isla que se repite: el Caribe y la perspectiva posmoderna* (Editorial Casiopea. Barcelona, España 1998.

BRADY, FRANK: *Profile of a Prodigy.* Dover Publications. Nueva York 1989.

BRADY, FRANK: *Endgame. Bobby Fischer's Remarkable Rise and Fall - from America's Brightest Prodigy to the Edge of Madness.* Crown Publishers. Nueva York 2011.

BJELICA, DIMITRI: *Bobby Fischer.* Zugarto Ediciones. España 1992.

BRANDRETH, DALE & HILBERT, JOHN S: *Shady Side: The Life and Crimes of Norman Tweed Whitaker, Chessmaster.* Caissa. Yorklin, Delaware, E.U.A. 2000.

BRONSTEIN, DAVID: *Zurich International Chess Tournament 1953.* Dover Publications. Nueva York 1979.

BRONSTEIN, DAVID: *The Sorcerer Apprentice.* Cadogan Books plc. Londres 1995.

BYRNE, ROBERT AND NEI, IVO: *Both Sides of the Chessboard.* Quadrangle / The New York Times Books Co. E.U.A. 1974.

CAFFERTY, BERNARD: *Boris Spassky. Master of Tactics. 4th. Edition.* B.T. Basford. Londres 1991. *Chess Informant 1-120.* Belgrado 1966-2014.

COLLINS, JOHN W.: *My Seven Chess Prodigies.* Simon and Schuster. Nueva York 1974.

COLLINS, SAM: *Karpov: Move by Move.* Gloucester Publishers plc. Londres 2015.

DONALDSON, JOHN & SILMAN, JEREMY: *Accelerated Dragons.* Cadogan. Londres 1998.

DONALDSON, JOHN & TANGBORN, ERIC: *The Unknown Bobby Fischer*. International Chess Enterprises. Seattle, Washington, E.U.A. 1999.

DONNER, JOHANNES HENDRIKUS: *The King. Chess Pieces. Second Edition*. New in Chess. Alkmaar. Países Bajos 2008.

DVORETSKY, MARK: *Endgame Manual. Second Edition*. Russell Enterprises, Inc. Milford Ct. E.U.A. 2008.

EDMONDS, DAVID & EIDINOW, JOHN: *Bobby Fischer Goes to War*. Faber & Faber. Gran Bretaña 2003.

ENGQVIST, THOMAS: *Stein, Move by Move*. Gloucester Publishers Limited. Londres 2015.

Euwe, Max. *Bobby Fischer - The Greatest?* Sterling Publishing Co. E.U.A. 1979.

Enciclopedia de Aperturas de Ajedrez. Belgrado 1974-2008.

FISCHER, ROBERT JAMES: *My 60 Memorable Games*. Simon and Shuster. Nueva York 1969.

FRANCO, ZENÓN: *Spassky Move by Move*. Gloucester Publishers Ltd. Londres 2015.

FRISCH, MAX: *Homo Faber*. Suhrkamp Verlag, Frankfurt. Alemania 1957.

GELLER, EFIM: *The Application of Chess Theory*. Cadogan Books plc. Londres 1994.

GUFELD, EDUARD: *Bobby Fischer: from Chess Genius to Legend*. Thinker Press. Davenport, Iowa. E.U.A. 2002.

KASPAROV, GARRY: *My Great Predecessors. Part I* (2003). *Part II* (2003). *Part IV* (2004), *Part V.* (2006). Gloucester Publishers plc. Londres.

KASPAROV, GARRY: *Kasparov vs Karpov 1988-2009*. Gloucester Publishers plc. Londres 2010.

KERES, PAUL AND NEI, IVO: *4 x 25*. Editorial Chessy. España 2005.

KORCHNOI, VICTOR: *My Best Games. Vol 2. Games with Black. Second Edition*. Olms Editions. Suiza 2003.

KORCHNOI, VICTOR: *Chess Is My Life*. Olms Edition AC. Suiza 2005.

KROGIUS, NIKOLAI: *Psychology in Chess*. RHM. Nueva York 1976.

LAKDAWALA, CYRUS: *Fischer: Move by Move. Paperback Edition*. Everyman Chess. Londres 2016.

LARSEN, BEN: *Todas las piezas atacan*. Editorial Chessy. España 2006.

LEVY, DAVID: *The Chess of Gligoric*. The World Publishing Company, Gran Bretaña 1972.

LEVY, DAVID: *How Fischer Plays Chess*. R.H.M. Press. EEUU 1975.

LIPNITSKY, ISAAC: *Questions of Modern Chess Theory*. Quality Chess. Glasgow, Escocia 2008.

MARIN, MIHAIL: *Grandmaster Repertoire 5 - The English. Volume III*. Quality Chess. Glasgow, Escocia 2010.

MAROVIC, DRAZEN: *Dynamic Pawn Play in Chess*. Gambit Publications. Londres 2001.

MATANOVIĆ, ALEKSANDAR: *Los mejores finales de Capablanca y Fischer*. Belgrado 1978.

Mednis, Edmar: *How to Beat Bobby Fischer*. Dover Publications, Inc. Mineola, Nueva York. 1997. (Edición Original: Quadrangle/The New York Times Book Company 1974).

MÜLLER, KARSTEN: *Bobby Fischer. The Career and Complete Games of the American World Champion.* Russell Enterprises, Inc. Milford Ct. E.U.A. 2009.

MÜLLER, KARSTEN & LAMPRECHT, FRANK: *Fundamental Chess Endings*. Gambit Publications. Londres 2001.

NESIS, GENNADY: *Tactics in the King's Indian*. Henry Holt and Company Inc. Nueva York 1993.

NIMZOWITSCH, ARON: *Chess Praxis* Quality Chess, Estonia 2007. (Edición original: *Die Praxis meines System [La práctica de Mi Sistema]*, 1929).

PACHMAN, LUDEK AND FILIP, MIROSLAV: *XVII Olimpiada de Ajedrez Cuba/66*. Ediciones Deportivas. Instituto del Libro. La Habana 1966.

PALACIO, CARLOS A.: *Cien años de ajedrez en Cuba*. La Habana 1960.

PLISETSKY, DMITRY AND VORONKOV, SERGEY: *Russians versus Fischer*. Chess World. Moscú 1994.

SÁNCHEZ, MIGUEL A.: *José Raúl Capablanca. A Chess Biography*. McFarland & Company, Inc., Publishers. Jefferson, North Carolina. E.U.A. 2015.

SHAMKOVICH, LEONID AND CARTER, JAN R.: *Fischer-Spassky 1992. World Chess Championship Rematch.* Hays Publishing. Dallas, Texas. E.U.A. 1993.

SMYSLOV, VASSILI: *Smyslov's 125 Selected Games*. Cadogan Books. Londres 1983.

SMYSLOV, VASSILI; TAL, MIJAÍL: Yudasin, Leonid; Tukmakov, Vladimir: *Bobby Fischer. 1 (1955-1960). Bobby Fischer 2 (1961-1967). Bobby Fischer 3 (1968-1992).* Ediciones Eseuve. Madrid 1992.

SOLTIS, ANDREW: *Bobby Fischer Rediscovered*. Batsford. Gran Bretaña 2003.

TAL, MIKHAIL: *The Life and Games of Mikhail Tal*. Cadogan Books. Londres 2000.

TIMMAN, JAN: *Chess the Adventurous Way. Best Games and Analyses 1983-1993*. Interchess BV. Alkmaar. Países Bajos 1994

TIMMAN, JAN: *Timman's Titans*. Alkmaar. Países Bajos 2016.

VAINSTEIN, B.S.: *David Bronstein - Chess Improviser*. Oxford. Gran Bretaña 1983.

WADE, ROBERT J. AND O'CONNELL, K.J: *Fischer's Games. 1955-1973*. Editorial Iparra. Barcelona, España 2012.

WINTER, EDWARD: *Kings, Commoners and Knaves*. 1999. Russel Enterprises. E.U.A. 1999.

CDs:

ChessBase. *Great Database*. Hamburgo, Alemania 2016.

ChessBase. *Opening Encyclopedia 2016*. Hamburgo, Alemania 2016.

Huebner, Robert: *Word Chess Champion Fischer*. ChessBase. Hamburgo, Alemania 2003.

Panno, Oscar: *Darse cuenta – Clases con el GM Oscar Panno*. Ediciones NotiChess. 2005.

Revistas:

Boy's Life. E.U.A. 1966.

Brooklyn Library Bulletin. E.U.A. 1952.

Carteles. Cuba 1956

Chess Life. E.U.A. 1956-1969

Chess Review. E.U.A. 1956-1967

Harper's Magazine. E.U.A. 1962.

Inside Chess. E.U.A. 1992.

Jaque Mate. Cuba 1965-1968.

New in Chess. Países Bajos 2017

Sports Illustrated E.U.A. 1962

Diarios:

Brooklyn Daily Eagle. E.U.A. 1918.

Diario de la Marina. Cuba 1956.

Granma. Cuba 1966.

Revolución. Cuba 1965.

The New York Times. E.U.A. 1955-2008

Indice contrarios de Fischer

(Según el número de la partida)

(22) Fischer – Eldis Cobo (B75) La Habana, 1965 / 147

(23) Eleazar Jiménez – Fischer (E82) La Habana, 1965 / 153

(24) Fischer – Johannes Donner (C89) La Habana, 1965 / 159

(25) Efim Geller – Fischer (C81) La Habana, 1965 / 163

(26) Fischer – Ratmir Holmov (C98) La Habana, 1965 / 170

(27) Zbigniev Doda – Fischer (A36) La Habana, 1965 / 175

(28) Fischer – Francisco J. Pérez (B09) La Habana, 1965 / 180

(29) Wolfgang Pietzsch (E67) La Habana, 1965 / 184

(30) Olavo Yépez – Fischer (E91) La Habana, 1966 / 194

(31) Fischer – Joaquim Durao (A08) La Habana, 1966 / 199

(32) Fischer – Jacek Bednarski (B86) La Habana, 1966 / 205

(33) Julio García Soruco – Fischer (B87) La Habana, 1966 / 210

(34) Fischer – Svein Johannessen (C70) La Habana, 1966 / 215

(35) Arturo Pomar – Fischer (A69) La Habana, 1966 / 226

(36) Fischer – Fridrik Olafsson (C83) La Habana, 1966 / 232

(37) Wolfgang Uhlmann – Fischer (E90) La Habana, 1966 / 236

(38) Fischer – Lajos Portisch (C69) La Habana, 1966 / 241

(39) Svein Johannessen – Fischer (A57) La Habana, 1966 / 246

(40) Fischer – Svetozar Gligoric (C69) La Habana, 1966 / 250

(41) Miguel Najdorf – Fischer (A79) La Habana, 1966 / 254

(42) Fischer – Boris Spassky (C93) La Habana, 1966 / 262

(43) Fischer – Nicolai Minev (C13) La Habana, 1966 / 268

(44) Ludek Pachman – Fischer (D40) La Habana, 1966 / 271

(45) Florín Gheorghiu – Fischer (E27) La Habana, 1966 / 275

(46) Fischer – Eleazar Jiménez (C69) La Habana, 1966 / 279

Otras partidas en el texto del libro

(1) Norman T. Whitaker – José R. Capablanca (A46), Nueva York, 1913 / 28

(3) José R. florido – A. Coles (C54) / 37

(7) Eleazar Jiménez – Svetozar Gligoric (D15) La Habana, 1952 / 61

(21) Borislav Ivkov – Johannes Donner (C81) La Habana, 1965 / 145

(s/n) Walther Von Haultsen – Siegbert Tarrasch (C55) Frankfurt, 1912.

Indice de aperturas por nombres

Indice de aperturas por código ECO

C89: 11, 24.

C92: 15.

C93: 42.

C96: 17.

C98: 26.

D15: 7.

D40: 44.

D85: 16.

E27: 45.

E65: 20.

E67: 29.

C69: 38, 40.

E81: 2, 22.

E82: 23.

E90: 37.

E91: 30.

László Szabó, quien nació el 19 de marzo de 1917 en Budapest, Hungría, fue un Gran Maestro (desde 1950). Su mayor rating Elo histórico fue de 2726 en la lista de diciembre de 1946, lo que lo convirtió en el jugador #6 en el mundo. Tenía entonces 29 años y nueve meses de edad. El Gran Maestro húngaro volvió a ser el jugador #6 del mundo en la lista de enero de 1947. Pero su mejor actuación individual Elo fue de 2758 en el Torneo Interzonal de Saltsjöbaden, Suecia 1948, cuando obtuvo 12.5 puntos de 19 (66%) contra una oposición con un rating promedio de 2658. En ese torneo Szabó terminó segundo, después del Gran Maestro soviético David Bronstein, pero por encima de los soviéticos Isaak Boleslavsky, Alexander Kotov, Andor Lilienthal, Igor Bondarevsky y Salo Flohr; el argentino Miguel Najdorf y el sueco Gideon Stahlberg, entre otros. El Gran Maestro húngaro jugó tres Torneos de Candidatos: Budapest 1950, Zúrich/Neuhausen 1953 y Amsterdam 1956. En este último empató en tercer lugar con los soviéticos Bronstein, Efim Gueller, Tigran Petrosian y Boris Spassky; sólo después de los también soviéticos Vasili Smyslov, ganador del torneo; y Paul Keres, quien finalizó en segundo lugar. Szabó ganó nueve Campeonatos de Hungría: 1935 (cuando tenía 18 años), 1937, 1939, 1945, 1950, 1952, 1954, 1959 y 1967/68. Representó a su país en 11 Olimpiadas, ocupando el Primer Tablero en cinco de ellas: Helsinki 1952, Ámsterdam 1954, Moscú 1956, Múnich 1958 y Leipzig 1960; el Segundo Tablero en otras cinco ocasiones: Estocolmo 1937, Varna 1962, Tel Aviv 1964, La Habana 1966 y Lugano1968; y el cuarto tablero en la primera que jugó, en Varsovia 1935. En ellas ganó cinco Medallas Olímpicas. Tres Individuales: dos de Plata: Estocolmo 1937 (Segundo Tablero. +9=7-2); y La Habana 1966 (Segundo Tablero +7=8-0). Y una de Bronce: Helsinki 1952 (Primer Tablero. +8=5-1). Y dos de Bronce por Equipos: Moscú 1956 (Primer Tablero. +6=10-1) y La Habana 1966 (Segundo Tablero. +7=8-0). En realidad, Szabó fue el mejor jugador de Hungría durante casi 20 años, hasta que lo sucedió Lajos Portisch alrededor de 1963/64. Antes de la Segunda Guerra Mundial, Szabó comenzó una carrera como banquero, especializado en el Mercado de Divisas. Pero al romper las hostilidades, se le envió a una Unidad de Trabajo Forzado y posteriormente fue capturado por las tropas rusas, quienes lo mantuvieron como prisionero de guerra. Después del conflicto armado, regresó al ajedrez. Szabó murió el 8 de agosto de 1988 en Budapest. Tenía 81 años. Después de su muerte, su familia donó toda su biblioteca y documentos a la *Colección John G. White de Ajedrez y Damas* de la Biblioteca Pública de Cleveland, considerada la mayor colección de ajedrez del mundo, con más de 32,000 libros y publicaciones periódicas. Antes de la siguiente partida, Szabó se había enfrentado en tres ocasiones a Fischer. Entabló con el estadounidense en el Interzonal de Portoroz, Yugoslavia 1958; y en el Torneo de Buenos Aires 1960. El Gran Maestro húngaro (Blancas) perdió con el norteamericano en la Olimpiada de Leipzig, 1960.

www.ingramcontent.com/pod-product-compliance
Lightning Source LLC
La Vergne TN
LVHW061222060426
835509LV00012B/1380